영상번역가가 쓴

왕대왕~대 코패니즈 한자어 2

영상번역가가 쓴
알대 알~대 코패니즈 한자어 2

초판 1쇄 발행 2024년 1월 1일

지은이	이빈
펴낸이	김병호
펴낸곳	주식회사 바른북스

등록	2019년 4월 3일 제2019-000040호
주소	서울시 성동구 연무장5길 9-16, 301호
	(성수동2가, 블루스톤타워)
대표전화	070-7857-9717
팩스	070-7610-9820
이메일	barunbooks@naver.com
홈페이지	www.barunbooks.com

값	18,000원
ISBN	979-11-93647-37-0 (13730)

· 파본이나 잘못된 책은 구입하신 곳에서 교환해드립니다.
· 이 책은 저작권법에 따라 보호를 받는 저작물이므로 무단전재 및 복제를 금지하며, 이 책 내용의 전부 및 일부를 이용하려면 반드시 저작권자와 도서출판 바른북스의 서면동의를 받아야 합니다.

영상번역가가 쓴

앙대 앙~대 코패니즈 한자어 2

머리말

먼저 1권에 대한 여러 독자님들의 응원과 성원에 머리 숙여 감사드린다는 말씀부터 드리겠습니다. 블로그에도 썼듯이 일본어 학습 인구가 이 정도로 줄어든 걸 모르고 수요 예측을 잘못해서 초판을 3천 부나 찍는 바람에, 그리고 도서 보관료라는 복병 때문에 출판 비용을 건질 가능성이 별로 없어서 2권 출간은 거의 포기하려 했습니다. 책을 출간한 지 10개월 정도 지나서부터는 많이 나가는 달은 20권대 중반, 적게 나갈 때는 10권 내외로 꾸준히 나가고 있지만 이 정도로 나가서는 보관료가 다 잡아먹어서 인세로 들어오는 돈이 별로 안 됩니다. 출판 비용 건질 가능성이 거의 없다는 말이죠. 그래서 고민을 많이 했지만 서평과 댓글 등을 통해 극찬에 가까운 격려를 해 주신 이웃님들 등과, 책을 구입해서 읽어 본 후 일부러 블로그까지 찾아오셔서 2권, 3권 꼭 써 달라고 격려의 말씀을 해 주신 분들에 힘입어서, 그리고 코패니즈 한자어를 널리 알리자는 초심을 잃지 않고 2권, 3권을 동시에 출판하기로 했습니다. 하지만 이런 상황에서는 금전적 부담이 컸기 때문에 2권과 3권은 크라우드 펀딩을 통해 출간하기로 했습니다. (덧붙임 : 펀딩에 참여해 주신 분들께 진심으로 감사드립니다)

그런데 1권이 너무 두껍다며 두 권으로 나눠 내라는 몇몇 이웃님들의 의견이 있었고, 실제로 분철을 해서 구입했다는 분들도 계셔서 처음엔 2, 3권 각각 250페이지 정도로 맞춰서 출간하려 했습니다. 그런데 욕심이 자꾸 생겨서 위아래 여백을 줄여서 페이지당 예제를 하나씩 더 집어넣고, 그랬는데도 조금만 더, 조금만 더 하는 바람에 결국 각각 350페이지 가까이 갔는데, 크라우드 펀딩이 성공할지 어떨지 알 수 없는 상황에서 두 권 700페이지는 출간 비용이 부담이 되더군요. 그래서 모범 답안 설명 부분 글자 폰트를 9포인트로 줄이고, 또 내용을 블로그에 덜어 가고 해서 300p가 조금 넘을 정도로 줄였습니다. 하지만 그럼에도 미처 싣지 못한 코패니즈 한자어들이 아직도 많습니다. 그런데 4권, 5권까지 가면 독자들의 금전적 부담이 너무 커지니까, 그리고 여러 한자어를 집어넣어서 예문을 짜는 게 너무 힘들어서(진짜로 힘듭니다) 2, 3권의 반응도 괜찮다면, 퀴즈 형식이 아니라 사전 형태로 4권 한 권에 남은 한자어를 다 집어넣어서 출간하든지, 그게 여의치 않으면 블로그를 통해 공개하겠습니다.

그리고 1권에서는 모든 예제에 표제어가 반드시 들어가게 한 상태에서 다른 한자어까지 집어넣어서 한 페이지를 가득 채우려니 시쳇말로 머리가 뽀개지는 줄 알았는데, 이번엔 할 수 있는 것까지만 하고 '랜덤 예제' 형태로 다른 한자어를 집어넣어서 예제를 짰으니 이 점 참고하시기를.

또한 1권의 경우는 음성 파일을 제공해서 음성 파일로 읽는 법을 확인할 수 있기 때문에 웬만한 한자어는 후리가나를 달지 않았는데, 2권과 3권은 음성 파일을 제공하지 못하게 됐기 때문에 아주 기초적인 것들 외에는 가급적 후리가나를 달았습니다. 그런데 블로그에서 말씀드린 것처럼 폰트 등의 관계로 출판사에서는 편집 디자인이 어렵겠다고 해서 프리랜서 디자이너에게 디자인을 맡겼는데 후리가나를 넣는 것과 안 넣는 것의 디자인 비용 차이가 아주 크더군요. 그래서 부득이하게 후리가나는 빼고 각 표제어 맨 뒤에 읽는 법을 적어 뒀습니다. 이 점 넓은 아량으로 양해 부탁드립니다.

마지막으로 1권의 경우 블로그로 덜어 간 내용들을 일일이 큐알코드를 넣지 못하고 제목만 알려 드린 탓인지 PC를 켜야 한다거나 밖에서 읽는 경우 등 번거로운 생각에 블로그의 글을 확인하지 못한, 혹은 확인하지 않은 독자분들도 꽤 계셨던 모양인데, 이번에는 블로그 포스팅을 일일이 큐알코드로 넣었으니 글을 읽기에 덜 번거로우실 거라 생각합니다. 감히 말씀드리지만 일본어 학습에 유익한 내용들이 많다고 생각하니까 블로그 글들도 빠짐없이 읽어 보시기를 권합니다. 만약에 1권이 다 팔리고 2쇄를 찍게 된다면(언제가 될지 모르겠지만) 이 부분도 정정하도록 하겠습니다.

> 日 이 책에서 한국어 단어, 한자어, 표현 등에 대한 언급은 저의 개인적인 감각, 개인적인 생각일 뿐 제가 옳다고 주장하는 건 아닙니다. 예컨대 어떤 단어나 표현을 지금은 거의 안 쓴다고 말한 것들도 제 개인적인 생각일 뿐 쓰는 사람이 있을 수 있습니다. 이 점 양지해 주시기 바랍니다.

아무쪼록 3권으로 일단락되는 〈앙대 앙~대 코패니즈 한자어〉가 일본어를 학습하시는 분들과 한국어를 학습하시는 일본인분들, 그리고 영상번역을 비롯한 번역 일에 종사하고 계시거나 꿈을 품고 계신 분들께 조금이나마 도움이 되기를 빌면서, 그리고 한국의 일본어 학습 여건상, 또한 이 책의 난이도를 볼 때 많은 수요를 바랄 수는 없지만 1권의 판매 추이를 보면 스터디셀러가 될 가능성은 있을 듯하니 2권, 3권까지 꾸준한 수요를 확보하는 스터디셀러가 되기를 기원하면서 머리말을 마칩니다.

1권 내용 바로잡습니다

먼저 오타가 2개 발견됐습니다. 89페이지 調度라고 해야 할 게 稠度라고 돼 있습니다. 그리고 252페이지 '트럭'이 「トラック」가 아니라 「トカック」라고 돼 있습니다. 전자는 1권 최종 점검 때 발견한 건데도 편집 디자이너가 결국 빼먹은 겁니다.

다음은 36페이지 〈그래도 내가 하지 않았어〉라는 영화는 살인 사건이 아니라 치한 사건을 소재로 한 영화인데 제가 착각을 했습니다. 또한 일본어 百姓는 농민, 농부라는 뜻으로 쓰인다고 했는데 사실 먼 옛날에는 일본도 한국의 '백성'과 비슷한 뜻으로 쓰였습니다. 그런데 처음엔 이 사실도 책에 적었었는데 최대한 많은 코패니즈 한자어를 수록하기 위해서 해설과 모범답안의 설명을 줄이는 과정에서 빼 버렸던 겁니다. 이에 대한 자세한 내용은 큐알코드로 확인해 보세요.

그리고 453페이지 '발견하는 대로'를 「発見する次第」라고도 한다고 했는데 이건 문법상 틀린 거였습니다. 이런 의미로 쓰는 「～次第」는 동사의 연용형에 연결되는데 제가 문법을 잘못 알고 있었습니다. 이에 관한 자세한 내용도 블로그에 포스팅했으니 이건 이 큐알코드로 확인해 보세요.

마지막으로 이 2권에 '사태'라는 한자어도 표제어로 다뤘는데, 책에 싣기 위해서 더 자세히 조사하는 과정에서 우리는 '코로나 사태'라고 하지만 일본은 '코로나'에 '사태'를 쓰면 부자연스럽다고 느끼는 일본인이 많다는 걸 알게 됐습니다. 이에 대해서도 블로그에 따로 글을 올렸으니 확인해 보시기 바랍니다. 데스크톱의 넓은 화면으로 보기를 원하는 분은 제 블로그에서 아래 글을 검색하면 됩니다.

일본은 「コロナ事態」라는 표현을 안 쓴다?

목 차

▷ 머 리 말 ·· 4

▶ '언어 폭력이 난무'를 일본어로 하면? ·· 10
▶ 신경질과 神経質는 같은 뜻이 아닌데 그럼 번역은? ························ 18
▶ 한국은 안 쓰는 한자어 全開는 어떻게 번역할까? ·························· 28
▶ '백성을 핍박하다'는 「百姓を逼迫する」? ······································ 36
▶ 절박과 切迫의 애매하면서도 분명한 차이, 그리고 促迫 ·················· 46
▶ '물의를 빚다'는 「物議を醸す」가 아니다? ···································· 56
▶ 현장감은 일본어로 現場感? ·· 65
▶ 농락과 篭絡도 전혀 다른 뜻 ·· 72
▶ 일본 한자어 道理도 한국과 쓰임새가 다르다 ································ 80
▶ 穏当를 그대로 온당으로 번역하면? ·· 88
▶ 妥当(타당)도 쓰임새가 미묘하게 다르다 ······································ 97
▶ 離脱(이탈)의 쓰임새 폭은 일본이 훨씬 넓다 ································ 107
▶ 納得도 납득이라고 번역하면 어색한 경우가 있다 ·························· 115
▶ 한국과 다른 失職(실직)이란 한자어의 쓰임새 ································ 122
▶ 일본어 踏襲를 '답습'하면 안 돼요 ·· 130
▶ 離反(이반)의 쓰임새 폭도 일본이 더 넓다 ···································· 139
▶ 일본은 宛然(완연)이란 한자어를 거의 안 쓴다 ······························ 146
▶ 일본어 拘束(구속)에 있는 황당한 의미 ·· 154

- ▶ 「国民が渾然一体になって」라고 하면 일본인 반응은? ·········· 162
- ▶ 선명과 鮮明의 쓰임새 차이는 선명하다 ························ 171
- ▶ 관중, 관객과 観衆・観客의 쓰임새 차이 ······················· 179
- ▶ 일한 번역가를 괴롭히는 議論(의론)이라는 일본 한자어 ········ 187
- ▶ 일본어 乱暴를 너무 乱暴에 번역하면 안 돼요~ ··············· 196
- ▶ 그럼 違和感을 대체 어떻게 번역하란 건데? ··················· 204
- ▶ 応酬와 応手도 한국과 쓰임새가 사뭇 다르다 ·················· 213
- ▶ 일본은 아무거나 다 連呼(연호)한다 ··························· 222
- ▶ 성향, 지향과 性向・志向의 미묘한 쓰임새 차이 ················ 229
- ▶ 양성, 육성과 養成・育成의 쓰임새 차이 ······················· 237
- ▶ 일본어 創業(창업)과 起業(기업)은 같은 뜻? ·················· 245
- ▶ 사태와 事態도 미묘하게 뜻이 다르다 ························· 253
- ▶ 일한 번역가를 너무너무 괴롭히는 일본어 趣向(취향) ·········· 260
- ▶ 너무도 골치 아픈 「趣向を凝らす」가 쓰인 예문들 ············· 267
- ▶ 導出(도출)과 導入(도입)이란 일본어의 황당한 쓰임새 ········· 273
- ▶ 유포, 반포와 流布・頒布도 쓰임새가 다르다 ··················· 281
- ▶ 한국과 다른 일본의 블로그 및 휴대폰, 인터넷 등의 용어들 ····· 289

- ▷ 색인 ·· 296

'언어 폭력이 난무'를 일본어로 하면?

政府に対する[　1　]、**暴力が**[　2　]**党争にばかり**[　3　]
정부에 대한 감시 기능은커녕 폭력이 난무하고 당쟁만 일삼는

昨今の国会は[　　4　　]。
작금의 국회는 해산돼야 마땅하다.

[　　5　　]**で、あらゆる**[　6　]**を乗り越え**
흑색선전이 난무하는 선거판에서 온갖 중상모략을 극복했고,

[　　7　　]**選出されたと**[　　8　　]
나아가서는 여당 대표로 선출됐다며 득의양양하고 있었지만

[9]**の捜査結果、収賄容疑が明るみにでた。**
대검의 수사 결과 수뢰 혐의가 드러났다.

[　　　10　　　]**でも**[　　11　　]**せず、**
권모술수가 난무하는 정치판에서도 좌고우면하지 않고

[　12　]**自分の行くべき道を進む政治家。**
뚝심 있게 자신의 갈 길을 가는 정치인.

私が勤めていた[　13　]**は、**[　　14　　]
제가 근무했던 외국계 회사는 언어폭력이 난무하고

[　　15　　]**殺伐とした職場でした。**
인격 살인도 서슴지 않는 살벌한 직장이었어요.

乱舞しながら散っていく桜の花びらを眺めていると、
[　16　] 떨어져 가는 벚꽃잎을 바라보고 있자니

[　17　]**という言葉が**[　　18　　]。
인생무상이란 말이 절절히 가슴에 와닿았다.

[　19　]だった[　　20　　]狂喜乱舞しそうです。
선망의 대상이었던 그 사람과 친해져서 [　　21　　].

[　22　]分からないくらいです。
꿈인지 생시인지 모르겠을 정도예요.

[　　23　　]する家庭で育った子供たちが[　24　]
가정 폭력이 난무하는 가정에서 자란 아이들이 어른이 되면

その[　25　]可能性が高くなる。
그 폭력이 전염될 가능성이 높아진다.

랜덤 예제

[　1　]があってめったに[　　2　　]、
숙면장애가 있어서 좀처럼 숙면을 못 취하는데

昨日は生まれて初めて[　3　]死んだように[　4　]。
어제는 난생처음 수면제를 먹고 죽은 듯이 숙면했어요.

[　5　]で堅実な[6]を採用するという[7]を見て[8]したけど
용모 단정하고 건실한 정직원을 채용한다는 채용 공고를 보고 지원했는데

後で知ったが[　9　]が堅実とは[　　10　　]だった。
알고 보니 정작 그 회사가 건실과는 거리가 먼 악덕기업이었다.

[　11　]で発生した、10台以上が[　　12　　]のために
53번 국도에서 발생한, 10대 이상이 휩쓸린 연쇄 추돌 사고로 인해

貨物輸送が[　13　]いる。
화물 수송이 정체되고 있다.

[14]：[15]を避けて[　　16　　]してください。
보관 방법 : 직사광선을 피해서 그늘지고 서늘한 곳에 보관해 주세요.

> **해설**

이 '난무'라는 한자어처럼 2권에서 표제어로 다룰 수 있는 것들을 소위 츠키다시, 곁 반찬으로 욱여넣은 것들이 많았죠. '폭력이 난무하다'라는 한국어 표현을 일본선 그대로 乱舞라고 하면 부자연스럽다고 말한 거 기억하시죠? 이 '난무'라는 한자어가 양국에서 어떤 쓰임새 차이를 보이는지 알기 위해선 먼저 일본어 사전을 찾아보는 게 좋겠죠? 별로 관계없는 2번, 3번 뜻풀이는 생략하겠습니다. 거의 모든 사전이 똑같은데 두 번째인 다이지린 사전에서만 조금 다릅니다.

1 入り乱れて舞うこと。踊り狂うこと。「蝶（ちょう）が花畑を乱舞する」

（1）**人々**が入り乱れて**踊る**こと。踊り狂うこと。「狂喜―する」

다이지린 사전은 '사람들이 뒤섞여서 춤추는 것'이라고 설명을 해 놨네요. 나머지 사전은 모두 「入り乱れて舞う」라고 해 놨고요. 이건 두 가지 해석이 가능하겠죠. 사람 등이 뒤섞여서 춤을 춘다는 뜻, 그리고 꽃잎이나 나뭇잎 등이 어지럽게 흩날린다는 뜻으로 말이죠. 다시 말해 일본의 한자어 乱舞는 한자 자의 그대로 '어지럽게 춤추는'이라는 뜻, 그리고 비유적으로 꽃잎 등이 어지럽게 춤추듯 날아다니는 것을 뜻하는 말로만 쓰인다는 겁니다. 한국처럼 '폭력'과 짝지어 쓰면 부자연스럽다는 것이죠. 그렇다면 이 일본어 乱舞를 각각의 문맥에서 어떻게 번역하면 좋을지 '제안'해 보겠으니 함께 살펴보기로 하죠.

> **모범 답안**

1. 감시 기능은커녕 : 監視機能はおろか

고수분들에게는 기초적인 거겠지만 복습 차원에서. 그리고 '~은(는)커녕'은 붙여 쓴다는 점.

2. 난무하고 : 横行し

일본은 '폭력'에 '난무'를 쓰지 않습니다. 또한 1권에서도 살짝 언급했듯이 「飛び交う」라고 번역하는 분들도 있는데 이 동사의 성격상 '폭력'에 「飛び交う」를 쓰면 어색하다고 합니다.

3. 일삼는 : 明け暮れる

한국어 '일삼다'는 일본어로 번역하기 참 까다로운 단어죠. 위와 같이 번역해 주면 해결되는 경우가 많지만 그렇지 않은 경우도 있어서 골치가 아픈 거죠.

4. 해산돼야 마땅하다 : 解散して然るべきだ

'~ㅓ/ㅏ야 마땅하다'는 위와 같이 번역해 주면 무난하죠.

5. 흑색선전이 난무하는 선거판 : デマが飛び交う選挙戦
일본은 '흑색선전'이라는 용어를 안 씁니다. 그리고 폭력이 난무한다고 할 때는 「飛び交う」를 쓰면 부자연스럽지만 이 경우에는 자연스럽다고 합니다. 그리고 「デマ」는 민중 선동을 뜻하는 독일어 Demagogie를 줄여서 말하는 것이죠.

6. 중상모략 : 誹謗中傷
일본에서는 '중상모략'이라는 한자어를 쓰지 않으니 위와 같이 번역해야겠죠.

7. 나아가서는 여당 대표로 : さらには与党の総裁に
이 역시 복습 차원이죠. 그리고 党首(당수)라고도 하고요.

8. 득의양양하고 있었지만 : 意気揚々としていたが
일본은 '득의양양'이라는 말을 안 쓰니 위와 같이 번역해야겠죠.

9. 대검 : 最高検察庁

10. 권모술수가 난무하는 정치판 : 権謀術数が飛び交う政界
참고로 '정치판'을 政治界라고 해서 보냈는데 감수자님이 위와 같이 고쳤습니다. 이걸 보더라도 일본은 政界라는 말을 훨씬 폭넓게 쓴다는 걸 알 수 있죠.

11. 좌고우면 : 右顧左眄
일본은 이렇듯 글자의 순서를 바꿔서 표현합니다.

12. 뚝심 있게 : 根気強く
이 표현은 위와 같이 번역하는 것밖에 제 능력으로는 떠오르지가 않네요.

13. 외국계 회사 : 外資系会社

14. 언어 폭력이 난무하고 : 暴言が飛び交って
일본은 「言語暴力」라는 식으로 표현하지 않고 「言葉の暴力」라고 말하는 게 일반적입니다. 또한 일본인들에게 물어본 결과, 「暴言」의 경우는 「飛び交う」라고 해도 자연스럽지만 「言葉の暴力」의 경우는 '폭력'이라는 말이 바로 앞에 있어서 그런지 「横行する」라고 해야 자연스럽다고 합니다.

15. 인격 살인도 서슴지 않는 : 人格抹殺も躊躇しない

일본의 경우 '살인'이라는 말은 한자 자의 그대로 사람을 죽일 때만 쓰기 때문에 이때 殺人이 아니라 殺害라고 해야 자연스러운데, '인격 살해'란 말 자체도 생경한 표현이기 때문에 위와 같이 '말살'이라고 해 줘야 자연스럽습니다. 참고로 영어 Character Assassin을 일본어로 번역한 예를 보면 위의 '인격 말살'과 함께 人物破壞(인물 파괴)라는 것도 있었습니다. 다만 이 역시 널리 알려진 용어가 아니므로 쉽게 풀어서 번역해 줄 수도 있겠습니다. 큐알코드를 참고하세요.

'인격 살인', '인신공격'을 일본어로 번역하면?

16. 乱舞しながら : 난무를 추며

일본어 '난무'는 이런 의미로 쓰입니다.

17. 인생무상 : 人生の無常

일본은 이렇듯 가운데 の를 넣어 줘야 자연스럽다고 합니다.

18. 절절히 가슴에 와닿았다 : ひしひしと胸に迫った

1권에서는「響く」를 답안으로 제시했었죠. 위와 같이도 표현하니까 몰랐던 분은 이참에 외워 두셔서 잘 활용하시기 바랍니다. 그리고「ひしひし」도 여러 뉘앙스로 쓰이는 말인데 이 경우는 다이지센의 1번 뜻풀이인 아래와 같은 뜻으로 쓰인 거니까 '절절히'라고 해 주면 되겠죠.

(1) 強く身に迫るさま。切実に感じるさま。「責任の重さを―と感じる」

19. 선망의 대상 : 羨望の的

20. 그 사람과 친해져서 : 彼と仲良くなれて

블로그 글에서도 썼듯이 일본은 이때도 가능형으로 표현합니다. 블로그 글 안 읽으신 분은 큐알코드로 들어가서 읽어 보세요. 가능형 표현 감을 잡는 데 도움이 될 겁니다.

한국인이 구사하기 힘든 일본어 표현(feat 라플라스의 마녀)

21. 狂喜乱舞しそうです : 좋아서 펄쩍펄쩍 뛸 거 같아요
일본어 '난무'는 이처럼 '광희난무'라는 사자성어 형태로 자주 씁니다. 좋아서 펄쩍펄쩍 뛸 정도로 기뻐하는 모습을 뜻하는 단어죠.

22. 꿈인지 생시인지 : 夢かうつつか
「うつつ」를 한자로 쓰면 現인데 말 그대로 현실, 생시라는 뜻이죠. 그리고 夢와 함께 하나의 성구(成句)로 자주 쓰이는 표현이니 통째로 외워 버리세요.

> 日 한국은 '꿈인지 생시인지', '꿈인가 생시인가'의 형태로 정형화돼서 쓰입니다.

23. 가정 폭력이 난무 : 家庭内暴力が横行
일본은 '가정내폭력'이라고 하는 게 자연스럽습니다.

24. 어른이 되면 : 成人すると
일본은 '성인'이라는 한자어도 '성인이 된다'는 뜻의 동사로도 사용합니다. 일본의 경우 우리는 형용사인데 동사인 것들도 아주 많죠.

25. 폭력이 전염될 : 暴力に感染する
제 블로그 글 읽어 보신 분은 아시겠지만 일본은 '감염'이라는 한자어도 이렇듯 비유적으로 사용합니다. 다만 감수자님 의견은 이 문맥에서는 '감염'보다는 '전염'을 쓰는 게 낫다고 하셨으니 참고하시길. 하지만 시마다 마사히코라는 소설가도 이렇게 쓴 걸 발견했고, 칸 영화제 수상작 <도그맨> 관련 글과 루쉰의 <아Q정전> 관련 글 등에서도 이렇게 쓴 걸 발견했습니다.

랜덤 예제 모범 답안

1. 숙면장애 : 熟眠障害・熟睡障害
숙면장애는 수면장애의 여러 형태 중의 하나죠. 그리고 일본은 '숙면'이 아니라 '숙수'라고 한다는 건 아는 분도 많을 테죠. 그런데 일본도 전문 의학 용어로는 '숙면'이라는 말을 씁니다.

2. 숙면을 못 취하는데 : 熟睡できないんですが

3. 수면제를 먹고 : 睡眠薬を飲んで

4. 숙면했어요 : 熟睡しました

5. 용모 단정 : 容姿端麗

6. 정직원 : 正社員
일본은 '직원'이라는 말을 학교와 관청 등의 공공기관, 공기업, 그리고 은행 등의 금융기관 종업원일 경우에만 쓰죠. 민영화된 공기업의 경우는 옛날 그대로 '직원'이라는 말을 쓰고요.

7. 채용 공고 : 採用広告
일본은 이런 경우 '공고'라는 한자어를 쓰지 않습니다.

> 日 한국은 일반 사기업에서도 채용 '공고'라는 용어를 관행적으로 쓰곤 합니다.

8. 지원 : 応募

9. 정작 그 회사 : 肝心の会社
한국어 부사 '정작'도 번역하기 까다로운 단어인데 이 문맥에서는 위와 같이 번역할 수 있겠습니다. 그리고 '그'는 빼 버리는 게 매끄럽습니다.

10. 거리가 먼 악덕기업 : 程遠いブラック企業
이걸 그대로 「距離が遠い」라고 직역하면 코패니즈가 됩니다.

11. 53번 국도 : 国道第53号線

12. 휩쓸린 연쇄 추돌 사고 : 絡む玉突き追突事故
일본은 연쇄 추돌 사고를 이렇게 표현합니다. 그리고 이걸 줄여서 「玉突き事故」라고도 합니다. 「玉突き」는 당구를 뜻하죠. 당구에서 자기 공이 한 공을 맞히고 또 다른 공을 맞히는 것에 비유해서 연쇄 추돌을 이렇게 표현하는 것이죠. 우리가 생각하기에는 「絡んだ」라고 과거형으로 써야 올바를 것 같은데 이 경우는 이렇듯 현재형으로 표현하는 게 일반적입니다.

13. 정체되고 : 滞留して

14. 보관 방법 : 保存方法
일본은 이렇듯 '보존 방법'이라고도 합니다. 둘의 쓰임새 차이는, '보존'은 채소류 등의 음식품의 경우에 쓰이고, 약이나 화장품 같은 건 '보관'을 쓴다고 한 몇몇 일본인의 의견이 있었고, 한 일본인은 '보존'은 물건의 질, '보관'은 관리에 중점을 둔 표현이랬으니 참고하세요.

15. 직사광선 : 直射日光
일본은 '직사광선'이 아니라 이렇듯 '직사일광'이라는 표현을 씁니다

16. 그늘지고 서늘한 곳에 보관 : 冷暗所で保存
일본은 이렇게 '냉암소'라는 한자어를 씁니다.

> 日 국어사전을 찾아보니 한국도 '냉암소'라는 말이 실려 있더군요. 전문 영역에서는 쓰는지 알 수 없지만, 한국인에게 '냉암소'라고 말하면 알아듣는 사람 거의 없을 겁니다.

読み方

収賄(しゅうわい)・輸送(ゆそう)・横行(おうこう)・然(しか)る・誹謗中傷(ひぼうちゅうしょう)
意気揚々(いきようよう)・権謀(けんぼう)術数(じゅっすう)・右顧左眄(うこさめん)・暴言(ぼうげん)
抹殺(まっさつ)・躊躇(ちゅうちょ)・乱舞(らんぶ)・狂喜(きょうき)乱舞(らんぶ)・熟眠(じゅくみん)
熟睡(じゅくすい)・睡眠薬(すいみんやく)・肝心(かんじん)・玉突(たまつ)き追突(ついとつ)事故
直射日光(ちょくしゃにっこう)・冷暗所(れいあんしょ)

신경질과 神経質는 같은 뜻이 아닌데 그럼 번역은?

あの人は見かけと違って神経質で些細なことでも[　1　]。
저 사람은 겉보기와 달리 [　2　] 사소한 일에도 전전긍긍한다.

あの人は、[　3　]で[　4　]たちの期待を一身に受けているが
저 사람은 다재다능해서 팀원들의 기대를 한 몸에 받고 있지만

神経質なので[　　　5　　　]のが玉に瑕だ。
[　6　] 툭하면 신경질을 부리는 게 옥에 티다.

彼女は神経質なところがあって、人と握手するのを[　7　]嫌がる。
저 여자는 [　8　]이 있어서 남과 악수하는 걸 극단적으로 싫어한다.

俺の妻は神経質なところがあって、何事も完璧にこなせないと[　9　]。
내 아내는 [　10　]이 있어서 무슨 일이든 완벽히 해내지 못하면 신경질적이 된다.

[11]神経質なのでつまらない冗談は止めた方がいいぞ。
얘는 [　12　] 시시한 농담은 안 하는 게 좋아.

[13]で何もかも[　14　]。
걱정병이라서 뭐든지 곧이 받아들이니까.

前提が[　15　]そんなふうに[16]のは早計だと言いながら
전제가 모순돼 있는데 그런 식으로 결론 짓는 건 [　17　]이라며

[　　18　　]。
신경질적으로 굴더라니까.

これはとても神経を使う問題なので、[19]考えては[20   ]。
이건 무척 [21   ]이므로 쉽게 생각하다간 낭패를 보는 수가 있다.

過敏性大腸炎だって?見た目は神経質に見えないけど。[22   ]。
과민성 대장염이라고? 겉보기는 [23   ]. 택배 기사인데 힘들겠다.

彼の[24   ]が[25   ]、結局[26   ]しまった。
그의 신경질적인 성격이 화근이 돼서 결국 파혼을 당하고 말았다.

あんたのせいで[27   ]勉強にならないじゃん。姉ちゃん[28   ]なのに
너 때문에 신경이 분산돼서 공부가 안 되잖아. 누나 내일모레 입학 시험인데
[29   ]あんたっていったいどんな神経してんの?
신경도 안 써? 넌 대체 [30   ]?

랜덤 예제

[1]の[2   ]を歩くと[3]だった[4]の思い出が浮かんだ。
만발한 벚나무 가로수 길을 걸으니 지고지순했던 소녀 시절 추억이 떠올랐다.

大好きな○○が[5   ]と聞いて[6]で[7]に向かった。
너무 좋아하는 ○○가 대미를 장식한다고 해서 기대 만발해서 콘서트장으로 향했다.

[8]ではないので[9]して調べない限り
프로그램 문제는 아니라서 컴퓨터를 분해해서 조사하지 않는 한
急に[10]原因を[11   ]もっと時間がかかりそうだって。
갑자기 먹통이 되는 원인을 밝혀낼 수 없으니까 복구까지는 시간이 더 걸릴 것 같대.

あいつは[12   ]があるから、あいつの話を[13   ]。
그 자식은 호언장담하는 버릇이 있어서 그 자식 얘기를 곧이곧대로 믿으면 안 돼.

> **해설**

문서번역에서는 이 '신경질'이라는 일본 한자어를 접할 일이 별로 없을 것 같은데, 영상번역이나 문학 작품 번역을 하시는 분들은 정말 자주 접하는 말이죠. 하지만 이 역시 한국과 일본에서 뜻과 쓰임새가 다른데도 이걸 알지 못하고 서로가 그대로 직역해 버리는 예가 많습니다. 물론 영상번역을 해 보신 분들 중에서는 한국의 '신경질 부리다'는 표현을 그대로 일본어 神経質로 번역하면 안 된다는 건 아는 분들도 많으실 테지만 '신경질적이다'라는 표현은 좀 애매한 측면이 있죠? 살짝 겹치는 부분도 있는 것 같고 말이죠. 하지만 일본은 '신경질'에 '적'을 붙이지도 않을 뿐더러 그 뉘앙스 또한 사뭇 다릅니다. 한국에서 어떤 사람을 일컬어서 신경질적이라고 하면 별것도 아닌 일에도 신경을 곤두세우고 걸핏하면 짜증이나 화를 내는 사람을 뜻하죠. 하지만 일본에서 쓰는 「神経質だ」라는 말은 사소한 일에도 남의 눈을 의식해서 걱정하고 안절부절못하고, 온갖 일에 신경을 쓰면서 (한국어)전전긍긍하는 모양을 나타내는 표현입니다. 한마디로 신경이 너무 예민해서 오만가지 생각과 걱정을 하는 사람을 일컫는 것이죠. 또한 결벽증적인 성격인 사람이나 완벽주의적인 사람도 「神経質な人」라고 합니다. 이처럼 일본어 「神経質」는 말뜻의 스펙트럼이 상당히 넓은 단어라는 말이죠. 그러니 이 '신경질'이라는 한자어를 번역할 때는 한일 양국 모두 문맥을 잘 살펴서 가장 적절하다고 생각되는 표현으로 번역해 줘야 하는 상당히 까다로운 한자어인 셈이죠.

> **모범 답안**

1. 전전긍긍한다 : くよくよする

2. 神経質で : 신경이 예민(과민)해서

이렇듯 일본어 '신경질'은 기본적으로 신경이 너무 예민한, 과민한 걸 뜻하는 말로 쓰입니다.

3. 다재다능 : 多才·多芸多才

일본은 이렇듯 '다예다재'라고 하는데, 일상의 대화에서는 쓰이는 일이 별로 없다고 하니 그냥 多才라고 하는 게 낫겠습니다.

4. 팀원 : スタッフ

이것과 비슷한 게 1권에서도 나왔었죠? 그리고 '팀'을 넣어서 말할 때도 「チーム員」이 아니라 「チームのメンバー」라고 하는 게 자연스럽다고 합니다.

5. 툭하면 신경질을 부리는 : 何かにつけてヒステリーを起す

한국어 표현 '신경질을 부리다'는 이런 식으로 번역해 줘야겠죠. 그리고 「何かにつけ」라고도 하는데 이런 경우는 '걸핏하면, 툭하면'이라고 번역해 줄 수 있겠지만, 이 표현은 쓰임새의 폭이 좀 넓습니다. 기회가 있을 때마다, 무슨 일에든 늘 같은 행동 등을 하는 걸 뜻하는 단어이므로 문맥을 잘 살펴서 적절한 역어를 선택해야 하는 표현입니다. 그런데 일부 사전이나 인터넷에서 한국어 '툭하면/걸핏하면'을 「ともすれば・ややもすれば」라고 설명해 놓은 게 더러 눈에 띄는데 이건 '자칫하면'이라는 뜻입니다. 지금껏 그렇게 알고 써 왔던 분이 계시면 앞으로는 오용하지 않으시겠지요? 또한 「ことあるごとに」도 걸핏하면, 툭하면이라는 뜻으로도 쓰이는 말입니다.

6. 神経質なので : 신경이 예민해서

7. 극단적으로 : 極端に

블로그에서 선물(?)해 드린 파일 다운받아서 읽어 보신 분은 아시겠지만 일본은 '극단'에도 '적'을 붙이지 않습니다.

8. 神経質なところ : 결벽증적인 면

일본어 神経質의 쓰임새를 설명해 놓은 사이트를 보면 이런 맥락, 그러니까 남과 악수하는 것조차 싫어하는 결벽증적인 사람도 「神経質な人」라고 한다고 돼 있습니다. 그러니 이런 문맥에서는 이렇게 번역해 주는 게 자연스럽겠죠.

9. 신경질적이 된다 : いらいらする

한국어 '신경질적'은 이렇듯 문맥에 따라 적절히 의역해 줘야 합니다.

10. 神経質なところ : 완벽주의적인 면

이 문맥에서는 이처럼 번역해 줘야 자연스럽겠죠. 일본어 '신경질'은 이런 경우에도 쓰인다는 말입니다.

11. 얘는 : 彼女は

아마 놀란 분이 꽤 많으실 거라 봅니다. 일본어 「彼女」는 '그녀'란 뜻으로만 쓰이는 게 아니고 「彼」 또한 '그'라는 뜻으로만 쓰이는 게 아닙니다. 바로 자기 옆에 있는 여자 친구를 지칭하는 경우도 이렇듯 「彼女」를 쓴다는 것이죠. 또 다른 예를 들어 보자면, 친구가 찾아왔는데 모르는 사람을 데리고 왔습니다. 그때 '누구야?'라고 물을 때도 일본은 「彼(彼女)は?」라고 합니다. 한마디로 말해서 일본어 「彼・彼女」는 영어 'he/she'와 쓰임새가 거의 같다고 보면 됩니다. 여담을 하나 하자면, 일본에선 「彼・彼女」를 영어 'he/she'의 용법과 너무 똑같이 쓰길래 한 일본인에게 영어가 들어오기 전에도 「彼・彼女」의 용법이 지금과 같았느냐고, 혹시 영어의 영향을 받아서 이런 쓰임새가 된 게 아닌가 물으니 정말 날카로운 지적이라면서 그렇다고 하더군요. 그런데 다른 일본인에게 물었더니 그런 생각은 해 본 적 없는데 아마 아니라고 생각한다는 답변이었으니 참고만 하시길.

> 日 일본인들이 한국어에 관한 질문을 할 때 「彼(彼女)」를 그대로 '그/그녀'로 적어서 물어보는 경우가 많은데, 한국에선 '그/그녀'를 구어체로 쓸 일은 거의 없고 문어체로 씁니다.

12. 神経質なので : 예민한 성격이라
이 '신경질'은 원래 1권에 넣었다가 밀린 것이어서 당시 감수를 맡길 때 이것도 있었습니다. 그래서 저는 이렇게 번역해 봤는데 적절한가를 물으니 당시 1권 감수자님도 적절한 번역이라고 하더군요.

13. 걱정병 : 心配性
우리의 걱정병을 일본은 이렇게 표현합니다. 주의할 것은 症이 아니라 性이라는 것.

14. 곧이 받아들이니까 : 真に受けてしまうんだから
진짜로 받아들인다, 곧이 받아들인다는 말을 이렇게 표현하죠. 비슷한 표현으로 「鵜呑みにする」도 기억하시죠?

15. 모순돼 있는데 : 矛盾してるのに
일본어 '모순'은 이렇듯 동사로도 씁니다. 그리고 '되다'를 '스루'라고 하죠.

> 日 　한국 국어사전에 '모순하다'라는 동사는 없고 '모순되다'만 있습니다.

16. 결론 짓는 : 結論する
일본어 '결론'도 이렇듯 동사로도 씁니다. 일본의 경우 한국에서는 동사로 쓰이지 않는 한자어들을 동사로 쓰는 예가 많죠. 앞서 나온 「成人する」도 그렇고 또 일본은 「科学する」라고 '과학'도 동사로, 「青春する」라고 '청춘'도 동사로 쓰죠. 다만, '결론'의 경우는 동사로 쓰는 건 어색하다는 일본인들이 있던데 검색을 하면 사용례가 많이 나오고, 실제 신문 기사나 칼럼 등에서도 쓴 예가 검색됩니다. 저 역시 여러 차례 접했었고요.

17. 早計 : 성급한(경솔한) 판단(생각)

> 日 　한국에도 '조계'란 한자어가 사전에 있지만 사어라고 생각하시면 됩니다.

18. 신경질적으로 굴더라니까 : 神経を高ぶらせるじゃん
한국에서 '신경질적으로 군다'는 말은 막 짜증을 내며 흥분하는 모양을 나타내는 표현이죠. 「神経を高ぶらせる」 역시 비슷한 뉘앙스로 쓰이는 표현입니다. 굳이 직역식으로 번역하자면 신경을 곤두세운다는 말이죠.

19. 쉽게 : 簡単に
이 역시 복습이죠? 따라서 일본어 '간단'을 한국어로 번역할 때도 세심한 주의를 기울여야 합니다. 3권에도 결국 못 실었으니 그대로 '간단'이라고 번역하면 어색한 경우 몇 개를 소개하죠.

お客さんのカバンを簡単に壊すわけにはいかないでしょう。
大統領との面会を簡単には許さず、
子供の頃はカマキリを簡単に見ることできました。

俺は簡単にはやられないぞ。
(택배 왔다고)簡単に出るな。
簡単に言わないでよ。

> 日　두 번째 문장의 경우 일본은 저렇듯 面会라는 단어를 쓰지만 한국은 '면담'이라고 해야 자연스럽습니다. 한국어 '면회'는 예컨대 교도소 같은 곳에 찾아가서 죄수를 만나는 걸 뜻합니다. 국어사전 뜻풀이도 '일반인의 출입이 제한되는 어떤 기관이나 집단생활을 하는 곳에 찾아가서 사람을 만나 봄'이라고 돼 있듯이 말이죠. 또한 코로나 관련 기사에서 '가족 면회도 전면 금지'처럼 쓰이는데, 일본에 비해서 '면회'라는 한자어의 쓰임새 폭이 좁은 편입니다. 그리고 위 예문 중에서 나머지는 '쉽게'라고 번역하면 자연스럽지만 첫 번째 예문과 '택배 왔다고' 예문은 '간단하게'도 '쉽게'도 어색합니다. 이 경우 저는 '함부로'라는 번역을 추천합니다. 이 글을 블로그랑 카페에 올렸었는데 어떤 분께서 택배 예문의 경우 '막 나가지 마'는 어떻겠냐는 의견을 주시더군요. 괜찮은 번역이라고 생각합니다.

20. 낭패를 보는 수가 있다 : 大変なことになりかねない

한국어 '낭패'는 이렇듯 다양하게 의역해 줄 수밖에 없겠죠. 또한 한국어 문형 '~는 수가 있다'도 번역하기 까다로운 표현인데 이 문맥에서는 위와 같이 번역할 수 있겠습니다.

21. 神経を使う問題 : 민감한 문제, 신경이 예민해지는 문제

사실 이건 처음에는 「神経質な問題」를 문제로 내려고 했습니다. 왜냐하면 이렇게 해 놓은 걸 여러 차례 발견했기 때문이죠. 하지만 확인을 위해 몇몇 일본인들에게 물어봤더니 「神経質」는 사람의 기질, 성질을 묘사하는 말로 쓰이는 것이기 때문에 '문제'를 수식하는 말로 「神経質な」를 쓰는 건 어색하다고 하더군요. 하지만 저도 여러 차례 발견했고, 몇몇 일본인들은 전혀 문제없는 자연스러운 일본어라고 대답한 사람도 있었습니다. 실제로 「神経質な」 뒤에 사람이 아닌 걸 넣어서 검색해 봐도 많이 검색이 됩니다. 특히 제가 자주 접했던 게 「神経質な話題」였습니다. 그리고 일본인들에게 일본어의 쓰임새를 설명하는 사이트에서조차 이렇게 표현한 것들이 검색이 될 정도입니다. 아무튼 이것이 오용이든 아니든 이렇게 표현하는 일본인들이 있으니 그런 사람들이 말한 「神経質な」라는 표현을 번역할 일이 있을 수 있겠죠. 그런 경우에 저는 위와 같이 번역할 거 같습니다. 그리고 「神経を使う問題」를 그대로 '신경을 쓰는 문제'라고 번역하면 일본어 「神経を使う問題」의 뉘앙스를 잘못 전달하는 것입니다. 따라서 위와 같이 번역해 줘야 원래의 의미가 전달됩니다.

> 日　이런 문맥에서 '신경을 쓰는 문제'라고 하면 어색합니다. 다만 「神経を使う」가 「気を遣う」, 「気を配る」라는 뉘앙스로 쓰인 경우는 '신경을 쓰다'로 번역해도 괜찮다고 생각하지만, 이것에 대해 조사하다가 발견한 아래의 예문의 경우,

「ちょっとのミスで事故りかねないので、神経を使うゲームだ」

'신경을 쓰는 게임'이 아니라 '신경을 써야 하는 게임'으로 번역해야 자연스럽습니다. 같은 한자어들인데도 이렇게 미묘한 뉘앙스 차이가 있는 한자어가 많으니 ほんとに神経を使っちゃいますね。

22. 택배 기사인데 힘들겠다 : 宅配業者なのに大変だな
일본에선 업자나 업체가 아닌 개인 택배 기사도 이렇게 業者라는 표현을 씁니다.

23. 神経質に見えないけど : 예민하게 안 보이는데

24. 신경질적인 성격 : すぐいらいらする性格

> **日** 한국에선 사소한 일, 별것 아닌 일에도 금세 짜증을 내거나 조바심 치는 사람을 '신경질적'이라고 표현합니다.

25. 화근이 돼서 : 災いして

26. 파혼을 당하고 : 婚約を解消(破棄)されて
찾아보니 일본의 국어사전에 '파혼'이란 한자어가 있긴 있더군요. 하지만 실생활에서는 쓰일 일이 없는 사장된 단어라고 보시면 됩니다. 한국어 '파혼'은 일본에선 이렇듯「婚約解消」또는「婚約破棄」라고 합니다.

> **日** 1권에서 나왔듯, 개그맨 등의 콤비를 해체하는 것도 일본은 解消를 쓰고, 약혼도 解消를 쓰지만 거꾸로 이걸 한국어로 번역할 때 그대로 '해소'라고 하면 한국 사람들은 의아해합니다. 다만 이 '약혼'의 경우 '파기'는 한국에서도 통합니다. 婚約을 破棄하는 것이 破婚이니까요.

27. 신경이 분산돼서 : 気が散って
이걸 그대로「神経が分散して」라고 직역하면 부자연스러운 일본어가 됩니다. '분산'이라는 한자어 역시도 같은 뜻이지만 쓰임새가 미묘하게 다르다는 말이죠.

28. 내일모레 입학 시험 : もうすぐ受験
일본은 '입학 시험'이 아니라 '수험'이라고 하는 게 일반적입니다. '수험'이라는 한자어의 쓰임새 폭이 한국에 비해 훨씬 넓죠. 또한 '내일모레'를 그대로 직역하면 제대로 된 뜻이 전달이 안 되죠.

> **日** '내일모레'는 정말로 내일과 모레라는 말이 아니라 '내일의 다음 날', 그러니까 '모레'라는 뜻으로도 쓰이는데, 이보다는 '곧', '가까운 시일'이라는 비유적 뜻으로 주로 쓰입니다. 그리고 하나의 단어로 등재돼 있으므로 붙여서 씁니다.

29. 신경도 안 써? : 気にもしないの?
이걸「神経も使わないの?」라고 하면 코패니즈가 됩니다. 앞에서도 나왔지만 '신경을 쓰다'라는 표현도 한국과 미묘하게 다른 것이죠.

30. どんな神経してんの : 생각이 있어, 없어

이때의 神経를 다른 말로 표현하자면 사고 회로, 정신 상태 등의 뉘앙스로서, 보통 사람의 상식으로는 생각도 못할 짓, 행위를 할 때 쓰는 관용적 표현입니다. 한마디로 몰상식한 짓, 비상식적인 행위를 비난하는 뉘앙스인 것이죠. 그런데 이걸 직역해서는 한국어로서는 의미가 통하지 않죠. 따라서 문맥에 따라 다양한 한국어로 의역할 수밖에 없는 까다로운 표현이죠. 그리고 「いい神経している」의 형태로도 쓰는데, 이건 간도 크다, 배짱도 좋다 등의 긍정적…이라기보다 놀랍다는 뜻으로도 쓰고, 반대로 간덩이가 부었다, 뻔뻔하다, 낯짝도 두껍다, 어떻게 저럴 수가 있나 등의 뉘앙스로 비꼬는 뜻으로도 씁니다.

랜덤 예제 모범 답안

1. 만발 : 満開
일본은 '만발'이라는 한자어를 쓰지 않고 이처럼 '만개'라고 합니다.

2. 벚나무 가로수 길 : 桜並木道
일본은 벚나무 가로수 길을 위와 같이 말합니다. 그리고 일본 역시 街路樹라는 말을 쓰지만 이건 도로변에 인공적으로 심어 놓은 나무들이라는 이미지인 반면에 並木는 인공적으로 심은 것이든 자연적으로 자란 것이든 도로뿐 아니라 공원, 숲, 시골길, 학교 등에 줄지어 있는 나무들이라는 이미지라고 합니다.

3. 지고지순 : この上なく純粋
일본은 至純至高라는 사자성어를 거의 쓰지 않으니 이처럼 풀어서 의역하는 게 낫겠습니다. 하지만 누차 말하지만 시험 등에 안 나온다는 보장은 없으므로 알아 둬서 나쁠 건 없겠죠.

4. 소녀 시절 : 乙女時代
이「おとめ」는 고어에서는「をとめ」라고 표기했는데 남자를 뜻하는「をとこ」의 반대 개념이죠. 즉, 여자란 뜻인데 그냥 여자가 아니라 처녀(미혼), 소녀, 젊은 여자를 뜻하는 말입니다. 몇 살까지냐에 관해선 일본인들도 의견이 분분한 모양인데 대체로 많게는 20세 또는 18세까지로 보는 견해가 많은 것 같습니다.

5. 대미를 장식한다 : 大トリを飾る·トリを飾る
엄밀히 말하면「大トリ」와「トリ」는 다릅니다. 예컨대 '홍백가합전'처럼 복수의 팀이 나와서 서로 경쟁하는 경우, 선공팀의 마지막 출연자를「トリ」라고 하는 것과 구별하기 위해 후공팀의 마지막 출연자를「大トリ」로 부른 데서 유래했다고 하는데 실제로는 둘 다 대미, 마지막을 장식한다는 뜻으로 혼용해서 쓰는 사람들이 많다고 합니다. 또한「トリ」라는 말은 옛날에는 '라쿠고(落語)'를 비롯한 각종 공연을 보여 주는 이른바「寄席」에서 마지막에 출연하는 가장 인기 있고 유명한 사람이 관객들로부터 돈을 받아서 출연자들에게 나눠 줬다고 하는데, 돈을 '받는다'는 뜻인「受け取る」의「取る」를 따서 명사화시킨 것이라고 합니다.

6. 기대 만발 : 期待いっぱい

꽃이 만발했다는 표현의 경우 일본은 '만발'이라는 한자어를 안 쓰고 満開라고 한다는 건 아니까 이 역시「期待満開」라고 번역해 놓은 걸 여러 번 봤는데 일본은 満開를 이런 식으로는 쓰지 않는다고 합니다. 그런데 실은 처음에 이것의 정답으로서「期待全開で」라는 표현도 함께 제시하려고 했습니다. 왜냐하면 옛날에 어떤 일본인이 이렇게 표현해 놓은 걸 보고 메모해 뒀던 것이거든요. 하지만 책에 쓰기 위해 재삼재사 확인해 본 결과, 처음 보는 표현이다, 그런 표현 안 쓴다, 일반적인 표현이 아니라는 답변이었고 감수자님 의견도 같았습니다. 다만 두 명의 일본인은 표준적인 표현은 아니지만 뜻은 충분히 통한다는 반응이었으니 참고하시길.

> 日 이 全開라는 한자어는 한국에선 안 쓰기 때문에 번역하기 참 까다롭죠. 그런데 저도 사전을 찾아보고 처음 안 사실인데 한국에도 전개(全開)라는 한자어가 사전에 실려 있더군요. 그렇다면 일본어 全開를 그대로 '전개'라고 번역해도 될까요? 이에 관해서는 바로 뒤에서 하나의 표제어로서 자세히 살펴보죠.

7. 콘서트장 : ライブ会場

일본에서도 '콘서트'라는 말을 쓰지만 위와 같이 '라이브'라고 하는 게 일반적이고, 또한 일본은 会場라고 합니다.

8. 프로그램 문제 : ソフトの問題

9. 컴퓨터를 분해 : パソコンを解体(分解)

일본은 이렇듯 '해체'라고도 합니다. 실제로 이런 의미로 쓴 예가 많이 검색되는데 여러 일본인에게 질문한 결과 뉘앙스 차이가 있다는 답이었습니다. '분해'는 수리 등을 해서 원래대로 되돌리는 이미지라면, '해체'는 낡은 컴퓨터 등을 처분하기 위해 완전히 해체한다는 이미지기 때문에 '분해'를 쓰는 게 일반적이라는 답변, 그리고 두 명의 일본인은 '해체'라고 하면 '부순다'는 이미지가 떠오른다는 답변, 다른 한 사람은 단호히 틀렸다는 답변이었습니다. 다만 한 사람은 '해체'라고 해도 문제없다고 답변했으니 참고하시기 바랍니다.

> 日 한국에서 컴퓨터를 '해체'한다고 하면 뜻은 통하겠지만 이처럼 '분해'를 쓰는 게 일반적입니다. 그러니 이런 의미로 쓰인 일본 한자어 解体는 '분해'라고 번역하시길 권합니다.

10. 먹통이 되는 : フリーズする

컴퓨터가 먹통이 되는 걸 일본은 이렇듯 freeze라는 외래어로 표현합니다. 컴퓨터가 얼어붙어 버린다는 말이죠.

11. 밝혀낼 수 없으니까 복구까지는 : 割り出せないから修復までは

「割り出す」는 기본적으로 산출(계산)해 낸다는 뜻인데 범인, 원인 등을 밝혀 내는 것, 결론, 답 등을 이끌어 내는 것이라는 뜻으로 쓰이죠.

12. 호언장담하는 버릇 : 大言壮語する性癖

이 性癖라는 한자어도 원래의 뜻은 「性質上のかたより。癖」, 그러니까 '성질상의 치우침. 버릇'이라는 뜻입니다. 문맥에 따라서는 한국어 '성향'으로 번역해 줄 수도 있겠죠. 그런데 性이란 한자어를 성질의 性이 아니라 성행위라고 할 때의 性으로 받아들임으로써 성적 취향, 성적 기호라는 뜻으로 널리 쓰이고 있는 실정입니다. 일본의 토크 쇼나 예능 프로 같은 걸 보면 이런 뜻으로 쓰는 걸 종종 접할 수가 있죠. 현재는 원래의 뜻으로 쓰는 사람이 오히려 적을 정도라고 합니다. 특히 젊은 층에서는 원래의 뜻 자체를 모르는 사람도 많을 거라고 합니다.

13. 곧이곧대로 믿으면 안 돼 : 鵜呑みにしちゃだめだよ

> 日 '곧이'는 부사여서 다른 말이 연결될 때는 띄어서 쓰지만 '곧이듣다'와 '곧이들리다'는 하나의 단어로 등재된 것이라서 붙여서 씁니다.

読み方

些細(ささい)な・過敏性(かびんせい)・大腸炎(たいちょうえん)・心配性(しんぱいしょう)
早計(そうけい)・高(たか)ぶらせる・事故(じこ)る・破棄(はき)・乙女(おとめ)・寄席(よせ)
桜並木道(さくらなみきみち)・性癖(せいへき)

한국은 안 쓰는 한자어 全開는 어떻게 번역할까?

何[　1　]。患者殺す気か。肝門部全開しろ!
뭘 우물쭈물하는 거야. 환자 죽일 셈이야? 간문부 [　2　]!

看護師：[　3　]、[　4　]患者です。
간호사 : 넘어져서 머리를 받혀서 출혈 과다로 실려 온 환자입니다.

医師：直ちに[5]しなさい。輸液全開!
의사 : 즉각 수혈 시작하세요. [　6　]!

この魔法の[7]を全開で回すと[　8　]が聞こえてくるんじゃよ。
이 마법 라디오의 다이얼을 [　9　] 외계인의 메시지가 들려온단다.

[10]が故障しているので、店の窓を全開にしておきました。
환풍기가 고장이 나서 가게 창문을 [　11　].

今までは[　12　]、いよいよ全開の錦織選手!
지금까지는 봐주고 있었지만, 드디어 [　13　] 니시코리 선수!

同[14]1位の選手を相手に、[15]から全開で戦いましたが、
동 체급 1위 선수를 상대로 초반부터 [　16　] 싸웠지만

やはり[17]だったようですね。結局、予選で[　18　]。
역시 역부족이었나 보군요. 결국 예선에서 탈락하고 맙니다.

[　19　]を聞いて[　20　]、車のトランクが
아들 사고 소식을 듣고 너무도 당황한 나머지 차 트렁크가

[　21　]にも気づかず病院まで運転して行ったんです。
활짝 열린 것도 [　22　] 병원까지 운전해 갔어요.

> **랜덤 예제**

[1]対象の新規採用シーズンは終わりまして、今は[2]しか
졸업 예정자 대상의 신규 채용 시즌은 끝이 나서 지금은 경력직 채용밖에

ないんで、[3]は一旦止めて[4]バイトを探してます。
없기 때문에 취업활동은 일단 관두고 파트타임제 알바를 찾고 있어요.

内部を[5]する[6]が終わって、開館した一週目に
내부를 개조하는 리모델링이 끝나고 개관한 지 일주일 만에

「[7]」って[8]を貼ったまま1か月近く閉館してる。
'금일 휴관'이라는 안내문만 붙인 채 한 달 가까이 [9   ].

[10]では[11]考えると言っておいて、[12   ]を
물밑 협상에서는 전향적으로 생각한다고 해 놓고 표면에서는 애매모호한 태도를

取ると文句を言うのは、日本人の「[11]考える」という言葉が
취한다고 불평하는 건 일본인의 '전향적으로 생각한다'는 말을

きちんと[13   ]。
제대로 이해하지 못했기 때문입니다.

[14]のとき[15]として[16]と言った誓いは[17]で終わった。
혼인 서약 때 인생의 반려자로서 평생을 함께하겠다던 다짐은 황혼이혼으로 끝났다.

[18   ]の一人だったA氏が、保守派に[19   ]が[20   ]。
진보 진영의 쌍두마차 중 한 명이었던 A씨가 보수파로 전향했다는 사실이 대서특필됐다.

あそこにいらっしゃる[21   ]ご年配の方はどなたですか?
저기 계시는 풍채가 좀 있으시고 [22   ]은 누구신가요?

> **해설**

먼저 코지엔 사전부터 펼쳐 보죠.

全部あけること。全部ひらくこと。

보셨듯이 '전부(활짝) 여는 것'이라는 의미밖에 없죠. 다른 여러 사전도 마찬가지더군요. 이처럼 원래 '전개'라는 일본 한자어는 기구, 기계, 문, 수도꼭지 같은 걸 전부 연다, 끝까지 연다는 의미로만 쓰였다고 합니다. 그 근거로 들 수 있는 것으로서 일본의 어떤 사이트에서는 일본어 全力(전력)과 全開(전개)의 쓰임새 차이에 대해 설명하고 있는데, '전력'의 경우는 주로 사람에게 쓰이는 말이고, '전개'의 경우는 기본적으로 물건에 대해 쓴다고 설명하고 있습니다. 그런데 그 의미가 확장돼서 지금에 이르러서는 사람에게도 쓰이게 됐다는 말이겠죠. 아래는 goo 사전과 코토방크 사전의 설명입니다.

1 全部開くこと。いっぱいにあけること。「ガス栓を全開する」「エンジン全開」⇔全閉。
2 全力で行うこと。もっている力を最大限に出すこと。「キックオフから全開で戦う」「パワー全開」
   [補説] 2の意味で、比喩的に「エンジン全開」「アクセル全開」などと用いることがある。

2번의 뜻풀이로 '전력으로 행하는 것', '가진 힘을 최대한으로 발휘하는 것'이라는 뜻으로 확장돼서 쓰인다는 것이죠. 또한 보충 설명에 2번 뜻풀이의 의미로 '(직역)엔진 전개/액셀 전개'라는 표현 자체도 비유적으로 쓰이는 실정이고요. 또한 저도 사전을 찾아보고 처음 안 건데, 한국에도 이 '전개'라는 한자어가 사전에 실려 있긴 하지만 사어라 할 수 있고 그 뜻 또한 '꽃이 활짝 피다'라는 뜻밖에 없습니다. 그러니까 만발, 만개와 같은 뜻의 말로서 쓰일 뿐, 일본처럼 다양한 문맥에서 다양한 쓰임새를 갖고 있는 단어가 아니란 것이죠. 그러니 일본어 全開를 그대로 '전개'라고 번역해서도 안 되겠죠.

> **日** 따라서 일본어 全開는 모범 답안처럼 문맥에 따라서 적절히 의역해 주는 수밖에 없습니다. 한국 사람에게 '전개'라고 하면 거의 모든 사람이 展開를 떠올릴 겁니다.

> **모범 답안**

1. 우물쭈물하는 거야 : ぐずぐずしてるんだ

2. 全開しろ : 활짝 열어

따라서 이런 문맥에서는 이렇게 번역해 줘야겠죠.

3. 넘어져서 머리를 받혀서 : 転倒して頭を打って

1권에서 다뤘던 거죠. 일본은 넘어지는 것, 자빠지는 걸 '전도'라고 합니다. 그리고 한국어 '전도'에 해당하는 일본어는 「横転」이라는 점도 복습 차원에서 언급합니다. 또한 여기서도 재귀동사 형태, 다시 말해 타동사적으로 표현하죠.

4. 출혈 과다로 실려 온 : 出血多量で運ばれてきた
일본은 '출혈다량'이라고 하는 게 일반적입니다. 그리고 '실려 온'을 직역하면 코패니즈가 되죠.

5. 수혈 시작 : 輸血開始

6. 輸液全開! : 수액 최대로!

7. 라디오의 다이얼 : ラジオのつまみ
옛날의 라디오는 주파수 맞추는 동그란 다이얼로 돼 있었죠. (손으로)집는다는 뜻인 「摘まむ」의 명사형으로 '손잡이'를 뜻하기도 하는데 라디오의 다이얼도 이렇게 말합니다.

8. 외계인의 메시지 : 宇宙人のメッセージ

9. 全開で回すと : 끝까지 돌리면
이런 경우는 이렇게 번역해 줄 수 있겠죠.

10. 환풍기 : 換気扇
일본은 환풍기를 이처럼 '환기선'이라고 합니다. '선'은 선풍기의 '선'이죠.

11. 全開にしておきました : 활짝 열어 뒀습니다.

12. 봐주고 있었지만 : 手加減をしてましたが

13. 全開の : 전력을 발휘하는
일본의 대표적인 프로 테니스 선수인 니시코리 선수가 예능 프로에 나왔을 때 내레이터가 한 말입니다. 일본은 '전개'를 이런 식으로도 쓴다는 것이죠.

14. 체급 : 階級

15. 초반 : 序盤

16. 全開で : 전력을 다해

17. 역부족 : 力不足

일본은 이와 비슷한 형태의 「役不足」라는 말도 있는데, 일본인들 중에서도 이걸 力不足와 같은 뜻으로 알고 쓰는 사람이 꽤 있다고 합니다. 하지만 이건 力不足와는 반대의 뜻으로서, 자신의 능력, 역량에 비해 맡은 일, 역할이 부족하다는 뜻을 지닌 말입니다. 일본 문화청 조사로는 2002년에는 오용이 62.8%, 그 반대가 27.6%였는데 2006년 조사에서는 50.3 대 40.3으로 오용의 퍼센티지가 줄었지만 그 6년 뒤인 2012년 조사에서는 별 차이가 없는 횡보세를 보였다고 합니다.

18. 탈락하고 맙니다 : 敗退してしまいました

이 경우 한국은 현재형으로도 표현하지만 일본은 그렇지 않습니다. 이미 끝난 일이므로 과거형으로 표현합니다. 이 2권에 이와 관련된 퀴즈가 5개 나오는데 혹시나 해서 일본 사이트에 질문을 올렸더니 도합 7명이 대답을 해 줬습니다. 그중 한 사람은 이 예문의 경우는 현재형으로 써도 자연스럽게 느껴진다는 말을 했습니다. 그 근거로 어떤 언어학자의 컬럼을 링크해 줬는데 그 컬럼에서 일본어는 과거형이 연속될 경우 베리에이션을 주기 위해 마지막은 현재형을 쓰는 게 매끄럽다는 주장을 하더군요. 그리고 한 사람은 일본어는 시제가 자유자재이기 때문에 모든 예문에 둘 다 써도 자연스럽다고 주장했는데 그 외 모든 사람은 전부 과거형이 자연스럽다고 했으니 참고하시길. 참 어렵습니다.

19. 아들 사고 소식 : 息子が事故ったって知らせ

일본은 事故라는 한자어에 「る」를 붙여서 동사화시킨 신조어로 씁니다.

20. 너무도 당황한 나머지 : あまりにも慌てふためいて

여기서 '나머지'는 번역하지 않는 게 자연스럽습니다.

21. 활짝 열린 것 : 全開になってること

22. 気づかず : 모르고

> **日** 이「気づく」라는 표현도 번역할 때 여러 한국어로 번역되는데 일본인 입장에서는 조금 헷갈리는 모양이더군요. 보통은 눈치 채다, 알아차리다, 경우에 따라서는 깨닫다 등으로 번역되곤 하는데, 외국어 Q&A 사이트에서 한 일본인이 이 세 표현의 뉘앙스 차이를 묻는 걸 본 적이 있습니다. 처음엔 한국 사람 입장에서 이 세 표현의 뉘앙스 차이는 명확한데 왜 이런 질문을 했지? 싶었는데 퍼뜩 떠오른 게 있었습니다. 아마도 같은「気づく」인데 경우에 따라 각각 다르게 번역해 놓은 자막 같은 걸 보고 궁금증이 생겨서 물어본 거겠다 싶더군요. 언제 기회가 되면 이에 대해서도 블로그에 글을 써 볼까 싶은데, 이 경우에는 '깨닫지 못하고'나 '눈치 채지 못하고'는 영 아니고 그나마 '못 알아차리고'가 셋 중에는 제일 적절하다고 생각됩니다. 하지만 개인적으로 이 문맥에서는 그냥 '모르고'라고 번역하는 게 더 낫다고 판단됩니다.

랜덤 예제 모범 답안

1. 졸업 예정자 : 卒業見込み者

일본도 '졸업예정자'라는 표현도 하지만 위와 같이 말하기도 합니다.

2. 경력직 채용 : キャリア採用·経験者採用

일본은 경력직 채용을 위와 같이 표현합니다. 그리고 中途採用라는 말도 있습니다. 일본인들도 구분 않고 혼용하기도 하는 모양인데 이 '중도채용'이라는 건 엄밀히 말하면 당해 연도 졸업자, 일본식으로 표현하면 新卒者를 제외한 모든 형태의 채용을 일컫는 말입니다.

3. 취업 활동 : 就職活動·就活

4. 파트타임제 : 定時制

5. 개조 : 改装

인테리어 등을 새로 꾸미는 걸 일본은 '개장'이라고 합니다.

6. 리모델링 : リフォーム

'리모델링'을 카타카나로 하면 번거로워서인지 일본은 이처럼 '리폼'이라는 외래어를 씁니다.

7. 금일 휴관 : 本日休館

8. 안내문 : お知らせ

시설, 기관 등의 '안내문'을 일본은 이렇게 표현합니다.

9. 閉館してる : 문을 닫고 있어

> 日 한국에선 '폐관'이라고 하면 영구히 문을 닫았다는 뜻으로 받아들이기 십상입니다. 일과가 끝나서 문을 닫거나 일정 기간 문을 닫고 있는 경우는 '폐관'이라고 하지 않습니다.

10. 물밑 협상 : 水面下の交渉

비슷한 표현으로「水面下の駆け引き」라는 것도 있는데 이건 줄다리기에 가까운 뉘앙스죠.

11. 전향적으로 : 前向きに

일본에선 前向이라는 한자어가 아니라 위와 같이 말하죠.

12. 표면에서는 애매모호한 태도 : 表では曖昧な態度
일본은 이런 문맥에서 '표면'이라고 하면 어색하다고 합니다. 또한 일본 역시 「曖昧模糊」라는 사자성어가 있지만 모르는 사람도 많고 일반적으로 쓰이는 말은 아닌 모양입니다.

13. 이해하지 못했기 때문입니다 : 理解できていないからです
여기서도 「理解できなかったから」가 아니라 이처럼 '테이루' 표현을 씁니다. 지금까지도 이해하지 못한 상태에 있기 때문이죠.

14. 혼인 서약 : 結婚の誓約
일본은 '혼인'이라고 하지 않고 이렇듯 '결혼'이라고 합니다.

15. 인생의 반려자 : 人生の伴侶
'권위자'도 '권위'라고만 하듯이 이 역시 '자'는 빼고 '반려'만으로 사람을 나타내는 말로 씁니다.

16. 평생을 함께하겠다 : 一生を共にする

17. 황혼 이혼 : 熟年離婚

18. 진보 진영의 쌍두마차 : 革新陣営の双璧
일본은 '쌍두마차'를 「二頭立ての馬車」라고 하는데 비유적으로 쓰지 않죠.

19. 전향했다는 사실 : 寝返りしたこと
「寝返る」는 돌아눕는다, 자면서 몸을 뒤척인다는 뜻이죠. 이렇듯 전향했다, 돌아섰다는 뜻으로 비유적으로도 씁니다.

20. 대서특필됐다 : 大々的に報道された

21. 풍채가 좀 있으시고 : 体格が大きめの
일본에도 풍채(風采)란 말이 사전에는 있는데 일상생활에서 쓰이는 일은 거의 없다고 합니다. 그리고 그 쓰임새 또한 한국과는 다릅니다. 주로 「風采の上がらない人」라는 형태로 쓰이는데 외모, 겉모습이 볼품없다, 초라하다, 꾀죄죄하다, 추레하다 등의 나쁜 뉘앙스로 쓰는 말입니다.

> 日 '풍채'를 국어사전에서는 '드러나 보이는 사람의 겉모양'이라고 설명하고 있는데, 사실상 '풍채가 좋다', '풍채가 있다' 등으로 말할 때는 덩치가 크다, 살집이 좀 있다는 뜻으로 쓰는 실정입니다.

22. ご年配の方 : 나이가 지긋하신 분

이 '연배'라는 한자어·의 쓰임새도 한국과 다릅니다. 한국 국어사전을 보면,

어떤 범위에 속하는 나이. 또는 그런 나이의 사람. 주로 성인에 대하여 이른다.
같은 연배이어서 잘 어울려 노는구나.
사내의 인기척 소리에 어두운 부엌 쪽에서 이내 한 중년 연배의 아낙이 치맛자락에 물 묻은 손을 훔치며 나타났다.
출처 <이청준, 선학동 나그네>

일본의 국어사전에는 아래와 같이 나옵니다. 다이지린과 명경 사전입니다.

（1）ある範囲内の，およその年齢。年のほど。「同じ―の人」「五〇―の男」
（2）相当の年齢。中年以上にいう。「声から察すると―の人らしい」

❶ 大体の年齢。年かっこう。「自分と同―の人」
❷ 相当の年齢の人。中年以上の人。「―の紳士」
❸ 年上。先輩。「二歳―の人」

1번 뜻풀이는 한국과 비슷하죠. 하지만 일본의 경우 나이가 상당히 되는 사람, 나이가 꽤 지긋한 사람이라는 뜻으로도 쓰인다는 것이죠. 그리고 '중년 이상의 사람'이라고 돼 있는데 실질적으로는 고령자, 노인이라는 뉘앙스로 쓰는 일본인이 많은 것 같습니다. 검색해 보면「年配の方」와「高齢者」의 차이가 뭔지를 묻는 질문에 대부분이 비슷한 뜻이라고 답변하고 있는 걸 알 수 있습니다. 또한 명경 사전 3번 뜻풀이와 같이 '연상'이라는 뜻으로 쓰입니다. 이때는 예문처럼 앞에 몇 살인지를 나타내는 말이 오죠.

読み方

肝門部(かんもんぶ)・貼(は)ったまま・輸血(ゆけつ)・輸液(ゆえき)・換気扇(かんきせん)
役不足(やくぶそく)・卒業見込(みこ)み者(しゃ)・駆(か)け引き・前向(まえむ)き
誓約(せいやく)・曖昧模糊(あいまいもこ)・伴侶(はんりょ)・熟年(じゅくねん)
双璧(そうへき)・二頭立(にとうだ)て・寝返(ねがえ)り

'백성을 핍박하다'는「百姓を逼迫する」?

父の[1]が逼迫していたが、病院側の[2]的確な対応によって
아버지의 병세가 [3   ] 병원 측의 신속하고도 적확한 대처로

すぐに[4   ]。
곧바로 위기에서 벗어났다.

今は[5]しているけど、俺も[6]生活が逼迫していたぞ。
지금은 호의호식하고 있지만, 나도 유년기 때는 [7   ].

[8]コロナウイルスの急激な[9]により、病床が逼迫していて、
신종 코로나 바이러스의 급격한 확산으로 인해 [10   ],

特に[11]の確保が[12]状況である。
특히 의료진 확보가 시급한 상황이다.

[13]により、石油を必要とする企業の経営が逼迫している。
유가의 앙등으로 인해 석유를 필요로 하는 기업의 [14   ].

医療体制は非常にひっ迫し、重症医療の危機という状況にある。
의료체제가 [15   ] 중증의료가 위기에 처한 상황이다.

彼は150年前、[16]する[17]で残忍な暴君を
그는 150년 전 백성을 핍박하는 오만하고 잔인한 폭군을

君主の座から[18   ]ために民衆蜂起を[19]。
군주의 자리에서 끌어내리기 위해 민중 봉기를 일으켰다.

政府の今回の政策は[20]の[21]する結果を[22]。
정부의 이번 정책은 가전업체의 경영을 핍박하는 결과를 초래할 수 있다.

納期が 逼迫しているのに、日に日に [23] 母さんを見ていると
납기가 [24   ] 나날이 초췌해져 가는 엄마를 보고 있자니

[25   ]、いても立ってもいられなかった。
일도 손에 안 잡히고 [26   ].

랜덤 예제

[1]を腹いっぱい食べて[2]ときが私は一番幸せなのに
산해진미를 배불리 먹고 포만감을 느끼는 때가 나는 제일 행복한데,

[3]にかかると、いくら食べても[4   ]。
치매에 걸리면 아무리 먹어도 포만감을 느낄 수가 없대.

[5]を通じて莫大な金額の市民の[6   ]
자금 세탁을 통해 엄청난 금액의 시민 혈세를 꿀꺽한

市長の[7]が明らかになると[8   ]が[9   ]。
시장의 비리가 밝혀지자, 분기충천한 시위대가 시청으로 몰려갔다.

[10]、[11]、非常に難しいと言われる[12]に
형편이 어려워서 주경야독으로 공부해서 그 어렵다는 사법고시에

[13   ]息子のおかげで、今は[14   ]。
보란 듯이 합격한 아들놈 덕분에 지금은 어깨 힘 주고 삽니다.

[15]言います。[16]はやめて、品質で[17]をしましょう。
단도직입적으로 말하죠. 물량 공세는 관두고 품질로 정면승부를 합시다.

韓国映画界の[18]と呼ばれ、多くの[19   ]俳優のA氏が
한국 영화계의 양대산맥이라 불리며 많은 팬들의 사랑을 받았던 배우 A씨가

[20   ]、享年80歳で[21   ]です。
병마와 싸우다 향년 80세로 타계했다는 소식입니다.

> **해설**

우선 사전부터 뒤져 봅시다. 한국의 표준국어대사전입니다.

(동사)1. 바싹 죄어서 몹시 괴롭게 굴다.
그나마 때에 따라서는 일본 압력에 못 이겨 조선의 독립군을 핍박하고 귀찮은 존재로 백안시하고…. 출처 <박경리, 토지>

인권 유린이란 반드시 남을 신체적으로 학대하거나 정신적으로 핍박하는 것만을 의미하는 것이 아니다.
출처 <정비석, 비석과 금강산의 대화>

(형용사)1. 형세가 절박하다.
일본은…귀국을 식민지화해야 될 핍박한 사정에 몰려 있습니다.
출처 <유주현, 대한 제국>

저는 '핍박'에 관해 조사하기 위해 국어사전을 찾아보고서야 형용사로도 쓰인다는 걸 알았습니다. <대한 제국>이란 소설을 검색해 보니 1969년도에 나온 소설이군요. 아마도 그 무렵엔 형용사로도 썼고, 또 그런 의미로 알고 있는 사람이 많았는지 모르겠지만, 지금은 저를 비롯한 대부분의 한국인들이 동사의 의미로 알고, 또 그렇게 쓰고 있을 거라 생각합니다. 아무튼 일본어 逼迫가 사전의 뜻풀이 '형세가 절박하다'는 뉘앙스로 쓰인 경우라면 그대로 '핍박'으로 번역해도 틀린 건 아니라는 결론이 되지만 원활한 의사소통을 위해서는 다른 한국어로 번역하는 게 낫다고 생각합니다. 이번엔 일본어 사전을 뒤져 보죠. 순서대로 코지엔과 다이지린 사전입니다.

① 苦痛や危難が身にせまること。なやみ苦しむこと。太平記23「五体―しければ」
② 事態がさし迫ること。特に、生活がつまって余裕のなくなること。困窮すること。「財政が―する」

　（1）行き詰まって，ゆとりのない状態になること。「生活が―する」「事態が―する」
　（2）苦痛が身に迫ること。「直義朝臣俄に邪気に侵され，身心悩乱して，五体―しければ/太平記23」

코지엔 1번과 다이지린 2번은 같은 맥락의 뜻풀이죠. 그런데 제가 블로그에 소개한 사전 사이트의 사전들 중에는 이 뜻풀이는 아예 없는 것도 있고, 있는 경우도 예문이 거의 다 고어입니다. 먼 옛날에는 이 뜻으로 쓰였던 모양인데 지금도 쓰고 있는지 알아보기 위해 질문을 했더니 답한 사람 모두가 이런 뜻으로는 거의 안 쓴다는 답변이었습니다. 그리고 다른 사전들의 뜻풀이는 거의 비슷한데 weblio 사전만 약간 색다른 뜻풀이를 해 놨는데 아래를 보시죠.

非常に不足すること、余裕がほとんどない状況になること、などを意味する表現。

대단히 부족한 것. 이런 뜻풀이가 있네요. 그런데 모든 사전에 예외 없이 등장하는 뜻풀이가 바로 '여유가 없는 상태가 되는 것'입니다. 즉, 한계 상황에 다다라서 여유가 없어진 상태란 말이죠. 대단히 부족하다는 이 사전의 설명과 일맥상통한다고 볼 수 있겠죠.

이제 한일 양국의 '핍박'이란 한자어의 뉘앙스 차이가 감이 잡히시죠? 중요한 건 일본은 한국처럼 '백성을 핍박하다'처럼 박해나 억압, 탄압의 의미로는 쓰이지 않는다는 겁니다. 그리고 일본은 需要逼迫, 金融逼迫, 財政逼迫, 医療逼迫처럼 '핍박' 앞에 단어를 붙여서 숙어처럼 쓰는 경우가 많은데 이걸 그대로 '핍박'이라고 하면 곤란하겠죠. 金融逼迫는 1권에서 나온 건데 한국은 '금융경색'이라는 용어를 쓰죠. 需要逼迫는 수요는 많은데 공급이 바닥난 상태, 바꿔 말하자면 공급이 바닥났으니 더 이상 수요가 이뤄질 수 없는 한계 상황에 이르렀다는 말로 쓰입니다. 이에 관해서는 저도 좀 헷갈렸는데 일본인이 이상하지 않냐고 질문을 올린 걸 보면 일본인들도 의아하게 생각하는 사람이 있는 모양입니다. 공급이 바닥이 났으면 '공급핍박'이라고 해야 하는 게 아니냐는 논리인 것이죠. 하지만 관용적으로 위와 같은 의미로 쓰이는 모양입니다. 그리고 金融逼迫는 빌리려는 사람은 많은데 자금이 바닥난 상태, 財政逼迫은 재정이 바닥난 상태, 재정이 한계 상황에 달했음을 뜻하는 용어입니다. 医療逼迫은 팬데믹 같은 걸로 인해 환자가 급증함으로써 이에 대한 의료적 환경이 한계 상황에 이른 걸 뜻하는 말로 쓰입니다.

마지막으로, 이 逼迫의 뜻을 알려 주는 일본의 여러 사이트에서도 이것의 비슷한말로서 焦眉(초미)를 제시하고 있습니다. '초미의 관심사'라고 할 때의 한국 한자어 '초미'와의 뉘앙스 차이가 여기서도 증명이 되죠. 즉, 눈썹에 불이 붙은 '급박한' 상황, 바꿔 말해 한계 상황이라는 뉘앙스인 것이죠.

모범 답안

1. 병세 : 病状

2. 신속하고도 : 早急かつ

이「かつ」의 한자 표기는「且つ」또는「且」인데 히라가나로 표기하는 경우가 많죠. 그리고 '또한'이나 '및'으로 번역되기도 하는데 여기선 어색하죠. 반대로「かつ」의 어감을 살려서 번역하려면 이렇듯 신속하고'도'라고 해 줄 수 있겠습니다. 일본어「早急」는 원래 발음이「さっきゅう」였지만「そうきゅう」라고 읽는 사람이 많아져서 지금은 소위「慣用読み」로서 사전에도 등재됐습니다.

3. 逼迫していたが : 급박(위급)한 상태였는데

이 경우의 일본어 '핍박'은 이렇게 의역해 줄 수밖에 없을 것 같습니다. 그리고 이 예제들을 일본 사이트에 올려서 자연스러운지 아닌지 알려 달라고 했더니 한 일본인은 첫 번째와 두 번째는 허용 범위 안이지만 자기라면 다른 표현을 하겠다고 했고, 일곱 번째는 곱표를 쳤더군요(해당 답안에서 추가 설명). 그리고 다른 한 사람은 첫 번째와 두 번째가 違和感이 있다. 또 한 명은 첫 번째와 일곱 번째에서 違和感을 느낀다더군요. 그리고 다른 사이트의 한 분은 첫 번째와 일곱 번째의 경우 자신은 切迫를 쓰겠다고 했는데, 그렇다면 둘 다 완전히 틀렸다고 보는지 물으니까 그렇게까지는 말 못 하겠다고 했으니 참고하시길. 그리고 이 '병세'의 경우 逼迫의 뜻과 쓰임새를 설명하는 사이트에서「祖父の病状が逼迫していると実家から連絡を受けた」라는 예문을 제시하고 있고 다른 사이트에서도 비슷했습니다. 그리고 코로나 관련 에히메 현 지사의 기자 회견에서도 이 표현을 썼고, 효고 현 응급 헬기 운항 요령을 적은 글에서도 발견되니 참고하세요. 결론적으로 이 '핍박'이라는 한자어는 일본 사람들도 그 쓰임새에 대해선 이견이 있다는 건 분명한 것 같은데, 혼동해서 쓴 것이든 오용이든 실제로 이렇게 쓰고 있는 사람이 있으니, 이렇게 쓰인 '핍박'을 어떻게 번역할지를 알아 두는 게 좋겠죠.

4. 위기에서 벗어났다 : 危機を脱した
이 표현을 몰랐던 분은 외워서 활용하시기 바랍니다.

5. 호의호식 : 贅沢三昧・暖衣飽食
1권에서 나왔듯이 후자는 일상생활에서 쓰일 일이 거의 없지만 사자성어 시험 같은 데서는 이런 게 출제될 수도 있으니 복습 차원에서 적었습니다.

6. 유년기 때는 : 幼少期には
복습이죠. 그리고 '때'를 번역해 주면 이중 표현이 된다는 것.

7. 生活が逼迫していたぞ : 생활이 궁핍(곤궁)했었어
이 경우에는 이런 식으로 의역해 주는 게 좋겠죠. 앞서 첫 번째와 두 번째는 다른 표현을 쓰겠다고 한 분은 이걸 「困窮していた」라고 고쳐 줬는데, 이 '핍박'에 대해서 일본인들에게 물어보면 많은 사람이 경제면에서 어려운 상황을 표현할 때 '주로' 쓴다는 말을 하더군요. 그리고 사전 중에는 이것의 유의어로서 「困窮(곤궁)する」를 제시해 놓은 것도 있고, 또한 위 사이트의 예문에서도 제시하고 있다는 점. 그리고 일본은 이 '곤궁'도 동사로 씁니다.

8. 신종 : 新型

9. 확산 : 拡大

10. 病床が逼迫していて : 병상에 여유가 없어졌고
이렇듯 문맥에 따라 적절히 의역해 주는 수밖에 없겠죠. 더 적절한 표현이 생각나면 그렇게 하면 되고요.

11. 의료진 : 医療スタッフ・医療従事者
일본어로 「いりょうじん」이라고 쓰고 한자 변환을 하려 해도 목록에 없을 정도입니다. 이 경우에 일본은 위와 같이 말하는 게 일반적입니다. 그리고 일본은 '의료진'이라고는 안 해도 「医療団」이라는 표현은 씁니다. 1권에서 우리는 변호인단이라고 하는데 일본은 「弁護団」이라고 한다는 것도 다뤘죠.

12. 시급한 : 急がれる
신문 기사 등에서 이런 맥락으로 쓰는 '시급하다'는 위와 같이 번역해 주면 됩니다.

13. 유가의 앙등 : 原油価格の高騰
일본은 우리처럼 줄여서 말하지 않습니다.

14. 経営が逼迫している : 경영이 곤경에 처했다(한계 상황에 달했다)

15. 非常にひっ迫し : 한계에 이르러서, 한계 상황에 처해서

이건 일본의 신문 기사를 발췌한 것인데 逼이라는 한자어는 상용한자가 아니라서 매스컴 등에서는 위와 같이 히라가나로 표기하는 경우가 많습니다.

16. 백성을 핍박 : 民を迫害(弾圧·抑圧)

한국어 '핍박'은 거의 이런 뜻으로만 쓰이고 일본어 '핍박'에는 이런 뜻이 없으니 위처럼 의역해 줄 수밖에 없겠죠. 그리고 1권에서 일본어 百姓는 농민을 뜻한다고 했는데, 서두에서 링크 건 글 읽어 보셨겠지만 간략히 적어 놨으므로 그 뒤에 조금 더 자세히 조사해 본 결과를 말씀드리겠습니다. 이것에 관해서 여기저기, 구석구석 뒤져 보고 질문도 해 보고 했는데, 일본인들도 제각각 조금씩 다른 말을 하더군요. 심지어 헤이안 시대 말기부터 농민이란 뜻으로 쓰이기 시작해서 카마쿠라 시대(12세기 말) 이후로는 농민이라는 뜻으로 정착됐다고 말하는 사람도 있었습니다.(아래 큐알코드 참조) 또한 에도 후반부터 메이지 시대에 걸쳐서 정착됐다는 주장도 있었고요. 그리고 지금 시점에서 '백성'을 '농민'을 일컫는 말로 쓰인 게 처음 발견된 서적은 9세기 말에 편찬된 三代実録(삼대실록)이라는 책이라는 설도 있었고요. 아무튼 에도 이전부터 조금씩 변하다가 에도 시대 무렵 완전히 농민을 뜻하는 말로 바뀌었다는 게 정설… 아니, 대세였습니다.

百姓가 農民이란 뜻이 된 건 언제부터?(흥미로운 자료 발견)

17. 오만 : 尊大

| 日 | 한국어 '존대'는 벼슬, 학식, 인격 등이 높고 크다는 뜻입니다. |

18. 끌어내리기 : 引きずり下ろす

19. 일으켰다 : 起こしている

이걸 거꾸로 번역할 때 문맥에 따라 '일으킨 바 있다'라고 해 줄 수도 있겠습니다.

20. 가전업체 : 電機メーカー·家電メーカー

일본은 '업체'란 말을 거의 안 쓰고 한국과 쓰임새도 다르죠. 일본어 業体는 '업태(業態)'라는 뜻입니다. 그리고 일본은 '가전'이 아니라 '전기'라고도 합니다. 둘의 차이를 굳이 말하자면 '가전'은 가정용 전기제품에 한하지만 '전기'라고 하면 그 외의 전기제품도 포함되는 것인데, 일반인들은 딱히 엄격하게 구분하는 건 아닌 것 같습니다.

21. 경영을 핍박 : 経営を圧迫

22. 초래할 수 있다 : 招きかねない
이 '할 수 있다'는 가능형이 아니니 이처럼 번역해야겠죠.

23. 초췌해져 가는 : 憔悴していく
일본은 '초췌'도 동사로 씁니다.

24. 逼迫しているのに : 촉박한 상태인데
제가 질문한 일본인들 중에 이 일곱 번째가 어색하다고 답변한 분도 있고, 곱표를 친 분도 있다고 했죠. 하지만 "納期が逼迫"로 검색하면 실제로 이렇게 쓰고 있는 사례가 많이 검색이 됩니다. 그리고 회사 공식 사이트 같은 곳에서도 이렇게 쓰고 있는 게 검색되고 심지어 신문 기사에서도 검색됩니다. 어색하다고 느끼는 사람도 있지만 이렇게 실제로 쓰는 일본인들도 많다는 것이죠. 흔히 쓰지 않는 어려운 한자어의 경우 우리나라 사람들도 다른 뜻으로 쓰는 사람이 있듯이 말이죠. 아무튼 그러니 우리가 구사할 때는 切迫를 써 주는 게 낫겠죠.

25. 일도 손에 안 잡히고 : 仕事も手に付かず
일본은 이렇듯 '손에 안 붙고'라고 표현합니다.

26. いても立ってもいられなかった : 미칠 것만 같았다, 어쩔 줄을 몰랐었다
이 「いても」는 「居ても」인데 「居る」에는 '앉다'는 뜻도 있습니다. 그러니까 앉아 있지도 서 있지도 못했다는 말인데 이렇게 직역하면 이 표현의 다급하고 절박한 심정이 오롯이 전달되지가 않죠.

랜덤 예제 모범 답안

1. 산해진미 : 山海の珍味
일본은 이렇듯 '노'를 붙이는 게 일반적입니다.

2. 포만감을 느끼는 : 満腹感を得る
일본은 '포만감'이라는 한자어를 쓰지 않고 이렇듯 '만복감'이라고 합니다. 그리고 제가 일본어를 배웠던 때는 「○○感を感じる」라고 하면 이중 표현이기 때문에 부자연스럽다고 했었습니다. 예를 들어 「違和感を感じる」가 아니라 「違和感を覚える」라고 해야 자연스럽다는 논리인 것이죠. 하지만 「○○感を感じる」라고 하는 건 오용이라는 지적에 대한 반발도 적지 않아서 요즘은 이 경우에 「感じる」라고 하는 사람들이 많아진 모양입니다. 따라서 이 '만복감'도 둘 다 쓰고 있지만, 이 경우는 위와 같이 말하는 게 가장 일반적이라고 합니다. 또한 「満腹感がある」라고도 많이 하는 모양입니다.

3. 치매 : 認知症
일본도 옛날에는 '치매'라고 했었는데 차별 용어라고 해서 위와 같이 말하죠.

4. 포만감을 느낄 수가 없대 : 満腹感を得ることができないって

5. 자금 세탁 : 資金洗浄

6. 혈세를 꿀꺽한 : 血税を着服した
한국어 '꿀꺽하다'는 직역이 불가능하죠. 그리고 이와 비슷한 뜻으로「使い込む」와「ネコババ」도 외워 두세요. 후자를 한자로 쓰면「猫糞」인데 고양이 똥이라는 뜻이죠. 고양이가 대변을 본 뒤 흙으로 덮어서 숨기는 데서 유래된 말인데, 나쁜 짓을 하고 덮고 모른 체한다는 비유적인 뜻으로 쓰이게 됐고, 이처럼 돈을 횡령, 착복한다는 뜻으로도 쓰입니다.

7. 비리 : 不正

8. 분기충천한 시위대 : 憤ったデモ隊
일본은 '분기충천'이라는 사자성어를 쓰지 않으니 이렇게 번역해 줄 수밖에 없겠습니다. 그리고「怒る」는 명백히 겉으로 화를 내는 것을 뜻하지만「憤る」는 겉으로 표현하기보다는 내심 분노하는 것, 그리고 개인적인 분노라기보다는 세상이나 사회 등에 대해 인간으로서 분노한다는 뉘앙스에 가깝다고 합니다. 한국어 분개한다는 뉘앙스에 가깝다고 볼 수 있겠죠.

9. 시청으로 몰려갔다 : 市役所に押し寄せた
몰려가는 것, 들이닥치는 것, 밀어닥치는 것을 위와 같이 말합니다.

10. 형편이 어려워서 : 家計の事情で
이 경우의 '형편이 어렵다'는 말은 경제 사정을 말하는 것이죠. 따라서 위와 같이 번역할 수 있겠습니다. 또한 가정의 경제 형편, 경제 상태, 살림살이 등을 뜻하는 말로「暮らし向き」라는 표현도 있는데 몰랐던 분은 외워 두시기 바랍니다.

11. 주경야독으로 공부해서 : 昼は働き夜に勉強をして
「昼耕夜誦(주경야송)」이라는 사자성어가 있는데 아는 일본인은 별로 없는 듯합니다.

12. 사법고시 : 司法試験
일본은 考試라는 한자어를 쓰지 않고 이렇듯 '시험'이라고 합니다.

13. 보란 듯이 합격 : 晴れて合格

14. 어깨 힘 주고 삽니다 : 鼻が高いです

이「鼻が高い」를 한국의 일본어 사전에서는 '콧대가 높다'라고 설명하고 있습니다. 하지만 한국어 '콧대가 높다'와 일본어「鼻が高い」는 전혀 다른 뉘앙스입니다. 한국의 경우는 거만하다, 도도하다, 우쭐댄다는 부정적 뉘앙스로 쓰이지만 일본의 경우는 자랑스럽게 여긴다, 으쓱해진다, 뿌듯하다 등의 긍정적인 뉘앙스로 쓰입니다. 아래 큐알코드로 읽어 보세요.

'콧대가 높다'는「鼻が高い」가 아니에요!

15. 단도직입적으로 : 単刀直入に

일본은 '단도직입'에도 '적'을 붙이지 않습니다. 1권에서 '~적'과「〜的」표현 어느 쪽이 더 많이 쓸까? 라는 블로그 포스팅을 소개했는데, 1권 때는 일일이 큐알코드를 달지 않았기 때문에 번거로워서 보지 않은 분이 계신다면 아래 큐알코드로 들어가 보십시오. 거기 보시면 이에 대해 제가 수집한 자료를 엑셀 파일로 올려 놨습니다.

'~적'과「〜的」표현 어느 쪽이 더 많이 쓸까?

16. 물량 공세 : 物量作戦

1권에서 일본은 정치 공세나 파상 공세라는 표현을 하지 않는다고 했죠. 이것도 마찬가지로 '물량공세'라는 식으로 말하지 않습니다. 物量作戦은 원래 군사용어죠.

17. 정면승부 : 真っ向勝負

18. 양대 산맥 : 二大巨頭

일본은 '양대 산맥'이란 말을 비유적으로 쓰지 않으니 위와 같이 의역해야겠죠.

19. 팬들의 사랑을 받았던 : **ファンに愛された**

이걸 직역식으로 「愛を受けた」가 아니라 위와 같이 말하는 게 일반적입니다.

20. 병마와 싸우다 : **病魔と闘ってきたが**

이 '~다/다가'도 번역하기 까다롭죠. 이 문맥에서는 위와 같이 하는 방법이 있겠습니다.

21. 타계했다는 소식 : **逝去したというニュース**

> **読み方**
>
> 逼迫(ひっぱく)・脱(だっ)した・病床(びょうしょう)・高騰(こうとう)・民(たみ)・尊大(そんだい)
> 憔悴(しょうすい)・珍味(ちんみ)・満腹感(まんぷくかん)・認知症(にんちしょう)・着服(ちゃくふく)
> 憤(いきどお)った・昼耕夜誦(ちゅうこうやしょう)・単刀直入(たんとうちょくにゅう)病魔(びょうま)
> 逝去(せいきょ)

절박과 切迫의 애매하면서도 분명한 차이, 그리고 促迫

[1]?何故そんなに[2]?[3]に何かあったの?

왜 그래? 왜 그렇게 절박한 표정이야? 친정에 무슨 일 있대?

事態は切迫してます。[4]ここは[5]が必要だと思います。

사태가 [6]. 때를 놓치기 전에 지금은 신속한 결단이 필요하다고 봅니다.

A : 何だと?[7]?

A : 뭐가 어째? 감쪽같이 사라져?

B : 返済期限が切迫しているのに返せないと思って[8]ようです。

B : 변제 기한이 [9] 못 갚을 거 같아서 종적을 감춘 모양입니다.

今、日本では税制と社会保障制度が[10]を促迫している。

지금 일본에서는 세제와 사회보장제도가 저출산 고령화를 [11].

野党の[12]のA議員は、不祥事を起こしたB議員に

야당의 대변인 A의원은 [13] B의원에게

[14]を促迫した。

사퇴와 탈당을 [15].

切迫したスケジュールを[16]、地元の[17]を呼んで、

[18]을 소화해 냈으니 [19] 술친구를 불러서

[20]良いだろう。

허리띠 풀고 코가 비뚤어지게 마셔도 되겠지?

君に頼まなきゃならないくらい切迫してるんだよ!

자네한테 부탁해야만 할 정도로 [21]! 〈일본 침몰 - 희망의 사람〉

랜덤 예제

[1   ]に従う人生を生きていこうとしましたが、
성경 잠언집의 가르침을 따르는 삶을 살아가려 했지만

[2]権力が私を[3]の道へと[4   ]。
무도한 권력이 저를 민주 투쟁의 길로 내몰았습니다.

[5]だとしても[6]で[7]をする議員は
전 당대표라 해도 공개석상에서 성희롱을 하는 의원은

これ以上[8   ]、[9]するべきです。
이 이상 상처가 벌어지기 전에 출당해야 해요.

ついに[10   ]!5回の[11   ]など熾烈な接戦の末、
마침내 성사된 숙명의 재대결! 다섯 차례 비디오 판독까지 가는 등 치열한 접전 끝에

OOが1-0で[12   ]。
OO가 1-0으로 승리를 거둡니다.

夫の[13]で身も心も[14]、夫に対する[15]でいっぱいです。
남편의 가정 폭력에 몸도 마음도 피폐해져서 남편에 대한 증오심만 가득해요.

[16   ]など[17]がますます[18   ]。
중상모략, 유언비어 유포 등 선거판이 갈수록 혼탁해지는 양상을 보이고 있다.

お前は今、[19   ]? : 넌 지금 근신 중일 텐데?
それは[20   ]。: 그건 알고 있습니다. 〈보루토〉

ワシは、ここが未来の[21   ]。
나는 이곳이 미래의 같은 장소구나 하고 깨달았다. 〈JIN 2〉

> **해설**

먼저 일본에서 '촉박'이라는 한자어를 쓰냐고 물어보니 대답한 모두가 처음 본다, 안 쓴다, 전혀 안 쓴다는 반응이었습니다. 그래서 그런지 "を促迫"로 검색해 보면 500여 건밖에 검색이 되지 않네요. 하지만 문제는 공공기관의 문서, 예컨대 농림수산성의 문서에도 쓰인 예가 있고, 대학교 문서에도 쓰인 예가 검색이 됩니다. 영상번역에는 나올 일이 없을 듯하지만 문서번역의 경우 접할 가능성이 제로는 아니겠죠. 그러니 일단 뜻은 알아 둬서 나쁠 건 없겠죠. 코지엔 사전에는 짧게 하나의 뜻풀이만 있습니다.

うながしせまること

다른 사전의 뜻풀이는 거의 비슷한데 일부 사전에는 2개의 뜻풀이가 올라 있습니다. 그중에 다이지린 사전을 보시죠.

（１）きびしくせまること。
（２）息がつまること。

'숨이 막히는 것'이란 뜻풀이죠. 그리고 여기서 쓰인「せまる」는 납기, 기일 등이 '닥친다'는 뜻이 아니라, 강요한다, 강권한다, 강제한다는 뜻이죠. 그러니까 강하게 재촉하는 것, 강력하게 촉구하는 것 등의 뉘앙스라고 봐야겠죠.

그리고 표준국어대사전의 뜻풀이

형용사
기한이 바싹 닥쳐와서 가깝다.
그는 차 시간이 촉박하여 단 오 분이라도 지체할 수가 없었다.
행사 일정이 너무 촉박하게 잡혀 많은 준비를 하지 못했다.
시간이 너무 촉박해서 우선 용건부터 말하겠네. 출처 <홍성원, 육이오>

> **日** 보셨듯이 한국어 '촉박하다'는 형용사입니다. 그리고 주로 일정, 기한 등 시간과 관련돼서 쓰이는데, 사전에는 '가깝다'라고 해 놨지만 납기, 일정, 기한 등이 빡빡하다(tight)는 뉘앙스로도 쓰이는 말입니다.

다음은 '절박'을 찾아보죠. 이번엔 한국어 사전부터.

형용사
1. 어떤 일이나 때가 가까이 닥쳐서 몹시 급하다.

절박한 사태.
절박한 순간.
사정이 절박하다.
상황이 절박하게 변했다.
그의 처지는 몹시 절박했다.

| 日 | 2번 뜻풀이는 관계없어서 뺐는데 일본어 '절박'과의 뉘앙스 차이가 느껴지나요? 한국어 '절박'은 「納期が切迫している」처럼 납기, 기한 등이 코앞에 '닥쳤다'는 뜻의 동사로는 쓰지 않는다는 것이죠. 그리고 네이버 사전을 보면 유의어로서 '간절하다'가 제시돼 있습니다. 즉, 한국어 '절박'에는 상황, 사정 등이 몹시 급해서, 급박해서 애가 타는, (해결책이)간절한, 절실한 등의 뉘앙스가 내포돼서 쓰인다는 겁니다. |

이번엔 일본의 사전을 뒤져 보겠는데, 모든 사전이 어슷비슷하니 지면 절약을 위해 goo 사전만 보죠.

[名]（スル）
1 期日などが間近に迫ること。「返済期限が―する」
   기일 등이 코앞에 닥치는 것. '변제 기한이 ?????'

2 緊張した状態になること。逃げ場のない追いつめられた状態になること。「経済情勢が―する」
   긴장된 상태가 되는 것. 달아날 곳이 없이 궁지에 몰린 상태가 되는 것. '경제 정세가 ????'

| 日 | 이 역시 3번 뜻풀이는 관계가 없어서 뺐습니다. 보시듯이 2번 뜻풀이는 한국어 '절박'의 뜻과 살짝 겹치는 부분이 있는 듯도 하죠? 근데 두 나라의 '절박'의 가장 결정적 차이는 한국에선 납기, 기한 등이 코앞에 닥쳤다는 뜻으로는 쓰이지 않는다는 것이죠. 그리고 예문 부분의 번역에 물음표를 쳐 놨는데 '변제 기한'의 경우 한국어 '절박'을 쓰면 부자연스러우니 저라면 '임박했다'는 동사로 번역하거나 '촉박하다'는 형용사로 번역할 거 같습니다. 그리고 '경제 정세'의 경우는 저라면 '긴박하다' 또는 '급박하다'는 형용사를 쓰겠습니다. 참고로 이 迫이 들어가는 한자어로는 임박, 절박, 급박, 긴박, 촉박 등이 있는데 '임박'은 일본에 없는 한자어죠. 아무튼 임박 외에는 전부 형용사인데 일본의 경우는 전부 동사로 쓰죠. |

그리고「納期が切迫している」라는 뜻으로 促迫(촉박)이라는 한자어를 쓰는지 알아보기 위해 일본인들에게 질문을 한 적이 있는데 전부 다 처음 본다, 안 쓴다는 반응이었다는 말을 앞서 언급했죠. 근데 재밌는 건 그중 한 명이 促迫는 안 써도 逼迫는 쓴다는 답변을 단 것이었습니다. 실제로 납기, 기한 등의 뒤에 "逼迫"를 써서 검색해 보면 사용례가 많이 검색됩니다. 하지만 일본어 '핍박'과 '절박'의 쓰임새에 대해 설명해 놓은 글에는 둘 다 거의 비슷한 뜻으로 쓰이지만 '핍박'과 '절박'의 다른 점이 있는데, '절박'의 경우 시간, 기한 등이 닥친다는 뜻으로도 쓰인다고 해 놨더군요. 그리고 일본의 국어사전 속 '핍박'의 뜻풀이에도 이러한 뜻풀이는 없죠. 근데 일본어 '핍박'의 뜻풀이를 보면「事態が差し迫ること」, 그러니까 사태, 상황이 코앞에 닥친다는 말이죠. 그러니 이것 때문에 혼동해서 납기, 기한 등도「逼迫する」라고 말하게 된 게 아닌가 합니다.

정리하자면 납기, 기한, 기일 등의 경우는 일본어 '절박'을 쓰는 게 적절하지만 혼동을 해서 '핍박'이라고 쓰는 사람도 있다는 점. 그러니 이렇게 쓰인 일본어 '핍박'을 접하게 된다면 이 점을 감안해서 적절히 번역해 줘야겠죠.

📗 모범 답안

1. 왜 그래 : どうしたの

이「どうしたの?」는 이렇듯 '왜 그래(이래)?' 또는 '무슨 일이야?', '웬일이야?' 등으로 유연하게 번역해 줘야 하는 말이죠.

2. 절박한 표정이야 : 切迫した様子なの

이건 1권에서「思い詰めた顔をする」를 설명하면서 언급했던 거죠. 일본은 표정이나 얼굴을 수식하는 말로「切迫した」를 쓰면 좀 어색하다고 말이죠. 그리고 이 경우에는 양국의 '절박'이라는 한자어가 비슷한 뉘앙스로 쓰인 것이죠.

3. 친정 : 実家

일본은 '친정'이라는 한자어를 쓰지 않고 위와 같이 표현합니다. 그런데 시댁과 처가는 일본어로 뭐라고 번역해 줘야 할까요? 이건 각기「夫の実家」, 그리고「妻の実家」라고 표현하는 게 일반적입니다. 그리고 옛날에 했던 번역에서「婚家」라는 말을 듣고 외웠는데 이건 요즘 젊은 층의 경우 모르는 사람도 많은 모양입니다.「嫁ぎ先」역시 외워 두시길.「嫁ぐ」는 시집간다는 말입니다.

4. 때를 놓치기 전에 : 手遅れになる前に

이걸 그대로「時を逃す前に」라고 하면 뜻이야 통하겠지만 일반적인 표현은 아닙니다. 일본의 경우「売り時を逃す」,「買い時を逃す」,「○○べき時を逃す」와 같이 앞에 수식하는 말과 함께 쓰는 게 자연스럽습니다.

5. 신속한 결단 : 速断

이 역시 복습의 의미로 내 본 퀴즈입니다.

6. 切迫してます : 급박합니다

이런 문맥에서는 급박이라고 번역해 주는 게 좋을 거 같습니다.

7. 감쪽같이 사라져? : 雲隠れ?

이건 원래 해나 달이 구름 뒤로 숨는 모습에서 유래된 말이라고 하는데 비슷한 표현으로「神隠し」라는 것도 있습니다. 이 둘의 차이는 전자는 스스로 몰래 달아나서 종적을 감추는 것, 후자는 원인을 알 수 없이 행방이 묘연해지는 것을 의미합니다.

8. 종적을 감춘 : 失踪した

9. 切迫しているのに : 임박했는데

> 日 일본어 '절박'은 이렇듯 '임박'으로 번역해 줄 수도 있습니다. 촉박하다와 임박하다의 차이는 전자는 형용사, 후자는 동사라는 점. 그리고 굳이 말하자면 임박하다는 말은 단순히 가까이 다가왔다는 뉘앙스라면, 촉박하다의 경우는 바로 코앞에 닥쳤다는 뉘앙스랄까요? 그리고 이 '촉박하다'라는 말은 어떤 시간이 닥쳤다는 뉘앙스와 살짝 다르게 일정, 스케줄 등이 '빡빡하다(tight)'는 뜻으로도 쓰입니다. 예컨대 "이 보고서를 쓰는 데 일주일은 너무 촉박해요"라는 식으로 말이죠.

10. 저출산 고령화 : 少子高齢化

저출산 단독으로 쓸 때는 「少子化」라고 하지만 '고령화'와 붙여서 쓸 때는 위와 같이 말합니다.

11. 促迫している : 재촉(촉진)하고 있다

여기선 위와 같이 번역할 수 있을 것 같은데, 검색에서 나온 것들의 경우 '가속화시키다'가 적절한 예도 있었습니다.

12. 대변인 : 報道官

13. 不祥事を起こした : 물의를 일으킨

1권에서 다뤘던 거죠. 한국의 '불상사'라는 한자어의 뉘앙스 폭이 더 넓으니 그대로 불상사라고 해도 되겠지만, 한일 간의 뉘앙스 차이를 드러내기 위해서는 이렇듯 '물의를 일으킨'이라고 하는 게 낫지 않을까 합니다. 그리고 이 '물의'라는 한자어도 한국과 일본에서 미묘하게 쓰임새가 다른데 이에 관해서는 따로 표제어로 삼아서 설명드리겠습니다.

14. 사퇴와 탈당 : 辞職と離党

이 역시 복습이죠. 자꾸 접하면 저절로 외워지죠.

15. 促迫した : 촉구했다

검색에서 나온 문장들 중에는 개혁, 재편 등을 「促迫する」라는 것들이 나옵니다. 이런 경우는 촉구라고 번역해 줄 수 있을 것 같습니다.

16. 소화해 냈으니 : 消化できたので·こなせたので

'~(해) 내다'라는 한국 표현은 이렇듯 가능형으로 말하면 자연스러운 경우가 많죠. 그리고 「熟す」라는 말에 잘게 부순다, 소화시킨다는 뉘앙스가 들어 있죠.

17. 술친구 : 飲み仲間·飲み友達

일본에서도 「(お)酒友達」라는 말을 쓴 게 검색은 되는데, 저는 개인적으로 한 번도 듣거나 본 적이 없습니다. 일본인에게 물어본 결과도 별로 안 쓴다고 하더군요.

18. 切迫したスケジュール : 촉박한 일정
이건 이렇게 번역해 주면 되겠죠. 참고로, 실제로 이렇게 쓰인 사례가 많은데 감수자님 의견은 일반적인 표현이 아닌 거 같다고 하더군요. 하지만 의회 회의록이나 공공기관 문서, 일반 기업 문서 등에서도 이렇게 쓴 예가 검색됩니다.

> 日 이걸 '절박한 일정'이라고 하면 부자연스럽습니다.

19. 地元の : 이곳(이 지역)에 사는
이 「地元」라는 말도 번역하기 애매한 경우가 많죠. 옛날에 일본어를 처음 배웠을 때 교재 같은 데에 '지방, 지역' 등으로 돼 있어서 그렇게 외웠는데 문맥상 지방이나 지역으로 번역하면 이상한 경우가 많더군요. 그러므로 위와 같이 번역해 줄 수도 있겠고, 경우에 따라서는 '현지(現地)'라고 번역해 주면 자연스러운 경우도 있습니다. 아무튼 문맥에 어울리는 다양한 번역이 필요한 한자어임이 분명합니다.

20. 허리띠 풀고 코가 비뚤어지게 마셔도 : 羽目を外して飲んだくれても
이 경우도 직역해 버리면 코패니즈가 되니 위와 같이 의역해 줘야겠죠. 참고로 이 경우의 羽目는 원래 말의 입에 물리는 재갈을 뜻하는 「はみ(馬銜)」였는데 이것의 발음이 「はめ」로 바뀌었고, 그래서 발음이 같은 「羽目」가 됐다는 설이 있습니다. 말의 재갈을 벗겨 주면 엄청 자유롭고 신나겠죠? 이 표현을 암기하는 데 도움이 되리라 믿습니다. 그리고 '코가 비뚤어지게'는 직역으론 통하지 않는 표현이죠. 코가 비뚤어지게, 왕창 마시는 걸 이처럼 말합니다. 또 「飲んだくれ」만으로 (엄청난)술꾼, 주정꾼이라는 뜻으로도 쓰입니다.

21. 切迫してるんだよ! : 절박한 상황이라고!
일본 침몰을 주장하는 타도코로 박사(카가와 테루유키)의 말을 믿어 주지 않아서 궁지에 몰린 상황인데, 아마미(오구리 슌)가 자기를 못 믿는다면서 왜 자기한테 부탁을 하냐고 하니까 타도코로 박사가 한 말이죠. 일본 한자어 '절박'은 일상의 대화에서 빈번히 쓰이지는 않지만 이렇듯 실제로 쓰이고 있습니다.

랜덤 예제 모범 답안

1. 성경 잠언집의 가르침 : 聖書の箴言集の教え
일본은 이렇듯 '성서'라는 표현만 씁니다. 그런데 일본은 기독교 인구가 적기 때문에 기독교인이 아니면 '잠언'이라는 한자어를 아는 사람이 별로 없나 봅니다. 그러므로 만일 대화에서 이걸 쓸 일이 있다면 「格言集」 정도로 말해야 알아들을 듯합니다.

2. 무도한 : 非道な
1권에서도 몇 차례 나왔듯이 일본은 '무도'가 아니라 이렇듯 '비도'라고 합니다.

3. 민주 투쟁 : 民主化闘争

이걸 그대로 民主闘争이라고 번역하면 좀 어색하다고 합니다. 따라서 일본은 위처럼 '화'를 붙여 주는 게 자연스럽다네요.

4. 내몰았습니다 : 駆り立てました

이런 문맥에서 쓰인 '내몰다'는 위와 같이 표현하면 되겠죠. 비슷한 표현으로서 「追いやる」도 기억해 두세요. 다만 이건 내쫓다, 몰아내다, 쫓아내다, 쫓아 보내다 등으로 번역해야 자연스러운 경우가 있습니다.

5. 전 당 대표 : 元党首

6. 공개석상 : 公開の席

1권에서는 「公の場」와 「公開の場」를 소개했죠. 또한 '석상'도 위처럼 표현해야 자연스럽습니다.

7. 성희롱 : セクハラ発言

우리는 성희롱, 성추행, 성폭행, 성폭력을 구분해 사용하지만 일본의 「セクハラ」는 보다 포괄적인 개념이죠. 따라서 성추행이 아니라 성희롱임을 분명히 하기 위해서는 위와 같이 표현해 주는 방법이 있겠죠.

> 日 한국어 성희롱은 말이나 행동으로 성적 수치심을 주는 걸 말하는데 행동으로 할 경우에도 신체적 접촉은 없는 게 일반적입니다. 신체적 접촉이 있는 경우는 성추행이라고 하죠. 그리고 성폭행은 강간이나 강간에 준하는 행위를 말하고 성폭력은 이 모두를 아우르는 개념으로 주로 씁니다.

8. 상처가 벌어지기 전에 : 傷口が広がらないうちに

이 경우 일본은 그냥 상처(傷)가 아니라 이처럼 傷口라고 합니다.

9. 출당 : 除名·除籍

10. 성사된 숙명의 재대결 : 決まった因縁の再戦

일본은 '성사'라는 한자어를 쓰지 않으니 위와 같이 번역해 줘야겠죠. 그리고 因縁에 관해서는 1권에서도 짧게 언급했는데 번역이 결코 만만찮은 한자어입니다. 3권에서 표제어로 자세히 다뤄 보겠습니다.

11. 비디오 판독까지 가는 : ビデオ判定まで行われる

이 경우 우리는 '판독'이라고 하지만 일본은 '판정'이라고 합니다.

> 日 한국에선 '비디오 판독까지 행해지는'이라고 하면 좀 부자연스럽습니다.

12. 승리를 거듭니다 : 勝ち星を上げました

일본 특유의 표현이죠. 특히 일본 스모 뉴스에서 자주 등장하는데 승패표에 이긴 쪽에 붙이거나 그려 넣는 하얀 동그라미를 뜻하죠. 이게 의미가 확장돼서 승리하는 것을 의미하는 것으로 쓰이게 된 겁니다. 그리고 앞서 다뤘듯이 이 역시도 일본은 과거형으로 말합니다.

13. 가정 폭력 : DV

앞서 일본은 家庭内暴力라고 한다고 했죠. 근데 영어 Domestic violence를 줄여서 DV라고도 종종 말합니다. 개인적으로는 이렇게 DV라고 표현하는 걸 더 많이 듣고 본 거 같습니다.

14. 피폐해져서 : 疲弊して

앞에서 '초췌'라는 한자어와 마찬가지로 '피폐'라는 한자어도 일본은 동사로 씁니다.

15. 증오심 : 憎悪の思い

일본은 '증오심'이라고 하지 않고 이렇게 표현합니다.「憎悪の念」이라고도 합니다.

16. 중상모략, 유언비어 유포 : 誹謗中傷、デマの拡散

이 '유포'라는 한자어는 자동사로만 쓴다고 1권에서 말한 바 있죠. 사실 이것에 관해서는 바로잡을 게 있습니다. 이 2권 뒷부분에서 유포와 반포를 표제어로 다뤘는데 거기서 설명해 놨습니다. 3권도 목표로 한 페이지가 꽉 차는 바람에 2권의 페이지 위아래 여백을 좁히고 이미 짰던 예제도 하나 지워서 '혼탁'과 '이해' 예제를 끼워 넣은 것이거든요. 그러니 바로잡을 내용은 거기 이미 적어 뒀으니 거기서 확인해 보십시오. 아무튼 일본어 '유포'는 자동사로 쓴다고 생각하는 일본인이 많기 때문에 이처럼 '확산'이라고 해 주는 것도 방법일 거 같습니다. 그리고 일본도 '유언비어'라는 용어를 쓰긴 쓰는데 쓰임새가 많지는 않고 이처럼「デマ」라고 하는 게 일반적입니다.

17. 선거판 : 選挙戦

18. 혼탁해지는 양상을 보이고 있다 : 泥仕合の様相を呈している

'혼탁'이라는 한자어도 하나의 표제어로 다루려 했던 건데 꼼사리로 끼워 넣네요. 일본 한자어 '혼탁'은「水が混濁する」,「意識が混濁する」와 같이 쓰일 뿐「選挙戦が混濁する」라고는 하지 않습니다. 그리고 이처럼 동사로 씁니다. 혼탁해진다는 말은 진흙탕이 되어 간다는 뜻이죠. 그러니 위와 같이 의역해 줄 수밖에 없겠습니다. 또한「様相を見せる」라고도 하지만 위와 같이 표현하기도 하니까 몰랐던 분은 통째로 외우시길.

> 日 일본은 '의식'에도 '혼탁'이라는 한자어를 쓰지만 한국은 '혼미'라고 하는 게 일반적입니다. 그런데 검색해 보니 쓰인 사례들이 꽤 검색이 되는데 거의 대부분이 의료계 관련 글입니다. 전문 용어의 경우 일본의 표현을 그대로 쓰는 예가 많아서가 아닌가 싶은데 아무튼 '혼미'라고 번역하시기를 권합니다. 아래 국어사전의 뜻풀이를 보더라도 '의식이 혼탁'이라고 하는 건 부자연스럽다고 봅니다. 또한 이에 관해 블로그에서 이웃님들의 의견을 물었는데 딱 한 분만이 딱히 어색한 느낌은 없다는 답변이었지만 '본인이라면 그렇게 쓰지 않겠지만'이라는 단서를 달았고, 다른 분들은 전부 처음 본다, 어색하다, 일반적인 표현은 아니다 등의 반응이었습니다.

1. 불순물이 섞이어 깨끗하지 못하고 흐리다.
   강물이 오염되어 혼탁하다.
   창문을 열어 혼탁한 공기를 환기하였다.
2. 정치, 도덕 따위 사회적 현상이 어지럽고 깨끗하지 못하다.
   비리와 사기가 난무하는 혼탁한 사회.

19. 근신 중일 텐데? : 謹慎中のはずだが
우리가 '~ㄹ 텐데'라고 하는 장면에서 일본은 위와 같이 표현하죠.

20. 알고 있습니다 : 理解してます
방금 말씀드렸듯 이 '이해'라는 한자어의 쓰임새 차이를 설명하기 위해 막판에 끼워 넣었습니다. 놀라신 분 많으실 텐데 일본은 이런 경우에도 '이해'라는 한자어를 씁니다. 이건 <보루토>에 나오는 대사인데, 자신이 근신 중임을 단순히 '안다'는 게 아니라 논리상, 이치상, 규율상 그래야 함을 '알고(理解) 있다'는 뉘앙스인 것이죠.

21. 같은 장소구나 하고 깨달았다 : 同じ場所なのだと理解した
<JIN>이라는 드라마에서 타임슬립을 해서 미래로 갔을 때 나오는 대사인데, 앞부분의 대사를 보면 이해가 쉽습니다.

初めは何が起こったのか、まったく分からなかったがある日 窓から外を見た。そこには 見たこともない風景が広がっていた。だが故郷の見慣れた山々もまた変わらず 広がっていた。

처음엔 무슨 일이 일어난 건지 도통 알 수가 없을 뿐더러, 창밖을 보니 한 번도 본 적이 없는 (변해 버린 미래의)풍경이 펼쳐져 있어서 놀랐지만, 낯익은 고향의 산들은 변함없이 있는 걸 보고 '아, 이곳은 미래의 같은 장소구나!' 하고 알게(깨닫게) 된 것이죠. 다시 말해 그런 사실을 논리적으로 판단했을 때 '같은 장소라는 걸 알았다(理解한)'는 것이죠. 더 자세한 내용은 큐알코드로 읽어 보시죠.

또 퀴즈 하나! 皆さん、驚くべからず!

読み方
熾烈(しれつ)・婚家(こんか)・嫁(とつ)ぎ先・雲隠(くもがく)れ・神隠(かみかく)し・促迫(そくはく)
少子高齢化(しょうしこうれいか)・箴言集(しんげんしゅう)・駆(か)り立(た)て・勝ち星(ぼし)
疲弊(ひへい)・憎悪(ぞうお)・呈(てい)して・謹慎(きんしん)

'물의를 빚다'는 「物議を醸す」가 아니다?

最近、物議を醸すような[　1　]広告が増えてますね。
최근 [　　2　　] 만한 지나치게 선정적인 광고가 늘고 있네요.

じっと我慢していたのに、瞬間的な衝動を[　3　]、SNSに余計な
꾹 참고 있었는데 순간적 충동을 미처 억누르지 못하고 SNS에 괜한

[　4　]これほど大きな物議を醸すとは[　5　]。
트윗을 올린 게 이 정도로 커다란 [　　6　　] 몰랐어요.

経済を考えずに都市封鎖すべきという[　7　]が物議をかもしている。
경제를 생각 않고 도시를 봉쇄해야 한다는 전문가의 발언이 [　　8　　].

ロシアのウクライナ侵攻が中国の台湾侵攻の
러시아의 우크라이나 침공이 중국의 대만 침공의

[　　9　　]と、物議を醸している。
표본이 되고 만 게 아닌가 하는 [　　10　　].

先日の[　11　]で、A選手へのレッドカードの判定が
지난 시범 경기에서 A 선수에 대한 레드카드 판정이

ファンの間で物議を醸している。
팬들 사이에서 [　　12　　].

[　13　]上に、娘を虐待していたことが[　14　]、
불륜을 저지른 데다가 딸을 학대하고 있었다는 사실이 발각돼서

[　　15　　]のA氏が、ついにドラマから[　16　]。
사회적 물의를 일으킨 여배우 A 씨가 끝내 드라마에서 하차당했다.

[17]と常習賭博の疑いで[18]アイドルのA氏が記者会見で、
마약 투약과 상습 도박 혐의로 구속 영장이 신청된 아이돌 A 씨가 기자회견에서

「[19   ]、[20   ]、涙を流した。
'사회적 물의를 빚은 점 진심으로 사죄드린다'며 눈물을 흘렸다.

랜덤 예제

[1   ]自分の子供にどうしてそんなに[2   ]?
아버지면서 자기 자식에게 어떻게 그렇게 무심할 수가 있는 거야?

明日が[3   ]なのに、まだエキストラを[4   ]
내일이 액션 신 야외 촬영인데 아직 엑스트라를 섭외 안 했다고?

[5]の猪が日本の自然環境でも[6   ]を調べるために
토종 멧돼지가 일본의 자연 환경에서도 잘 서식할 수 있는지를 알아보기 위해

[7   ]、[8   ]。
현장 답사를 보내 놨더니 감감무소식이다.

来年には野球監督から[9]して、[10   ]親友と共に田舎に行って、
내년에는 야구 감독에서 은퇴해서 절친하게 지내던 친구와 함께 시골로 가서

世間のことに無頓着な[11   ]を楽しみたい。
[12   ] 평온한 은퇴 생활을 즐기고 싶어.

[13   ]、憧れていたフランスへ一年間の[14   ]。
기대에 부푼 가슴을 안고 동경하던 프랑스로 1년간의 어학연수 길에 올랐다.

ソウル[15   ]委員会は、死因は[16   ]だと発表。
서울 외대생 의문사 진상 규명 위원회가 사인은 약물 과다 투약이라고 발표.

> **해설**

모범 답안 살펴보셨나요? 제가 '물의'라는 한자어도 한일 양국이 다르게 쓰인다는 느낌이 들었을 때 일본의 국어사전의 뜻풀이를 보고는 '아항! 이래서 쓰임새가 다른 거구나!' 했는데 한국의 국어사전을 찾아보고는 놀랐었습니다. 의외의 뜻풀이였기 때문이죠. 먼저 일본 사전부터 봅시다. 코지엔입니다.

ぶつ‐ぎ 【物議】
世間の評議。人々の議論。世評。

다른 사전들도 대체로 다 비슷한데, '비평'이라고 한 곳도 있습니다. 그런데 일본국어대사전은 조금 색다릅니다. 보시죠.

ぶつ‐ぎ 【物議】
1 世間の議論。世間の取りざた。世人の批評。うわさ。
2 論議。紛争。もめごと。

여기는 '분쟁'과 '다툼', 「うわさ」라고 돼 있는데 이건 '소문'이 아니라 '구설'이라고 해야겠죠. 일본어 「うわさ」도 '소문'이란 뜻만 있는 건 아니란 건 제 블로그 글에서 설명했었죠. 아무튼 위와 같은 설명까지 추가돼 있습니다. 지금껏 사전을 찾아보지 않고 감으로만 한국과 똑같은 뜻이겠지 했던 분들 중에는 의외라고 생각한 분이 엄청 많을 걸로 생각되는데 아닌가요? 아무튼 한마디로 「物議を醸す」는 세상 사람들의 비평, 논란/논쟁(議論), 입방아(取りざた)에 오를 만한 일을 불러일으킨 것, 더 나아가서 분쟁, 다툼을 일으킨다는 뜻의 말이란 것이죠.

반면에 우리는 어떤가요? 예컨대 연예인 등이 불륜, 스캔들, 상습 도박, 성범죄 등등을 일으킨 뒤 기자회견 같은 데서 '물의를 일으켜서 죄송합니다'라고 말할 때는 단순히 세상의 비평, 논쟁, 입방아, 다툼의 대상이 된 것을 죄송하게 생각한다는 뜻으로 말하는 건 아니죠? 비난받아 마땅한, 해서는 안 될 짓을 저질러서 죄송하다고 말하는 거 아닌가요? 그럼 이번에는 한국의 국어사전을 살펴볼까요?

대개 부정적인 뜻으로 쓰여) 어떤 사람 또는 단체의 처사에 대하여 많은 사람이 이러쿵저러쿵 논평하는 상태.

물의를 빚다.
물의를 일으키다.

'사람들이 이러쿵저러쿵 논평하는 상태'??? 의외라고 생각한 사람은 저뿐인가요? 그래서 제가 놀랐다고 한 겁니다. 저 예문에 대입해 볼까요? '이러쿵저러쿵 논평하는 상황을 빚다'? 개인적으로 '논평'이라는 단어 자체도 어색하게 느껴지지만, 풀어서 말하자면 내가 옳네, 네가 그르네 하는 논쟁, 언쟁을 빚는다는 말이죠? 즉, 원래의 뜻은 일본 국어사전의 뜻풀이와 어슷비슷하다는 거죠. 그런데 사실상 한국에선 어떤 뉘앙스로 쓰이죠? 연예인 등이 불미스러운 일을 일으키고 '물의를 빚어서 죄송합니다'라고 사죄하는 경우 '논쟁을 빚은 사실'이 죄송하다는 게 아니죠. 여기서 '물의'에 해당하는 건 불륜이든 상습 도박이든 마약 투약이든 불미스러운 일 자체, 비난받아 마땅한 일 자체를 뜻하는 거라고 봐야 하는 거 아닐까요? 문맥상 말이죠.

물론 이보다는 정도가 살짝 약한 실언, 망언을 해서 세상을 떠들썩하게 만든 경우도 '물의를 빚어서 죄송하다'는 식으로 말하긴 하죠. 이 경우는 사전의 원래 뜻풀이에 가깝게 쓰인 경우로 볼 수 있을 듯도 한데… 하지만 이 역시도 실언이나 망언으로 인해 사람들 사이에 논평…은 정말 아닌 것 같고, 논쟁/언쟁을 일으켜서 죄송하다는 뜻이 아니라, 그렇게 논쟁/언쟁이 될 만한 '망언/실언'을 해서 죄송하다는 뜻으로 말하는 거 아닐까요?

한번 쉽게 생각해 봅시다. 불륜, 도박, 성범죄 등을 저지른 연예인이 기자 회견 같은 데서 '물의를 일으켜서 정말 죄송합니다'라는 말을 사전의 뜻풀이에 비슷하게 맞춰서 '물의'라는 말 대신에 '(사람들 사이에) 논쟁/언쟁을 일으켜서 정말 죄송합니다'라고 실제로 말한다면 어떤 일이 벌어질까요? 여론의 뭇매 한 방 더 맞는 사태가 벌어지겠죠?

그리고 중요한 포인트 하나 더. 일본인에게 불미스러운 짓을 저지른 연예인 등이 '물의를 일으켜서 죄송합니다'라고 하는 걸 그대로 직역해서 이 표현이 자연스러운지를 물어봤는데, 다들 이상하다는 반응이었습니다. 왜냐하면 불륜, 마약 투약, 상습 도박, 아동 학대, 성범죄 등은 논란의 여지가 없는 나쁜 짓인데 그 자체를 죄송하다고 사죄해야지 物議(= 논쟁, 논란)를 일으켜서 죄송하다고 말하는 건 뻔뻔한 짓이라는 거죠.

지면 절약을 위해 이쯤에서 정리하자면, 오늘날 한국에서 쓰이는 '물의를 빚다, 일으키다'는 말은 원래 사전의 뜻풀이와는 다른 뉘앙스로도 쓰이는 게 현실이고, 반면 일본의 경우는 '物議'라는 한자어의 자의에 맞게 오늘날도 쓰고 있다. 이렇게 결론을 내릴 수 있겠죠? 그리고 큐알코드로 블로그 글 가서 보시면 일본어 '物議'가 쓰인 문장들 중에 한국어 '물의'로 번역하면 어색한 사례들, 그리고 외국인의 질문에 대답한 일본인의 답변 중에 한국어 '물의'와의 차이점이 극명하게 드러나는 사례 등을 적어 뒀으니 관심 있으시면 읽어 보시길.

'물의를 빚다'는 「物議を醸す」가 아니다?

> ## 모범 답안

1. 지나치게 선정적인 : 官能的すぎる・煽情的すぎる

일본도 '선정적'이라는 말을 쓰긴 하는데 일반적으로 흔히 쓰는 표현은 아니고, 특히 일상생활에서 쓸 일은 거의 없다는군요. 그래서 '선정적인' 부분을 히라가나로 적은 예문을 지어서 일상의 대화에서 이렇게 말하면 '선정적인' 부분이 무슨 말인지 바로 알아듣느냐고 질문을 올리니까 답변을 단 사람이 전후 대화의 흐름을 알면 뭔지 알 수도 있겠는데 그것만으로는 모르겠다는 대답이 돌아왔으니 참고하시길. 감수자님은 일상생활에서는 별로 안 쓰이고 신문 기사 등에서는 쓴다고 답변하셨습니다. 그러니 일상의 대화에서는 '관능적'을 쓰거나 「エロ過ぎる」, 「やらしすぎる」 등으로 표현하는 게 좋겠죠.

2. 物議を醸す : 논란을 일으킬

한국의 국어사전 뜻풀이를 기준으로 한다면 '물의'를 써도 틀린 건 아니겠지만, 개인적으로 일본어 '물의'와 가장 비슷한 건 '논란'이라는 생각이 듭니다.

3. 미처 억누르지 못하고 : 抑え切れず

'미처' 부분은 위와 같이 번역할 수 있겠습니다. 이 「~切れず」도 번역하기 참 애매한 경우가 많은데 예를 들어 「逃げ切れると思うな!」라고 하는 경우가 그렇죠. 이건 그 동사의 행위를 완수해 내다, 끝까지 해내다는 뉘앙스로 쓰이는 말이죠.

4. 트윗을 올린 게 : つぶやきを投稿したことが

일본에선 트윗을 이렇게 말합니다. 「呟き」는 중얼거림, 혼잣말 등의 뜻인데, 트윗이란 뜻으로 쓰일 때는 히라가나로 표기하는 게 일반적입니다.

5. 몰랐어요 : 思わなかったです

이 경우의 '몰랐어'를 「知らなかった」라고 번역하면 이상한 일본어가 되죠. 이건 어떤 사실 등을 몰랐다(知らなかった)는 말이 아니라 예상을 못 했다는 뉘앙스니까요.

> 日   일본은 한국에 비해 「~と思う」라는 표현을 빈번하게 쓰는데, 이걸 그대로 '~(라)고 생각하다'로 번역하면 어색한 경우가 분명 있습니다. 이걸 이처럼 '~줄 알다/모르다'로 번역하는 방법도 있다는 걸 몰랐던 분은 참고하시길.

6. 物議を醸すとは : 논란을 일으킬 줄은

7. 전문가의 발언 : 有識者の発言

제가 '유식자'란 말도 한일 간에 쓰임새가 다르다는 걸 처음 알게 된 건 바로 「有識者会議」라는 말을 접했을 때입니다. 우리는 '유식자'라는 말 자체를 쓸 일이 거의 없지만 이렇게 말하면 학식이 높은, 아는 게 많은 사람이라는 뜻, '무식자'라고 하면 배움이 없는, 아는 게 별로 없는 사람이라는 뜻으로 쓰죠. 하지만 일본은 이렇듯 '전문가'와 비슷한 의미로 씁니다. 다만, 일본어 '유식자'와 '전문가'는 완벽히 일치하는 개념은 아니고, 교수처럼 한 분야에서 전문적인 연구를 하고 논문도 쓰고 하는 사람은 '전문가'라 부르지만 '유식자'는 반드시 그렇지는 않고, 그냥 한 분야에 대해 깊고 폭넓은 지식을 지닌 사람을 일컫는 것이라는 차이가 있다고 합니다.

8. 物議をかもしている : 논란을 낳고 있다

9. 표본이 되고 만 게 아닌가 : ひな形になってしまったのではないか

「雛型」라고 표기하기도 하는데 雛는 인형을 뜻하죠. 표본, 견본, 모형, 모델, 그리고 서식, 양식이라는 뜻으로 쓰이는 말이죠.

10. 物議を醸している : 논란이 일고 있다

11. 시범 경기 : 模範試合

12. 物議を醸している : 논란이 되고 있다

이렇듯 일본어 '물의'의 역어로서는 개인적으로 '논란'밖에 떠오르지 않는데, 더 좋은 번역을 알고 계신 분은 가르쳐 주시면 고맙겠습니다.

13. 불륜을 저지른 : 不倫していた

14. 발각돼서 : 発覚して

15. 사회적 물의를 일으킨 여배우 : 社会的非難の的となっている女優

불륜이라는 부도덕한 행위는 議論する 대상이 아니죠. 비난받아 마땅한 짓이죠. 그러니 이 맥락에서 쓰인 '물의를 일으킨'은 위와 같이 번역해 봤습니다. 참고로 이 예제를 포함해서 '논란'이라고 번역한 모든 예제에 대해 감수자님은 건드리지 않았습니다.

16. 하차당했다 : 降板させられた

17. 마약 투약 : 覚醒剤使用

모 유명인의 마약 사건이 터졌을 때 한국 언론사의 일본어판 기사나 다른 글들에서도 그대로 麻薬投薬라고 번역해 놓은 것들이 수두룩했는데, 일본도 '마약'과 '투약'이라는 말을 쓰니까 알아는 듣겠죠. 하지만 위처럼 각성제 사용이라고 하는 게 일반적입니다. 제가 일본인에게 「まやくとうやく」라고 히라가나로 써서 무슨 말인지 금방 알아듣냐고 했더니 전후 문맥을 알아야 뭔지 알 거 같다고 하더군요. 그래서 일본 신문이나 뉴스 등에서는 覚醒剤使用이라고 하는 게 일반적이지 않냐고 물었더니 그렇다고 하더군요. 여기서 한 가지 주의할 점은 우리는 구분 없이 전부 '마약'이라고 하지만 일본은 각성제와 마약을 구분합니다. '각성제'는 우리가 흔히 말하는 '히로뽕', 정식 명칭으로 필로폰을 뜻합니다. 그렇다면 필로폰 외의 마약을 투약했을 때는 뭐라고 할까요? 麻薬使用라고 합니다. 그리고 전체를 뭉뚱그려서 違法薬物(の)使用라고 합니다.

> 日 한국은 '불법 약물'이라고 하는 게 일반적입니다.

18. 구속 영장이 신청된 : 勾留状が請求された

이것도 복습이죠. 이 경우 일본은 '청구'라고 한다는 점.

19. 사회적 물의를 빚은 점 : 社会的不祥事を起こしたことを

이런 문맥에서는 일본어 '불상사'로 번역해 줄 수 있을 거 같습니다. 이것 역시 감수자님이 건드리지 않았습니다.

20. 진심으로 사죄드린다'며 : 心からお詫び申し上げます」と述べ

일본도 '사죄'라는 한자어를 쓰긴 쓰지만 위와 같이 말하는 게 일반적이죠. 그리고 신문 기사 같은 데서는 「～と言って」가 아니라 위와 같이 쓰는 게 정중한 표현이죠.

랜덤 예제 모범 답안

1. 아버지면서 : 父親のくせに

> 日 일본어「くせに」를 무조건 '주제에'라고 번역하면 어색할 때가 있습니다. 이 경우가 그렇습니다. '아버지 주제에~~무심하다'는 한국어로서 좀 어색합니다. 한국어 '주제에'는 약간 비하하고 무시하는 뉘앙스가 담겨 있습니다. 예를 들면 '상놈 주제에 감히 양반한테 대들어?', '여편네 주제에 남정네들 일에 끼어들지 마', '계집애 주제에 복싱이라니 어림없어' 등등. 지금 퍼뜩 떠오른 일본어 표현 중에「本当は好きなくせに」가 '주제에'라고 번역하면 어색한 대표적인 예라고 할 수 있겠습니다. 물론 '좋아하는 주제에'라고 해도 자연스러운 문맥이 없지는 않을지 몰라도 대개의 경우는 그냥 '사실은 좋아하면서'라고 번역하는 게 자연스럽습니다. 그리고 이 예문의 경우 거꾸로「くせに」의 뉘앙스를 살려서 번역하려면 '아버지란 인간이'라고 번역해 줄 수 있겠습니다. 참고로 '인간'이라는 한자어도 미묘하게 쓰임새가 다른데 그걸 몰라서 한일 사이에 또 촌극이 발생한 적이 있죠. 당시 고노 일본 외상이 문희상 국회의장을 비판하면서, 한일 의원 연맹 회장까지 역임한 人間이라는 표현을 하자 우리 외교부가 '인간'이라는 말을 썼다면서 항의하는 촌극이 말이죠. 일본의 한자어 '인간'은 부정적 뉘앙스로 쓰지 않잖아요. 반대로 일본이 뉘앙스를 잘못 알아서 촌극이 벌어진 적도 있는데, 그건 곧 나올 테니 거기서 설명하죠.

2. 무심할 수 있는 거야? : 無関心でいられるわけ?

이 '무심'이라는 한자어도 쓰임새가 다릅니다. 한국은 '무관심하다'는 뜻으로도 쓰이지만 일본어 '무심'은 그렇지 않습니다. 따라서 이 경우는 위와 같이 '무관심'이라고 번역해야겠죠. 그리고 일본어 無心은「無心する」라는 동사로도 쓰이는데 이 경우는 금품 등을 달라고 조르다, 떼쓰다는 의미로 씁니다.

3. 액션 신 야외 촬영 : アクションシーンのロケ

검색을 해 보면 일본도 野外撮影라고도 하긴 하는 거 같은데 거의 안 쓰는 것 같습니다. 블로그에서 제가 소개한 사전 사이트의 모든 사전에 없고, 유일하게 Weblio 사전에만 있더군요.

4. 섭외 안 했다고? : 発注してないって?

어떤 영화를 보고 놀랐는데, 일본은 이런 경우에도 '발주'라는 한자어를 쓰더군요. 그러니 이 경우의 '섭외'는 이렇게 번역하면 되겠죠. 그리고 이때도 '테이니이' 형태로 쓰죠. 참고로 엑스트라의 경우는 '발주'라고 하지만 주연 배우의 경우는 '발주'라고 하지는 않는다고 합니다.

5. 토종 : 在来種

우리나라의 '토종'이란 표현을 일본은 이처럼 '재래종'이라고 합니다.

6. 잘 서식할 수 있는지 : うまく生息できるか

일본은 '서식'이라는 한자어를 안 쓰고 이렇게 말합니다.

7. 현장 답사를 보내 놨더니 : 現地調査に行かせているが

일본에도 踏査가 사전에 있지만 거의 안 쓰는 모양입니다.

8. 감감무소식이다 : 梨のつぶてだ・何の音沙汰もない

일본어 消息는 쓰임새가 변했다고 1권에서 말했죠. 여기서 한 가지 짚고 넘어갈 것은 감수자님이「梨のつぶて」라는 표현은 편지나 문자 같은 거에 답장이 없을 때 쓰는 거라서 이 문맥에서는 어색하다고 하더군요. 하지만 루쉰의 <아Q정전>을 번역한 서적에서「先生の側からみれば、いったきり、梨のつぶてというわけである」라고 나오듯이 꼭 편지 등의 답장이 있어야 쓰는 건 아니라고 봅니다. 이 역시 다른 일본인에게 교차 확인을 했는데 제 의견에 동의해 줬습니다.

9. 은퇴 : 引退

10. 절친하게 지내던 : 懇意にしていた

번역을 하면서 여러 차례 접했던 표현입니다. 비슷한 말로「昵懇」도 있습니다.

11. 평온한 은퇴 생활 : 楽隠居の生活

12. 世間のことに無頓着な : 세상사에 초탈해서

無頓着도 번역하기 결코 만만찮은 단어죠. 단순히 무관심한 게 아니라 집착하지 않는 것, 얽매이지 않는 것이라는 뉘앙스를 내포한 단어입니다. 문맥에 따라서는 '초연하다'도 가능하겠죠.

13. 기대에 부푼 가슴을 안고 : 期待に胸を膨らませ

이걸 그대로「期待に膨らんだ胸を抱いて」라고 직역하면 코패니즈가 되죠.

14. 어학연수 길에 올랐다 : 語学留学の途に就いた

우리는 어학연수와 유학을 구분하지만 일본은 둘 다 '유학'이라고 합니다.

15. 외대생 의문사 진상 규명 : 外語大生の不審死真相究明

일본은 범죄 가능성이 의심되는 죽음을 이처럼 '불심사'라고 합니다.

16. 약물 과다 투약 : 薬物の過剰投与
이때도 일본은 '과잉'이라고 하고, 또한 '투여'라고 하는 게 일반적입니다.

> **読み方**
>
> 封鎖(ふうさ)・虐待(ぎゃくたい)・賭博(とばく)・煽情(せんじょう)的・有識者(ゆうしきしゃ)
> 醸(かも)す・ひな形(がた)・お詫(わ)び・発注(はっちゅう)・在来種(ざいらいしゅ)・生息(せいそく)
> 音沙汰(おとさた)・懇意(こんい)・昵懇(じっこん)・無頓着(むとんちゃく)・膨(ふく)らませ
> 不審死(ふしんし)・投与(とうよ)

현장감은 일본어로 現場感?

[1]、現場に直接[2]、
직무 성격상 현장에 직접 발걸음을 해서

[3]を感じながら働かないと[4]。
살아 숨 쉬는 현장감을 느끼면서 일하지 않으면 직성이 안 풀린다.

現場感が足りない[5]任命したので[6]
[7] 낙하산을 팀장으로 임명하자 팀원 모두가
不服そうな顔をしている。
[8]을 하고 있다.

あまりにも[9]シーンなので、
너무나도 실감나는 신이어서
まるで僕もスクリーンの中にいるような[10]。
마치 나도 스크린 속에 있는 듯한 현장감마저 느꼈다.

現場感が全くない人がリーダーになる企業は[11]と言って、
[12]이 전혀 없는 사람이 리더가 되는 기업은 성장할 여지가 별로 없다며
[13]いるそうです。
직원들이 반기를 들고 있답니다.

このスピーカーは、実際に[14]にいるかのような[15]を
이 스피커는 실제로 콘서트장에 있는 듯한 생생한 현장감을
味わわせてくれるので、現在[16]。
맛보게 해 주기 때문에 현재 날개 돋친 듯 팔리고 있습니다.

랜덤 예제

[　1　]、数十年後には[　2　]のために
파격적 해결책 없이는 몇십 년 뒤에는 극심한 저출산 고령화로 인해

[　3　]が予想される。
인구 절벽 상태가 예상된다.

ご応募くださった方々には[　4　]に[　5　]と
응모해 주신 분들께는 추첨을 통해 총 다섯 분께 식기세척기와

[　6　]をプレゼントします。
식기 5종 세트를 선물합니다.

[　7　]のパンダを[　8　]で起訴された○○氏は、
멸종 위기종인 판다를 밀도살한 혐의로 기소된 ○○씨는

[　9　]で懲役5年を[　10　]。
항소심에서 징역 5년을 언도받았다.

記者会見を[　11　]アイドルの○○は[　12　]から[　13　]
기자회견을 자청한 아이돌 ○○는 연예기획사로부터 냉대를 받았고,

メンバーたちからも[　14　]と暴露し、[　15　]。
멤버들한테도 따돌림을 당했다고 폭로함으로써 기자회견장을 후끈 달궜다.

今度の[　16　]では、[　17　]を上げるための[　18　]を集中的に実施する。
이번 전지훈련에선 슛의 정확도를 키우기 위한 훈련을 집중적으로 실시한다.

明日の[　19　]で成績が良ければ[　20　]の採点の時に[　21　]。
내일 현장학습에서 성적이 좋으면 중간고사 채점 때 가산점을 줄 거야.

> **해설**

먼저, 現場感이라는 한자어는 코지엔 인터넷판을 포함한 제가 자주 뒤져 보는 모든 사전에 아직 실려 있지 않습니다. 그리고 제가 질문했던 일본인들 대다수도 처음 듣는다, 들어 본 적 없다 등의 반응이었고, 몇몇 사람은 찾아보니 사용례가 있더라며 신조어인 것 같다는 반응이었습니다. 그런데 약 7~8년이 지난 지금 다시 검색해 보니 신문 기사에서도 쓰고 있는 예가 꽤 많군요. 아무튼 실제로 검색해 보면 아래와 같이 쓰인 예들이 많이 검색되는데 지면 절약을 위해 이것만 소개합니다.

なぜ現場感が大切なのでしょうか? 端的にいえば、現場感とは体験を通じて得た感覚。仕事をするうえでは、それが大きな意味を持つわけです。

'現場感이란 체험을 통해 얻은 감각', 문맥상 현장 경험을 통해 익힌 감각이라는 뉘앙스인 것이죠. 따라서 이런 문맥에서 쓰인 現場感을 그대로 '현장감'이라고 번역하면 안 되겠고, 이 경우는 현장 감각, 현장 경험 등으로 번역해 줘야겠죠? 그리고 신조어다 보니까 現場感이라는 한자어에서 느끼는 인상이 아직은 제각각이어서 사람에 따라 조금 다른 뉘앙스로 쓰고 있는 예도 검색이 됩니다. 그러니 이 現場感이란 일본어를 접한다면 전후 문맥을 면밀히 살필 필요가 있겠죠.

> **모범 답안**

1. 직무 성격상 : 職務の性質上
이 '성격'이라는 말도 쓰임새가 미묘하게 다르다는 것이죠. 일본은 이 경우에는 이렇듯 '성질'이라는 단어를 쓰는 게 자연스럽습니다.

2. 발걸음을 해서 : 足を運んで

3. 살아 숨 쉬는 현장감 : 生き生きとした臨場感
일본에서 말하는 '현장감'은 우리와 다르기 때문에 이처럼 '임장감'이라고 표현합니다. 그리고 '살아 숨 쉬는'도 직역해선 의미가 통하지 않죠.

4. 직성이 안 풀린다 : 気が済まない
직성이 안 풀린다는 표현을 일본은 이렇게 합니다.

5. 낙하산을 팀장으로 : 天下りを班長に
이 책을 읽으시는 분들 중에는 비유적인 의미의 '낙하산'을 위와 같이 표현한다는 건 아는 분도 많겠죠. 그리고 우리가 말하는 공장 등의 팀장, 조장을 일본은 위와 같이 '반장'이라고 합니다.

6. 팀원 모두가 : 班のメンバーが皆

그렇다면 팀원도「班員」이라고 해야 할 텐데 이 경우는 위와 같이 말하는 게 자연스럽고, 班員은 회사 조직표 같은 데서나 쓸 법한 말이라는 한 일본인의 의견이 있었으니 참고하시길.

7. 現場感が足りない : 현장 감각이 부족한

해설에서 설명했듯이 '현장 감각'이라는 뜻으로 現場感을 쓴 예입니다.

8. 不服そうな顔 : 불만스러운 표정

한국어 '불복'과 일본어 不服도 그 뜻과 쓰임새가 다릅니다. 일본은 이렇듯 불만, 불평, 납득이 안 간다, 불만족스럽다는 뉘앙스로 씁니다. 이에 관해서는 3권에서 따로 다루겠습니다.

9. 실감나는 : 迫真の・実感が湧く

1권에 나온 거 복습이죠. 그리고 '실감'을 그대로 써 주는 경우도 일본은 이처럼 '솟다, 샘솟다'의 뜻인「湧く」를 써 줍니다.

10. 현장감마저 느꼈다 : 臨場感さえ覚えた

11. 성장할 여지가 별로 없다 : 伸び代があまりない

이「伸び代」는 금속 등을 구부리거나 열을 가했을 때 늘어나는 것. 또는 그 늘어난 길이를 뜻하는 말이죠. 그런데 그 의미가 확장돼서 성장할 여지, 성장 잠재력 등의 뜻으로 비유적으로 쓰입니다. 이「しろ」라는 말은 합성어로 쓰여서 여러 가지 뜻을 나타내죠. 代라는 한자어는 대가라고 할 때의 代니까「飲み代」라고 하면 술값. 그리고「縫い代」라고 하면 두 천을 꿰맬 때 안쪽에 접히는 부분, 다시 말해 시접 부분을 뜻하고,「のり代」라고 하면「のり」는 풀이니까 풀칠을 위해 약간 여유 있게 남겨 두는 부분을 뜻하죠.

12. 現場感 : 현장 감각, 현장 경험

이 문맥에서는 위와 같이 번역해 줘야 자연스럽겠죠.

13. 직원들이 반기를 들고 : 社員たちが反旗を翻して

일본은 이때「翻す」라는 동사를 쓰는데, 이건 뒤집다, 번복하다는 뜻도 있지만 휘날리다, 나부끼게 하다는 뜻도 있습니다.

14. 콘서트장 : ライブ会場

15. 생생한 현장감 : 生々しい臨場感

16. 날개 돋친 듯 팔리고 있습니다 : 飛ぶように売れてます

원래「羽が生えて飛ぶように」가 줄어든 것이죠.

> **랜덤 예제 모범 답안**

1. 파격적 해결책 없이는 : 画期的な(型破りな)解決策なくしては

이미 많이 나왔던 거니 대충 맞히셨으리라 생각합니다. 그리고 이 경우의 '~ 없이는'은 위와 같이 번역해 줄 수 있겠습니다. 이「～なくしては」문형을 몰랐던 분은 이참에 익히셔서 활용해 보시길. 참고로 잃다, 없애다는 뜻의「無くす」가 아닙니다.

2. 극심한 저출산 고령화 : 深刻な少子高齢化

일본에는 '극심(極甚)'이라는 한자어가 없죠. 그런데 이 '극심'과 비슷한 뜻의 한자어로서 激甚(격심)은 쓰는데, 그렇다면 이 激甚을 대신 쓰면 안 될까요? 정답은 '아니오'입니다. 왜냐하면 일본의 경우 激甚이라는 한자어는 재해나 피해 상황이 (한국어)극심할 때만 쓰는 말로서 그 쓰임새의 폭이 좁은 편이기 때문이죠.

3. 인구 절벽 상태 : 人口の超激減状態

1권에서 나온 취업 절벽이라는 용어는 그나마「就職氷河期」라는 비슷한 표현이 있어서 다행이지만 이 경우는 어쩔 방법 없이 의역해 줄 수밖에 없겠죠.

4. 추첨을 통해 총 다섯 분 : 抽選により合計5名様

'~을 통해서(통한)'이라는 표현도 무조건「～を通じて(通じた)」로 번역하면 일본어로서는 부자연스러울 때가 많습니다. 이 경우도 그에 속하는 것이죠. 그리고 우리는 '총~명'이라고 하지만 일본은 위와 같이 표현하고, 또 한 글자로 말할 때도「計」를 쓰는 게 일반적입니다. 한 일본인은 이 경우에는「計」보다는「合計」라고 하는 게 더 정중한 표현이라고 했으니 참고하시길. 또한 일본은 사람 수를 셀 때 人과 名을 구분해서 사용하는데, 이 경우에는 人이 아니라 名이라고 해야 자연스럽습니다. 식당 같은 데서 "몇 분이세요?"라고 물을 때도「何名様ですか」라고 名을 쓰죠. 그런데 손님이 대답할 때는 人이라고 하는 게 자연스럽다고 하니 참고하세요. 물론 名이라고 하면 안 된다는 뜻은 아닙니다.

5. 식기세척기 : 食器洗浄機·食洗機

일본은 '세척'이 아니라 이처럼 '세정'이라고 하죠. 또 줄여서 '식세기'라고 하고요. 다른 표현으로는「食器洗い機」라고도 합니다.

6. 식기 5종 세트 : 食器5点セット

일본은 이때도 '종'이 아니라 '점'이라고 합니다.

7. 멸종 위기종 : 絶滅危惧種
일본은 이렇듯 '절멸위구종'이라는 말을 씁니다.

8. 밀도살한 혐의 : 密殺した容疑
일본은 '밀도살'이라는 한자어를 쓰지 않고 이처럼 '밀살'이라고 합니다.

9. 항소심 : 控訴審
우리는 항소라고 하지만 일본은 '공소'라고 합니다.

10. 언도받았다 : 言い渡された
이 '언도'라는 한자어도 아마 일본제 한자어일 가능성이 높을 겁니다. 위의 정답에서 한자만 따로 떼어서 읽은 게 바로 '언도'죠.

11. 자청한 : 自ら要望した
일본은 '자청'이라는 한자어를 쓰지 않으니 위와 같이 풀어서 번역해야겠죠.

12. 연예기획사 : 芸能事務所

13. 냉대를 받았고 : 冷遇され
일본은 '냉대'라는 한자어를 안 쓰고 이처럼 '냉우'라고 합니다. 한국에서 '처우'라고 할 때의 그 遇죠. 결국 3권까지 퀴즈로 활용 못 한 걸 덧붙이고 넘어가자면 '우대'도 일본은 優遇, 후한(두터운) 대우를 뜻하는 '후대'도 厚遇, 모질게 대하거나 손님 등을 아무렇게 대접한다는 뜻으로 쓰이는 '박대'도 薄遇라고 합니다. 그런데 이 薄遇라는 한자어의 쓰임새는 많지 않은 모양이고, 일본은 '천대'와 '홀대'라는 한자어를 쓰지 않으므로 이것들을 일본어로 번역할 때는 이 冷遇를 써 주면 될 거라고 봅니다.

14. 따돌림을 당했다 : のけ者にされていた
이와 비슷한 표현으로 「仲間外れにされる」도 있다고 1권에서 말했죠? 반복 학습 차원에서 언급하고 넘어갑니다.

15. 기자회견장을 후끈 달궜다 : 会場を騒然とさせた
일본은 '회장'이라는 표현을 이렇게나 빈번히 쓰죠. 이런 문맥에서 「沸かした」라고 번역해 놓은 걸 본 적이 있는데, 이건 긍정적인 의미로 현장을 후끈 달구는 걸 뜻하는 말로 주로 씁니다.

16. 전지훈련 : キャンプ
복습이죠. 그리고 군의 '전지훈련'도 일본은 「転地演習」라고 한다는 점도 복습 차원에서 언급해 둡니다.

17. 슛의 정확도 : シュートの精度
일본은 이 경우에 '정확도'라고 하지 않고 이처럼 精度라는 표현을 씁니다.

18. 훈련 : 練習・トレーニング
일본에선 한국에서 말하는 스포츠 등의 훈련을 '연습'이라고 하는 게 일반적입니다. 일본어 '훈련'은 시켜서 하는 것이라는 뉘앙스가 강하다는 일본인의 의견이 있었으니 참고하시길. 일본은 우리가 말하는 대피 훈련이라는 뜻인 非難訓練이나 군대 등에서 하는 훈련의 경우에나 訓練이라고 합니다.

19. 현장학습 : 体験学習
우리의 현장 학습을 일본은 위와 같이 표현합니다. 「社会科見学」라는 용어도 있는데 한 일본인의 말로는 초등학생들이 하는 거니까 참고하시길.

> 日 한국에선 '현장 체험 학습'을 줄여서 '현장 학습'이라고 하는 게 일반적입니다.

20. 중간고사 : 中間テスト

21. 가산점을 줄 거야 : 加点してあげるから
일본은 이 경우에 가산점이 아니라 '가점'이라고 합니다. 그리고 「加点をあげる」라고 해도 뜻은 통하는데 위와 같이 말하는 게 일반적이라고 합니다. 일본도 「加算」이라는 용어를 쓰긴 쓰는데 의료계에서 진료 보수와 관련되어 이렇게 표현하는 모양입니다. 그리고 일본은 이런 식으로 말을 중도에 끊는 경우가 많죠. 이 「~から」로 끝나는 경우는 문맥에 따라서는 '~니까'라고 번역해도 자연스러운 경우도 있지만, 가급적이면 이처럼 종지형으로 번역하는 게 좋겠죠.

読み方

臨場感(りんじょうかん)・天下(あまくだ)り・現場感(げんばかん)・不服(ふふく)・伸び代(しろ)・縫(ぬ)い代・湧(わ)く・翻(ひるがえ)して・生々(なまなま)しい・洗浄(せんじょう)・危惧種(きぐしゅ)・密殺(みっさつ)・控訴審(こうそしん)・冷遇(れいぐう)・優遇(ゆうぐう)・厚遇(こうぐう)・騒然(そうぜん)

농락과 篭絡도 전혀 다른 뜻

A：あら、あんな[1]のじじいまで篭絡しようとしてる。
A : 어머, 저런 **옹고집** 영감까지 [2   ]

B：篭絡してるんじゃなくて、媚びを売ってるのよ。あいつは八方美人だからね。
B : [3   ] 알랑거리고 있는 거야. 저 인간은 [4   ]이니까.

彼は当時、[5]キャバ嬢に篭絡され全財産を[6]あげく、
그는 당시에, **요망한** [7   ] 전 재산을 **탕진한** 끝에

[8   ]状態だった。
절망감에 삶의 의욕을 잃은 상태였다.

どんなに[9]美女でも確実に篭絡して
아무리 **콧대 높은** 미녀라도 확실히 [10   ]

[11   ]秘術を特別に伝授してやる。
자빠뜨려 버리는 비술을 특별히 전수해 주마.

幻想的なドリブルで相手の[12]を[13]するメッシ。
환상적인 드리블로 상대 **수비수**들을 농락하는 메시.

[14   ]が結局[15   ]。
허둥지둥 쩔쩔매던 수비수가 결국 자책골을 허용하고 마는군요.

[16]運命に[17   ]、絶望の[18   ]彼は
기구한 운명에 농락당해 절망의 **나락**에 빠졌던 그는

結局[19   ]をして一生を終えた。
결국 **지하철 투신 자살**로 생을 마감했다.

랜덤 예제

2018年[1]において[2]ｼﾞｮｺﾋﾞｯﾁを[3]で、
2018 호주 오픈에서 전(前) 세계 1위 조코비치를 16강전에서

ｻﾝﾄﾞｸﾞﾚﾝを[4   ]ﾁｮﾝﾋｮﾝは、
샌드그랜을 8강에서 차례로 꺾은 정현은

世界最強のﾌｪﾃﾞﾗｰと[5   ]の勝負を繰り広げることになった。
세계 최강 페더러와 결승 진출을 건 일생일대의 승부를 펼치게 됐다.

明日は[6   ]だが、あいにく[7   ]
내일은 사적 현장학습인데 공교롭게도 비가 올 거라고 하니까

各自傘や[8]など[9]を持参するように。
각자 우산이나 비옷 같은 우비를 지참하도록.

今度の[10   ]、物事は[11   ]
이번 막후 협상만 잘 성사되면 일은 일사천리로 진행될 테니

[12   ]準備をして交渉に臨むように。
철두철미한 준비를 하고 협상에 임하도록 해.

慰安婦交渉、UAE[13]契約などで[14]があったということが[15]
위안부 협상, UAE 원전 계약 등에서 이면합의가 있었다는 사실이 드러나면서

政府は尋常ではない[16   ]。
정부는 심상치 않은 후폭풍을 맞게 됐다.

大砲などを撃つ時に、その反作用で後ろ側に生じる強い風を[17]と言う。
대포 등을 쏠 때 그 반작용으로 뒤편에 생기는 강한 바람을 '후폭풍'이라고 한다.

[18   ]。指紋の[19]結果、[20   ]は無かったそうです。
감식반에서 연락이 왔습니다. 지문 대조 결과 일치하는 지문은 없었답니다.

농락과 籠絡도 전혀 다른 뜻 • 73

> **해설**

1권에서 간략히 언급했었고 블로그에도 글을 쓴 바 있는 한자어죠. 복습 차원에서 얘기하자면 일본어 籠絡도 한국어 '농락'과는 미묘하게 다른 뉘앙스로 쓰이는 단어입니다. 한국어 '농락'은 남을 놀리거나 제멋대로 갖고 노는 것, 교묘하게 속여서 이용해 먹는 것이라는 뉘앙스로 쓰이는 말이지만 일본어 籠絡는 모범 답안을 보셨으면 알 수 있듯이 상대방을 구슬려서 자기 뜻대로 따르게 하는 것, 회유하거나 구워삶는 것이라는 뉘앙스로 쓰이는 말입니다. 여기서 goo유의어 사전의 설명을 보고 넘어가죠.

1 「懐柔」は、うまいことを言って手なずけ、自分の陣営に引き込んで、自分に従うようにすること。
2 「籠絡」は、人を巧みに言いくるめて、自分の思うとおりに操ること。

보셨듯 일본어 '회유'는 솔깃한 말로 길들여서 자기를 따르게 하는 것이라는 말이고, 일본어 '농락'은 사람을 교묘한 말로 구슬려서 자기 마음대로 조종하는 것이라는 뜻이란 것이죠. 확실히 한국어 '농락'과는 그 뜻과 뉘앙스에 차이가 있죠? 그러므로 이걸 그대로 농락이라고 번역하면 안 되겠죠. 그렇다면 한국어 농락과 일본어 籠絡를 각기 어떻게 번역해 주면 좋을지 모범 답안을 보면서 얘기해 보도록 하죠. 저 역시 번역하기 상당히 어려운 단어라서 나름대로 번역을 해 본 것이지 제 번역이 정답이라는 뜻은 아닙니다.

> **모범 답안**

1. 옹고집 : 石頭

1권에서 다뤘듯이 일본의 石頭는 한국처럼 '머리가 나쁜 사람'이라는 뜻이 아니라 머리가 딱딱하게 굳어 버려서 고집이 세고 융통성이 없는 사람, 시대가 바뀌었는데도 옛날 사고방식을 못 버리는 사람 등을 뜻하는 단어죠. 또는 글자 그대로 머리가 단단한 사람을 뜻하기도 하고요.

2. 籠絡しようとしてる : 구워삶으려 해

이렇듯 일본어 '농락'은 상대방을 구슬리거나 회유하거나 구워삶는다는 뉘앙스.

3. 籠絡してるんじゃなくて : 구워삶는 게 아니라

4. 八方美人(はっぽうびじん)八方美人 : 처세의 달인, 처세꾼, 아첨꾼

비꼬는 의미의 '처세의 달인'이죠. 이처럼 일본어 '팔방미인'은 전후 맥락에 따라서 다양한 표현으로 의역할 수밖에 없겠죠.

5. 요망한 : 魔性の

제 능력으로는 이런 문맥에서의 한국어 '요망하다'를 위와 같이 번역하는 것 말고는 떠오르지가 않네요. 다만 똑같진 않지만 그나마 비슷한 뜻으로 「妖しい」가 있는데 이건 수상하다는 뜻의 「怪しい」와 발음이 같아서 회화체로는 잘 쓰지 않는 모양입니다. 다만 「妖しい」와 요망하다 또는 요사스럽다가 일대일 대응 가능한 건 아닙니다. 이건 신비한 마력, 불가사의한 매력이라는 뉘앙스의 단어입니다.

6. 탕진한 : 食い潰した

일본에선 '탕진'이라는 한자어를 거의 안 쓰는 모양이니 놀고 먹으면서 재산을 탕진한다는 뜻인 「食いつぶす」를 써 주면 되겠습니다. 그리고 술로 재산을 탕진하는 건 「飲みつぶす」라고 합니다

> **日** 반대로 「食い潰す」를 번역할 때는 문맥에 따라 '(재산을)말아먹다'로 번역해 줄 수도 있습니다. 다만 여기서 '먹다'는 음식 등을 먹는다는 뜻이 아니라, 해 먹다, 잊어 먹다, 깨 먹다 등과 같은 보조동사인데 '팔아먹다'의 경우처럼 하나의 독립된 단어로 인정된 것이므로 붙여서 씁니다.

7. キャバ嬢に籠絡され : 호스티스에게 홀려서

「キャバ嬢」는 '캬바쿠라'에서 일하는 여자를 뜻하는데 한국말로 번역할 방법이 딱히 없죠. 그리고 여기서는 '구워삶겨서'라고 하면 좀 어색한 것 같고, 저는 이 정도 번역밖에 안 떠오르네요. 그런데 다시 생각해 보면 이 경우는 그대로 '농락'이라고 번역해도 될 거 같은데 어떠신지요? 온갖 달콤한 말과 유혹에 넘어가서 전 재산을 탕진했으니 호스티스가 이 사람을 갖고 논, 바꿔 말해 농락한 것이라고도 할 수 있지 않을까요?

8. 절망감에 삶의 의욕을 잃은 : 絶望に打ちひしがれている

원래 「打ちひしぐ」라는 말은 상대방을 아주 박살을 내 버린다는 뜻인데 주로 수동형으로 쓰여서 절망감, 슬픔 등에 빠져서 삶의 의욕이나 기력을 완전히 잃어버리는 것, 무기력하게 되는 걸 뜻하는 말로 쓰입니다. 이런 맥락에서 쓰일 때는 「打ちのめされる」라고도 하는데, 이 둘의 차이점은 후자의 경우는 감동, 기쁨, 아름다움 등에 「打ちのめされる」라는 식으로 긍정적인 뜻으로도 쓰인다고 설명하고 있는 사이트가 여러 개인데 일본인에게 물어보니 긍정적으로 쓰지 않는다고 하더군요. 그래서 긍정적으로 쓴 사례를 제시하니까 자신은 한 번도 쓴 적이 없고 違和感을 느낀다고 했으니 이 점도 참고하시길.

9. 콧대 높은 : 気位が高い

앞에서 나온 「鼻が高い」 부분에서 큐알코드 확인하셨나요? 책에 쓰기 위해 블로그 글에서는 소개하지 않았지만 한국어 '콧대가 높다'는 문맥에 따라 이처럼 번역할 수도 있습니다. 그리고 「お高くとまる」라는 표현도 비슷한 뜻인데 이건 동사니까 저라면 (물론 문맥에 맞춰서) '콧대를 세우다'라고 번역해 줄 거 같습니다. 예를 들어 「お高く止まるなよ」라고 할 경우는 '콧대 높지 마'라고 하면 어색하니까 '콧대 세우지 마'라고 하는 게 자연스럽지 않겠습니까? 여기서 주의할 점은 두 표현 공히 '콧대가 높다'나 '콧대를 세우다'로 번역해도 자연스러운 경우가 있다는 것뿐이지 모든 경우에 이렇게 번역해도 된다는 뜻은 아닙니다.

10. 籠絡して : 홀려서

저는 이 정도 번역이 떠오르는데 더 나은 번역이 떠오르신 분 계시면 가르쳐 주시면 감사하겠습니다.

> 日 '홀리다'는 자동사로도 타동사로도 씁니다.

11. 자빠뜨려 버리는 : 落としてしまう

여자를 자빠뜨린다는 비유적 표현은 위와 같이 번역해 주면 적절하겠죠.

12. 수비수 : ディフェンダー

일본은 축구의 수비수를 守備手라고 하지 않고 이와 같이 표현합니다. 그리고 글로 적을 때는 이건 너무 기니까 영어 약자로 DF라고 쓰기도 합니다.

13. 농락 : 翻弄

한국어 '농락'은 이렇듯 翻弄라고 번역해 주면 되죠. 하지만 번역을 많이 해 본 분은 접해 봤을 걸로 생각되는데 반대로 일본어 翻弄를 '농락'으로 번역하면 어색할 경우가 있습니다. 문맥에 따라서 (이리저리)치이다, 휘둘리다, 휩쓸리다, 시달리다, 갖고 놀다, 마음대로 다루다, 구워 삶다, 구슬리다 등등 적절히 번역해 줘야 합니다. '농락'으로 번역하면 어색한 예문 다섯 개 정도를 여기서 소개하고 어떻게 번역하면 좋을지를 제안했는데 머리말에서 말씀드렸듯 페이지 수가 350페이지에 육박하는 바람에 블로그에 덜어 가는 대신 더 많은 예문을 수집해서 포스팅을 했습니다. 큐알코드로 읽어 보세요.

농락과 篭絡, 그리고 번역 까다로운 翻弄

14. 허둥지둥 쩔쩔매던 수비수 : 慌てふためいたディフェンダー

당황해서 어쩔 줄을 모르는 걸 이렇게도 표현합니다.

15. 자책골을 허용하고 마는군요 : オウンゴールを許してしまいましたね

일본은 이렇듯 '오운골'이라고 합니다. 그리고 우리도 옛날에는 '자살골'이라고 했는데 어감이 좀 안 좋다는 이유로 바꿨죠. 또한 이때도 일본은 과거형으로 말해야 자연스럽습니다. 그리고 일본도 '허용'이라는 한자어를 쓰지만 쓰임새가 한국에 비해 적은 편에 속하고, 이런 문맥에서 쓰면 부자연스럽습니다. 따라서 위와 같이 번역하시기를 권합니다.

16. 기구한 : 数奇な
한국어 '기구하다'에 해당하는 일본어가 바로 이것입니다.

17. 농락당해 : 翻弄され

18. 나락에 빠졌던 : どん底に叩き落された
복습이죠. 다만 1권에서는 「突き落とされる」를 소개했는데 이런 표현도 있다는 걸 몰랐던 분은 외워 두시길. 또한 일본어 '나락'은 「奈落の底」의 형태로 짝을 지어 쓰는 게 일반적이라는 점도.

19. 지하철 투신 자살 : 電車に飛び込み自殺
우리는 이 경우에도 구분 없이 '투신'이라는 말을 쓰지만 일본은 전철 역 플랫폼에서 뛰어들어 자살하는 걸 이렇듯 「飛び込み自殺」라고 합니다. 또 높은 곳에서 떨어져 투신 자살을 하는 건 「飛び降り自殺」라고 구분해서 쓰죠.

랜덤 예제 모범 답안

1. 호주 오픈 : 全豪オープン
스포츠 용어에서 일본은 이 全이라는 표현을 자주 쓰죠.

2. 전(前) 세계 1위 : 元世界一位の

3. 16강전 : 4回戦

4. 8강에서 차례로 꺾은 : 準々決勝で次々と破った

5. 결승 진출을 건 일생일대 : 決勝進出をかけての一世一代
일본은 이렇듯 '일세일대'라고 표현합니다. 그리고 이 경우 「かけた」라고 하는 건 다들 아실 테고, 위와 같이도 표현하니까 몰랐던 분은 외워 두시길.

6. 사적 현장학습 : 史跡体験学習

7. 비가 올 거라고 하니까 : 雨だそうだから
「雨が降るそうだ」라고 해도 되지만 이처럼 말하는 게 일반적입니다.

> 日 거꾸로 '내일 비라고 하니까'라고 해도 의미는 통하지만 한국은 위와 같이 말하는 게 일반적입니다.

8. **비옷 : レインコート**

9. **우비 : 雨具**

10. **막후 협상만 잘 성사되면 : 裏交渉さえうまくいけば**

일본은 '막후'라는 한자어를 쓰지 않고 위와 같이 표현합니다. 또한 이 경우의 '성사되다'는 위처럼 번역할 수가 있겠죠. 경우에 따라서는 「うまくまとまる」라는 표현도 씁니다. 한자는 「纏まる」지만 쉬운 한자가 아니라서 히라가나로 표기하는 경우가 많더군요.

11. **일사천리로 진행될 테니 : 滞りなく一気に進行するだろうから**

일본도 一瀉千里가 사전에는 있지만 거의 안 쓰는 모양입니다. 일본인들에게 질문한 결과도 처음 본다, 모르는 사람이 더 많을 것이다, 문어에서나 쓸 법한 말이다 등의 반응이었습니다. 감수자님 의견도 같았습니다.

12. **철두철미한 : 徹底した**

13. **원전 : 原発**

일본은 이렇듯 '원자력 발전'에서 '발' 자를 따서 '원발'이라고 합니다.

14. **이면합의 : 裏合意**

15. **드러나면서 : 分かって**

이 「分かる」라는 일본어도 의외로 번역하기 까다로운 문맥에서 쓰이기도 하죠. 일본은 드러나다, 밝혀지다라는 의미로도 이렇듯 「分かる」를 씁니다.

16. **후폭풍을 맞게 됐다 : 後遺症に見舞われることになった**

일본은 '후폭풍'이라는 한자어도 쓰지 않습니다. 그러니 문맥에 따라 적절히 의역해 줄 수밖에 없죠. 그리고 「見舞われる」는 사고, 재해 등 안 좋은 것이 닥치는 것, 덮치는 것이라는 뜻이죠. 번역하기 만만치 않은 단어입니다.

17. **후폭풍 : 後方爆風**

일본은 '후방폭풍'이라고 하는데 한국처럼 비유적으로 쓰이지는 않습니다.

18. **감식반에서 연락이 왔습니다 : 鑑識から連絡が入ってます**

> **日** 한국에서는 '전화가 들어와 있습니다'라고 하면 매끄럽지 않은 표현이 됩니다. 물론 뭘 말하려는지 알아듣기는 하겠지만요.

19. 대조：照合

20. 일치하는 지문：適合する指紋

또 막판에 '츠키다시'로 집어넣네요. '적합'도 일본은 동사로 쓰는데, 한국의 형용사 '적합하다'와는 다른 뜻으로 쓰입니다. 문맥에 따라서는 '적합하다'라고 번역해도 자연스러운 경우가 있기는 있지만, 일본어「適合する」는 이처럼 일치하다, 부합하다, 걸맞다, (요건 등을)충족시키다 등의 뜻으로 쓰입니다. 그런 이유로 한국어 '적합하다'를「適合する」라고 번역하면 틀린 번역이 되는 경우가 많죠. 한국어 '적합하다'는 주로「適する」라고 번역해야 자연스럽습니다. 4권은 출간하더라도 이런 형식으로 출간하지는 않을 예정이라서 츠키다시 신세가 됐지만「適合する」가 들어간 예문 몇 개를 살펴보기로 하죠. weblio 사전의 예문입니다.

この製品は技術基準に適合する必要がある：이 제품은 기술 기준에 부합할 필요가 있다
彼の理論は事実に適合する：그의 이론은 사실과 일치한다
採用条件に適合する**応募者**はいなかった：채용 조건을 충족시키는 **지원자**는 없었다
あなた自身の好みまたは感情に適合するさま：당신 자신의 취향 또는 감정에 걸맞은 것
社会や経済の変化に適合する：사회와 경제의 변화에 적응(순응)하다

마지막 예문은 의외라고 생각할 수도 있지만 이 경우는 일치나 부합 또는 걸맞다로 번역하면 어색하죠. 그리고 일본어 適合의 유의어에 適応와 順応가 포함돼 있습니다. 또한 이 문장의 영어 번역으로 weblio 사전은 'adapted to social or economic change'를 제시하고 있고, 파파고에 돌려 봐도 'adapt to social and economic changes'라고 나옵니다. 확인차 일본인에게 물어본 결과도, 마지막 예문의 경우는 '적응'과 비슷한 뜻으로 쓰인 것이라고 하더군요.

読み方

伝授(でんじゅ)・魔性(ませい)の・食い潰(つぶ)した・妖(あや)しい・気位(きぐらい)・翻弄(ほんろう)
数奇(すうき)な・どん底(ぞこ)に叩(たた)き落された・全豪(ぜんごう)オープン・史跡(しせき)
一世一代(いっせいいちだい)・裏(うら)交渉・滞(とどこお)りなく・一瀉千里(いっしゃせんり)
原発(げんぱつ)・後遺症(こういしょう)・見舞(みま)われる・爆風(ばくふう)・適合(てきごう)

일본 한자어 道理도 한국과 쓰임새가 다르다

かつて[1   ]忍びの息子。
[2] 3대 호카게를 죽인 닌자의 아들.

里に[3   ]存在だと考えるのが道理だろう。
마을에 해를 끼치는 존재라고 생각하는 게 [4   ]. 〈보루토〉

仇の息子だから[5   ]、そんな道理はねぇだろう。
원수의 아들이니까 증오하는 게 당연하다니, [6   ]. 〈보루토〉

「究明」は、「道理や真理を徹底的に追究して明らかにすること」。
'구명'은 '[7]와 진리를 철저하게 [8]해서 밝히는 것'.

友達としての道理を守るべきだって？確かに、それは道理だ。
친구로서 [9   ]고? 하긴, [10   ].

そんな[11]をお前からもらえる道理がないだろう。
그런 거금을 너한테서 [12   ].

英知という語は、深遠な道理を悟りうる優れた才知という意味。
영지라는 말은 심원한 [13   ] 빼어난 [14]이라는 뜻.

元は同族だった者を倒し、我が身の進化を封じ込め、この宇宙を守ろうとする我々の覚悟にかなう道理があるのか。
원래 동족들을 무찌르고, 자신의 진화를 봉인하고 이 우주를 지키려 하는
우리의 [15   ]은 있느냐! 〈그렌라간 나암편〉

出産率が[　　16　　]で非婚主義者への福祉政策を強化せよと

출산율이 1% 아래로 떨어진 상황에서 비혼주의자에 대한 복지 정책을 강화하라고

[　　17　　]政府としてはそんなことをする道理がないでしょう。

애처럼 떼를 써 봤자 정부로서는 그렇게 할 [　　18　　].

今発射中止を求める決議案を上程するのは時期尚早だと考えます。

北朝鮮への批判も道理を尽くす必要があるのです。

지금 발사 중지를 요구하는 결의안을 상정하는 것은 시기상조라고 생각합니다.

북한에 대한 [　　19　　]가 있는 것입니다.

[　　20　　]で苦しんできたから、妻が[　21　]したのも道理だ

오랫동안 가정 폭력에 시달려 왔으니 아내가 야반도주한 것도 [　22　].

[　23　]、2階の窓閉めるのを忘れて[　　24　　]。

내 정신 좀 봐. 2층 창문 잠그는 걸 깜빡하고 계속 열어 놨었구나.

どうりで寒かったんだ。

[　　25　　].

朝起きたら、[26]に雪が積もっている。道理で寒いと思った。

아침에 일어나니 마당에 눈이 쌓여 있다. [　　27　　].

[　28　]は[　29　]って?確かに、それは道理だ。

과잉 보호는 자식을 망친다고? 확실히 [　30　].

俺の考えが甘かった。

내 생각이 [　31　].

私たちは志を同じくする者。ならば協力するのは道理。

우리는 뜻을 같이 하는 자들. 그렇다면 [　　32　　].〈갓슈벨〉

> **해설**

모범 답안 설명을 이미 읽으셨으면 아시겠듯, '도리'라는 한자어도 한일 간에 쓰임새가 미묘하게 다릅니다. 먼저 코지엔 인터넷판.

① 物事のそうあるべきすじみち。ことわり。
② 人の行うべき正しい道。道義。

다음은 다이지센 사전.

(1) 物事の正しいすじみち。また、人として行うべき正しい道。ことわり。
(2) すじが通っていること。正論であること。また、そのさま。「言われてみれば―な話」

보시듯 일본은 '일(사물)의 올바른 이치(사리)', 또는 '이치(사리)에 맞는 것'이라는 뜻으로도 씁니다. 그럼 국어사전도 찾아봐야겠죠?

1. 사람이 어떤 입장에서 마땅히 행하여야 할 바른길.
   도리에 어긋나다.
   도리를 지키다.
   스승에게 제자 된 도리를 다했다.

2. 어떤 일을 해 나갈 방도(方道).
   알 도리가 없다.
   어떻게 할 도리가 없다.

어떤가요? 한국과 일본이 겹치는 부분도 있지만 다른 뜻으로도 쓰이죠? 그러니 이 '도리'라는 한자어를 번역할 때는 문맥을 면밀히 살펴서 적절하게 번역해 줘야겠죠? 그리고 일본의 경우는 한국의 '도리'의 뜻이 아닌 다른 뉘앙스로 쓰이는 예가 훨씬 많습니다. 특히 「どうりで」라는 말은 드라마나 영화 등을 즐겨 보시는 분은 자주 접해 보셨을 텐데 이걸 한자로 표기하면 바로 「道理で」입니다. 한국 한자어 '도리'와는 전혀 딴판인 쓰임새죠. 문맥에 따라 '어쩐지', '그래서(그 때문에)' 등으로 번역해 줘야 하는 단어입니다.

> **모범 답안**

1. 3대 호카게를 죽인 : 三代目を手にかけた

나루토와 보루토에서 나뭇잎마을의 족장은 '호카게'라고 하는데, 일본은 이렇듯 '3대째'만으로 사람을 지칭하는 말로 흔히 씁니다. 그리고 죽인다는 뜻으로 「手にかける」도 몰랐던 분은 외워 두시길.

> 日 　따라서 이런 식으로 쓰인 三代目를 번역할 때는 그대로 '3대째'라고 하지 않도록 주의해야겠죠.

2. かつて : 일찍이
이걸 '한때'라고 번역하기 십상인데, 이런 문맥에서는 이처럼 '일찍이'라고 번역해 주는 게 더 매끄럽다고 봅니다.

3. 해를 끼치는 : 害をなす
해를 끼친다는 뜻으로「害を及ぼす」는 아는 분들도 많겠죠. 몰랐던 분은 이런 표현도 있으니 외워 두세요.

4. 道理だろう : 이치에 맞지
해설에서 설명했듯이 이런 문맥에서 쓰인 '도리'는 이처럼 번역해 줘야 정확한 의미가 전달되겠죠.

5. 증오하는 게 당연하다니 : 憎んで当たり前なんて
일본은「憎むのが当たり前」가 아니라 이와 같이도 말합니다.「～て当たり前(当然)」문형으로 외우세요.

> 日　한국에선 '증오해서 당연하다'라고 하면 어색합니다.

6. そんな道理はねぇだろう : 그건 사리에 맞지 않지(어긋나지)
이처럼 일본어 '도리'를 한국어로 옮길 때는 사리나 이치라고 해 줘야 자연스러운 경우가 많습니다.

7. 道理 : 사리, 이치
여기서 쓰인 道理 역시 사리, 이치라는 뉘앙스인 것이죠.

8. 追究 : 궁구(窮究)

> 日　한국에도 追究라는 한자어가 사전에 실려 있습니다. 하지만 오늘날의 한국에서 '추구'라고 하면 이상을 추구하다, 이익을 추구하다 등, 거의 追求라는 뜻으로 쓰이는 실정이죠. 아마도 追究라는 한자어가 있다는 사실 자체를 모르는 사람들이 훨씬 많을 겁니다. 따라서 저는 이처럼 '궁구'라는 역어를 제안하는 바입니다. '궁구'는 널리 알려져서 흔히 쓰이는 한자어는 아니지만 책 같은 걸 많이 읽은 사람들에게는 생소한 한자어는 아닙니다.

9. 道理を守るべき : 도리를 지켜야 한다
이 경우의 道理가 사람으로서 행해야 할 올바른 길이라는 뜻으로 쓰인 것이죠.

10. それは道理だ : 그건 맞는 말이네
이 경우의 '도리'는 이치에 맞는 말, 사리에 맞는 말이라는 뜻인데 저는 위와 같이 번역해 봤습니다. 사실상 道理라는 같은 한자어가 다른 뜻으로 쓰인 걸 이 예문처럼 한 문장에 집어넣어서 쓰진 않겠지만 일부러 만들어 본 예문입니다.

11. 거금 : 大金
일본은 거금(巨金)이라는 한자어를 안 쓰니까 이렇게 번역해 줄 수밖에 없겠죠.

12. もらえる道理がないだろう : 받을 수 있을 리가 없잖아
응? '~리가 없잖아'? 싶은 분들 계시죠? 일본어 '도리'는 「はず・訳」라는 뜻으로도 쓰입니다. 그 근거를 볼까요? 명경 사전입니다. 1번 뜻풀이는 비슷하니 2번만 보죠.

❷ わけ。はず。「あいつが反省する―がない」

어떠신가요? 예문도 '~리가 없다'로 번역해야 자연스럽겠죠?

13. 道理を悟りうる : 이치를 깨달을 수 있는

14. 才知 : 재능과 지혜(지성)

> 日   사전을 찾아보니 한국에도 '재지'라는 한자어가 실려 있더군요. 하지만 저도 몰랐듯이 한국인들에게 그대로 '재지'라고 말하면 알아듣는 사람 거의 없을 겁니다.

15. 覚悟にかなう道理 : 각오에 버금가는 대의명분
일본 한자어 '도리'는 이렇듯 대의명분이라는 뉘앙스로도 쓰입니다. 일본인들에게 질문한 결과도 이런 문맥에서는 大義名分으로 해석할 수 있다는 답변이었고, 감수자님 또한 이 번역을 건드리지 않았습니다. 그리고 이 「かなう」는 이루어진다는 뜻인 「叶う」도 아니고 들어맞다, 적합하다는 뜻인 「適う」도 아니고, 필적하다라는 뜻인 「敵う」입니다.

16. 1% 아래로 떨어진 상황 : 1%を切った状況
일본은 예컨대 스포츠 등에서 남은 시간이 특정한 시간 아래로 떨어졌을 때 이렇듯 「切る」라는 단어를 대단히 빈번히 씁니다. 예컨대 격투기에서 남은 시간이 1분을 깨는 시점에서 캐스터가 「1分切りました」라는 식으로 말이죠.

17. 애처럼 떼를 써 봤자 : 子供のように駄々をこねったって
떼를 쓴다는 말을 일본선 이처럼 「駄々をこねる」라고 합니다.

18. 道理がないでしょう : 이유가 없지

19. 批判も道理を尽くす必要 : 비판도 논리를 갖출 필요

이건 도쿄 도의회 속기록에 나오는 말인데 너무 길어서 핵심만 요약한 것입니다. 북한이 시험 통신위성 발사 계획을 발표하자 일본은 당연히 반발하겠죠. 그래서 의회에서 발사 중지를 요구하는 결의안을 상정시키려 합니다. 그런데 일본공산당 의원이 반대 의사를 표하면서, 유엔 사무총장이 유엔 결의안에 위반되는 것인지 아닌지는 사후에 논의해 보겠다고 발표를 했는데 일본이 벌써부터 결의안을 상정하는 건 시기상조라고 말하면서, 반대나 비판을 하더라도, 그래서 결의안을 상정하더라도 상정의「道理を尽くす必要」가 있다고 한 겁니다. 이걸 직역에 가깝게 하자면 '사리(이치)를 다할 필요'가 되는데 이건 한국어로서 매끄럽지 않으니까 '논리(근거)를 갖출 필요가 있다' 정도로 의역해 주는 게 낫다고 생각합니다. 참고로 감수자님도 이 번역을 건드리지 않았습니다.

20. 오랫동안 가정 폭력 : 長年DV

오랫동안을「長い間」라고 하신 분이 많을 거라 짐작되는데 이렇게도 종종 표현하고,「長いこと」라고도 합니다.

21. 야반도주 : 夜逃げ

일본은 '야반도주'라는 한자어를 쓰지 않고 이렇게 표현합니다.

22. 道理だ : 당연하다

이 문맥에서는 '당연하다'로 번역할 수도 있겠습니다. 다만 감수자님은 이 일본어 문장을「ここでは道理より当たり前」라고 괄호 안에 적어 주셨는데, 이 '도리'라는 일본 한자어는 구어체로서의 쓰임새는 그리 많지 않은 것 같습니다. 그렇다고 안 쓰는 건 아닙니다. 저도 영상번역을 하면서 자주 접했으니까요. 아무튼 그러니 일상생활에서는 감수자님처럼 번역하거나「無理もない」등의 표현을 써 주는 게 나을 것 같습니다.

> 日「無理もない」를 그대로 '무리도 없다'라고 하면 부자연스러운 한국어가 됩니다. 이건 '무리도 아니지'라고 번역하시기를 권합니다. 아울러「それはないでしょう」도 '그건 아니죠'나 문맥에 따라 '그건 너무하지(너무한 거지)' 등으로 번역해야 합니다.

23. 내 정신 좀 봐 : 私としたことが

평소 자신이 저지르지 않던 실수를 저질렀거나, 안 하던 짓을 해서 남에게 폐를 끼치거나 했을 경우 정형적으로 쓰이는 관용 표현입니다. 이런 건 문법적으로 생각해 봤자 소용이 없으니 통째로 외워야겠죠.

> 日 이런 문맥에서는 '내 정신 좀 봐'라고 번역할 수 있지만 문맥에 따라 '(내가)어쩌다 이런 실수를', '어쩌다 이런 짓을' 등으로 유연하게 번역해 줘야 하겠죠.

24. 계속 열어 놨었구나 : 開けっ放しにしていたんだ

이「～っ放し」라는 표현도 꽤 번역하기 까다로운 표현이죠.「放す」라는 말에서 짐작할 수 있듯이 해당 동사의 상태를 방치해 둔다, 그대로 둔다는 뉘앙스의 합성어인 것이죠. 근데 '놨었구나'라는 말 때문에「開けっ放しにしておいたんだ」라고 번역하기 십상인데 이렇게 하면 고의로, 의도적으로, 일부러 열어 놨다는 뉘앙스로 받아들일 소지가 있으므로 위와 같이 번역해야 매끄럽습니다. 그리고 문맥에 따라서는 줄창, 줄곧, 내리, 내내 등의 부사를 써서 번역할 수도 있겠고요. 예를 들어「雨が一週間降りっぱなし」의 경우 비가 일주일 동안 줄창 내린다 정도로 번역할 수 있겠죠.

> 日 참고로 국립국어원은 '줄창'은 비표준어라고 '줄곤'이라고 하라는데 솔직히 개인적인 생각으로는 줄창과 줄곤의 어감은 살짝 다릅니다. '줄곤'은 비교적 가치중립적 뉘앙스임에 반해 '줄창'은 부정적 어감으로 쓰일 때가 많습니다. 그러니「～っ放し」가 부정적 어감으로 쓰였을 때는 줄창이라고 번역하시기를 권합니다. '~길래'는 틀리고 '~기에'라고 해야 한다고 했던 국립국어원이 고집을 버리고 '~길래'도 표준어로 인정해 줬듯이 이것도 인정이 되기를 기대해 봅니다.

25. どうりで寒かったんだ : 그래서 추웠던 거구나

이런 문맥, 이런 의미로 쓰는「どうりで」는 히라가나로 표기하는 게 일반적이기 때문에 모르는 분들도 많을 거라 봅니다. 또한 뉘앙스 파악, 그러니까 번역하기도 꽤나 까다로운 경우가 많은데, 해설에서 언급했듯이 이것의 한자가 바로 道理입니다. 직역투로 말하자면 '그런 이치로'라는 뜻이 되는데 일상의 대화에서는 '그래서', '그 때문에' 등으로 번역해 주는 게 자연스럽겠죠.

26. 마당 : お庭

이「庭」를 뜰, 정원이라고만 알고 계신 분도 있을 거라 보는데 일본에선 집(건물)에 딸린 조그마한 공간도, 다시 말해 우리가 '마당'이라 부를 만한 것도 '니와'라고 합니다.

27. 道理で寒いと思った : 어쩐지 춥다 싶더라니

이 경우는 '그래서 춥다고 생각했어'라고 하면 어색한 한국어가 되죠. 따라서 위와 같이 번역해 줄 수 있겠습니다.

> 日 이「どうりで」는 뒤에 나오는 말을 생략하고 이것만 써서 납득을 나타내는 감탄사적으로 쓰이기도 하죠. 그런 때 적합한 번역이 바로 '어쩐지!'입니다. 그러니 문맥에 따라 위와 같이 번역할 수도 있습니다. 참고로 단독으로 쓸 때는 '어쩐지' 뒤에 느낌표를 붙여 줘야 일반 부사가 아님을 전달할 수 있습니다.

28. 과잉 보호 : 過保護

일본은 '과잉 보호'라고 하지 않고 이처럼 '과보호'라고 합니다.

> 日 한국에서도 '과보호'라고도 하지만 '과잉보호'가 일반적입니다.

29. 자식을 망친다 : 子供を駄目にする

한국어 '망치다'도 외국인 입장에서는 꽤 까다로운 단어죠. 이 경우에는 위와 같이 번역할 수 있겠습니다.

30. それは道理だ : 그건 맞는 소리네

31. 甘かった : 얕았어

이 「甘い」라는 일본어도 번역가를 골머리 앓게 만드는 단어죠. 언제 시간을 내서 블로그에 글을 써 볼 생각인데, 이 경우는 '얕았어'라고 하는 게 적절하다고 봅니다.

32. 協力するのは道理 : 협력하는 건 당연한 것

> **日** 이 경우는 '협력하는 게 도리지'라고 하면 한국어로서도 자연스럽긴 합니다만, 이때도 일본어 道理와는 뉘앙스 차이가 있다는 건 분명합니다. 뜻을 같이 하는 자로서 지켜야 할 도리라는 뉘앙스입니다.

※ 여백이 모자라서 예제로 집어넣지 못했는데 「～～という道理はない」라는 표현의 경우 '~~는 법은 없다'라고 번역해 줄 수도 있습니다. 예를 들어 「一流大学を出たからと言って、必ずしも出世するという道理はない」의 경우 '일류대를 나왔다고 해서 반드시 출세한다는 법은 없다'라고 번역해 줄 수도 있습니다.

読み方

忍(しの)び・里(さと)・仇(かたき)・深遠(しんえん)・才知(さいち)・追究(ついきゅう)・悟(さと)りうる・駄々(だだ)をこねった・夜逃(よにげ)・開けっ放(ぱな)し

穩当를 그대로 온당으로 번역하면?

凶器が[1]今のヤクザたちの[2]を見ると、
흉기가 난무하는 지금의 깡패들의 싸움을 보면

昔の[3]たちの[4]はかえって穩当に思われる。
옛날 건달들의 주먹싸움은 오히려 [5   ].

今見ると穩当に見えるビートルズの服装って、
지금 보면 [6   ] 비틀즈의 복장은

実は当時の紳士の[7]から[8   ]そうである。
실은 당시 신사들의 정통적인 복식에서 한참 일탈돼 있었다고 한다.

このような不祥事を犯した彼には解雇が妥当な[9]だったが、
이런 [10   ] 그에게는 해고가 타당한 조치였지만,

[11]を考慮して、今回だけは[12   ]穩当な結論が下された。
여러 가지 사정을 고려해서 이번만큼은 경고에 그치자는 [13   ]이 내려졌다.

バイクにひかれた彼は、相手が[14   ]若者で、
오토바이에 치인 그는 상대가 장래를 촉망받는 젊은이이고

[15]でバイトをしながら[16   ]大学生だってことから
편모 가정에서 알바를 하며 어렵게 공부하는 대학생이라는 점에서

[17]は求めず治療費だけ要求するという穩当な決定をした。
합의금은 요구하지 않고 치료비만 요구하는 [18   ]을 했다.

[19]で育った彼は、[20   ]性格も穩当で、
편부 가정에서 자란 그는 이해심도 깊고 [21   ]

めったに[22   ]ことがない。
좀처럼 성질을 부리는 일이 없다.

国際的に穏当に見せるためにも、
국제적으로 [23   ]

今回の[24]の件は先手を打って謝った方が良いと思います。
이번 위협 비행 건은 선수를 쳐서 사과하는 게 낫다고 봅니다.

[25]処罰を免れるために[26]のは、[27]ではないでしょう。
법을 어겨 놓고 처벌을 피하려고 뇌물을 쓰는 건 온당한 처사가 아니죠

[28]をSNSで[29]が
경조사 소식을 SNS로 알리는 것이

果たして[30]という問いには[31]が存在する。
과연 온당한 일인가 하는 물음에는 찬반양론이 존재한다.

랜덤 예제

[1]、[2]のくせに[3]!
운때가 맞아서 벼락출세한 놈인 주제에 기고만장해서는!

[4]つべこべ[5]。
역겨우니까 주절주절 지껄이지 마.

どんな時でも物事を[6]社長が、[7]のを見ると
어떤 때라도 일을 일사천리로 진행시키는 사장님이 신중에 신중을 거듭하는 걸 보면

彼だけは[8]迎え入れたいみたいだ。
그 사람만큼은 삼고초려를 해서라도 영입하고 싶은 듯하다.

[9]が貴重な[10]として[11]って?俺はあんな[12]。
번데기가 귀중한 단백질원으로 사랑받는다고? 난 그런 비위생적인 거 절대로 못 먹어.

> **해설**

한국어 '온당'과 일본어 '온당'도 사뭇 다른 뜻과 쓰임새를 가진 한자어입니다. 그리고 무엇보다 큰 차이점은 일본어 '온당'은 사람의 성격을 묘사할 때도 쓰인다는 점입니다. 우리는 "저 사람은 성격이 참 온당하다"고 하지 않잖아요? 일단 사전부터 찾아보죠. 먼저 표준국어대사전부터.

1. 판단이나 행동 따위가 사리에 어긋나지 아니하고 알맞다.
   법을 어겼으면 처벌을 받는 것이 온당하다.
   좌의정으로 앉아서 영의정을 괴이하다고까지 부르짖는 것은 온당치 못한 소리인 줄 송강도 잘 알았다.
   출처 <박종화, 임진왜란>

다음은 일본의 국어사전을 보시죠. 코지엔 인터넷판입니다.

① おだやかで、道理にあてはまっていること。「―な意見」
② おとなしいこと。〈日葡辞書〉

여기서 또 '도리'라는 일본어가 나왔네요. 이런 문맥에서 쓰인 일본어 '도리'는 사람이 행해야 할 올바른 길이라는 뜻이 아니죠. 바로 사리, 이치라는 뜻으로 쓰인 겁니다. 즉, 온건(온화)하고 사리에 들어맞는 것이라는 뉘앙스란 말이죠. 한국어 '온당'과 어슷비슷하죠? 그런데 여기서 주목해야 할 게 바로「穏やかな」라는 말입니다. 사리에 맞는 것, 사리에 어긋나지 않는 것이긴 한데 '온건(온화)한'이라는 뉘앙스가 포함돼 있다는 말이죠. 그래서 모범 답안의 예문들과 같은 차이점이 발생하는 것이죠. 그리고 2번 뜻은 얌전하다, 점잖다는 뜻이 아니라 온순한 것, 유순한 것이란 뜻이죠. 다음으로 학연 사전을 볼까요? 여기서 한국과 일본의 온당이라는 한자어의 뉘앙스 차이를 엿볼 수 있는 뜻풀이가 나옵니다.

むりがなく、道理にかなっているようす。**無難なやり方**であるようす。

짙은 글씨 부분을 보시죠. '무난한 (처리)방식'이라는 뜻풀이가 시사하는 바가 뭘까요? 몇몇 사전에서는 일본어 '온당'의 유의어로서 '타당'을 제시해 놨는데 실생활에서는 미묘하게 다른 뉘앙스로 쓰입니다. 이 두 한자어의 뉘앙스 차이를 설명해 놓은 사이트에서 말하기를 일본어 '온당'에는「波風を立てない」, 즉, 풍파를 일으키지 않는다는 뉘앙스가 내포돼 있다고 합니다. 학연 사전의 '무난한 (처리)방식'이라는 말과 일맥상통하죠. 그리고 다른 사이트에서는 타당과 온당의 뉘앙스 차이를 설명하길, 타당은 적극적인 뉘앙스, 온당은 소극적인 뉘앙스라고 설명합니다. 이제 모범 답안에서 제시한 제안 번역이 이해가 되시겠죠? 반면 한국은 어떤가요? 표준국어대사전의 예문을 보더라도 사실상 옳다, 합당하다, 마땅하다는 뉘앙스로 쓰이죠? 그러니 온당이라는 한자어를 양국의 언어로 번역할 때는 주의해야 한다는 것이죠. 바로 뒤의 표제어에서 '타당'이라는 한자어의 쓰임새 차이에 대해서도 설명할 텐데, 아주 미묘하면서도 분명한 차이점이 존재합니다.

모범 답안

1. 난무하는 : 飛び交う
1권에서 다뤘던 거죠. 이 경우 흉기들이 어지럽게 날아다니는 걸 상상할 수 있으니 이렇게 번역해 줄 수 있겠죠.

2. 싸움 : 抗争
이 역시 1권에서도 나왔지만 '항쟁'이라는 한자어를 오늘날의 일본에선 폭력 조직들의 싸움을 뜻하는 말로 주로 쓰입니다.

3. 건달 : 極道
우리도 깡패와 건달을 구분하는 사람들이 있죠. 영화에도 나와서 화제가 된 적이 있고요. 이 건달에 해당하는 일본어가 바로 極道라고 보면 됩니다. 물론 그렇게 구분하는 사람이 있다 해도 깡패인 건 변함없지만요. 이 極道는 원래 불교 용어인데 에도 시대에 들어서 호방하고 의협심이 있는 사람을 뜻하는 협객(俠客)을 이렇게 부르기 시작했는데 현대에 와서는 깡패들을 이렇게 부르게 된 것이죠.

4. 주먹싸움 : 殴り合い
흉기나 무기를 쓰지 않고 주먹으로만 하는, 맨손으로만 하는 싸움을 뜻하는 이 말이 일본에는 따로 없죠. 그러니 위와 같이 의역해 줘야 하겠습니다. 다만 일본도 '맨손 격투술'을 뜻하는 「素手の格闘術」라는 말이 있는데 물어보니 일반화된 표현은 아닌 모양입니다. 일반인들의 경우 격투기와는 거리가 먼 사람들이 많아서겠죠.

5. 穏当に思われる : 온건하게 생각된다
이런 맥락에서 저는 '온건'이라는 말밖에 생각이 안 나네요.

6. 穏当に見える : 수수하게 보이는
여기선 이런 번역이 떠오르는데 능력자분들께서 더 나은 표현을 가르쳐 주시면 감사하겠습니다. 참고로 감수자님은 '복장'에 '온당'을 쓰는 건 어울리지 않는다는 의견을 주셨는데 이 역시 인터넷에 있는 문장을 가져다 쓴 겁니다. 아무튼 그래서 검색을 해 보니 역시나 많지는 않네요. 하지만 「穏当な」 뒤에 服装, 衣装, スタイル, 髪型 등을 넣어서 검색해 보면 소수지만 실제로 이런 식으로 쓰는 사람이 분명히 있으니 그런 걸 접했을 때 어떤 뉘앙스로 쓴 건지를 알아 둬서 나쁠 건 없겠죠. 그리고 한 일본인은 흔한 표현은 아니지만 무슨 뜻으로 한 말인지 충분히 이해한다고 하더군요. 그리고 감수자님께 재차 질문을 하니까 틀렸다는 건 아니고 상황에 따라서는 그렇게 말할 수도 있겠지만 일반적인 표현은 아니라고 했으니 감수자님 의견도 참고하는 게 좋겠죠. 또한 이렇게 쓰인 일본어 '온당'은 문맥에 따라 '절제된'이나 '점잖은', '튀지 않는', '무난한' 등으로 번역할 수도 있겠습니다. 또 다른 문맥에서는 '적정한', '적당한', '적절한' 등으로 번역해야 매끄러운 것들도 있었습니다.

7. 정통적인 복식 : 正統な装い
일본에선 '정통'에도 '적'을 붙이지 않습니다.

8. 한참 일탈돼 있었다 : 遥かに逸脱していた

이 '한참'은 위와 같이 번역하면 되겠죠. 그리고 '일탈되다' 역시 「逸脱する」라고 합니다

9. 조치 : 処置

또 나왔네요. 일본은 이런 맥락에서도 '처치'라는 한자어를 씁니다.

> 日 한국에선 '처치'라는 한자어의 쓰임새가 적습니다. 응급 처치, 그리고 사람을 제거한다, 죽인다는 뜻으로 쓰는 경우, 그리고 음식 등이 남아서 '처치 곤란하다' 등으로 씁니다.

10. 不祥事を犯した : 불미스러운 일을 일으킨

이 '불상사' 역시 복습이죠. 한국의 '불상사'는 상대적으로 더 포괄적 개념이므로 그대로 '불상사'라고 해도 되겠지만 일본어 '불상사'의 뉘앙스는 사뭇 다르다는 걸 알리기 위해서도 이처럼 번역해 주는 게 낫다 싶습니다.

11. 여러 가지 사정 : もろもろの事情

'여러 가지'란 뜻으로 이렇게도 말한다는 걸 몰랐던 분은 이참에 외워 두시길. 한자 표기는 「諸々」입니다.

12. 경고에 그치자는 : 警告に留めようという

이 경우의 '그치다'는 「留める」라고 번역해 주면 됩니다.

13. 穏当な結論 : 관대한 결론

여기서는 '관대'라는 단어로 의역해 주면 좋을 거 같습니다.

14. 장래를 촉망받는 : 将来を期待される・嘱望される

일본도 '촉망'이라는 한자어를 쓰긴 쓰는데 접해 보지 못한 사람도 많은 거 같습니다. 일본인에게 물어본 결과도 비슷했고, 감수 때 이 둘을 제시했는데 전자를 골라 주셨습니다. 그러니 일상의 대화에서는 전자를 택하는 게 낫겠죠?

15. 편모가정 : 母子家庭

1권에 나왔던 거 복습이죠. 자꾸자꾸 접하면 저절로 외워지니까…

16. 어렵게 공부하는 : 苦労して勉強している

이 '어렵게'를 「難しく」라고 하면 코패니즈가 되죠.

17. 합의금 : 示談金
일본은 이 경우 '합의금'이라는 한자어를 쓰지 않습니다.

18. 穏当な決定 : 관대한(온화한) 결정
타당한 수준의 결정에서 한 발 양보한 결정이라는 뜻이니까 이 경우는 '관대한'이라고 번역해 줘도 될 듯한데 여러분 의견은 어떠실지…

19. 편부 가정 : 父子家庭
편부 가정은 이렇듯 '부자 가정'이라고 합니다.

20. 이해심도 깊고 : 理解があって
앞서 '이해'라는 한자어의 쓰임새 차이도 살펴봤죠. 일본은 「理解心」이라는 표현은 하지 않고 위와 같이 표현합니다. 그리고 타인의 입장 등을 잘, 깊이 이해해 준다는 뜻의 '이해심이 깊다'는 표현을 직역식으로 「理解が深い」라고 하면 다른 뜻이 됩니다. 이건 학식, 지식이 깊다는 뉘앙스인 것이죠.

21. 性格も穏当で : 성격도 온순해서(온화해서)
사람의 성격을 묘사하는 일본어 '온당'은 이렇게 번역해 줘야겠죠.

> 日 한국에선 성격이 온당하다, 온당한 성격이라고 하면 의아해합니다.

22. 성질을 부리는 : 癇癪を起こす
성질을 부리는 걸 위와 같이 표현합니다.

23. 穏当に見せるためにも : 온건하게 보이기 위해서도
이 예제는 어떤 신문 기사를 참고해서 만든 예제인데, 그 기사에서 '국제적으로 중국이 穏当에 보이도록 분쟁 해역에서 공격적인 수단을 쓸 때 군함이 아니라 해경선을 이용하는 것을 선호한다'는 내용이 있었습니다.

24. 위협 비행 : 威嚇飛行
제 책을 읽었다는 분이 블로그로 찾아와서는 '위협'은 「脅威」고 '위협하다'는 「威嚇する」인데 왜 「脅威飛行」라고 하면 안 되는지를 설명해 달라더군요. 脅威는 행위나 행동이 아니고 두려움의 대상, 두려운(위협이 되는) 존재, 두려움(위협)을 느끼는 상태를 뜻하는 말입니다. 그러니 동사로 쓰이지 않는 것이죠. 근데 위협 비행, 위협 사격 등은 실제로 그 행동, 행위를 하는 거잖아요. 그러니까 명사로 쓸 때도 脅威가 아니라 威嚇라고 해야 올바른 표현이라는 거죠.

25. 법을 어겨 놓고 : 法を犯しといて
한국어 '어기다'라는 동사는 문맥에 따라 다양한 일본어로 번역해야 하는 단어죠. 법의 경우에는 이렇듯「犯す」를 씁니다.

26. 뇌물을 쓰는 : 袖の下を使う
1권에서 나온 거 복습이죠. 반복해서 접하면 입에 저절로 붙어 버리죠.

27. 온당한 처사 : 正しい行為
그러니 한국어 '온당'은 이런 식으로 번역해 줘야 그 뜻이 올바로 전달되겠죠.

28. 경조사 소식 : 冠婚葬祭の知らせ

29. 알리는 것 : 伝えるの
알리는 것은「知らせる」인데「知らせ」가 중복되니까 위와 같이 말해 주는 게 낫겠죠.

30. 온당한 일인가 : 正しいことなのか

31. 찬반양론 : 賛否両論

랜덤 예제 모범 답안

1. 운때가 맞아서 : ツキが回ってきて
운때가 맞다, 행운이 찾아온다는 표현을 일본은 위와 같이 합니다. 제가 처음 이 표현을 접한 건 영화를 통해서인데, 활자가 아니니 이 '츠키'가 달인가? 싶었습니다. 별점, 점성술이 있듯이 일본은 달을 보고도 점을 치는구나 싶었죠. 그런데 이「ツキ」는「月」가 아니라「付き」라는 말입니다. 보통 카타카나로 표기하죠. 코토방크 5번 뜻풀이에 다음과 같이 나와 있습니다.

5 好運。「―が回る」「―が落ちる」

2. 벼락출세한 놈 : 出世した成り上がり
1권에서도 설명했듯이「成り上がり」자체만으로도 사람을 가리키기도 하는데 이건 문맥의 흐름상「出世した」를 붙여 주는 게 낫겠죠. 복습 차원에서 언급하고 넘어가자면 이건 부정적 뉘앙스로 쓰이지만「叩き上げ」는 긍정적인 뜻으로 쓰인다는 점.

3. 기고만장해서는! : 天狗になりやがって!

한국의 일어사전에서 '기고만장하다'를 찾아보면 「有頂天になる」라고 해 놨는데 이것도 사실상 틀린 겁니다. 「有頂天になる」는 무척 기뻐하는 모습을 나타내는 긍정적인 뉘앙스로도 쓰이지만 한국어 '기고만장'은 부정적 뉘앙스로만 쓰이는 말이니까요. 반면 「天狗になる」는 부정적 뉘앙스로 쓰이는 말입니다. 그리고 「有頂天」은 너무 좋아서 그 일에 푹 빠져 있다, 열광하다, 도취되다, 심취하다라는 뜻으로도 쓰입니다. 참고로 天狗는 얼굴이 붉고 코가 긴 전설상의 괴물을 말합니다.

> **日** 위와 같은 이유로 「有頂天になる」가 긍정적으로 쓰였을 때는 '기고만장하다'라고 번역하지 않도록 주의해야겠죠.

4. 역겨우니까 : 虫酸が走るから

虫唾라고 표기하기도 하는데 이건 신물을 의미하죠. 그러니까 신물이 날 정도로 역겹다는 의미로 쓰이는 말입니다. 암기 요령으로서 언급하고 넘어가자면 신물은 뱃속에 있는 기생충, 그러니까 虫 때문에 생긴다고 믿었었기 때문이랍니다. 이 어원을 알면 암기하기가 수월하겠죠?

5. 지껄이지 마 : ほざくな

말하는 걸 거칠게 표현하는 것이 바로 「ほざく」입니다. 몰랐던 분은 외워 두시길. 그리고 비슷한 표현으로 「ぬかす」도 있는데 「ほざく」가 더 거칠게 느껴지는 단어라고 합니다.

6. 일사천리로 진행시키는 : てきぱきと一気に進める

「てきぱき」는 일 같은 걸 시원시원하게, 척척 해 내는 모양을 나타내는 말입니다.

7. 신중에 신중을 거듭하는 : 慎重に慎重を重ねている

이걸 「重ねている」와 「重ねる」 중에 어떤 게 더 일반적이냐고 일본인에게 질문을 했는데, 그 답변에서 뒤에 표제어로 다룬 한자어가 나와서 소개합니다. 짙은 색 부분입니다.

話し言葉ならどちらでも良いかもしれませんが、書き言葉では「重ねている」の方が自然だと思います。その理由は、「今度は〜迎え入れたいみたいだ」という表現から、**事態**が現在進行中だということがわかるので、進行形のニュアンスを持つ「重ねている」の方が自然に感じるのだと思います。

우리는 이때 '사태'라고 하면 좀 어색하죠? 이에 관해서는 뒤에서 자세히 살펴보겠습니다.

8. 삼고초려를 해서라도 : 三顧の礼を尽くしてでも

동사와 함께 쓸 때는 이처럼 「尽くす」라는 동사를 씁니다.

9. 번데기 : 蛹

10. 단백질원 : タンパク源
일본은 이렇듯 '단백원'이라고도 합니다.

11. 사랑받는다 : 重宝されてる
이 重宝는 '귀중한 보물'을 뜻하는데 귀중하게 여긴다, 그리고 편리하게 잘, 자주 쓰고 있다, 무척 귀중히 여기고 있다는 뜻의 동사로도 사용합니다. 이렇듯 피동형으로 쓰였을 때는 '사랑받는다'로 의역을 하면 더 매끄러운 경우도 있습니다. 또한 '애용하다'로 번역하면 매끄러운 경우도 있고요. 아무튼 번역이 쉬운 한자어는 아닙니다.

> 日 일본인에게 「重宝される」를 「愛される」로 대체할 수 있는지를 물었더니 아니라고 하더군요. 하지만 한국어로는 이 문맥에서 '사랑받는다'로 표현해도 자연스럽습니다. 비슷한 맥락의 다른 표현 「愛用される」를 '애용받는다'나 '애용당한다'라고 하면 어색한 한국어가 되므로 능동형으로 표현하거나, 아니면 '사랑받는다'라고 말하는 게 더 자연스럽거든요.

12. 비위생적인 거 절대 못 먹어 : 不衛生なの絶対に食えねぇ。
일본은 '비위생'이라고 하지 않고 '불위생'이라고 하는데 이때도 '적'을 붙이지 않습니다.

読み方

極道(ごくどう)・殴(なぐ)り合い・素手(すで)・穏当(おんとう)・装(よそお)い
遥(はる)かに・逸脱(いつだつ)・留(とど)めようと・嘱望(しょくぼう)・母子(ぼし)家庭
示談金(じだんきん)・父子(ふし)家庭・癇癪(かんしゃく)・ 有頂天(うちょうてん)
天狗(てんぐ)・虫酸(むしず)・蛹(さなぎ)・重宝(ちょうほう)

妥当(타당)도 쓰임새가 미묘하게 다르다

父：お前の言う通り早々と[1   ]…。[2]思っていたんだが、どうしても[3   ]。
아버지 : 네 말대로 일찌감치 가게를 접었다면… 물러날 때라고는 생각했는데 아무래도 결단이 서지 않아서 말이지.

息子：まあ、たたむのが妥当でしょう。
아들 : 뭐, [4   ]. 〈명탐정 코난〉

[5]だから会社にも通いやすいし、これぐらいの家賃は妥当でしょう。
역세권이니 회사에도 다니기 편하고, 이 정도 집세는 [6   ].

この[7]のサイズも妥当ですし、[8]の広さも妥当ですし、
이 아파트는 집의 [9   ], 주차 공간 [10   ],

[11]も[12]、[13]の面では[14   ]と思います。
근린생활시설도 잘 돼 있고, 거주 환경 면에서는 더할 나위 없다고 봐요.

[15]な政策からの[16]は、現実社会に妥当する政策の実現に繋がる。
구시대적인 정책으로부터 탈피는 [17   ] 정책 실현으로 이어진다.

規範が実定法に妥当しなければならないということであり、そのことから誰もが
遵守すべき法として承認されるということなのだ。
규범이 실정법에 [18   ]는 것이며, 그럼으로써
누구나가 준수해야 할 법으로서 승인받는다는 것이다.

政府が○○新空港建設の[19   ]に[20]発表しましたが
정부가 ○○ 신공항 건설 예비 타당성 조사에 착수한다고 발표했지만

市民からは「[21   ]」という反応です。
시민들은 '너무 늦은 감이 있다'는 반응입니다.

この違反規定は、インターネットを私的に利用した場合にも妥当します。
이 위반 규정은 인터넷을 사적으로 이용했을 [22   ].

랜덤 예제

[1   ]ならないから[2]のある[3]だけ買って、
허리띠 졸라 매야 하니까 불림기능 있는 전기밥솥만 사고,

[4   ]は[5   ]。
가스레인지 교체는 다음에 하자.

親指の関節の隙間から[6]から流れ出た血が浸透して、
엄지손가락 관절 틈으로 사체에서 흘러나온 [7   ]

偶然にもあんな不吉な[8   ]!
우연히도 그런 불길한 피 글자가 만들어진 거야. 〈명탐정 코난〉

今日の晩御飯は[9]外食するか迷ったが、結局[10   ]。
오늘 저녁은 해 먹을까 외식을 할까 고민하다가 결국 배달시켜 먹기로 했다.

今回も[11]会員は[12   ]必ず[13]してください。
이번에도 불참하는 회원은 탈퇴시킬 거니까 반드시 참석해 주세요.

[14   ]利用する[15   ]、子供たちがはしゃぐのを嫌がる
업주들은 매장을 이용하는 다른 고객들 중에는 아이들이 [16   ]
客も多いので、[17   ]で[18   ]という[19]である。
손님도 많아서 그들을 배려하는 차원에서 노키즈존으로 운영한다는 입장이다.

今年[20   ]が[21   ]売れている。
올해 새로 만든 통굽 운동화가 날개 돋친 듯이 팔리고 있다.

> **해설**

타당(妥当)이라는 한자어도 쓰임새와 뉘앙스가 미묘하게 다릅니다. 모범 답안의 설명을 보셨으면 아시겠듯이, 한국에 비해 훨씬 쓰임새의 폭이 넓죠. 한국에선 일상생활에서 쓰일 일이 그리 흔치는 않지만, 일본은 아주 폭넓게 쓰이는 실정입니다. 한국에선 크기나 넓이에 타당하다는 말을 쓰는 일은 없죠? 각설하고 사전부터 살펴보십시다. 표준국어대사전은 어떻게 설명하고 있을까요?

형용사
1. 일의 이치로 보아 옳다.
   타당한 처사.
   타당한 방법.
   논리가 타당하다.

보셨듯이 한국어 '타당하다'는 이치로 보아 '옳다'는 뉘앙스로 주로 쓰이고, 예문처럼 논리, 방법, 조치, 처사 등이 옳을 때 사용하지만, 높이, 넓이, 크기 같은 걸 '타당하다'고 하지는 않죠. 이번엔 일본의 사전을 봅시다. 코지엔 인터넷판의 2번 설명은 전문 용어라서 생략하고, 1번 뜻을 다음과 같이 간략하게 풀이하고 있습니다.

よくあてはまること。適切であること。「―な判断」

잘 들어맞는 것. 적절한 것. 어떤가요? 미묘하게 다르죠. 근데 예문에「妥当な判断」을 제시하고 있는데 이건 그대로 '타당한' 판단이라고 해도 될 거 같죠? 하지만 한국어 '타당'과는 뉘앙스가 다릅니다. 아무튼 조금 더 살펴봅시다. 다이지린 사전은,

物事の実情などによくあてはまっていること。
考え方や処理の仕方に**無理**なところがなく適切であること。また，そのさま。
「―な判断」「―な線」「それに―する例が思いつかない」

코지엔에 비해 '생각(사고방식)이나 처리에 **불합리한** 곳이 없고 적절한 것'이라는 설명이 추가돼 있네요. 다시 말해 일본 한자어 '타당'은 적절, 적정, 적당하다는 뉘앙스로 쓴다는 것이죠. 마지막 예문을 한번 보세요. 그것에 '타당한' 예가 떠오르지 않는다? 조금 이상하죠? 한국에선 이런 때 '타당한(=이치로 보아 옳은)'이란 말을 쓰지 않죠? 즉, 여기선 '적절한 예'라는 뉘앙스인 것이죠.

참고로 진하게 표시한 無理를 보시죠. 이 '무리'라는 한자어도 쓰임새가 미묘하게 다른데 결국 책에 싣지 못했으니 여기서 첨언하고 넘어가자면, 일본어 無理는 이렇듯 '불합리'라는 뉘앙스로도 씁니다.

다음은 다이지센 사전을 봅시다.

[名・形動] スル実情によくあてはまっていること。適切であること。また、そのさま。「―な方法をとる」「現実社会に―する政策」

> 역시나 비슷한 뜻풀이인데 두 번째 예문을 보시죠. 예제에서 활용한 표현이죠? 현실 사회에 '타당한' 정책. 얼핏 그대로 타당이라고 해도 될 것도 같지만 어딘지 미묘하게 어색하죠? 이렇듯 한국의 타당과 일본의 妥当의 쓰임새와 뉘앙스는 아주 미묘하게 다르다는 걸 알고 번역할 때 주의할 필요가 있는 것이죠.

모범 답안

1. 가게를 접었다면 : 店をたたんでいれば

이건 <명탐정 코난>에 나오는 대사인데 다른 사람 대사도 들어가고, 전체적으로 너무 길어서 축약시킨 겁니다. 그리고 여기서도 '테이루' 표현을 쓰죠. 그리고 「たたむ」의 한자 표기는 「畳む」입니다.

> 日　거꾸로 이걸 '접어 있다면', '접고 있다면'이라고 하면 부자연스러운 한국어가 됩니다.

2. 물러날 때라고는 : 潮時だとは

潮時의 원래 의미는 물(조수)이 찰 때와 빠질 때라는 뜻인데, 비유적으로 어떤 일을 하기 딱 좋은 때라는 의미로 쓰였습니다. 예컨대 일(사업)을 시작하거나 끝내기에 딱 좋은 때라는 뜻으로요. 그런데 요즘은 일을 끝낼 때, 관둘 때, 접을 때라는 의미로 쓰는 사람이 많아졌고, 저 역시 번역하면서 이런 뜻으로 쓰이는 걸 많이 봤습니다. 참고로 일본 문화청이 2012년도에 실시한 여론 조사에서는 원래의 의미인 '딱 좋은 때(시기)'라고 쓴다는 사람이 60%, '일(사물)의 끝'이라는 뜻으로 쓴다는 사람이 36.1%였다고 하는데 지금은 더 늘어났을 가능성이 있겠죠?

3. 결단이 서지 않아서 말이지 : 踏ん切りがつかなくてね

「踏ん切り」는 「踏み切る」의 명사형이죠. 이건 결단, 결행, 단행한다는 뜻으로도 쓰이고요. 따라서 결단이 서다, 결심이 서다, 마음을 정하다라는 표현을 위와 같이 합니다.

4. たたむのが妥当でしょう : 접는 게 맞는 거죠

아들은 돈도 안 되는 헌책방을 고집스럽게 이어가는 아버지가 못마땅했는데, 사고(?)를 계기로 책방을 접을 결단을 내리겠다고 하니 아들이 이렇게 말하는 건데, 우린 '타당'을 이런 맥락에서 쓰지는 않죠.

> 日　이걸 한국어로 '접는 게 타당하죠'라고 하면 너무 딱딱한 느낌이 듭니다. 한국에선 '타당'이라는 한자어의 쓰임새 폭이 일본만큼 넓지 않습니다.

5. 역세권 : 駅チカ

이건 신조어인데 일본은 '역세권'이라는 표현을 하지 않으니 이렇게 번역해 주는 방법도 있겠습니다.「エキチカ」라고 모두 카타카나로 표기하기도 합니다. 당연히 정식 문체에서는 비슷한 뜻으로 풀어서 번역해 줘야죠.

6. 妥当でしょう : 적당(적정)한 거죠

이걸 '이 정도 집세는 타당한 거죠'라고 하지 않죠, 우리는? 그러니 위와 같이 번역해 줘야 할 거 같습니다.

> 日 한국은 예컨대 '집세를 내린 건 타당한 결정이다'라고는 하지만 '집세가 타당하다'라고 하면 어색합니다. 또한 여기서의 '타당한 결정'도 '적절한 결정'이 아니라 '옳은 결정'이라는 뉘앙스란 점이 다릅니다.

7. 아파트는 집 : マンションは部屋

8. 주차 공간 : 駐車スペース

이걸 그대로 「駐車空間」이라고 하면 뜻은 통하겠지만 일반적인 표현은 아닙니다. '공간'이라는 한자어의 쓰임새도 미묘하게 다르다는 것이죠.

9. サイズも妥当ですし : 사이즈도 적당하고

우리는 사이즈나 넓이 같은 데 '타당하다'는 말을 쓰지 않지만 일본의 한자어 '타당'은 이렇듯 폭넓게 쓰입니다.

10. 広さも妥当ですし : 넓이도 적당하고

11. 근린생활시설 : 生活利便施設

일본도 「近隣生活施設」이라는 말을 쓰긴 하는데 전문 영역에서나 쓰고 위와 같이 표현하는 게 더 일반적이라고 합니다. 그리고 한국의 경우는 생활 '편리' 시설이라고 하는데 일본은 이 경우 '편리'가 아니라 '리편'이라고 합니다. 일본어 '편리'는 형용동사적으로만 씁니다.

12. 잘 돼 있고 : 充実してるし

이 역시 1권에서 다뤘던 거죠. '시설'의 경우는 이처럼 표현하는 게 자연스럽다는 사실을 다시 한번 상기하고 넘어갑시다.

13. 거주 환경 : 住環境

이 역시 복습이죠. 일본도 '거주환경'이라는 표현이 있긴 한데, 주거 자체의 환경, 예컨대 물이 잘 나온다거나, 환기가 잘 된다거나, 난방이 잘 된다거나 하는 등의 환경을 말할 때 '거주환경'이라고 합니다. 반면 '주환경'은 지하철이 가깝다거나, 주변에 근린생활시설이 잘 돼 있다거나 하는 등의 환경을 말하는 것이죠.

14. 더할 나위 없다 : この上ない

몰랐던 분은 이런 표현도 있으니 외워 두세요.

15. 구시대적 : 前時代的

16. 탈피 : 脱却

> 日　한국의 국어사전에 '탈각'이라는 단어가 올라 있긴 한데 오늘날은 거의 사어가 됐다고 봐도 무방할 겁니다. 그러니 일본어 '탈각'은 이와 같이 번역하거나 문맥에 따라서는 '탈출' 또는 '벗어나다' 등으로 번역해야 자연스러운 경우도 있습니다.

17. 現実社会に妥当する : 현실 사회에 맞는(적합한)

일본어 '타당'은 이처럼 동사로도 쓰이는데, 이 문맥에서도 저는 이와 같이 번역하는 게 적절하다고 생각합니다. 그 근거는 이런 문맥에서 쓰인 妥当를 영어로 번역한 걸 보면 appropriate라고 해 놨기 때문입니다. 그리고 사전 예문에도 동사로 쓴 예문이 있고 검색을 해 봐도 많이 검색되는데 감수자님은 별로 안 쓴다고 하더군요. 요즘은 동사로는 잘 안 쓰는 모양입니다. 특히 구어체에서는요.

18. 妥当しなければならない : 부합해야 한다

<헌법의 규범력>이라는 논문을 번역한 글에서 발췌한 것입니다. 이걸 그대로 '실정법에 타당해야 한다'라고 하면 어색하죠? 이 경우에 저는 이처럼 번역하고 싶은데 더 나은 번역을 아시는 분은 가르쳐 주시면 감사하겠습니다.

19. 예비 타당성 조사 : 予備的な実現可能性調査

영어 preliminary feasibility study를 우리는 예비 타당성 조사라고 번역하는데 일본은 이렇듯 '예비적 실현(실행) 가능성 조사'라고 합니다. 그리고 '예비적' 대신에 '사전(事前)'이라고 번역된 것도 보입니다. 이 점을 보더라도 '타당'이라는 한자어에 대한 양국민의 인식이 미묘하게 다르다는 걸 알 수 있는 것이죠. 그런데 일본 사이트에서 "予備妥当性調査"로 검색하면 3천여 개가 뜨는데 이건 거의 한국에서 말하는 걸 그대로 직역한 것들입니다. 나라를 일본, 언어를 일본어로 좁혀서 검색하면 확 줍니다. 거기다 한국은 제외하라는 뜻으로 "-韓国"를 추가하면 현재 9개가 뜨는데 역시 한국 기사들이 섞여 있습니다.

20. 착수한다고 : 取り組むと

일본어 합성(복합)동사는 정말 골치가 아프죠. 이 「取り組む」도 마찬가지고 말이죠. 이런 경우에는 '착수하다'라고 번역해 줄 수도 있겠는데, 문맥에 따라서는 '도전하다'라고 번역하면 매끄러운 경우도 있습니다. 아무튼 이 동사 역시 번역자를 매우 골치 아프게 하는 단어인 건 확실합니다.

21. 너무 늦은 감이 있다 : 今更感がある

22. 場合にも妥当します : 경우에도 해당됩니다(적용됩니다)

'종업원의 인터넷 사적 이용'이란 글에 있는 문장을 살짝 줄이고 변형한 것인데, 업무 시간 외에 인터넷을 사적으로 이용하는 건 '직무 전념 의무 위반'에는 해당되지 않지만 '기업 질서 준수 의무 위반'에는 해당된다는 취지의 글입니다. 그러니 이런 경우에는 해당이나 적용으로 확 의역해 주는 게 한국어로서는 자연스럽다고 봅니다. 왜냐하면 일본어 '타당'의 뜻풀이에 「当てはまる」라는 말이 있는데, '해당'이라는 한자어 역시 「その条件・事例・資格などにあてはまること」라고 사전에서 뜻풀이를 하고 있으니까요.

랜덤 예제 모범 답안

1. 허리띠 졸라 매야 : 財布の紐を締めなきゃ

바짝 절약한다는 의미의 관용구죠. 일본은 이렇듯 지갑 끈을 졸라 맨다고 표현합니다.

2. 불림 기능 : 浸水機能

이 표현을 처음 봤을 때 신기해했던 기억이… 쌀을 불리는 걸 일본은 이렇게 '침수'라는 한자어를 씁니다. 쌀에 물이 침투해야 쌀이 부니까요.

3. 전기밥솥 : 炊飯器

몰랐던 분은 이 기회에 외워 두시길. '취'는 취사, 자취라고 할 때의 '취'죠. 바로 뒤에 나오는데 '자취'라는 한자어의 쓰임새도 다릅니다.

4. 가스레인지 교체 : ガスコンロの買い替え

일본도 「ガスレンジ」라고 하는데 이건 오븐이나 그릴 기능까지 있는 가전제품을 뜻하는 말입니다. 코토방크 사전에서도 '가스곤로'와 '가스오븐'을 합친 거라고 설명하고 있습니다. 그러니 평범한 가스레인지는 위와 같이 번역해야겠죠. 그리고 일본은 '교체'를 「取り換え」라고 한다고 했지만 이건 교체하는 작업일 경우에 쓰죠. 그런데 이 예문에서의 '교체'는 새걸로 사서 교체한다는 뜻이니 위처럼 번역해야 자연스럽겠죠. 또 샴푸 같은 리필하는 건 「詰め替え」라고 한다는 것도 복습하고 넘어갑시다.

5. 다음에 하자 : 今度にしよう

이 今度라는 말은 바로 직전의 과거를 뜻하기도 하지만 이처럼 '다음'이라는 뜻으로도 쓰이죠. 근데 요즘 젊은 일본인들은 바로 직전의 과거를 뜻하는 말로는 안 쓰는 사람도 꽤 있는 모양입니다.

6. 사체 : 遺体

7. 血が浸透して : 피가 흘러들어서

우리는 손가락 사이로 피가 침투한다고는 안 하죠? 물론 무슨 뜻인지는 알겠지만요. 신기하다는 생각에 일본인에게 물어봤더니 일반적인 표현은 아닌 거 같다더군요. 하지만 애니 대사로 분명히 나온 거니 그렇게 쓰는 사람도 있다는 말이겠죠. 그리고 결국 예제로 못 집어넣었기 때문에 여기서 덧붙이고 넘어가자면, 우리는 '중앙선을 침범하다'라고 하는데 일본은 이때 '침범'이라는 말을 쓰지 않습니다. 「はみ出す」 또는 「オーバーする」라는 표현을 씁니다. 일본인에게 이 경우에 쓰는 한자어는 없냐고 물어보니 그분 답변으로는 없다고 하더군요. 또한 일본도 '중앙선'이라고 하긴 하지만 일상생활 속에서는 「センターライン」이라고 하는 게 일반적입니다.

8. 피 글자가 만들어진 거야 : 血文字ができてしまったわけさ

이런 문맥에서 쓰이는 「～わけ」는 일본어를 많이 접해 본 한국 사람이라면 자연스럽게 번역이 가능하지만, 거꾸로 번역할 땐 「わけ」를 붙여 주는 게 쉽지만은 않죠. 다시 말해 '~거야'나 '~거구나'를 「わけ」로 번역하기가, 또는 구사하기가 쉽지는 않죠. 앞에 나오는 내용이 원인, 이유로 작용해서 뒤에 나오는 결과가 되는 경우 「～わけ」라고 번역해 주면 됩니다. 또는 앞의 내용으로 인해 어떻게 된다는 걸 설명하거나, 남의 말이나 설명을 듣고 그렇게 된 거라는 걸 알게 되는(수긍하는) 경우에 사용합니다. 예를 들면 "한국에 온 지 10년이 넘었어요? 그래서 한국말이 그렇게 유창한 거구나"라는 식으로 말할 때 「～わけだ」를 사용하는 것이죠. 누가 대학에 떨어졌다는 말을 듣고 「だからあんなに落ち込んでいるわけだ」라는 식으로 말하고요.

> 日　이 경우에도 「～てしまう」 부분을 번역해 주면 한국어로서는 어색합니다.

9. (직접)해 먹을 까 : 自炊するか

나왔네요. 한국은 하숙과 대비되는 개념으로 자취라는 말을 쓰지만 일본은 이렇듯 음식, 밥을 직접 지어먹는다는 뜻으로 쓰입니다.

> 日　한국 한자어 '자취'는 '손수 밥을 지어먹으면서 생활함'이란 뜻입니다. 다시 말해 '손수 지어먹는다'가 아니라 '생활함'이라는 뜻이 더해져 있다는 것이죠. 따라서 일본어 「自炊する」는 '자취하다'로 번역하면 어색하므로 손수, 직접 지어먹는다는 식으로 번역해야 합니다.

10. 배달시켜 먹기로 했다 : 出前を取ることにした。

이걸 그대로 「配達」라고 하면 코패니즈가 되죠. 그리고 일본은 한국만큼 음식 배달 문화가 발달되지 않았지만 있긴 있습니다. 또한 동사로 「取る」를 씁니다.

11. 불참하는 : 不参加の·参加しない

일본은 불참이 아니라 불참가라고 한다는 건 1권에서 나왔죠. 그런데 不参加는 동사로 쓰이지 않습니다. 따라서 위와 같이 번역해 줘야겠죠.

12. 탈퇴시킬 거니까 : 退会させるので

일본도 脱退라는 한자어를 쓰지만 그 쓰임새가 제한적입니다. 특히 모임(会)이나 회원이란 말을 쓰는 단체나 조직의 경우는 이렇듯 退会라고 하는 게 일반적입니다. 그리고 이 경우 脱会라는 말도 쓰는데 몇몇 일본인들에게 질문한 결과, 역시 退会가 상대적으로 더 많이 쓰이는 것 같고, 脱会라고 하면 조금 더 강한 어감을 느낀다고 합니다. 그러니까 어떤 문제가 생겨서 (한국어)탈퇴한 느낌이 든다니까 참고하시길. 그리고 일본은 비슷한 맥락에서 이탈(離脱)이라는 한자어도 쓰는데 이 離脱라는 한자어의 쓰임새도 한국과 미묘하게 다르죠. 바로 다음 표제어에서 자세히 살펴보겠습니다.

13. 참석 : 出席

14. 업주들은 매장을 : 店主たちは、店を

이건 우연히 읽게 된 신문 기사에서 발견한 건데 직역하면 코패니즈 덩어리다 싶어서 메모해 뒀던 겁니다. 일본은 '업주'라는 말을 안 쓰니 '점주'라고 하고, 또 일본은 카페나 음식점 같은 걸 '매장'이라고 하지는 않으므로 위와 같이 번역해 줘야겠죠.

15. 다른 고객들 중에는 : 他の客の中には

일본은 카페나 음식점 손님을 顧客라고 하지 않고 위와 같이 그냥 (お)客라고 하는 게 일반적입니다. 일본의 경우 顧客라는 말의 쓰임새는 한정적입니다. 비즈니스 장면에서 주로 사용하는 딱딱한 표현에 속하기 때문에 일반적으로는 이렇듯 (お)客라고 하죠. 우리는 고객님이라는 표현을 쓰지만 일본은 이때 '고객'이라고 하지 않습니다.

16. はしゃぐのを嫌がる : 장난치고 떠들어대는 걸 싫어하는

이 「はしゃぐ」도 일본 특유의 동사로서 번역하기가 결코 만만치는 않은 단어인데, 풀어서 표현하자면 신이 나서 장난을 치거나 떠들어대는 걸 뜻하는 말이죠. 여기서 뛰어 돌아다니기까지 하는 걸 「はしゃぎ回る」라고 표현하고요. 그리고 한자로 표기하면 「燥ぐ」지만 히라가나로 표기하는 게 일반적입니다. 이 燥라는 한자를 사전에서 찾아보면 건조(乾燥)하다고 할 때의 「かわく」라는 뜻도 있지만, 초조(焦燥)하다고 할 때처럼 「落ち着かない」라는 뜻도 있습니다. 즉, 기분이나 감정이 차분한 상태, 가라앉은 상태가 아니라 들뜬 상태를 뜻하는 것이죠.

17. 그들을 배려하는 차원 : 彼らに配慮する意味で

조사에 유의하세요. 일본도 이 경우 「を」를 쓰고 있는 예가 있는데 요즘은 「に」를 쓰는 게 일반적이라고 합니다. 그리고 이 둘의 뉘앙스 차이를 물어본 적이 있는데 두 사람이 답변을 달았습니다. 한 사람은 '오'를 쓰면 부자연스러워지는 경우가 있어서 별로 안 쓴다는 답변. 또 한 사람은 '니'의 경우는 배려를 하는 대상, '오'를 쓸 경우는 취급되는 대상'물'이라는 설명을 하면서도 요즘은 '니'를 쓰는 경향이 많아졌는데 그 이유는 자기도 모르겠다는 답변이었습니다. 그리고 이 '배려'라는 한자어도 한국과 쓰임새가 미묘하게 다릅니다. 예컨대 일본은 「添加物に配慮した食品」, 「栄養に配慮した食品」이라는 말을 하는데 우리는 이런 식으로 쓰진 않죠. 전자의 경우는 '신경을 쓴'이라는 뉘앙스, 후자는 '고려한'이라는 뉘앙스라고 할 수 있겠죠? 하지만 이것에 관해서는 아직 저도 제대로 파악을 못 했기 때문에 책에 싣지는 않았습니다만, 언젠가 시간이 되면 이것에 관해서도 조사해 볼 생각입니다. 또한 여기서도 일본은 次元이라는 말을 쓰면 부자연스럽습니다.

18. 노키즈존으로 운영한다 : 子連れ入店を禁止している

저도 이 신문 기사의 제목을 처음 읽었을 때 '노키즈존'이 뭐지? 싶었습니다. 사실 이 기사를 클릭해서 읽은 이유도 '노키즈존'이 무슨 뜻인지가 궁금해서였거든요. 그래서 일본인에게 일본도 「ノーキッズゾーン」이라는 표현을 쓰냐고 물어보니 처음 본다, 안 쓴다는 반응이었습니다. 그래서 설명을 했더니 무슨 말인지 뜻은 통할 것 같긴 하다더군요. 하지만 일반적인 표현은 아니니까 위와 같이 의역을 해 주는 게 낫겠죠.

19. 입장 : スタンス·立場

블로그에도 썼듯이 '입장'이라는 한자어도 미묘한 쓰임새 차이가 있는데, 감수자님께 이 경우에 立場라고 해도 자연스러운지를 물었더니 '스탠스'가 더 자연스럽다고 생각하는데, 立場라고 해도 '나쁘지는 않은 것 같다'더군요. 그런데 이와 비슷한 문맥으로 쓰인 한국어 '입장'을 어느 일본인은 立場가 아니라 意見이라고 번역해 놓은 걸 본 적이 있습니다. 미묘하죠. 아무튼 이에 관해서는 3권에서 따로 살펴보기로 하겠습니다. 한국과는 사뭇 다른 뉘앙스로 쓰이는 경우가 많으니까 기대하시기 바랍니다.

20. 새로 만든 통굽 운동화 : 新作した厚底スニーカー

일본은 운동화를 스니커라고 하죠. 그리고 일본은 '신작'도 동사로 씁니다. 그런데 몇몇 일본인에게 질문한 결과도 그렇고 감수자님 의견 또한 '신작'을 동사로 쓰지는 않는다고 하더군요. 하지만 동사로 쓴 걸 봤기 때문에 메모를 해 둔 것이고, 또 검색을 해 보면 실제로 동사로 쓰고 있는 예가 많이 검색됩니다. 신문 기사에서도 검색되고요. 그리고 통굽이라는 말을 일본은 저렇듯 '두꺼운 바닥'이라고 합니다.

> 日 이러한 정황으로 볼 때 일본도 요즘은 신작을 동사로 쓰는 일은 별로 없는 듯하지만 혹시라도 이렇게 쓰인 글을 번역하는 일이 생긴다면 '신작하다'라는 동사로 번역하지 마시기를.

21. 날개 돋친 듯 : 飛ぶように

読み方

早々(そうそう)·遵守(じゅんしゅ)·潮時(しおどき)·踏(ふ)ん切(ぎ)り·妥当(だとう)·利便(りべん)·脱却(だっきゃく)·紐(ひも)·浸水(しんすい)機能·炊飯器(すいはんき)血文字(ちもじ)·自炊(じすい)·出前(でまえ)·子連(こづ)れ·厚底(あつぞこ)スニーカー

離脱(이탈)의 쓰임새 폭은 일본이 훨씬 넓다

その体から離脱すればいいんだよ。俺が管理するこの体の方がいいだろ。
그 몸에서 [1   ]. 내가 관리하는 [2   ]? 〈기생수〉

IFFに応答しない[3   ]急速に接近中だ。これより離脱する。
IFF에 응답하지 않는 헬기 3대가 급속히 접근 중이야. 이곳을 [4   ]. 〈공각기동대 1995〉

エヴァを[5   ]は速やかに離脱、安全高度まで上昇して。
에바를 투하한 뒤 [6   ] 안전한 고도까지 상승해. 〈신세기 에반게리온〉

そこから大きく離脱して普段カレントがほぼないようなこんな所は…。
본류에서 [7   ] 평소에 흐름이 거의 없는 이런 곳은… 〈츠리 비전〉

次回、感想を書くまでのモチベーションが上がりそうもないので、今回で離脱します。継続視聴の皆さん、楽しんで下さい。
다음 회 감상을 적을 정도까지 모티베이션이 오를 것 같지도 않으므로,
이번 회에서 [8   ]. 계속 시청할 분들 즐겁게 보세요.

OOが[9]を宣言すると、XXの首相は[10]の[11]を提案した。
OO가 EU 탈퇴를 선언하자 XX의 수상은 주요 회원국의 다자 협상을 제안했다.

랜덤 예제

[1]が頻発する[2]では、
강력범죄가 빈발하는 우범 지대는

[3   ]強力な対処が必要である。
치안이 문란해지기 때문에 강력한 대처가 필요하다.

[4]後の[5]が単純な[6]ではなく[7]のせいだったことを知った
수술 후의 이상 증세가 단순한 거부반응이 아니라 의료 과실 때문이었음을 안

患者の保護者は[8]医局に押しかけてきた。
환자 보호자는 살기등등해서 의국으로 쳐들어왔다.

地震による津波で[9]道路が多く、
지진으로 인한 쓰나미로 유실된 도로가 많아서

[10]交通[11]が設置されている。
도처에 교통 통제 표지판이 설치돼 있다.

宇宙開発事業には[12]、[13]べきなのに
우주 개발 사업에는 민관이 하나가 돼서 전심전력을 쏟아야 할 텐데도

民間企業の[14]問題および[15]の問題で[16]。
민간 기업 신규 참여 문제 및 사업 부문 할당 문제로 찬반양론이 팽팽하다.

敵との[17]、主力部隊を[18]し、
적과의 전면전에 대비해서 주력 부대를 최전방 기지에 배치하고

後方基地には[19]した。
후방 기지에는 미사일 부대를 배치했다.

あやつに[20]、口封じしちまったことは
그 자식한테 약점을 잡히는 바람에 [21]했다는 건

俺ら二人とも一生[22]だぞ。
우리 둘 다 평생 발설 금지야.

[23]。[24]の製作費をかけた[25]が[26]。
개봉 박두. 역대급 제작비를 들인 블록버스터 영화가 개봉을 앞두고 있다.

> **해설**

이 이탈(離脱)이라는 한자어도 일본의 경우 한국과는 비교도 안 될 만큼 쓰임새의 폭이 넓습니다. 이번에는 일본에서 실제로 쓰이는 사례가 얼마나 많고 다양한지를 알려드리기 위해 제가 번역하면서 실제로 접했던 사례를 주로 소개했는데, 퀴즈를 풀어 보셨으면 아시겠듯 한국에서는 '이탈'이라고 표현하지 않을 장면에서도 일본은 대단히 널리, 빈번히 쓰고 있죠. 심지어 <수술의 신 닥터 X(라고 기억함)>라는 드라마에서는 수술장에서 쓰던 수술 도구(장비)를 떼어낸다는 뜻으로도 '이탈'이란 표현을 쓸 정도였습니다. 또한 예제에서도 나왔듯이 EU 같은 국제기구를 탈퇴한다는 뜻으로도 일본은 '이탈'을 쓰고 있죠. 그러니 이렇게 쓰인 일본 한자어 '이탈'은 번역할 때 적절한 의역을 해 줄 필요가 있습니다. 일반인이라면 그냥 그대로 직역해 버려도 누가 뭐라 할 사람 없겠지만 번역가가 되려는 분들은 그래선 안 됩니다. 블로그에 업체와 카톡 주고받은 거 포스팅한 거 보신 분들은 아시겠지만 무심코 직역했다가는 바로 지적 또는 컴플레인이 들어옵니다.

> 日 따라서 일본의 한자어 **離脱**를 한국어로 번역할 때는 그대로 '이탈'이라고 해도 될지를 잘 살펴보셔야 합니다. <기생수>에서 인용한 예문의 경우 '그 몸에서 이탈해'라는 식으로 말하면 의미야 통하겠지만 자연스럽고 매끄러운 한국어라고 하기는 힘들다고 봅니다. 게다가 <츠리 비전>의 예문의 경우에 '이탈'이라고 하면 한국어로서는 대단히 부자연스럽습니다.

> **모범 답안**

1. **離脱すればいいんだよ : 벗어나면 돼, 빠져나오면 돼**

영화 <기생수>에 나온 대사입니다. 귀신에 씌듯이 인간의 몸에 들어가서 기생하는 생물에게 그 인간의 몸에서 빠져나와서 자기한테 씌라고 하는 말인 것이죠. 우리는 이 경우 '이탈'이라는 한자어를 쓰지 않죠?

> 日 이 경우 그대로 '이탈'이라고 하면 한국 사람도 무슨 말을 하려는지는 알아먹을 겁니다. 하지만 일반적으로 이런 경우는 위에 제시한 답안처럼 말하는 게 자연스럽습니다.

2. **この体の方がいいだろ : 이 몸이 더 좋잖아**

> 日 일본은 한국에 비해서 「〜方がいい」라는 표현을 엄청 빈번히 쓰죠. 보통 '편'이나 '쪽'으로 번역하는 경우가 많은데 그래선 어색한 경우도 꽤 많습니다. 이 경우가 바로 그런 케이스라고 볼 수 있는데, '편'은 아예 부자연스럽고 '쪽'도 매끄럽다고 볼 순 없습니다. 이런 때는 이처럼 '더'라고 번역해 줘야 매끄러워집니다.

3. 헬기 3대가 : ヘリが3機

우리는 헬리콥터를 줄여서 헬기라고 하지만 일본은 저렇듯 '헤리'라고 합니다. 그리고 숫자를 세는 단위도 위와 같이 다르죠.

4. 離脱する : 빠져나간다, 뜨겠다

극장판 <공각기동대> 클라이맥스 장면인 자연사 박물관에서 전차(장갑차)와 싸우는 신에서 나온 대사죠. 적의 헬기가 다가오는 거 같으니 자신은 그곳을 뜨겠다고 말하는 장면이죠. 우리나라의 경우는, 예컨대 같이 있던 여러 대의 헬기 대열 같은 것에서 벗어날 때나 '이탈'이라는 단어를 쓰지 달랑 자신이 탄 헬리콥터 한 대만 있는 상태에서 그 위치에서 벗어나는 걸 '이탈한다'고 하지는 않죠? 이렇게 쓰는 사람도 있나요? 아무튼 일본은 이렇듯 일정한 장소, 공간 등에서 벗어나는 것, 뜨는 것, 빠져나가는 경우에 '이탈'이라는 한자어를 두루, 널리 쓰고 있다는 사실.

5. 투하한 뒤 : 切り離した後

일본어「切り離す」는 떼다, 떼어 내다라는 뜻 외에 분리하다, 벗기다, 풀어 주다 등의 뜻으로도 쓰입니다.

> 日 이걸 한국어로 '떼어 낸 뒤'라고 하면 싫은 걸 떼어 내 버린다는 뉘앙스로 비칠 수가 있습니다. '분리한 뒤'라고 해 줄 수도 있겠는데 상황상 저는 위와 같은 의역을 택했습니다.

6. 速やかに離脱 : 재빨리 (그곳을)벗어나서

에바를 작전 구역에 투하시킨 후에 신속하게 그곳을 벗어나라는 뜻으로 치는 대사인데 일본은 이런 경우에도 '이탈'이라는 한자어를 씁니다.

7. 大きく離脱して : 멀리 떨어져 나가서, 멀리 분리돼 나가서

낚시 방송에서 나온 내레이션인데, 강의 큰 줄기, 본류에서 삐져나와서 먼 곳까지 뻗어 나간 지류에서 흐름이 거의 없는 부분을 가리키는 것인데, 일본은 이 경우에도 '이탈'을 쓰길래 살짝 놀랐던 기억이 있습니다.

8. 離脱します : 빠집니다

이건 인터넷 검색을 통해 발견한 것인데, 드라마 팬들이 모여서 서로 감상을 적고, 의견을 나누는 인터넷 모임에서, 드라마 전개에 실망을 느낀 사람이 자신은 다음 회부터는 빠지겠다는 뜻으로 한 말입니다.

> 日 한국에선 이런 경우에 '이탈할게요'라고 하면 뜻은 통하지만 일반적인 표현은 아닙니다.

9. EU 탈퇴 : EU離脱·脱退

일본도 국가 간 연맹, 연합 같은 데서 빠져나오는 걸 '탈퇴'라고도 하지만 이상하게도 EU(유럽 연합)의 경우는 '이탈'이라고 하는 경우가 훨씬 많더군요. 실제로 검색을 해 봐도 검색 건수가 엄청나게 차이가 납니다. 이유는 저도 잘 모르겠습니다.

10. 주요 회원국 : 主要加盟国

우리는 국제기구 같은 데 가입된 국가를 '회원국'이라고 표현하지만 일본은 그렇지 않다고 합니다. 따라서 이건 위처럼 '가맹국'이라고 해야 자연스럽게 통합니다.

11. 다자 협상 : 多国間交渉

일본은 '협상'이라는 한자어는 거의 안 쓴다는 건 1권에서 다룬 거죠. 그리고 우리가 말하는 '다자'의 경우도 일본은 위와 같이 '다국간'이라고 하는 게 자연스럽습니다.

랜덤 예제 모범 답안

1. 강력 범죄 : 凶悪犯罪

일본은 범죄나 범인에게 '강력'이라는 한자어를 쓰지 않습니다.

2. 우범 지대 : 犯罪多発地域

3. 치안이 문란해지기 때문에 : 治安が乱れる(紊乱する)ので

또 꼽사리 신세가 되네요. 일단 한국에 비해 일본은 '문란'이라는 한자어를 쓸 일이 거의 없다고 합니다만(그렇다고 아예 안 쓰는 건 아니고 신문 기사 등에서는 간혹 접하는 말입니다) 한국에선 '문란'이라는 말을 흔히 쓰니까 그대로 紊乱이라고 하지 말라는 의미에서 퀴즈로 냈습니다. 검색해 보시면 한국어 '문란'을 그대로 紊乱이라고 해 놓은 게 수두룩합니다. 그리고 이처럼 동사로 쓰는데 이 역시 자동사로도 타동사로도 쓰는 자타 양용 한자어 동사입니다. 또한 일본어 '문란'은 한국과 달리 '문란한 성생활' 같은 표현은 하지 않습니다. 쓰임새 차이가 있는 것이죠. 그러니 한국어 '문란'을 일어로 번역할 때는 이처럼 「乱れる」 등으로 의역해 줄 필요가 있습니다.

4. 수술 : オペ

5. 이상 증세 : 異常症状

1권에서 간략히 언급했듯이 일본은 「~勢」라는 한자어를 한국만큼 널리 쓰지 않는데 이 '증세' 역시 마찬가지입니다. 따라서 이 경우는 症状라는 한자어로 표현해야 매끄럽게 의사 전달이 되겠죠. 또한 병세(病勢) 역시 일본은 쓰지 않습니다. 다만, 사전에도 있고 이 말의 뜻과 유의어를 설명하고 있는 게 여럿 있길래 일본인들에게 재차 확인했지만 역시나 안 쓴다는 반응이었습니다. 그러니 한국어 '병세'는 「病状」나 「容態」 등으로 표현해 줘야겠죠.

6. 거부 반응 : 拒絶反応

7. 의료 과실 : 医療ミス·医療過誤
일본은 '과실'이 아니라 '과오'라고 하는데 이마저도 전문 영역에서나 쓰지 일상생활에서는 거의 쓰이지 않는다는 말 기억나시죠?

8. 살기등등해서 : 殺気立って
일본은 '살기등등'이라는 한자어를 쓰지 않고 이처럼 '살기가 서다'라고 표현합니다.

9. 유실된 : 流失した
이 경우도 일본은 「する」라고 표현합니다.

10. 도처에 : 至るところに
한국어 '도처에'라는 표현은 이렇게 번역해 줄 수 있습니다.

11. 통제 표지판 : 規制標識
일본은 '통제'라는 한자어는 국가 레벨에서나 쓰는 말이라서 이런 경우에 쓰면 부자연스럽습니다. 따라서 한국에서 말하는 교통 통제의 경우 이처럼 '규제'라고 해 줘야 하고, 우리가 일상생활에서 예컨대 '감정을 잘 통제', '자신을 잘 통제', '충동을 잘 통제' 등의 표현의 경우도 일본어로는 '컨트롤'이나 '제어'라고 의역해 줘야 합니다. 또한 표지판 역시 이처럼 '표식'이라고 합니다.

12. 민관이 하나가 돼서 : 官民が一丸となって
일본은 '민관'이 아니라 '관민'이라고 표현합니다.

13. 전심전력을 쏟아야 : 全身全霊を注ぐ

14. 신규 참여 : 参入
이 参入라는 한자어는 한국에선 쓰지 않죠. 그래서 거의 대부분이 참여나 참가로 번역하는 경우가 많은데 이 参入이라는 일본 한자어의 뜻은 지금껏 손대지 않았던, 발을 담그지 않았던 분야, 사업, 산업 등에 새로이 진출, 참여한다는 뜻입니다.

15. 사업 부문 할당 : 事業部門の割り当て
일본은 '할당'이라는 한자어를 안 쓰고 위와 같이 말합니다.

16. 찬반양론이 팽팽하다 : 賛否が拮抗している

일본에선 '찬반양론'이 아니라 賛否両論(찬비양론)이라고 한다는 건 앞에서 복습을 했죠. 근데 '팽팽하다' 부분의 번역이 문제인데, 이걸「賛否両論が五分五分だ」라고 해서 감수자님의 의견을 물었더니 조금 어색하다는 의견이었습니다. 이 경우는 그냥「賛否が五分五分だ」나「賛否が真っ二つに分かれている」,「賛否両論がある」라고 해 주는 게 자연스럽다는 답변이었죠. 솔직히 조금 의아하더군요. '양론'이라고 해도 그 비율이 9대1, 8대2, 7대3 등등 다양할 수 있는데 말이죠. 그래서 감수자님 외에 몇몇 일본인들에게 재삼재사 의견을 물었는데 그 결과는 역시나 감수자님의 의견과 같았습니다. 일본인들은 賛否両論이라는 말 자체에서 찬성과 반대 의견이 거의 절반으로 나뉘어져 있다는 느낌을 받는다는 논리였죠. 그래서 방금 말했듯 '양론'의 비율은 다양할 수 있지 않으냐고 재차 물으니, 논리적으로 생각하면 제 말이 맞긴 맞는데 대부분의 일본인이 賛否両論이라는 표현을 들으면 그런 느낌을 받을 것이라는 답변을 해 줄 뿐이었습니다. 그리고 이 길항(拮抗)이라는 한자어도 우린 거의 전문 용어(예 : 길항 작용)로밖에 쓰지 않지만, 일본은 한국에 비해 일반화되어 널리, 빈번히 쓰입니다. 양쪽의 힘, 세력이나 의견 등이 팽팽하게 맞서 있을 때 쓰는 표현이죠. 따라서 이 '길항'이라는 한자어도 번역하기 상당히 까다로운 한자어인데 이것에 관해서는 3권에서 표제어로 다루어서 번역 방법을 제안하기로 하겠습니다.

17. 전면전에 대비해서 : 全面戦争に備えて

일본은 '전면전'이라는 표현을 쓰지 않고 이처럼 '전면전쟁'이라고 합니다.

18. 최전방 기지에 배치 : 最前線基地に配置

일본은 이와 같이 '최전선'이라고 말합니다. 그리고 대대, 연대 등 기동성 있는 부대를 '배치'한다고 할 때는 일본도 配置라고 합니다.

19. 미사일 부대를 배치 : ミサイル部隊を配備

반대로 한번 배치하면 이동이 힘든 대규모 미사일 같은 건 이처럼 配備라고 합니다.

20. 약점을 잡히는 바람에 : 足元を見られて

약점을 잡히는 걸 일본은 위와 같이 표현합니다.

21. 口封じ : 죽여서 입막음

영화나 드라마 등을 보면 상대의 입을 막는다는 뜻으로 이 표현이 종종 나오죠. 그런데 이 일본어「口封じ」에는 이렇듯 죽여서 입막음을 한다는 무서운 뜻이 내포돼 있습니다. goo, weblio, 코토방크 사전에는 이런 뜻풀이가 올라 있을 정도입니다. 그러므로 어떤 의미로 썼는지 잘 살펴서 죽인다는 뉘앙스라면 위와 같이 번역해 줘야 시청자나 관객에게 정확한 뜻을 전달할 수 있겠죠. 그리고 입을 막는다는 뜻으로「口止め」도 있는데 이건 죽인다는 뜻은 없습니다. 그리고「口止め料」라는 단어가 사전에도 실려 있습니다. '입막음 돈'이라는 말이죠.

22. 발설 금지 : 他言無用

블로그에서 다뤘던 거죠. 일본은 '발설'이라는 한자어를 쓰지 않고 위와 같이 표현하고, 또한 「口外する」라는 표현도 있다는 거 기억하시죠?

23. 개봉 박두 : 近日公開

일본은 '개봉'이라고 하지 않고 '박두'라는 한자어도 안 쓰고 위와 같이 말합니다.

24. 역대급 : 歴代最大級

시쳇말로 듣보잡 용어인 이 '역대급'이라는 말을 그대로 歴代級라고 번역하는 한국인들이 수두룩한 탓인지 일본 사이트에서도 일본인이 歴代級가 무슨 뜻이냐고 질문한 걸 몇 차례 발견했습니다. '역대'의 뜻은 '대대로 이어 내려온 여러 대. 또는 그동안'인데 '대대로 이어 내려온 여러 대급'? 말이 되나요? 하지만 방송인들은 물론 기자, 아나운서들조차 무분별하게 사용하다 보니 이제 이 오용은 거의 정착돼 버린 단계라고 봐야겠네요. 표준국어대사전에는 아직 안 올라 있지만, 너무도 널리 퍼진 탓인지 우리말샘에는 새로 등재가 됐을 정도니까요. 그것도 억지로 끼워 맞춘 듯한, 일본말로 표현하자면 「こじ付け」 같은 뜻풀이로 말이죠. 아무튼 언어란 언중을 따라가는 법이니 언젠가 표준국어대사전에 실릴지도 모르죠.

25. 블록버스터 영화 : 超大作映画

일본은 이 경우에 '블록버스터'라는 외래어를 쓰지 않습니다.

26. 개봉을 앞두고 있다 : 公開を控えている

読み方

離脱(りだつ)・加盟国(かめいこく)・紊乱(びんらん)・殺気立(さっきだ)って 至(いた)るところ・参入(さんにゅう)・割(わ)り当(あ)て・拮抗(きっこう)・足元(あしもと) 口封(くちふう)じ・口止(ど)め・他言無用(たごんむよう)・口外(こうがい)する

納得도 납득이라고 번역하면 어색한 경우가 있다

いよいよトリプルアクセル!綺麗に[1]。本人も納得の表情ですね。
드디어 트리플악셀! 깨끗하게 착지합니다. 본인도 [　　2　　]이군요.

[3]です!ギリギリのところでグリーンに[4]しましたが、
온그린입니다! 아슬아슬하게 그린에 안착했습니다만,

自分の打ったショットに納得がいかないようですね。
본인이 친 샷에 [　5　] 것 같군요.

何回も[　6　]末、[　7　]死刑は免れたから
여러 차례 난항을 겪은 끝에 가까스로 사형은 면했으니

無期懲役で納得してください。
무기징역으로 [　8　]하세요.

何回も[　　9　　]末に、
몇 번이나 시행착오를 겪은 끝에

とうとう自分で納得できる絵が完成した。
드디어 스스로 [　10　] 그림이 완성됐다.

他の部分でミスがあったので、自分では全然納得してないです。
다른 부분에서 실수가 있었기 때문에 스스로는 전혀 [　11　].

何事においても[12]を持って[　13　]
무슨 일에든 진취적 기상을 품고 임할 때

人生の[14]と納得感を[15]可能性が高くなる。
인생의 성취감과 [　16　]을 맛볼 가능성이 높아진다.

랜덤 예제

[1]を通じて[2]で[3   ]、[4]
자금 세탁을 통해 조성한 비자금으로 대저택에 금은보화를 쌓아 놓고 호화찬란한

生活をしながら[5]をしていたあげく[6]を受けてしまった。
생활을 하며 호의호식하다가 덜미를 잡혀서 사법처리 되고 말았다.

上位問題点を解決することにより、下位問題点を[7]とするならば…
상위의 문제점을 해결함으로써 하위의 문제점을 해소시킬 수가 있다고 한다면…

「女優への[8]容疑」のOO監督、検察で[9]。
여배우 성폭행 혐의 OO감독, 검찰 소환 조사.

この[10]の効果は[11]しかないので、その前にあいつを[12]。
이 결박 주술의 효과는 2시간 남짓밖에 없으니까 그 전에 저놈을 해치워야 해.

[13]を[14]行われる今回の[15]では、
전국체육대회를 2주일 앞두고 치러지는 이번 시범경기에서는

[16   ]が導入される。
사상 최초로 비디오 판독이 도입된다.

A : 「使徒は現在[17]中。第2波は6日後」、このセリフで「第2波」とは、どういう意
　　味ですか？
A : '사도는 현재 자가 복구 중. 제2파는 6일 뒤', 이 대사에서 '제2파'는 무슨 뜻인가요?

B : 簡単に言うと、使徒が[18]2度目の攻撃をしてくるという意味です。
B : 쉽게 말하면 사도가 회복을 마치고 두 번째 공격을 해 온다는 뜻입니다.

彼女が[19]体を起こし[20   ]、会場は[21   ]！
그녀가 천천히 몸을 일으켜 더없이 맑은 고음을 내자 공연장은 한순간에 열광의 도가니로!

해설

표준국어대사전에는 '납득'이라는 말을 아래와 같이 풀이해 놨습니다.

다른 사람의 말이나 행동, 형편 따위를 잘 알아서 긍정하고 이해함.

여기서 가장 중요한 건 '다른 사람'이란 말이죠. 그렇다면 일본의 사정은 어떨까요? 제가 찾아본 11개의 사전 중에 코지엔과 학연 사전 외에는 전부 '타인'이라는 말이 들어가 있더군요. 그렇다면 일본도 기본적으로는 타인의 행동이나 말 등에 대해 수긍하는 것이란 의미였다고 추측할 수 있겠죠. 그런데 세월이 가면서 일본인들이 '납득'이라는 한자어를 자신의 행동이나 말에 대해서도 쓰게 된 것이겠죠. 하지만 우리는 여전히 타인의 행동이나 말에 대해서 쓰죠. 그러니 일본어 納得가 쓰인 문맥을 잘 파악한 후 본인의 행동이나 말에 쓴 경우라면 그대로 '납득'이라고 번역하면 한국어로서는 어색하니까 주의해야겠죠?

모범 답안

1. 착지합니다 : 着氷しました

앞에서도 나왔지만 한국에선 착지한 뒤에도 이런 식으로 현재형으로 표현이 가능하지만 일본은 아닙니다. 그리고 한국어 '착빙'이라는 말의 뜻은 '공기 중의 냉각된 물방울이 얼음이 되어 물체의 겉면에 달라붙음. 또는 그런 현상'인데, 얼음 위에 착지한다는 뜻으로는 쓰지 않죠.

2. 納得の表情 : 만족한다는 표정

해설에서도 말했듯이 우리는 타인의 행위나 말에 '납득'이라는 단어를 쓰지만 일본은 이렇듯 자신에게도 씁니다. 그러니 이런 경우는 '만족'이라고 번역하는 게 한국어로서는 자연스럽겠죠. 다만 일본어 '납득'과 '만족'은 분명한 뉘앙스 차이가 있다고 합니다. 이 두 한자어의 차이에 대해서 설명하는 사이트에서는 일본어 '만족'이 100%라고 한다면 '납득'은 허용 범위 안, 이해할 수 있는 범위 안이라고 설명하고 있더군요. 하지만 이 예문처럼 쓰인 일본어 '납득'을 그대로 직역하면 한국어로서는 어색하니까 부득이하게 '만족'으로 번역할 수밖에 없지 않을까 합니다.

3. 온그린 : グリーンオン

일본은 우리와 달리 '그린 온'이라고 하는 게 일반적이라고 합니다.

4. 안착 : 無事着地

일본은 안착(安着)이라는 한자어를 안 씁니다.

5. 納得がいかない : 만족 못 하는

6. 난항을 겪은 : 難航した

7. 가까스로 : やっとのことで
가까스로, 간신히 등의 뜻으로 쓰이는 표현인데 몰랐던 분은 외워 두시길.

8. 納得 : 만족
제목은 헷갈리는데(리갈하이?) 법정 드라마에서 나온 대사를 조금 고친 겁니다.

9. 시행착오를 겪은 : 試行錯誤した

10. 納得できる : 만족할 수 있는

11. 納得してないです : 만족하지 않습니다

12. 진취적 기상 : 進取の気性
이 '기상'의 한자는 기후의 의미인 氣象이 아니라 기백, 기개란 뜻인 氣像입니다. 일본 역시 이 경우에 氣像이라고도 표기해 놓은 것도 눈에 띄는데 위처럼 気性이라고 표기하는 게 일반적인 거 같습니다. 또한 일본은 '진취'에 '적'을 붙이지 않고 위와 같이 표현합니다.

13. 임할 때 : 取り組む時

14. 성취감 : 達成感
일본의 한자어 '성취'의 쓰임새는 한국에 비해서 좁은 편이죠. 신사나 절 같은 데서 소원 같은 걸 빌 때 주로 '성취'라는 말을 쓰고, 자기 힘으로 이뤄낸다는 뉘앙스보다는 타인, 타자의 힘(예컨대 신불의 힘)이 작용해서 이뤄진다는 뉘앙스로 쓸 경우가 많기 때문에 '성취감'이란 표현을 쓰지 않는 건지도 모르죠.

15. 맛볼 : 味わえる
일본도 「味わう」라고 해도 틀린 건 아니지만 이와 같이 가능형으로 표현하는 게 일반적입니다. 이 문장을 제시하면서 둘 중에 어느 걸 쓰는 게 일반적이냐고 질문한 결과 역시나 가능형으로 표현하는 게 자연스럽다는 답변을 받았습니다.

16. 納得感 : 만족감
일본은 '납득감'이라는 한자어를 이런 문맥으로도 씁니다. 이걸 그대로 '인생의 납득감'이라고 하면 어색해지죠.

랜덤 예제 모범 답안

1. 자금 세탁 : 資金洗浄

이것과 함께 「マネーロンダリング」도 기억하고 계시죠?

2. 조성한 비자금 : 作った(調達した)裏金

3. 대저택에 금은보화를 쌓아 놓고 : 豪邸に金銀財宝を貯め込んでおいて

대저택을 일본은 이처럼 豪邸(호저)라고 하고 금은보화 역시 '금은재보'라고 합니다.

4. 호화찬란한 : 豪華絢爛な

5. 호의호식 : 贅沢三昧·暖衣飽食

6. 덜미를 잡혀서 사법처리 : 尻尾を掴まれて刑事処罰

덜미를 잡히다는 위와 같이 번역하면 되겠습니다. 그리고 '사법 처리'는 문맥에 따라 위와 같이 '형사처벌'이라고 해 줄 수 있겠죠.

7. 해소시킬 수가 있다 : 霧散させられる

인터넷에서 찾은 예문을 살짝 변형한 건데 일본은 '무산'이라는 한자어를 이런 뉘앙스로도 씁니다. 다만 감수자님은 부자연스러운 거 같다는 의견이었습니다.

8. 성폭행 : 暴行

9. 소환 조사 : 事情聴取

우리는 일상생활에서도 예컨대 '과거를 소환', '추억을 소환' 등으로 말하지만 일본은 '소환'이라는 한자어를 한국만큼 빈번히 쓰지 않습니다. 애니 같은 걸 보면 자기가 다루는 「使い魔(사역마)」나 괴수 같은 걸 마법 같은 걸로 불러낼 때나 쓰는 말이고, 일상생활에서 쓸 일은 없다고 합니다. 다만 법률 용어로서 재판에 증인으로 부르는 걸 '소환'이라고 합니다만 검찰이 조사를 위해 부르는 걸 '소환'이라고 하지는 않습니다.

10. 결박 주술 : 束縛術

애니 <갓슈벨>에 실제 나온 대사를 변형시킨 겁니다.

11. 2시간 남짓 : 2時間ちょい

일본은 수량 뒤에 이렇듯 「ちょい」를 붙여서 표현하는 경우가 많죠.

12. 해치워야 해 : やっつけなくちゃ

한국어 '해치우다'라는 표현을 일본은 이렇게 합니다.

13. 전국체육대회 : 国民体育大会

14. 2주일 앞두고 : 2週間後に控えて

우리의 '앞두고'에 해당하는 「控えて」 앞에 일반 명사가 온다면 「を控えて」의 형태로 말하지만 기간을 나타내는 말이 올 때는 위와 같이 말합니다.

15. 시범경기 : 模範試合

16. 사상 최초로 비디오 판독 : 史上初のビデオ判定

17. 자가 복구 : 自己修復

18. 회복을 마치고 : 再生を終えて

일본은 '재생'을 이런 뜻으로도 씁니다.

19. 천천히 : おもむろに

이걸 한자로 표기하면 「徐に」죠. 즉, 이 단어는 행동, 몸짓 같은 걸 아주 천천히 하는 걸 뜻하는 말이죠. 이건 웬만큼 공부한 사람은 다들 알 거라고 봅니다만 오늘날은 이와 전혀 다른 뜻으로 쓰는 사람들이 갈수록 늘고 있답니다. 큐알코드 참고.

「おもむろに」 - 언어의 변천은 오용의 역사

20. 더없이 맑은 고음을 내자 : 透徹した高音を放つと

놀라신 분 많으시죠? 이 예문은 일본 가수 Wakana 씨 공연에 관해 쓴 컬럼에서 발췌해서 살짝 변형시킨 건데, '투철'이라는 한자어도 한국과는 다른 뜻으로 쓰입니다. 다이지린 사전입니다.

1 澄みきっていること。透きとおっていること。「―した秋の空」
2 筋道が、はっきりと通っていること。「―した理論」

한국어 '투철하다'에는 1번 뜻이 없죠. 그리고 2번 뜻풀이도 어딘지 모르게 한국과 다릅니다. 실제로 쓰인 예문을 봐도 그렇고요. 막판에 욱여넣은 거라서 일단 한국과 쓰임새가 다르다는 것, 특히 1번 뜻풀이로도 쓰인다는 것만 알려드리고 이에 관해서는 조금 더 조사를 거친 뒤에 블로그 등에서 더 자세히 다뤄 보기로 하겠습니다. 그런데 한국과 달리 일본은 왜 1번 뜻으로 쓰는지 힌트를 드리자면 뜻풀이의 「透きとおっている」라는 말. 이건 투명하다, 맑다, 안이 비치다(비쳐 보이다) 등의 뜻으로 쓰이죠. 그런데 이건 보통「透き通る」라고 표기하는데「透き徹る」라고도 표기합니다. 이 한자가 바로 '투철'이죠. 그래서 일본은 1번 뜻으로도 쓰게 된 것이죠. 그리고 투'철'의 뉘앙스를 살리려면 그냥 '맑은'이나 '깨끗한', '청명한'이 아니라 이처럼 '더없이'를 넣어 주는 게 좋을 거 같습니다.

> **日** 한국은 아래 국어사전의 뜻으로 예문들처럼 쓰는 게 다입니다. 그리고「高音を放つ」를 한국어로 번역한다면 '고음을 뿜어 내다', '고음을 발사하다' 정도가 되겠는데 약간 속어적인 어감이라 이 예문과는 어울리지 않는 거 같아서 위와 같이 번역했습니다.

1. 사리에 밝고 정확하다.

   투철한 판단과 분석.

   젊은이는 사회의 부패에 대한 비판 의식이 투철해야 한다.

2. 속속들이 뚜렷하고 철저하다.

   그는 투철한 사명감을 가진 청년이다.

   그 어른께서는 선비로서 규범에 투철한 분이셨다.

   내가 하는 행동이 과연 내 투철한 신념에서 나오는 일인가. 출처 <최인호, 무서운 복수>

21. 한순간에 열광의 도가니로 : 一瞬にして熱狂の渦へ!

'한순간에', '순식간에' 등을 일본은 위와 같이 말하죠. 그리고 일본은 '도가니'라는 말을 비유적으로 쓰지 않으니 이처럼 의역해 줘야겠습니다.

> **読み方**
>
> 着氷(ちゃくひょう)・着地(ちゃくち)・進取(しんしゅ)の気性(きしょう)・豪邸(ごうてい)
> 金銀財宝(きんぎんざいほう)・貯(た)め込んで・束縛(そくばく)・透徹(とうてつ)・放(はな)つ・渦(うず)

한국과 다른 失職(실직)이란 한자어의 쓰임새

日本の国会議員が公職に[1]されて立候補すると自動的に失職する。
일본의 국회의원이 공직에 추대되어 입후보하면 자동적으로 [2   ].

[3   ]した人物の中には[4]での[5]が発覚して[6   ]
회동에 참석한 인물 중에는 총선에서 비리가 발각돼서 의원직을 상실한

〇〇議員の[7]であるXX氏もいたそうである。
〇〇의원의 심복인 XX씨도 있었다고 한다.

[8   ]に[9]の身だから、一応は[10]の勉強をしてるけど[11]
취업 절벽 시기에 실직 중인 몸이라 일단은 보험설계사 공부를 하고 있는데, 자격을 따면

[10]として働いて[12]が良くなったら[13]するつもりなの。
보험설계사로 일하다가 취업 여건이 좋아지면 이직할 생각이야.

[14   ]が多い[15   ]高校の教師が[16]して
등교 거부 학생이 많은 책임을 물어 실직한 고교 교사가 신변을 비관해서

学校の屋上から[17]をした。
학교 옥상에서 투신 자살을 했다.

랜덤 예제

今日は、アメリカ[1]の「死の哲学」について紐解いてみました。
오늘은 미국 원주민의 '죽음의 철학'에 대해 [2   ].

次の放送では、そこから受け継がれてきた今日の[3   ]。
다음 방송에서는 그로부터 이어져 내려온 오늘날의 장례 문화를 밀착 취재합니다.

秋は、普段[4   ]魚が[5   ]シーズンです。
가을은 평소 먼바다에서 돌아다니는 물고기가 해안으로 접근해 오는 시즌입니다.

会社で[6   ]で物議をかもして解雇された後、[7   ]した
회사에서 부하 직원에 대한 갑질로 [8   ] 해고당한 후 삶을 비관한

[9   ]が地下鉄駅の[10   ]をしたというニュースです。
42세의 OO 씨가 지하철역 플랫폼에서 투신 자살을 했다는 소식입니다.

有名な小説家の太宰治とその[11   ]と思われている場所には
유명한 소설가 다자이 오사무와 그 정부가 물에 투신자살했다고 생각되는 장소에는

玉鹿石という[12]が置かれている。
'옥록석'이라는 비석이 놓여 있다.

いくら[13]だったとは言え、
아무리 견원지간이었다곤 해도

[14]の前であんなに[15   ]ほんとに[16   ]。
영정 앞에서 저렇게 온갖 악다구니를 퍼붓다니 정말 인간도 아니네.

野球場で[17]して[18]したり、選手に[19]、
야구장에서 만취해서 고성방가에다 선수에게 야유를 날리고,

他の[20   ]酔っ払いが結局[21   ]。
다른 관중들에게 마구 시비를 걸던 주정꾼이 결국 퇴장당했다.

[22   ]に[23   ]、[24   ]には[25]をご遠慮ください。
저희 놀이공원을 찾아 주신 여러분, 출입 통제 구역에는 출입을 삼가 주십시오.

[26]事件の被疑者として[27]Aの[28]が、
모녀 살인 사건 피의자로 재판에 넘겨진 A의 변호인단이

[29]を主張したが、検察側は[30]の死刑を求刑した。
심신 미약을 주장했지만 검찰 측은 법정 최고형인 사형을 구형했다.

> **해설**

이 '실직'이라는 한자어 역시 쓰임새가 한국과는 미묘하게 다른 경우가 있습니다. 대표적인 걸 소개하자면, 우리나라는 국회의원의 비리 등이 발각돼서 일정 기준 이상의 실형을 받을 경우 '의원직을 상실한다'고 표현하는데 이 경우에 일본은 '실직'이라는 용어를 씁니다. 우리도 예를 들어 싫어하던 국회의원이 의원직을 상실하면 "저 인간 이제 실직자네"라는 식으로는 말해도 '실직'이란 말 자체가 정식 법률 용어는 아니잖아요? 그러므로 한국과는 다른 뜻으로 쓰인 경우인지를 면밀히 살펴보고 적절히 번역해 줘야 하겠죠.

> **모범 답안**

1. 추대 : 推挙

복습이죠. 일본은 추대(推戴)라는 한자어를 쓰지 않고 '추거'라고 합니다.

2. 失職する : 의원직을 상실한다

일본의 위키피디아 사이트에 다음과 같은 설명이 있습니다.

公職への立候補による失職
公職選挙法第89条·第90条の規定により、首長及び議員が公職の候補者となった（立候補した）ときは失職する（当選を失う）。

우리는 '실직'을 이런 식의 정식 용어로 쓰지는 않죠.

3. 회동에 참석 : 会合に出席

일본은 '회동'이라는 한자어는 안 쓴다는 거, 그리고 '참석'이라는 한자어도 안 쓴다는 거 복습하고 넘어갑니다.

4. 총선 : 総選挙

5. 비리 : 不正

6. 의원직을 상실한 : 失職した

이걸 그대로 「議員職を喪失」라고 해 놓은 게 수두룩한데 일본어로서는 어색한 표현입니다. 이 글을 쓰고 있는 현재 조건을 제한해서 검색하니까 달랑 4건이 뜹니다.

7. 심복 : 腹心

일본은 '심복'이라는 한자어가 사전에 있지만 거의 쓰지 않는다고 합니다. 물어본 일본인들 대답도 마찬가지였습니다. 그러니 이건 이처럼 '복심'이라고 해 줘야겠죠.

> 日 한국은 정치 관련 뉴스 같은 데서나 '복심'이라는 말을 가끔씩 접하지만 일반인들에게는 '심복'이라는 말이 더 익숙합니다.

8. 취업 절벽 시기 : 就職氷河期

9. 실직 중 : 失業中
일본도 '실직'이라는 한자어를 한국과 같은 뜻으로도 쓰는데, 이 경우에는 개인적으로 위와 같이 말하는 걸 많이 보고 들었습니다. 일본인에게 확인한 결과 역시 失業中이라고 하는 게 자연스럽다는 답변이었습니다.

> **日** 반대로 한국에선 '실업자'라는 표현은 쓰지만 "나 실업했어", "지금 실업 중입니다"라는 식으로 말하기보다는 '실직'이라고 하는 게 일반적입니다.

10. 보험설계사 : 保険外交員

11. 자격을 따면 : 資格が取れたら
이런 경우도 일본은 이렇게 가능형으로 표현하는 게 일반적입니다.

12. 취업 여건 : 就職環境
이 '여건'이라는 한자어도 일본에선 한국과는 다른 뜻으로 쓰입니다. 못 집어넣을 뻔했는데 3권 마지막 부분에 억지로 욱여넣었으니 그때 살펴보도록 하죠.

13. 이직 : 転職
일본은 이직(移職)이라는 한자어를 안 쓰고 이처럼 '전직'이라고 합니다.

14. 등교 거부 학생 : 不登校の生徒
일본도 登校拒否라는 표현도 쓰지만 이처럼 不登校 라고 하는 게 일반적입니다. 일본도 옛날에는 '등교 거부'라는 표현을 썼지만 1990년대 후반 무렵부터 '부등교'라는 말을 쓰기 시작해서 이게 널리 퍼졌다고 합니다. 그리고 일본 문부과학성이 '부등교 아동 학생'의 정의를 아래와 같이 내렸다고 합니다.

「不登校児童生徒」とは「何らかの心理的、情緒的、心身的あるいは社会的要因・背景により、登校しないあるいはしたくともできない状況にあるために年間30日以上欠席した者のうち、病気や経済的な理由による者を除いたもの」

마지막에 '질병이나 경제적인 이유로 인한 사람을 제외한 것'이라는 말이 내포하고 있는 의미는 주로 소위 '이지메'를 당해서 학교 가기를 거부하는 학생이라는 것이겠죠. 아무튼 그럼으로써 이 '부등교'라는 개념과 '등교 거부'라는 개념은 조금 다른 것이라고 인식하는 일본인들이 많은 모양인데, 후생노동성은 둘은 같은 개념이라고 보고 있다고 하네요.

15. 책임을 물어 실직한 : 責任を問われて失職した
일본은 이처럼 피동형으로 처리해야 자연스럽죠. 왜냐하면 일본은 '주체'의 입장에서 바라보고 표현하는 게 자연스럽기 때문입니다. 이 경우 실직한 주체가 당사자인데, 이 당사자 입장에서 볼 때 본인이 '책임을 물은 것'이 아니라 본인은 '책임을 물음을 당한 것'이기 때문이죠. 또한 학교 교사의 경우는 공무원이니까 '실업'이 아니라 '실직'이라고 해야 맞는 거죠.

16. 신변을 비관 : 身の上を悲観

1권에서 신병을 비관하는 경우는 「病を苦にする」라고 하는 게 자연스럽다고 했죠. 하지만 이 경우는 悲観이라는 한자어를 씁니다. 그리고 일본은 身辺이라는 한자어를 이런 문맥에서는 쓰지 않고 「身の上」라고 합니다. 悲観의 쓰임새를 설명하는 사이트에 예문으로도 나와 있습니다. 다만 감수자님은 「人生を悲観」이라고 하는 게 보다 일반적이라고 하셨으니 참고하시길.

17. 투신자살 : 飛び降り自殺

앞서 설명했듯이 위에서 뛰어내려 죽는 거니 이렇게 번역해야겠죠.

랜덤 예제 모범 답안

1. 원주민 : 先住民

2. 紐解いてみました : 자세히 들여다봤습니다, 살펴봤습니다

이 「紐解く」는 「ひもとく」라고 읽는데 이 말은 옛날에 책의 손상을 방지하기 위해 싸 두었던 책갑(帙)의 끈(紐)을 푼다는 말인데 이게 '책을 읽는다'는 뜻으로 변했고, 또 쓰임새가 더욱 확장돼서 어떤 사실에 대해 자세히 알아본다, 들여다본다, 파헤쳐 본다 등의 뉘앙스로 자주 쓰이고 있는 표현이죠. 한국어로 직역할 방법이 없으니 문맥에 맞게 이런 식으로 의역해 줘야 되겠죠.

3. 장례문화를 밀착 취재합니다 : 葬儀文化に密着します

일본은 '장례'가 아니라 '장의'라고 합니다. 또한 굳이 '취재'라는 말을 붙이지 않고 위와 같은 식으로 표현하는 걸 자주 접하죠.

> 日 한국에선 이런 문맥에서 '밀착합니다'라는 식으로 표현하진 않습니다.

4. 먼바다에서 돌아다니는 : 沖を回遊している

제가 낚시 방송을 번역하면서 처음으로 이 '회유'라는 한자어를 접했는데 혹시나 국어사전에 있나 싶어서 찾아보니 있더군요. 그러니 그대로 '회유'라고 번역해도 틀린 건 아니고, 또 검색해 보니 낚시하는 사람들이 실제로 쓰고 있는 예가 '많지는 않지만' 검색되긴 했습니다. 하지만 저처럼 몰랐던 분이 훨씬 많겠죠?

> 日 따라서 일본어 '회유'는 위와 같이 번역해 줘야 의사소통이 원활할 겁니다.

5. 해안으로 접근해 오는 : 接岸してくる

이 역시 낚시 방송을 번역하다가 처음 안 건데 일본은 '접안'이라는 말을 물고기, 조류, 태풍 등이 해'안'으로 '접'근하는 것이라는 뜻으로도 씁니다. 하지만 일본도 원래는 한국과 같은 뜻으로만 썼었는지 거의 모든 사전에 '해안으로 접근한다'는 뜻풀이는 없고, 오직 학연과 신명해 사전에만 2번 뜻풀이로 올려 놨더군요. 아래는 신명해 사전의 뜻풀이입니다.

(一) 舟が、岸や陸地に△近づく（横づけになる）こと。
(二) 台風や潮流などが、海の方から海岸に近づくこと。

> 日 　한국은 '접안'의 원래의 뜻인 안벽이나 육지에 배를 대는 것이라는 뜻으로만 쓰입니다. 따라서 이렇게 쓰인 일본어 '접안'은 위와 같이 풀어서 번역하시기를 권합니다.

6. 부하 직원에 대한 갑질 : 部下へのパワハラ

일본은 회사의 부하 직원도 이처럼 '부하'라고만 하죠. 그리고 '갑질'은 복습이고요.

> 日 　한국의 경우 '부하'라는 말을 회사의 후배 직원에게 쓰면 실례가 됩니다.

7. 삶을 비관 : 人生を悲観

일본도 이 경우 역시 悲観을 써서 표현합니다.

8. 物議をかもして : 논란을 일으켜서

9. 42세의 OO 씨가 : OO氏42歳が

일본 뉴스나 신문을 보면 한국과 달리 둘의 위치를 바꿔서 표현하죠.

10. 플랫폼에서 투신자살 : ホームから飛び込み自殺

일본은 「プラットホーム」를 줄여서 이처럼 그냥 「ホーム」라고 하는 게 일반적이죠. 또한 지하철 같은 데서 '뛰어 들어' 자살하는 걸 일본은 이렇게 구분해서 말한다는 점.

> 日 　한국에서는 '플랫폼'을 줄여서 '폼'이나 '홈'이라고 하면 무슨 말인지 못 알아듣습니다.

11. 정부가 물에 투신자살했다 : 愛人が入水自殺をした

물에 투신해서, 또는 물에 들어가서 죽는 걸 일본은 이처럼 '입수 자살'이라고 합니다. 읽기에 주의하시고요. 다만, 일각에서는 入水 자체에 자살한다는 뜻이 포함돼 있으므로 여기서 '자살'은 빼는 게 자연스럽고, '자살'을 쓰려면 「にゅうすい」라고 읽어야 한다고 주장하는 사람도 있는 모양이니 참고하시기 바랍니다.

12. 비석 : 石碑

> 日 　한국도 '석비'라는 한자어가 있고, 쓰는 경우도 드물지만 있긴 한데, 비석이라고 하는 게 일반적입니다.

13. 견원지간 : 犬猿の仲
일본은 '견원지간'이라는 사자성어가 아니라 위와 같이 표현합니다.

14. 영정 : 遺影

15. 온갖 악다구니를 퍼붓다니 : 罵詈雑言を浴びせるなんて

16. 인간도 아니네 : 人でなしだな
인간도 아닌 인간, 인간 같잖은 인간을 일본은 위와 같이 표현하죠.

17. 만취 : 酩酊·泥酔
제 책을 읽으신 분은 이쯤 되면 다들 머리에 꽝 박혔겠죠?

18. 고성방가 : 放歌高吟

19. 야유를 날리고 : 野次を飛ばしたり
이 야유(揶揄)라는 한자어의 뜻도 서로 다릅니다. 일본 한자어 揶揄는 비꼬는 것, 빈정대는 것, 비아냥대는 것을 뜻하는 말입니다. 한국어 '야유', 예컨대 스포츠 경기장 등에서 선수들에 야유를 보내는 것, 부잉을 하는 건 일본은 이처럼 「ヤジを飛ばす」라고 합니다. 그리고 「やじ」는 반드시 '현장'에서 '큰소리'로 놀리며 (한국어)야유하는 걸 의미합니다. 그리고 히라가나나 카타카나로 쓰는 게 일반적입니다.

> **日** 한국도 국어사전의 기본적인 뜻은 '남을 빈정거려 놀리다'니까 일본어 '야유'를 그대로 '야유'라고 해도 틀린 건 아닙니다. 다만 요즘 사람들은 스포츠 관중 등이 선수 등에게 부잉하는 걸 뜻하는 말로 알고, 그렇게 쓰는 사람이 많고, 빈정거리거나 놀린다는 뜻으로 쓰는 사람은 별로 없을 거라고 생각합니다.

20. 관중들에게 마구 시비를 걸던 : 観客に絡みまくっていた
우리는 스포츠 등을 관람하러 온 사람들을 '관중'이라고 하는 게 일반적인데 일본은 '관객'이라고 하는 게 일반적이라고 했었죠. 이 '관중'과 '관객'도 뒤에서 따로 다루겠습니다.

21. 퇴장당했다 : 排除された
일본도 이 경우에 退場를 쓰지만 1권 복습 차원에서 이걸 모범 답안으로 제시한 겁니다.

22. 저희 놀이공원 : 当遊園地

23. 찾아 주신 여러분 : ご来場の皆様

> 日　한국에서도 옛날에는 '내장해 주신' 등의 표현을 했지만 지금은 거의 안 쓰게 됐습니다. 나이가 많은 층에서는 이렇게 말해도 알아듣겠지만 젊은 층에서는 모르는 사람도 꽤 될 거라고 봅니다. 다만 골프장의 경우는 아직도 쓰고 있는 모양입니다. '내장하다'를 국어사전에서 찾아보면 '【…에】 골프를 치기 위해 골프장에 오다'라고 나와 있으니까요. 한국은 옛날에는 골프 인구가 얼마 안 됐지만, 아마도 골프 인구가 늘어난 이후 추가로 실린 게 아닌가 합니다.

24. 출입 통제 구역 : 立入制限区域

앞에서도 언급했지만 이때도 일본은 '통제'라는 한자어를 쓰지 않습니다. 그리고 이 경우는 制限이라고 하지만 '교통 통제'의 경우는 規制라고 한다는 점.

25. 출입 : 立ち入り

26. 모녀 살인 : 母娘殺害

한국은 부자, 부녀, 모자, 모녀를 구분하지만 일본은 전부「親子」라고 하죠. 그런데 신문 등에서 정확히 알리기 위해 위와 같이 표기합니다. 부녀는 父娘, 모자는 母子, 부자는 父子라고 표기하죠. 그리고 앞서 말했듯이 일본은 이 경우 '살해'라고 해야 자연스럽습니다.

27. 재판에 넘겨진 : 裁判にかけられた

28. 변호인단 : 弁護団

29. 심신 미약 : 心神耗弱

일본은 '심신모약'이라고 합니다. 그리고 읽는 법에 유의해야겠죠. 또한 심신의 '신'은 身이 아니라 神입니다.

30. 법정 최고형 : 法定最高刑

이 '법정'을 재판정을 뜻하는 法廷이라고 알고 있는 사람들이 꽤 있고, 또 번역도 法廷이라고 해 놓은 게 많은데 이건 法定, 그러니까 '법이 정한'이라는 뜻입니다.

読み方

腹心(ふくしん)・紐解(ひもと)いて・沖(おき)・回遊(かいゆう)・接岸(せつがん)・石碑(せきひ)
入水(じゅすい)自殺・犬猿(けんえん)・野次(やじ)・母娘(おやこ)殺害・心神耗弱(こうじゃく)

일본어 踏襲를 '답습'하면 안 돼요

社長に就任した彼は[1]の会社の方針を踏襲せず、新しい[2]。
사장에 취임한 그는 기존 회사 방침을 [3   ] 새로운 시도를 했다.

デザインは、このまま踏襲させてもらって
디자인은 이대로 [4   ],

ディスプレイの方に[5   ]ことにしましょう。
디스플레이 쪽에 주안점을 두기로 하죠.

伝統を継承することと[6]根本的に違う。
전통을 계승하는 것과 답습하는 건 근본적으로 다르다.

過去をそのまま[7   ]発展はない。
과거를 그대로 이어받기만 해서는 발전은 없다.

現代風に[8   ]、味わいを踏襲したボンカレー50が、
현대풍으로 개량은 가했지만 [9   ] 폰카레 50이

50周年記念に[10]されることには大きな意味があると言える。
50주년 기념으로 출시된다는 것에는 커다란 의미가 있다고 할 수 있다. 〈도요 경제 기사 중〉

[11]をただ踏襲するのではなく[12]柔軟に対応するべきである。
기존의 방식을 [13   ] 상황에 따라 유연하게 대응해야만 한다.

랜덤 예제

とても[1]、[2]ストーリー展開が[3   ]
엄청 흥미진진하고 박진감 넘치고 스토리 전개가 너무 빨라서

スクリーンから[4   ]だったので[5   ]。
스크린에서 눈을 뗄 수 없게 만드는 영화라서 완전 몰입돼서 봤어요.

ワクチン接種後の[　6　]が多いという[7]を聞いて
백신 접종 후의 이상 반응과 유해 증상이 많다는 소식을 듣고

接種自体に[　8　]人が[　9　]増えている。
접종 자체에 거부감을 느끼는 사람이 기하급수적으로 늘어나고 있다.

A：[　10　]です。　　　B：はやく[　11　]。
A：납치범 전화입니다.　　　B：얼른 위치 추적해.

[　12　]疑惑が[　13　]〇〇〇議員を[　14　]が、
폭력 조직과 교류 의혹이 불거진 〇〇〇의원을 탈당시키는 것이

現時点で我が党からの[　15　]を防ぐためには[16]です。
현 시점에서 우리 당에 대한 민심 이반을 막기 위한 급선무입니다.

[17]になると[　18　]を[　19　]
선거철이 되면 온갖 마타도어와 유언비어를 퍼뜨려서

[　20　]彼らの[　21　]じゃないですか。
국론 분열을 꾀하는 건 그것들 상투적 수법이잖습니까.

[　22　]を働いておいて[　23　]。あんな[　24　]に
천인공노할 악행을 저지르고도 적반하장으로 나오는 거 봐. 저런 쓰레기 놈한테

[　25　]無理だ。[　26　]。
개과천선 같은 거 무리야. 본때를 보여 줘야 해.

この[27]な[28]を検挙するために[　29　]
이 잔인무도한 강력범을 검거하기 위해 긴급 수배령을 내리고,

全国の[　30　]が総動員された。
전국의 쟁쟁한 강력계 형사가 총동원됐다.

> **해설**

한국에선 '답습'이라는 한자어를 부정적 뉘앙스로 쓰죠. 표준국어대사전의 뜻풀이 '예로부터 해 오던 방식이나 수법을 좇아 그대로 행하다'는 말 자체에는 부정적 느낌은 없지만 예문들을 보면 다음과 같이 부정적 뉘앙스로 쓰여 있습니다.

이전의 잘못된 방식을 그대로 답습하다.
과거를 답습하는 한 발전은 없다.
전통의 계승과 답습을 혼동해서는 안 된다.

그리고 실제로도 검색을 해 보면 거의 부정적 뉘앙스로 쓰인 것들입니다. 또한 한국은 '답습'이라는 한자어 사용 빈도가 일본에 비해 낮습니다. 그런데 일본어 '답습'은 긍정적으로도, 중립적으로도, 부정적으로도 쓰입니다. 또한 일상의 대화에서도 흔히 씁니다. 그러니 다양한 문맥에서 쓰인 일본어 '답습'이 어떤 뉘앙스로 쓰였는지에 따라 다양하게 의역해 줘야겠죠. 모범 답안 보면서 제 나름의 번역을 소개하도록 하겠는데 더 나은 번역이 떠오르시면 가르쳐 주시면 고맙겠습니다.

> **모범 답안**

1. 기존 : 従来の・既存の

번역을 오래 해 온 분은 느끼셨을 텐데, 우리는 '기존'이라고 할 장면에서 일본은 '종래'라고 하는 경우가 아주 많죠. 우리는 '종래'의 사용 빈도보다 '기존'의 사용 빈도가 훨씬 높은 데 반해 일본은 그 반대인 것 같습니다. 한 일본인은 '종래'는 일상생활 속에서도 자주 사용하지만 '기존'은 별로 쓰지 않고 회사 같은 데서 쓰는 느낌이라고 했으니 참고하시길.

2. 시도를 했다 : 試みに出た

일본도 「試みをする」라고도 하지만 이렇게도 말한다는 걸 몰랐던 분은 이참에 외워 두시길.

> **日** 한국에선 '시도로 나왔다'라는 표현은 별로 하지 않습니다. 의미는 통할지 몰라도 매끄럽지 않은 한국어 표현입니다.

3. 踏襲せず : 그대로 따르지 않고

이 경우는 부정적 뉘앙스로 썼다고 판단되면 그대로 '답습'이라고 해도 되겠지만 아니라면 저는 위와 같이 번역하겠습니다.

4. 踏襲させてもらって : 받아 쓰기로 하고

이건 실제 드라마에 나온 대사를 살짝 변형시켜 만든 예문인데, 우리는 이런 경우 '답습'이라는 표현을 하지 않죠.

5. 주안점을 두기 : 主眼を置く

6. 답습하는 건 : 模倣することは・だだ踏襲ばかりすることは

일본인에게 이 예문을 '모방'이 아니라 그대로 「踏襲」라고 해서 보여 주면서 자연스러우냐고 물었더니 違和感이 있다더군요. 그 이유는 계승과 답습은 거의 같은 뜻이기 때문이라는 거죠. 하지만 우린 국어사전의 예문에도 비슷한 취지의 예문이 있듯이 계승과 답습은 엄연히 다르게 느낀다는 점이 양국의 차이점이죠. 따라서 저는 일본인에게 이 예문 속의 한국어 '답습'의 뉘앙스를 전달하기 위해서는 이렇게 해 주는 게 낫다고 봅니다. 아니면 '전통을 더 좋은 방향으로 계승하는 것과 그냥 그대로 답습하는 건 근본적으로 다르다'라는 식으로 보충을 해 주거나 말이죠.

7. 이어받기만 해서는 : 受け継いでばかりでは

8. 개량은 가했지만 : アレンジを加えてはいるものの

요즘 한국 젊은이들은 일본에서 쓰는 의미 그대로 '어레인지'라는 표현을 하는지 모르겠지만, 번역의 경우는 국어사전에 오를 정도로 두루, 널리 퍼져 있지 않은 한 외래어를 쓰는 건 삼가야 합니다.

9. 味わいを踏襲した : 맛은 그대로 유지시킨

한국인 중에 '맛을 답습했다'라는 식으로 말하는 사람 없겠죠?

10. 출시 : 発売

11. 기존의 방식 : 従来(既存)のやり方

12. 상황에 따라 : 状況に応じて

한국어 '~에 따라(서)'는 「~によって」라고 번역되는 경우가 많은데 이 문맥에서는 위와 같이 말하는 게 더 적절한 거 같습니다. '상황에 맞추어서'라는 뉘앙스니까요. 물론 「よって」라고 한다고 틀렸다는 말은 아닙니다.

13. ただ踏襲するのではなく : 그저 답습하는 게 아니라

> 日   이런 문맥에서는 한국어로도 그대로 '답습'이라고 해도 자연스럽겠죠.

랜덤 예제 모범 답안

1. 흥미진진하고 : 興味深くて

이 '흥미진진'이라는 사자성어도 한국과 쓰임새가 다릅니다. 지면 절약을 위해서 이것도 큐알코드로 들어가서 보시고, 간략히 말하자면 일본어 興味津々은 새로운 또는 아직 잘 모르는 대상에 대해서 흥미, 관심, 호기심이 샘솟는다는 뜻으로 쓰입니다. 한국 국어사전의 뜻풀이는 '넘쳐 흐를 정도로 흥미가 매우 많다'인데 이것만 봐서는 얼추 비슷한 뜻인 것 같죠? 그런데 결정적인 차이는 일본어 興味津々은 사람에 관해서 쓰지 이처럼 영화 내용이 '흥미진진하다'는 식으로 쓰이지는 않는다는 겁니다. 예를 들어 영화를 보기 전에 그 영화에 대해서 무척 호기심이 생겨서「興味津々だ」라고는 말하지만 영화를 본 뒤에 그 내용이 '흥미진진했다'고 하지는 않는다는 것이죠.

아무도(?) 몰랐을 코패니즈 한자어 공개

2. 박진감 넘치고 : 迫力にあふれて

3. 너무 빨라서 : 非常に速かったから

이 경우의 '너무'는 부정적 뉘앙스가 아니므로「速すぎて」가 아니라 위와 같이 번역해야겠죠.

4. 눈을 뗄 수 없게 만드는 영화 : 目が離せない映画

한국인이라면 보통 이걸「目が離せなくさせる」라고 번역하기 십상이죠. 그런데 이게 자연스러운지를 일본인들에게 물어봤더니 뭘 말하려는지는 알겠지만 어딘지 부자연스럽다고 하더군요. 감수자님 역시「まわりくどい表現」이라서 보통은 그렇게 말하지 않는다는 답변이었습니다. 따라서 위와 같이 번역하는 게 자연스럽습니다.

5. 완전 몰입돼서 봤어요 : 完全に没頭して観ました

일본도 '몰입'이라는 한자어를 쓰지만 문어적이고 일상생활에서 쓸 일은 별로 없다는 말을 들었었습니다. 그 당시에 검색해 봤을 때는 검색되는 게 그리 많지는 않았는데 이번에 새로 검색해 보니 일본도 예전에 비해서 꽤 많은 사용례가 검색이 되더군요(아마도 한국어를 학습하는 사람들의 영향?). 하지만 모 사이트에서 이 '몰입'이라는 단어를 흔히 쓰냐고 질문한 외국인에게 답변을 한 일본인은 흔히 쓰는 단어는 아니고 그런 뜻으로 쓸 때는 '몰두'라고 하는 게 일반적이라고 했고, 저 역시 질문을 올렸는데 마찬가지 답변이었습니다. 또한 감수자님에게 이 둘을 제시하고 어떤 걸 쓰는 게 자연스럽냐니까 역시 '몰두'를 골라 주셨습니다. 다만, 没入感의 형태로는 자주 쓴다고 합니다. 그리고 일본은 '몰입'이라는 한자어를 한국과 다른 뜻으로도 씁니다. 바로 물 같은 데 잠겨 들어간다는 뜻으로도 쓰는데 사전의 예문도「水中に没入する」라고 나와 있습니다.

6. 이상 반응과 유해 증상 : 副反応과 有害事象

코로나 사태로 인해 이 '부반응'이라는 용어를 처음 접했는데 국어사전을 찾아보니 있더군요. 화학 쪽 전문 용어로서 '여러 가지 반응이 함께 일어날 때에 주된 반응 외의 다른 반응'이라고 하네요. 부작용의 副와 같은 한자죠. 하지만 이 책을 읽으시는 분들 중에 (전문가 외에) 이 용어를 아는 사람은 일본 뉴스를 자주 보는 사람이 아닌 이상 거의 제로에 가깝지 않을까요? 아무튼, 우리나라 뉴스를 검색해 보면 이 경우 '이상 반응'이라고 표현하죠. 또한 우리는 유해 '증상'이라고 하는데 일본은 이처럼 '사상'이라는 한자어를 쓰더군요. 근데 이 '유해 사상'이라는 말은 단순히 백신 접종으로 인한 유해 증상뿐 아니라 백신과 관련 없이 생긴 사고 등도 포함하는 개념입니다. 엄밀히 말하면 유해 사례(케이스)라고 해야겠지만 이 문맥에서 우리는 유해 증상이라고 하죠. 사상(事象)은 국어사전에 '관찰할 수 있는 사물과 현상'이라고 나와 있는데, 한자 병기를 하지 않은 지 오래인 오늘날엔 거의 사장된 단어죠. '유해 사상'이란 말을 실제로 듣는다면 '사람들에게 해로운 사상(思想)'이란 말인가 싶겠죠? 일본어 事象도 참 미묘하게 한국과 다르게 쓰이는 한자어인데 어떤 사이트에서 이 말의 뜻을 아래와 같이 설명하고 있으니 참고하시기 바랍니다.

事象＝具体的な案件、ケースcase、事柄

> 日　따라서 거꾸로 일본어 副反応와 有害事象를 한국어로 번역할 때는 위와 같이 하시기를 권합니다.

7. 소식 : ニュース

8. 거부감을 느끼는 : 抵抗を感じる

일본은 '저항'이라는 한자어를 '거부감'과 비슷한 뉘앙스로도 씁니다. 예를 들어 '난 장어엔(장어 먹는 덴) 거부감이 있어'라고 할 때 「抵抗がある」라는 식으로 말하죠.

> 日　이런 문맥에서 쓰인 일본어 '저항'을 그대로 직역하면 부자연스러운 한국어가 되니까 이처럼 '거부감'이라고 번역하시기를 권합니다.

9. 기하급수적으로 : 指数関数的に·幾何級数的に

일본도 '기하급수적'이란 말을 쓰긴 하는데 이처럼 '지수함수적'이라고 표현하는 경우가 더 많습니다. 검색을 해 봐도 전자는 2만5천이 좀 넘는데 후자는 53만 건 넘게 나옵니다. 그리고 函(함)은 상용한자가 아니어서 이처럼 関 자를 쓰죠. 참고로 왜 '지수함수'란 표현을 쓰는지 모르겠는 분들은 지수함수 그래프를 한번 찾아보세요. 그럼 이해가 되실 겁니다.

10. 납치범 전화 : 誘拐犯からの電話

11. 위치 추적해 : 逆探知しろ

일본은 '위치 추적'이라고 하지 않고 이처럼 '역탐지'란 표현을 씁니다.

12. 폭력 조직과 교류 : 暴力団との交際

일본에서도 이 경우 '교류'라고도 하지만 이렇듯 '교제'라는 표현을 씁니다.

> **日** 한국도 옛날에는 일본과 비슷한 뜻으로 '교제'를 썼었는데 요즘은 남녀가 사귄다는 의미로 쓰이는 게 일반적이기 때문에 이 경우 '교제'라고 하면 폭력배와 사귀나? 싶은 생각이 들 겁니다. 그러니 '교류'라고 번역하시기를 권합니다.

13. 불거진 : 浮き彫りになった

「浮き彫り」는 조각에서 돋을새김을 말하죠. 그러니까 도드라지는 것, 부각되는 것 등의 뜻이죠. 그러니 이 문맥에서 '불거지다'라는 표현은 이렇게 해 주면 되겠죠.

14. 탈당시키는 것 : 離党させるの

복습이죠. 그리고 출당(黜黨)은 일본에서 안 쓰는 거니 일본어로 번역할 때는 제적이나 제명이라고 한다는 것도 기억나시죠?

15. 민심 이반 : 民心の離反・民心離れ

이 경우는 그대로 離反이라고 번역해 줄 수 있겠는데, 이 '이반'이라는 한자어도 양국의 쓰임새나 사용 빈도가 다릅니다. 일본은 한국에 비해 사용 빈도와 쓰임새의 폭이 훨씬 넓은데 바로 다음 표제어에서 자세히 살펴보기로 합시다.

16. 급선무 : 急務

17. 선거철 : 選挙シーズン

일본은 선거'철'이라는 표현을 하지 않으니 이처럼 '시즌'이라고 번역해 줘야겠죠.

18. 온갖 마타도어와 유언비어 : あらゆるデマやガセネタ

마타도어는 소를 유인해서 찔러 죽이는 투우사를 뜻하는 스페인어 Matador의 영어식 발음이죠. 이게 나중에는 흑색선전을 뜻하는 말로 바뀌었고요. 하지만 일본은 흑색선전의 의미로 쓰지 않습니다. 그리고 앞서도 언급했듯 일본어 「デマ」는 선동을 의미하는 「デマゴギー」를 줄인 말로서, 특히 정치적 의도를 갖고 퍼뜨리는 허위 정보, 가짜 뉴스를 뜻하는 말로 쓰입니다. 「ガセネタ」는 가짜를 뜻하는 「がせ」와 種(たね)를 도치시킨 「ねた」를 합쳐서 만든 조어입니다. 그리고 그대로 '유언비어'라고 해도 되지만 흔히 쓰는 표현은 아닌 모양이니 위와 같이 해 주는 게 의사소통이 원활하겠죠.

19. 퍼뜨려서 : 広めて

복습 차원에서 언급하자면 우리는 이 경우에 '확산'이라는 한자어도 사용하지만 일본은 그렇지 않다는 사실.

20. 국론 분열을 꾀하는 건 : 国論分断(分裂)を目論むのは

일본은 이 경우에 '분열'도 쓰지만 이처럼 '분단'이라고도 합니다. 그리고 우리는 'EU 분열'이라고 하지만 일본은 「EU分断」이라는 표현을 씁니다. 또한 국론을 '양분'시킨다고 할 때도 일본은 「二分」이라고 한다는 점.

> 日 이 경우 한국어로 '분단'이라고 하면 뭘 말하려는지 아는 들을 테지만 한국은 '분열'을 쓰는 게 일반적입니다. 한국은 '분단'이라는 한자어의 쓰임새 폭이 일본에 비해 좁은 편입니다. '남북으로 분단된 조국' 같은 경우에 쓸 정도죠.

21. 상투적 수법 : 常套手口

일본은 이때도 '적'을 안 붙인다는 거 1권에서 다뤘죠. 그리고 일본어 手法에는 부정적 뉘앙스가 없다는 점도요.

22. 천인공노할 악행 : 天罰が下るような悪事

일본은 '천인공노'라는 말을 안 쓰니까 이 정도로 의역하는 방법밖에 없겠는데, 더 적절한 역어가 떠오른 분은 가르쳐 주시면 감사하겠습니다. 그리고 일본도 悪行라는 단어를 쓰지만 사용 빈도는 비교적 낮고, 이렇듯 '악사'라고 하는 걸 자주 보고 듣습니다.

> 日 한국에도 '악사'가 사전에 있지만 사장된 단어라고 보시면 됩니다.

23. 적반하장으로 나오는 거 봐 : 開き直るのを見ろ

드디어 나왔네요. 이 적반하장을 사전에서 찾아보면 '도둑이 도리어 매를 든다는 뜻으로, 잘못한 사람이 아무 잘못도 없는 사람을 나무람을 이르는 말'이라고 돼 있습니다. 사자성어 한자 자체의 뜻은 '도둑/도적'이 맞지만 여기에 방점이 찍힌 건 아니죠. 뒷부분의 뜻풀이(비유)에 방점이 찍힌 거죠. 그리고 사자성어인 만큼 어느 정도 고상한 표현인데 한국의 '적반하장'을 「盗人猛々しい」라고 번역했다가 시끄러웠던 적이 있죠. 한국어 '적반하장'이란 말은 사자성어로서 꽤 품격 있는 표현인데 그걸 모르고 일어사전의 뜻풀이대로 번역함으로써 생긴 해프닝인 것이죠. 이 사건으로도 알 수 있듯이 사전의 뜻풀이는 그 단어나 표현이 내포하고 있는 뜻을 정확하게 전달하지 못하는 예가 많습니다.

24. 쓰레기 놈 : ゲス野郎

한자 표기는 「下衆」이고 사전의 뜻은 신분이 천한 사람, 비열한 사람인데 우리로 치면 '쓰레기 같은 놈'이라는 뉘앙스로 주로 씁니다. 그리고 「ゴミ野郎」도 비슷한 뜻으로 쓰이니까 몰랐던 분은 외워 두시기 바랍니다.

25. 개과천선 같은 거 : 改心なんて

개과천선은 복습이고, 이런 문맥에서 쓰는 '~같은 거'는 위와 같이 말하면 됩니다.

26. 본때를 보여 줘야 해 : 目に物(を)見せてやらないと
본때를 보여 주는 것, 혼쭐을 내 주는 걸 뜻하는데, 암기 방법을 말씀드리자면 혼쭐을 내면 눈이 번쩍 뜨이죠. 눈이 번쩍 뜨이면 物가 잘 보이겠죠. 바꿔 말해 정신이 번쩍 들게끔 해 준다는 뜻이죠.

27. 잔인무도 : 残忍非道

28. 강력범 : 強行犯
일본은 '강력범'이란 표현을 쓰지 않고 이처럼 '강행범'이라고 합니다.

29. 긴급 수배령을 내리고 : 緊急配備を発令し
이 역시 복습 차원에서 다시 내 봤습니다.

30. 쟁쟁한 강력계 형사 : 錚々たる強行犯係の刑事
한국은 강력범, 강력 범죄를 담당하는 부서를 '강력계'라고 하지만 앞서 나왔듯 일본은 범인이나 범죄에 '강력'이라는 표현을 하지 않습니다. 따라서 일본은 이처럼 '강행범계'라고 합니다. 그리고 우리는 '강력한 OO'라고 하지만 일본은 그렇지 않은 경우가 있는데 이건 3권에 나오니까 기대해 주세요. 이런 미묘한 차이 때문에 일본어가 결코 쉽지 않다는 것이죠.

> **読み方**
>
> 柔軟(じゅうなん)・検挙(けんきょ)・踏襲(とうしゅう)・模倣(もほう)・興味津々(きょうみしんしん)
> 没頭(ぼっとう)・事象(じしょう)・指数関数(しすうかんすう)・幾何級数(きかきゅうすう)
> 逆探知(ぎゃくたんち)・浮(う)き彫(ぼ)り・離反(りはん)・民心離(ばな)れ・目論(もくろ)む
> 悪行(あくぎょう)・開(ひら)き直(なお)る・強行犯(きょうこうはん)・強行犯係(がかり)

離反(이반)의 쓰임새 폭도 일본이 더 넓다

環境も思想も音を立てつつ離叛して行っている二人には、以前のようなわけへだて無い友情はとても望めなかったのだ。

환경도 사상도 소리를 내며 [1   ] 두 사람에겐 예전과 같은 동등한 우정은 도저히 바랄 수 없었다.

다자이 오사무〈열차〉

進歩党を離反後に[2   ]元国会議員3人が復党した。

진보당을 [3   ] 의원 자격을 잃은 전 국회의원 3명이 복당했다.

北はオリンピックの後も会談を継続し、それにより韓国を米から離反させることを狙っているかもしれない。

북은 올림픽 후에도 회담을 계속함으로써 한국이 미국한테서 [4   ] 노리고 있는지도 모른다.

〈Wedge 칼럼에서 발췌〉

軍事的威信を失った結果[5]の離反を招き、ソ連が[6]のと

군사적 위신을 잃은 결과 동유럽 국가들이 [7   ] 소련이 붕괴된 것과

同様に、世界史年表にゴシック体で記される事象となるだろう。

마찬가지로, 세계사 연표에 고딕체로 기록될 [8]이 될 것이다.

そりゃ[9]。村長と村民とを離反させるためさ。

그야 뻔하잖아. 촌장과 촌민을 [10   ].

あれだけ[11   ]働き続けると、

저렇게 안하무인격으로 악행을 계속 저지르면

[12   ]時間の問題だ。

인심이 이반되는 건 시간문제다.

랜덤 예제

[1]男は、[2]を持たねばならない。例えどんな[3   ]
모름지기 남자는 성취욕을 가져야 한다. 설령 어떤 고난이 앞길을 가로막더라도

[4   ]真の[5]を味わうことができる。
극복했을 때 비로소 진정한 성취감을 맛볼 수가 있다.

[6   ]達の犯罪を予防するために、
비행을 저지르는 탈선 청소년들의 범죄 예방을 위해

[7]での[8]を強化し、特に[9   ]は
우범지역의 정기적 순찰을 강화하고, 특히 상궤를 벗어난 강력 범죄는

例え未成年者でも[10]方針である。
설령 미성년자라도 엄히 처벌할 방침이다

[11]について[12]つもりだったんですが、
준법정신에 관해 논리정연하게 말할 생각이었는데

[13   ]頓珍漢なことを書いてしまいました。
주제에서 벗어나서 [14   ] 걸 쓰고 말았습니다.

[15   ]ためには、警察署間の緊密な[16   ]。
폭력 조직을 일망타진하기 위해서는 경찰서 간 긴밀한 공조가 필수적이다.

スマホが社会の[17   ]今、[18]を使う[19   ]。
스마트폰이 사회의 대세를 이루는 지금 유선 전화를 쓰는 가구는 감소 추세에 있다.

A議員は「これは野党の有力な[20]である私を[21   ]の
A 의원은 '이것은 야당의 유력한 대선 후보인 저를 제거하려는 목적의

明白な[22]であり[23]だ」とし[24]。
명백한 표적 수사이자 함정 수사'라며 언성을 높였다.

해설

표준국어대사전을 찾아보면 아주 심플하게 '인심이 떠나서 배반함'이라고 나옵니다. '인심'이란 단어를 명기하고 있죠. 그래서인지 한국에선 '이반'이라는 말을 민심, 인심 등 사람과 결부시켜서 쓰는 경우가 대부분이죠. 그리고 일본의 국어사전도 비교적 심플하게 나와 있는데, 그중에서 다이지센 사전을 보시죠.

(従っていたものや属していたものから) 離れそむくこと。「人心が―する」

따랐던 사람과 소속돼 있던 것으로부터 떨어져 나가서 등을 돌리는 것이라는 설명입니다. 그리고 예문을 보면 한국과 비슷하죠? 하지만 실제 현실에서의 쓰임새는 더 다양하고 사용 빈도도 한국에 비해서 훨씬 높습니다. 그래서 실제로 쓰인 사례들을 인터넷에서 수집해서 그대로 옮긴 것도 있고, 살짝 변형을 가한 것도 있습니다. 그럼 살펴보시죠.

모범 답안

1. 離反して行っている : 동떨어져 가고 있는

이걸 '환경도 사상도 소리를 내며 이반해 가고 있는'이라고 직역하면 한국어로서는 어색해지죠. 따라서 이런 문맥에서는 위와 같이 의역해 주는 게 한국어로서는 자연스럽다고 생각합니다.

2. 의원 자격을 잃은 : 失職した

3. 離反後に : 떠난 후에

이 역시 '진보당을 이반한 후에'라고 하면 매끄럽지가 않죠.

> 日 한국에선 '민심이 OO당을 이반'이라고는 해도 당원이 당을 떠난 걸 '이반'이라고 하지는 않습니다. 이렇듯 한국에선 민심, 인심 등과 짝을 이뤄서 쓰는 게 일반적입니다.

4. 離反させることを : 등 돌리게 만드는 걸

이 역시 '한국을 미국으로부터 이반시키는 걸'이라고 하면 어색하죠.

5. 동유럽 국가들 : 東欧諸国

이걸 「東欧の国々」라고 하면 매끄럽지 않죠.

> 日 반대로 한국에선 이걸 '동유럽 제국'이라고 하진 않습니다. 이러면 '제국'을 帝国로 받아들일 소지가 큽니다. 애초에 한국은 「諸~」라는 표현을 별로 안 쓰는데 한자 병기를 폐지한 이후부터는 더더욱 안 쓰게 됐습니다. 그나마 남아 있는 흔적이라면 제군(諸君), 제도(諸島), 제현(諸賢) 등이 있는데 쓰임새가 국한돼 있습니다.

6. **붕괴된 : 崩壊した**
'붕괴되다'도 일본에선 '스루'라고 하죠.

7. **離反を招き : 등을 돌림으로써**

8. **事象 : 사건, 사례**
이 경우는 이렇게 번역해야 한국 사람들이 금방 알아듣겠죠.

9. **뻔하잖아 : 決まってるじゃん**

10. **離反させるためさ : 이간시키기 위해서지**
제 생각에 이 경우는 '이간'도 역어 후보가 될 거 같습니다.

11. **안하무인격으로 악행을 : 傍若無人に悪事を**

12. **인심이 이반되는 건 : 人心が離反するのは**
일본은 이 경우에도 '스루'라고 합니다.

> 日 확인차 한국의 국어사전을 찾아보니 '이반하다'만 있고 '이반되다'는 없더군요. 하지만 이반되는(하는), 이반되어(하여), 이반됐다(했다) 등으로 검색해 보면 '하다'보다 '되다'라고 쓰고 있는 게 더 많습니다. 심지어 '이반하다'를 타동사로 쓰고 있는 예도 있었습니다. 개인적으로도 '이반되다'가 더 자연스러운 느낌인데, 아무튼 국어사전에는 없다는 점.

랜덤 예제 모범 답안

1. **모름지기 : すべからく**

2. **성취욕 : 達成欲**
앞에서 나왔듯이 '성취'라는 한자어의 쓰임새가 많지 않으므로 이 역시 이렇게 번역해 줄 수밖에 없겠죠.

3. **고난이 앞을 가로막더라도 : 苦境が行く手に立ちはだかろうと**
일본도 '고난'이라는 한자어를 쓰지만 이 '고경'이라는 한자어도 씁니다.

> 日 한국도 '고경'이라는 단어가 사전에 있지만 사어라고 보시면 됩니다.

4. 극복했을 때 비로소 : 乗り越えてこそ
블로그에서도 말했듯이 일본어「こそ」는 다양한 역어가 존재하죠.

5. 성취감 : 達成感

6. 비행을 저지르는 탈선 청소년 : 非行に走る少年
일본은 '탈선 청소년'이란 표현을 안 씁니다. 그리고 일본은 '청소년'이 아니라 '소년'이라고 하는 게 일반적입니다. 왜냐하면 법상으로 비행 소년은 14세에서 20세 미만이니까요. 우리는 고교를 졸업한 사람을 청소년이라고 하지 않죠. 이렇듯 '탈선 청소년'을 일본은 「非行少年」이라고 하는데, 여기선 '비행'이 겹치니까 위와 같이 번역해 줄 수 있겠죠.

7. 우범지역 : 犯罪多発地域

8. 정기적 순찰 : 定期的巡回
이 역시 巡回라고 번역하거나 「パトロール」라고 해 줘야겠죠.

9. 상궤를 벗어난 강력 범죄 : 常軌を逸した凶悪犯罪
일본은 정형적으로 이렇게 표현하니까 통째로 외우시길.

10. 엄히 처벌할 : 厳しく罰する

> 日 한국도 '벌하다'라는 동사가 있지만 이런 문맥에선 '처벌하다'를 쓰는 게 자연스럽습니다. '벌하다'는 비교적 쓰임새가 적습니다.

11. 준법 정신 : 順法精神

12. 논리정연하게 말할 : 理路整然と語る

13. 주제에서 벗어나서 : 主題から脱線して
일본은 '탈선'이라는 한자어를 기차 등의 탈선, 그리고 비유적으로도 이런 경우밖에 쓰지 않는 거 같습니다.

> 日 한국에서도 이 경우 '탈선'이라고 하면 알아는 듣고, 또 장난으로 일부러 이렇게 말할 수는 있겠는데, 정형적인 표현은 아니라고 봅니다.

14. 頓珍漢な : 엉뚱한

頓珍漢은 엉뚱한, 종잡을 수 없는, 황당한, 요상한, 이해하기 힘든, 등의 뜻으로 쓰이는, 말뜻의 스펙트럼이 상당히 넓은 말이죠. 주제에서 벗어난 말을 하거나 글을 쓰거나 할 때도 이렇게 표현합니다. 그리고 한자가 어렵기 때문에 히라가나나 카타카나로 표기하는 경우가 많습니다.

15. 폭력 조직을 일망타진하기 : 暴力団組織を一網打尽にする

일본은 일망타진을 동사로 쓰지 않고 위와 같이 말합니다.

16. 공조가 필수적이다 : 協力が不可欠である

일본은 '공조'라는 단어를 거의 쓰지 않고, 특히나 일상생활에서 쓸 일은 거의 없으므로 이처럼 '협력'이라고 번역해 주는 게 낫다고 생각합니다. 또한 '필수적'이라는 표현도 하지 않고, '필수'라고 하는데 이 한자어를 일상생활에서 쓸 일이 별로 없다니까 위와 같이 의역해 줄 수도 있겠습니다.

17. 대세를 이루는 : 趨勢を占める

이 '추세'라는 한자어의 쓰임새도 미묘하게 다른데 이에 관해서는 3권에서 자세히 다루겠습니다. 아무튼 일본 한자어 '추세'는 이런 식으로도 쓰는데 이 경우는 대세를 차지한다, 대세를 이룬다는 뜻입니다.

> 日 '스마트폰이 추세를 점하는(차지하는)'이라는 표현은 부자연스럽습니다.

18. 유선 전화 : 固定電話

일본은 휴대전화의 반대 개념, 그러니까 우리의 유선 전화란 의미로 이렇게 '고정 전화'라는 용어를 씁니다.

19. 가구는 감소 추세에 있다 : 世帯は減少傾向にある

일본 가구(家口)라는 한자어를 안 쓰고 이처럼 '세대'라고 해야 자연스럽습니다. 또, 일본어 「傾向がある」와 「傾向にある」는 뉘앙스가 다릅니다. 후자는 위와 같이 '추세에 있다'는 뉘앙스로 쓰이는 겁니다.

20. 대선 후보 : 大統領選候補

21. 제거하려는 목적의 : 排除しようとする目的

'배제'도 '제거'도 쓰임새가 다르단 말이죠. 일본은 이런 문맥에서 '제거'를 쓰지 않습니다. 감수자님에게 이 둘을 제시하고 어느 걸 쓰는 게 자연스러우냐고 물으니 역시나 '배제'를 골라 주셨습니다.

22. 표적 수사 : 狙い撃ち捜査·国策捜査

한국의 '표적 수사'라는 용어를 이렇게 번역해 놓은 걸 본 적이 있습니다. 혹시나 해서 몇몇 일본인에게 물어보니 생소한 용어라고 하더군요. 그런데 이걸 그대로「標的捜査」라고 직역하는 건 코패니즈 표현이니까 개인적으로는 위와 같이 번역하는 게 적절하지 않나 하는 생각을 합니다.「狙い撃ち」라는 건 겨냥해서(노려서) 쏜다(친다)는 의미인 것이죠. 그러니까 하나의 목표(타깃)를 정해 놓고 그 목표(사람)를 치기 위해 벌이는 수사라는 뜻인 것이죠. 생소하게 느끼는 일본인도 많은 모양이지만 일본에서도 분명히 쓰는 표현입니다. 방금 검색해 보니 잡지 기사 타이틀에도 아래와 같이 쓰고 있네요.

「小沢代表秘書逮捕」に燻る"狙い撃ち捜査"の疑問符

그리고 후자인 '국책수사'는 상대적으로 널리 알려져 있는 용어인데, 개인적으로는 한국어로 '국책 수사'라고 직역하면 어색하듯이 전자가 한국의 '표적 수사'의 뉘앙스에 더 부합한다는 느낌입니다.

> 日 그러니 일본어 国策捜査는 '표적 수사'라고 번역하시면 됩니다.

23. 함정 수사 : おとり捜査

이건 일본인들에게 흔히 알려진 용어입니다.「おとり」는 1권에서도 나왔듯이「囮」를 말하는 겁니다. 기본적으로 '미끼'라는 뜻인데 바꿔 말하면 덫, 함정이라는 뜻이 되는 것이죠.

24. 언성을 높였다 : 声を荒らげた

「荒らげる」는 '거칠게 하다'는 뜻이니까「声を荒らげる」는 목소리를 거칠게 하다, 목소리가 거칠어지다, 거친 목소리로 말하다, 등의 의미인데 화가 나거나 해서 거친 목소리로 언성을 높이는 걸 이렇게 표현합니다. 참고로 이걸「声を荒げる」라고 하는 일본인들도 있는 모양인데 이건 오용이라고 합니다.

> **読み方**
>
> 年表(ねんぴょう)·離反(りはん)·東欧(とうおう)·苦境(くきょう)· 罰(ばっ)する
> 常軌(じょうき)を逸(いっ)した· 頓珍漢(とんちんかん)·一網打尽(いちもうだじん)
> 趨勢(すうせい)·世帯(せたい)·狙(ねら)い撃(う)ち·荒(あら)らげた

일본은 宛然(완연)이란 한자어를 거의 안 쓴다

[　　1　　]が訪れている中、[　　2　　]
완연한 봄기운이 찾아온 가운데 형형색색으로 차려입고

[　　3　　]が[　4　]を埋め尽くしている。
꽃단장을 한 선남선녀들이 행사장을 가득 메웠다.

長い間、[　5　]で苦しんでいる彼女は[　　6　　]
오랫동안 난치병으로 고통받고 있는 그녀는 병색이 완연한 얼굴로

[　　7　　]無駄だったと嘆いた。
양약도 한약도 소용없었다며 한탄했다.

[　　8　]韓国経済は[　9　]、今は[　　10　　]を見せている。
코로나 시국에서도 한국 경제는 선방했고, 지금은 완연한 회복세를 보이고 있다.

家族を[　　11　]振り向くその表情は宛然たる悪魔だった。
가족을 난도질하고 난 뒤 뒤돌아보는 그 표정은 [　　12　　].

랜덤 예제

[　1　]と[　2　]された後[　　3　　]容疑者が1か月ぶりに[　4　]した。
비자금 조성책으로 지목된 후 도피 행각을 벌이던 용의자가 한 달 만에 경찰에 자수했다.

[　5　]熱くなったアスファルトを冷やすために[　　6　　]している。
불볕더위 아래 뜨거워진 아스팔트를 식히기 위해 살수차가 물을 살포하고 있다.

大統領が[　　7　]を発表するために[　　8　　]報道陣の[　　9　　]。
대통령이 대국민 담화를 발표하기 위해 단상에 오르자 보도진의 플래시가 일제히 터졌다.

ペルーの上空を[10]で飛びながら見下ろすと、
페루 상공을 헬기로 날아가며 내려다보니

巨大なナスカ[11]の[12]を[13]で確認することができる。
거대한 나스카 지상화의 진면목을 육안으로 확인할 수가 있다.

警察庁長官は[14]の水圧制限装置が故障していたことを[15]
경찰청장은 살수차의 수압 제한 장치가 고장나 있었던 걸 발설하지 않도록

現場の警察官たちに[16]をした。
현장 경찰관들에게 입단속을 했다.

この[17]は[18]だから[19]しなければいけないので[20]駄目だ。
이 문건은 대외비라서 철저하게 기밀을 유지해야 하므로 외부에 발설해선 안 돼.

ネットで野球中継を[21]あいつは[22]を売りにして[23]。
인터넷 야구 중계를 방송하는 저놈은 노골적인 편파 중계를 [24] 별풍선을 쓸어모은다.

今回の[25]では、ほんとにお前らの[26]覚悟を決めとけ。
이번 담력 시험에서는 정말로 너희들 간담을 서늘하게 해 줄 테니 각오 단단히 해.

まだ[27]、才能を[28]抜擢したのに、
아직은 덜 다듬어졌지만 재능을 높이 사서 발탁했는데

[29]実力がなかなか伸びない。
기대와는 정반대로 실력이 좀처럼 늘지 않는다.

A議員の賄賂事件の[30]です。検察の取り調べの過程で、
A 의원 뇌물 사건 후속 보도입니다. 검찰의 취조 과정에서

B氏から金品と[31]を認めたそうです。
B씨로부터 금품과 향응을 제공받은 혐의를 인정했다고 합니다.

> **해설**

먼저 국어사전부터 찾아봅시다.

1. 눈에 보이는 것처럼 아주 뚜렷하다.
   병색이 완연하다.
   종술의 말투는 처음부터 완연한 시비조였다. 출처 <윤흥길, 완장>
   남국으로의 항해가 계속될수록 기후는 하루하루 완연하게 달라져 갔다.
   출처 <이원규, 훈장과 굴레>

2. 모양이 서로 비슷하다.

2번 뜻은 무시해도 되겠죠? '완연'이라는 한자어를 일본에서는 거의 안 쓴다는 걸 아는 분들도 많겠죠? 아는 분들은 아마도 설마 한국어 '완연'을 그대로 宛然이라고 하겠냐고 생각하실 수도 있을 텐데 의외로 그런 분들이 있습니다. 심지어 한국의 유명한 언론사 일본어판 기사에서조차「宛然とした」라고 해 놓을 정도니까요. 특히 그 기사는 그야말로 코패니즈 한자어 대잔치였습니다. 여러 일본인들에게 물어본 결과, 일본은「宛然」이라는 한자어가 사전에 올라는 있지만 거의 안 쓴다, 처음 본다는 반응이 많았습니다. 다만 옛날에는 썼던 모양인데, 우리나라에서도 번역 출간된 바 있는 유명한 소설가 나츠메 소세키 씨의 <나는 고양이로소이다>에 쓰인 걸 여러 사전에서 예문으로 제시하고 있습니다. 아래는 다이지센 사전입니다.

そっくりそのままであるさま。「—たる列仙伝中の人物だね」〈漱石・吾輩は猫である〉「県会は、—戦争の如き有様を呈した」〈田岡嶺雲・明治叛臣伝〉

그리고 뜻은 한국과 달리 '꼭 그대로인 모양'이니 한국과 엄연히 다르죠. 그런데도 이걸 그대로 宛然이라고 하면 안 되겠죠. 일본은 거의 쓰지 않는데 이 단어를 넣어서 예문을 짠 이유는 다른 뜻이란 걸 보여 주기 위함일 뿐 한국 사람으로서는 이 단어는 잊어버려도 됩니다. 그렇다면 반대로 한국어 '완연'은 어떻게 번역해 줘야 할까요? 골치 아플 때가 많죠. 각각의 예문에서 제 개인적인 의견으로 번역을 제안해 봤으니 살펴봅시다.

> **모범 답안**

1. 완연한 봄기운 : すっかり春の気配

따라서 한국어 '완연'은 문맥에 따라 이런 식으로 의역할 수밖에 없겠죠.

2. 형형색색으로 차려입고 : 色とりどりに着飾って

옷을 차려입는 것, 빼입는 것을 이렇게 번역해 줄 수 있겠죠.

3. **꽃단장을 한 선남선녀 : お洒落をした男女**
블로그에서도 소개했지만 선남선녀라는 사자성어도 한일 양국이 뜻이 다릅니다. 이에 관해서는 뒤에 표제어로 다룰 텐데 그때 설명드리죠. 아무튼 그러니 이렇게 의역할 수밖에 없습니다. 그리고 여자들이 꽃단장을 해서 멋부리는 건「おめかしをする」라고 한다는 건 1권에 나왔죠.

4. **행사장 : 会場**

5. **난치병 : 難病**

6. **병색이 완연한 얼굴로 : 見るからに病人の顔色で**
블로그 글에도 썼지만 이건 제 능력으로는 위와 같은 번역밖에 안 떠오르는데 더 적절한 표현을 아시는 분은 가르쳐 주시면 고맙겠습니다.

7. **양약도 한약도 : 西洋薬も漢方薬も**
일본은 양약은 '서양약', 한약은 '한방약'이라고 합니다.

8. **코로나 시국에서도 : コロナ禍の中でも**
일본도 '시국'이라는 한자어가 있지만 요즘은 거의 안 쓴다고 합니다. "コロナ時局"로 검색하면 거의 대부분이 한국 기사들입니다. 일본 사이트에 '시국' 부분을 히라가나로 적어 놓고「コロナじきょくなのに海外旅行?」라고 말로 하면 일본인들은 금세 알아듣냐고 물으니 모르겠다고 하더군요. 감수자님 의견도 같았습니다. 그리고 이「コロナ禍」는 코로나로 인해 새로 생긴 신조어죠. 전화(戰禍), 필화(筆禍), 화근(禍根), 화(禍)를 입다 등에서 쓰는 禍, 그러니까 '코로나 재앙(재난)'이라는 뜻으로 이렇게 쓰고 있는 것이죠.

9. **선방했고 : 善戦し**
일본은 '선방'이라는 한자어를 쓰지 않으니 위와 같이 의역하는 방법밖에 없겠습니다.

10. **완연한 회복세 : はっきりした回復基調(傾向·トレンド)**
일본은 回復勢라고 하지 않으니 위와 같이 번역해 줘야겠죠.

11. **난도질하고 난 뒤 : めった刺しにした後**

12. **宛然たる悪魔だった : 흡사 악마 그 자체였다**
일본어 '완연'이 쓰인 예문들을 찾아보면 宛然이라고 쓰고 후리가나로「まるで」,「さながら」라고 달아 놓은 것들이 있습니다. 일본어 '완연'은 이런 뉘앙스로 쓰인다는 말이죠.

랜덤 예제 모범 답안

1. 비자금 조성책 : 裏金の調達係
역시 이 경우는 調達라고 할 수밖에 없겠습니다.

2. 지목 : 名指し

3. 도피 행각을 벌이던 : 逃避行を続けていた
일본은 行脚(행각)이라는 한자어를 우리와 다른 뜻으로 쓰죠. 승려가 수행을 위해서 여러 곳을 걸어서 돌아다니는 걸 말하는데, 여기서 파생돼서 어떤 목적을 위해 이곳저곳을 돌아다니는 걸 뜻하죠. 遊説行脚(유세 행각), 講演行脚(강연 행각) 같은 표현을 합니다. 그런데 '도피'의 경우는 다행히 「逃避行」라는 표현이 있으니 이렇게 번역하면 되겠습니다.

> 日　한국도 원래의 뜻은 일본과 비슷한데 의미가 확장돼서 애정 행각, 범죄 행각, 사기 행각 등의 표현을 씁니다. 행위, 짓거리에 가까운 뉘앙스로 쓰는 것이죠.

4. 경찰에 자수 : 警察に出頭
범인이 누군지 아는 상태에서는 '자수'라는 한자어를 쓰지 않는다고 했죠.

5. 불볕더위 아래 : 炎天下で
'불볕더위'는 이처럼 번역해 줄 수 있겠죠.

> 日　한국도 '염천'이 사전에 있는데 거의 안 씁니다.

6. 살수차가 물을 살포 : 散水車が水を散布
도로에 물을 뿌리는 차량을 일본은 이렇듯 '산수차'라고 합니다. 살수(撒水)라는 한자어를 안 쓰기 때문이죠. 그런 이유로 '살포하다'도 '산포'를 씁니다.

7. 대국민 담화 : 国民向けの談話
일본은 「対国民談話」라는 표현을 하지 않고 위와 같이 말합니다.

8. 단상에 오르자 : 登壇すると

블로그 글에서도 썼듯이 '등단'의 국어사전 뜻풀이에는 이런 뜻이 있지만 실제로 한국에선 쓰지 않죠.

> 日 예를 들어, 어떤 사람에게 연단에 올라오라고 요청하는 경우 'OO 씨, 어서 등단해 주세요'라는 식으로 말하는 한국인은 아마도 없을 겁니다. 이 경우에는 'OO 씨, 어서 연단에 올라와 주세요'라는 식으로 말하는 게 일반적입니다. 그러니까 사전에는 같은 뜻풀이가 있지만 지금은 '어떤 분야에 처음으로 등장하다'라는 의미로밖에 쓰이지 않게 된 거죠. 예를 들면 '문단에 등단하다' '소설가로서 등단했다'라는 식으로 말이죠.

9. 플래시가 일제히 터졌다 : フラッシュが一斉に焚かれた

플래시가 '터지다'는 표현을 일본은 이와 같이 합니다. 「焚く」는 불을 때거나 향을 피우는 걸 뜻하는 동사죠.

10. 헬기 : ヘル

11. 지상화 : 地上絵

일본은 지상화를 이처럼 '지상회'라고 합니다. '회화(繪畵)'의 '회'죠.

12. 진면목 : 真骨頂

일본어 真面目는 다른 뜻이죠.

13. 육안 : 目視

> 日 한국은 '목시'라는 단어를 쓰지 않습니다.

14. 살수차 : 放水車

우리는 데모 진압용 차량도, 도로에 물을 뿌리는 차량도 살수차라고 하지만 일본은 구분해서 말합니다. 데모 진압용 살수차는 이렇듯 '방수차'라고 합니다.

15. 발설하지 않도록 : 口外しないようにと

비슷한 뜻으로 「他言」이란 말도 있는데, 이 역시 동사로도 쓰지만 주로 「他言無用」라는 형태, 다시 말해 '발설 금지'라는 뜻으로 자주 쓰입니다.

16. 입단속 : 口止め
비슷한 말로 「口封じ」라는 말은 죽여서 입막음을 하는 경우에도 쓴다고 했죠.

> 日 이 문맥의 경우 '입막음'도 가능하지만 '입단속'이 더 적절하다고 생각합니다. '입단속'은 이렇듯 자기 쪽 사람들, 동료들에게 발설하지 않게 단속하는 경우에 사용하는 말입니다. 그리고 둘 다 하나의 단어로 등재돼 있으므로 붙여서 씁니다.

17. 문건 : 文書
일본은 '문건'이라는 한자어를 쓰지 않습니다.

18. 대외비 : 部外秘
일본은 이처럼 '부외비'라고 합니다.

19. 철저하게 기밀을 유지 : 徹底して機密を保持

20. 외부에 발설해선 : 口外しては

21. 방송하는 : 配信する
일본은 인터넷 방송이나 SNS 등에 정보를 올리는 걸 配信한다고 하죠.

> 日 한국은 配信이라는 한자어를 쓰지 않습니다.

22. 노골적인 편파 중계 : 露骨な偏向中継
일본은 '노골'에도 '적'을 붙이지 않고 '편파'라는 한자어가 사전에 있긴 해도 거의 쓰지 않고 '편향'이라는 한자어를 씁니다.

23. 별풍선을 쓸어모은다 : 投げ銭をかき集めている
원래 「投げ銭」이라는 말은 거지 등에게 동냥으로 던져 주는 돈을 말하는데 이것의 뜻이 확장돼서 인터넷 방송 등에서 찬조해 주는 돈을 뜻하는 말로도 씁니다.

> 日 '별풍선'이라는 용어는 '아프리카 TV'라는 곳에서 사용하는 용어고 유튜브 등에서는 '슈퍼챗'이라는 말을 쓰기도 합니다.

24. 売りにして : 내세워서, 무기로 삼아

> 日 이 「売りにする」라는 일본어 표현도 번역하기 참 까다로운 경우가 많은데 이 문맥에서는 '(무기로) 내세우다' 또는 '무기로 삼아'라는 번역밖에 떠오르지 않네요.

25. 담력 시험 : 肝試し

26. 간담을 서늘하게 해 줄 테니 : 心胆を寒からしめてやるから
일본은 이렇듯 '심담'이라고 합니다. 하지만 이 역시 일상생활에서 쓸 일은 거의 없는 문어적 표현이므로 「ぞっとさせる」 같은 표현을 쓰는 게 좋겠습니다. 다만 뉴스 등에서도 쓰인 예가 검색됩니다.

27. 덜 다듬어졌지만 : 洗練されてはないが
이 '세련'이라는 한자어도 쓰임새가 미묘하게 다르죠. 한국은 '세련'이라는 한자어의 원래 뜻인 갈고 닦는다는 뜻으로 쓰는 '세련하다'라는 동사는 거의 쓰지 않고 이와는 뜻이 살짝 다르게 변한 '세련되다'의 형태로 쓰는 경우가 대부분이죠. 그런데 이 '세련되다'라는 말은 세련된 패션, 세련된 감각, 세련된 말투 등, 멋있고 고급스럽고 고상하고 품위 있다는 뉘앙스로 쓰는 경우가 대부분인데 일본은 여전히 '갈고 닦음', 바꿔 말해 잘 다듬는다는 뜻으로 쓰죠.

28. 높이 사서 : 買って
이 역시 '평가'라는 한자어처럼 「買う」만으로 '높이 산다'는 뜻으로 쓰입니다.

29. 기대와는 정반대로 : 期待とは裏腹に
이 「裏」와 「腹」는 등과 배, 겉과 속이라는 의미로서 정반대, 모순됨 등의 뜻으로 쓰이죠. 그리고 등과 배는 사실상 붙어 있으니까 「背中合わせ」, 「隣り合わせ」라는 뜻으로도 쓰이죠. 대표적인 게 「死と裏腹の危険な仕事」라는 말이죠.

30. 후속 보도 : 続報
일본은 이렇듯 줄여서 '속보'라고 합니다.

31. 향응을 제공받은 혐의 : 接待を受けた疑い
일본은 響應이 아니라 供応라고 하는데 흔히 쓰는 말은 아니라고 합니다. 감수자님께 '접대'와 '공응'을 제시했더니 '접대'를 택하셨습니다. 그리고 '제공받은'을 직역하면 어색합니다.

> **読み方**
>
> 嘆(なげ)いた・振(ふ)り向(む)く・抜擢(ばってき)・賄賂(わいろ)・着飾(きかざ)って・コロナ禍(か)
> 漢方薬(かんぽうやく)・善戦(ぜんせん)・宛然(えんぜん)・逃避行(とうひこう)・行脚(あんぎゃ)
> 炎天下(えんてんか)・散水車(さんすいしゃ)・焚(た)かれた・地上絵(ちじょうえ)・目視(もくし)
> 真骨頂(しんこっちょう)・放水車(ほうすいしゃ)・配信(はいしん)・偏向(へんこう)・投げ銭(せん)
> 心胆(しんたん)・寒(さむ)からしめて・裏腹(うらはら)・続報(ぞくほう)

일본어 拘束(구속)에 있는 황당한 의미

計画通り **拘束して** 連れ帰る……　何故 **拘束してない**んだ。
계획대로 [　1　] 데리고 돌아간다……. 왜 [　　2　　].〈보루토〉

どうしよう。〇〇さん **拘束されちゃいます**よ。
어쩜 좋아. 〇〇 씨를 [　　3　　].

現在、[　4　]があなたの **お仲間**を **拘束すべく** 追跡中です。
현재 내 동료가 당신과 [　5　]를 [　6　] 추적 중이에요.〈명탐정 코난〉

とりあえず、サンちゃんを **拘束しているだけ**だから。
일단 산짱을 [　　7　　].〈오늘부터 우리는〉

体を **拘束されたまま**[8]した[　　9　　]ために
몸이 [　10　] 도주한 연쇄 살인마의 행적을 잡기 위해

現在、[　　　11　　　]。
현재 긴급수배령을 내린 상태입니다.

治療を拒否して暴れたりする場合、[12]体を **拘束したり**、
치료를 거부하고 날뛰거나 하는 경우, 부득이하게 [　　13　　]

[　14　]などを使って[　　15　　]。
향정신성 약품 등을 써서 진정시키려 할 때가 있다.

しかし、これは **看護師**や[16]にも精神的な **苦痛をもたらす**。
하지만 이것은 간호사와 요양사에게도 정신적인 [　　17　　].

> **랜덤 예제**

[1]も、いよいよ佳境に入ります!
노래 대항전도 드디어 [2]로 들어갑니다!

今日の[3   ]方をご紹介しましょう。
오늘의 대미를 장식해 주실 분을 소개하겠습니다.

彼らの間の競争がますます[4   ]
그들 사이의 경쟁이 점입가경으로 치닫자

見ている人たちは[5   ]。
보는 사람들이 눈살을 찌푸렸다.

あんな[6]ばかり描いてきたのに美術界の[7]になったのは、
저런 졸작만 그려 왔는데 미술계의 거물이 된 건

[8   ]。
처세술이 좋아서야.

[9   ]したキム二等兵は民家に[10   ]
야음을 틈타 탈영한 김 이병은 민가에 숨어 들어

そこの[11]を人質に取って籠城中だそうです。
그곳 가족을 인질로 잡고 [12   ].

[13   ]数か月間は[14   ]ならないって。
지갑한테 물어보니까 몇 달 동안은 허리띠 단단히 졸라매야 된대.

[15   ]だから、体調と相談しながら[16   ]を始めるつもりです。
병 나은 직후니까 [17   ] 적당한 운동을 시작할 생각이에요.

[18   ]にいい[19   ]も注文しておきました。
골다공증에 좋은 영양제도 주문해 놨어요.

> **해설**

번역을 오랫동안 하신 분이나 일본에서 오래 사신 분은 일본 한자어 '구속'은 우리와 다른 쓰임새로도 쓴다는 걸 아는 분도 많겠죠. 하지만 의외로 모르는 분도 많은 것도 사실인 게 우리와 다른 뜻으로 쓰인 일본어 拘束를 그대로 '구속'이라고 해 놓은 걸 여러 차례 발견했기 때문입니다. 퀴즈로도 낸 은행 강도 장면 같은 경우도 그대로 '구속'으로 해 놨었으니까요. 결박, 포박의 뜻으로도 쓴다는 걸 아는 분 중에서도 또 다른 뜻인 사람을 붙잡는 것, 붙잡아 두는 것이라는 뜻으로 쓰인다는 걸 모르는 분도 꽤 될 거라 봅니다. 왜냐하면 결박, 포박의 뜻으로 쓰였을 때는 어? 여기서 拘束을? 하면서 알아차릴 가능성이 큰 반면, 붙잡는 것, 붙잡아 두는 것이라는 뜻으로 쓰일 때는 한국어 '구속'의 뜻으로 쓴 건지 긴가민가할 때가 많기 때문이죠. 이런 이유로 일본은 '구속영장'이라는 용어를 안 쓰는 건지도 모릅니다. 아무튼 그러니 이 일본 한자어 拘束를 번역할 때는 상황을 면밀히 살필 필요가 있겠죠. 붙잡는 것이란 뜻으로 쓰인 예는 <명탐정 코난>의 예제고, 붙잡아 두는 것이라는 뜻으로 쓰인 예는 <오늘부터 우리는>의 예제입니다.

> 日 한국에서는 '구속'을 범인, 피의자 등을 법적으로 가둬 둔다는 뜻과, '속박'과 비슷한 뉘앙스의 추상적 명사로만 씁니다. 국어 사전의 예문에 있는 '우리는 아무런 구속이 없는 자유로운 분위기에서 일한다' 처럼 말이죠.

> **모범 답안**

1. 拘束して : 묶어서
몰랐던 분들은 놀라셨을 겁니다. 일본은 拘束란 말을 밧줄 등으로 결박, 포박, 묶는 걸 뜻하는 말로도 씁니다.

2. 拘束してないんだ : 묶어 놓지 않은 거야
여기서도 '테이네이'로 표현하죠. 그리고 이 경우 '~해 두다/놓다'로 번역해야 자연스러울 때가 많다는 사실.

3. 拘束されちゃいますよ : 결박하려 해요
이건 번역하면서가 아니라 감상하면서 발견한 것으로서 너무 오래돼서 제목은 생각이 안 나는데, 은행 강도가 은행원을 줄로 묶으려 하자 다른 동료 은행원이 한 대사입니다.

> 日 이 경우의 「しまう・ちゃう」는 번역하지 않아야 자연스럽습니다.

4. 내 동료 : 私の連れ

이건 블로그에서 설명했던 것이죠. 보통「連れ」라고 하면 일행, 동행 등으로 번역되지만 그래선 안 될 경우도 있다고요. <라플라스의 마녀>에서는 '지인'이라고 번역했지만 이 경우는 좀 다르죠. 이렇듯 '동료'라는 의미로도 씁니다. 제 블로그 글을 안 읽으시는 분들도 많을 테니 다시 한번 그 근거를 설명하자면 다음과 같습니다.

> 1 一緒に伴って行くこと。一緒に行動すること。また、その人。同伴者。「大阪まで車中の連れができる」「連れがあるので失礼します」「お連れさま」
> [補説] 1は、仲間、友人、また、伴侶、配偶者の意でも用いる。

보충설명으로 '동료, 친구 또는 반려자, 배우자'라는 의미로도 쓴다고 돼 있죠? 앞으로 영화나 드라마를 보실 때 이「お連れの方」가 나오면 유심히 한번 살펴보세요. '일행'이라는 말은 어울리지 않는 문맥에서 쓰이는 걸 발견할 수 있을 겁니다.

5. お仲間 : 한패

일본어 仲間는 참 속 썩이는 단어인데, 이렇듯 '한패'라고 번역해 줄 수도 있겠습니다.

6. 拘束すべく : 붙잡기 위해

드디어 나오네요. <명탐정 코난>에 나오는 대사인데, 일본어 '구속'은 사람을 붙잡는다는 뉘앙스로도 쓰입니다. 한국은 아무런 법적 권한이 없는 사람이 다른 사람을 붙잡는 걸 '구속한다'라고 하지 않죠.

7. 拘束しているだけだから : 붙잡아 두고 있는 거뿐이니까

이건 <오늘부터 우리는>이라는 드라마에서 나오는 '붙잡아 둔다'는 의미로 쓰인 예입니다. 남자 주인공이 싸움하러 가지 못하도록 여자애가 자기 집에서 차를 마시게 하면서 붙잡아 둡니다. 이런 경우에도 일본은 '구속'이라는 단어를 쓰는 거죠.

8. 도주 : 逃亡

일본은 현장에서 달아는 건 '도주'라고 하지만, 이처럼 이미 달아나서 없는 경우에는 '도망'이라고 한다는 점.

9. 연쇄 살인마의 행적을 잡기 : 連続殺人鬼の消息を掴む

이런 문맥에서 쓰인 일본어 '소식'은 우리와 다른 뜻으로 쓰인 거라는 점.

10. 拘束されたまま : 묶인 채로

11. 긴급수배령을 내린 상태입니다 : 緊急配備を発令しています

복습의 의미에서 또 냈는데, 거꾸로 번역할 경우 이 경우의 '~테이마스'도 이처럼 번역해 주는 게 좋겠죠.

12. 부득이하게 : やむを得ず
한국어 '부득이하게'는 이렇게 번역해 줄 수 있겠습니다.

13. 体を拘束したり : 몸을 결박하거나

14. 향정신성 약품 : 向精神薬
우리가 말하는 향정신성 의약품을 일본은 이렇듯 '향정신약'이라고 합니다.

15. 진정시키려 할 때가 있다 : 鎮静化が図られたりすることがある
이런 건 통째로 외울 수밖에 없죠.

> 日　한국은 '진정화'란 표현을 거의 안 씁니다.

16. 介護士 : 요양사, 요양 치료사

> 日　한국은 '개호'라는 말을 안 쓰니 당연히 '개호사'도 안 쓰죠. 일반적으로는 '간병인'이라고 부르곤 하지만, 정식으로 자격증을 가진 간병인은 이렇듯 요양사, 요양치료사라고 합니다.

17. 苦痛をもたらす : 고통을 안겨 준다

> 日　보통 「もたらす」는 초래한다, 불러온다, 가져다준다 등으로 번역하는데, 이 경우에는 위와 같이 번역하는 게 자연스럽다고 생각합니다.

랜덤 예제 모범 답안

1. 노래 대항전 : 歌合戦
우리는 노래 대항전이라고 하지만 일본은 위와 같이 말합니다.

> 日　이걸 그대로 '가합전'이라고 하면 일본어를 모르는 사람들은 무슨 말인지 못 알아듣습니다.

2. 佳境 : 클라이맥스

일본은 '가경'이라는 한자어를 이런 식으로 씁니다. 코지엔 사전에 다음과 같이 나와 있습니다.

① 景色のすばらしくよい所。
② 面白い所。非常によい場面。妙所。

우리는 1번 뜻으로 주로 쓰죠. 그런데 한국 국어사전에도 코지엔 2번 뜻이 있다는 걸 사전을 찾아보고야 알았습니다. 저만 그런 건 아니겠죠?

> 日 한국 국어사전에도 '한창 재미있는 판이나 고비'라는 뜻풀이가 있는데 저도 마찬가지지만 요즘은 이 뜻으로 알고 쓰는 사람은 거의 없을 거라 생각합니다. 그러므로 이렇게 쓰인 佳境은 위와 같이 의역하시기를 권합니다.

3. 대미를 장식해 주실 : 大トリを飾ってくださる

4. 점입가경으로 치닫자 : 泥仕合の様相を呈すると

> 日 이 점입가경(漸入佳境)이라는 한자어가 바로 '가경'에서 파생된 사자성어죠. 그런데 이건 긍정적인 뜻으로도 쓰이지만 요즘은 거의 부정적인 뜻, 그러니까 '시간이 지날수록 하는 짓이나 몰골이 더욱 꼴불견임을 비유적으로 이르는 말'로 주로 쓰이고 있는 실정입니다. 그러므로 이 경우는 위와 같이 문맥에 맞게 의역해 주는 수밖에 없겠죠.

5. 눈살을 찌푸렸다 : 眉をひそめた

우리는 '눈살'이라고 하지만 일본은 이처럼 '눈썹'이라고 합니다.

6. 졸작 : 駄作

7. 거물 : 大御所

어떤 분야의 실력자, 권위자, 거물, 큰 영향력을 가진 사람 등의 뜻으로 자주 쓰는 표현입니다. 개그계 3대 거물이라고 일컬어지는 키타노(비트) 타케시, 아카시야 산마, 타모리 씨를 이렇게 부르는 걸 종종 듣습니다.

8. 처세술이 좋아서야 : 世渡りが巧みだからよ

일본도 「処世術」라는 표현을 쓰지만 일상생활에서는 위와 같이 말하는 게 일반적입니다. 그리고 처세술이 '좋다'는 말은 「処世術に長けている」의 형태로 쓰는 게 일반적입니다.

9. 야음을 틈타 탈영 : 夜陰に乗じて脱走

일본은 '탈영'이라는 한자어를 쓰지 않고 이렇듯 '탈주'라고 합니다. 다만 일본의 경우 오늘날의 자위대는 군대가 아니므로 脱走가 아니라 「脱柵」라는 말을 쓴다고 합니다. 柵는 울타리를 뜻하죠. 또한 탈영병도 脱柵兵가 아니라 脱柵者라고 부르는 게 일반적이라고 합니다. 일본의 자위대는 군대가 아니기 때문이겠죠.

10. 숨어 들어 : 忍び込んで

몰래 들어가는 것, 잠입하는 걸 「忍び込む」라고 합니다.

11. 가족 : 住人

일본은 집, 아파트에 거주하는 사람을 일컫는 말로서 이처럼 住人(주인)이라는 표현을 아주 자주 씁니다.

12. 籠城中だそうです : 버티고 있다고 합니다

> 日 이 '농성'이라는 한자어는 한국은 주로 건물 등의 내부에서 벌이는 시위, 데모라는 뜻으로 씁니다. 저도 한국의 '농성'이라는 말에 '적에게 둘러싸여 성문을 굳게 닫고 성을 지킴'이라는 뜻이 있는지는 사전을 찾아보고 알았는데, 시대극 등에서 나오는 일본어 籠城는 그대로 '농성'이라고 해도 틀린 말은 아니겠지만 지금은 그 뜻을 이해하는 사람은 적을 겁니다. 특히 한국은 은행 강도가 은행 안에서 '농성'을 한다거나, 사람을 인질로 잡고 집 안에서 '농성'을 한다고 하지는 않으므로 이건 위와 같이 의역해 줘야 의사소통이 원활해집니다.

13. 지갑한테 물어보니까 : 財布と相談したら

원래는 '相談(상담)이라는 한자어의 황당한(?) 쓰임새'라는 표제어로 다룰 예정이었으나 결국 3권에도 싣지 못하고 츠키다시 신세가 되고 마네요. 일본은 이렇듯 물건 등을 의인화해서 '상담하다'라는 동사와 함께 씁니다. 이 경우는 우리도 이렇듯 의인화해서 표현할 수도 있겠지만 아닌 경우도 많습니다. 바로 아래 예제처럼 말이죠.

14. 허리띠 단단히 졸라매야 : 財布の紐をぎゅっと締めなきゃ

앞서 나온 거 복습인데 '단단히'는 위와 같이 표현하면 되겠습니다.

15. 병 나은 직후 : 病み上がり

복습 차원에서 언급하고 넘어가자면 「病気明け」라는 표현도 있죠.

16. 적당한 운동 : 適度な運動

한국에선 '적도'라는 한자어를 안 쓰지만 일본은 종종 씁니다. 적당한(적절한) 정도라는 뉘앙스로 쓰는 것이죠.

17. 体調と相談しながら : 몸 상태를 살펴봐 가면서

이 경우는 '몸 상태한테 물어보면서'라고 하면 부자연스럽죠. 원래는 이런 용법으로 쓰인 여러 예문들의 번역 방법을 이 책에 써서 제안했었는데 마침 한 이웃님께서 이렇게 쓰인 예문을 발견했다며 제 의견을 물으시길래 블로그에 덜어 가서 공개를 했습니다. '상담'이라는 한자어가 이런 뜻으로 쓰인 다양한 예문들을 어떻게 의역하면 좋을지 제안해 놨으니 큐알코드로 들어가셔서 읽어 보세요. 실제로 쓰인 예문들을 보면 번역하기 결코 만만치 않다는 걸 느끼실 텐데, 제 나름대로 생각해서 번역한 것이라서 어디까지나 '제안'일 뿐이니 더 좋은 번역이 떠오르신 분은 가르쳐 주시면 감사하겠습니다.

相談(상담)이라는 한자어의 황당한(?) 쓰임새

18. 골다공증 : 骨粗しょう症

일본은 '골조송증'이라고 한다는 건 복습이죠. 그런데 鬆은 어려운 한자라서 신문이나 TV 자막 등에서는 이처럼 히라가나로 표기하는 게 일반적입니다.

19. 영양제 : サプリメント

우리가 말하는 영양제, 건강 (보조) 식품의 경우 일본은 supplement라는 외래어를 그대로 사용합니다. 물론 일본도 栄養剤나 健康補助食品이란 표현을 쓰지만 일상생활에서는 위와 같이 말하는 걸 많이 듣고 봅니다.

> 日　한국에선 '서플리먼트'라는 말을 거의 안 씁니다.

読み方

向精神薬(こうせいしんやく)・鎮静化(ちんせいか)・介護士(かいごし)・歌合戦(うたがっせん)
佳境(かきょう)・駄作(ださく)・大御所(おおごしょ)・世渡(よわた)り・処世術(しょせいじゅつ)
脱柵(だっさく)・忍(しの)び込んで・住人(じゅうにん)・籠城(ろうじょう)

「国民が渾然一体になって」라고 하면 일본인 반응은?

[1]のためには、[2]が[3]、[4]を傾けるべきである
경제 회생을 위해서는 노사정이 혼연일체가 되어 배전의 노력을 기울여야만 한다.

口に入れると、うなぎとご飯が渾然一体となって、
입에 넣으면 장어와 밥이 [5]

まるでケーキのように口の中で[6]。
마치 케이크처럼 입 안에서 스르륵 녹아 버리는 느낌이다.

事件の現場に入ると[7]の血とカビ、湿気などが渾然一体となって
사건 현장에 들어가니 피살자의 피와 곰팡이, 습기 등이 [8]

[9]がした。
퀴퀴한 냄새가 났다.

[10]とニンニクの香りが渾然一体となって[11]ガーリック[12]。
바다 향기와 마늘 향기가 [13] 입안에서 퍼지는 갈릭 해산물 요리.

きれいなお皿に[14]料理は、
예쁜 접시에 소담하게 담긴 요리는,

新鮮な各種の[15]が渾然一体となり、見る人の[16]。
신선한 각종 식재료들이 [17] 보는 이의 식욕을 돋우어 줍니다.

契約を取るために、すべての[18]
계약을 따기 위해 모든 팀원이 혼연일체가 돼서

[19]。
일사불란하게 움직이고 있어요.

랜덤 예제

全身運動の効果がある[　　1　　]を利用すると[　　2　　]。
전신 운동의 효과가 있는 108배는 백팔 염주를 이용하면 숫자를 잘 안 까먹는다.

[　3　]以来、[　　4　　]を振るった[　　5　　]は
정부 출범 이후 막후에서 무소불위의 권력을 휘둘렀던 문고리 3인방은

[　6　]として[　7　]OO氏の[　　8　　]明らかになった。
비선 실세로서 국정을 농단해 왔던 OO 씨의 심복 역할을 했음이 밝혀졌다.

彼は、[　　9　　]設立した財団に、
그는 청와대가 뒤를 봐 줘서 설립한 재단으로

巨額の資金を[　10　]企業に[　11　]という疑惑を受けている。
거액의 자금을 갹출하기 위해 기업에 압력을 넣었다는 의혹을 받고 있다.

OOさん[12]が改札口を出るのを見て[　13　]
OO 씨 내외가 개찰구를 나오는 걸 보고 기자들이 달려가자

[　　14　　]制止した。
역무원들이 막아서며 제지했다.

[　15　]の[　16　]は様々な副作用を起すという[　17　]。
수면유도제의 과다 복용은 수많은 부작용을 일으킨다는 경각심을 일깨워야 한다.

デモの現場では、[　18　]を特定するために[　19　]が採証写真を撮っている。
시위 현장에서는 불법 행위를 [　20　]하기 위해 경찰관이 [　21　]을 찍고 있다.

作戦[　22　]には、[　　23　　]と思いますが。
작전 계획 수립은 극도로 신중해야 한다고 생각합니다만. 〈은하영웅 전설〉

> **해설**

한국의 국어사전에는,

생각, 행동, 의지 따위가 완전히 하나가 됨.
노사가 혼연일체가 되어 위기를 극복하였다.
베르그송에 있어서는 근대 실증 과학의 정신과 철학의 정신이 혼연일체가 되어 있다.   출처 <안병욱, 사색인의 향연>

이 혼연일체라는 사자성어는 제가 블로그에서 소개했던 종이 사전 인터넷판에서는 코지엔과 다이지린 사전에만 실려 있는데 예문이 없습니다. 제가 이 사이트를 알기 전에 주로 사용했던 3개의 인터넷 사전 중 goo 사전과 코토방크 사전에는 예문이 있어서 소개합니다. 먼저 goo 사전입니다.

すべてがとけ合って一つのものになるさま。「光や音、色彩が―となって迫る」

다음은 코토방크 사전입니다.

いくつかの物事が、区別なくとけあって一つとなっている様子。
[使用例] 東京は政治と商売が渾然一体になっているが、大阪ではそうはいかない。

'모든 것이 녹아들어서 하나가 된 모양' 그리고 예문도 '빛과 소리, 색채가 혼연일체가 돼서 다가온다', '도쿄는 정치와 장사가 혼연일체가 돼 있지만…', 예문을 보니 한국에서 쓰는 '혼연일체'와 큰 차이는 없어 보이죠? 하지만 실생활에서 쓰이는 '혼연일체'는 사실상 좀 다릅니다. 특히 한국 표준국어대사전의 뜻풀이에는 '생각, 행동, 의지'가 하나가 되는 거라고 설명하지만 모범 답안을 보셨으면 아시겠듯 요리의 식재료가 '혼연일체'라는 식으로 쓰이고 있는 게 현실이란 거죠. 그러니까 일본어 '혼연일체'는 구분하기 힘들 정도로 마구 섞여 있는 모양을 뜻하는 관용적 표현으로 주로 쓴다는 말이죠. 한국에선 장난이나 농담으로 식재료 같은 게 '혼연일체'라고 말할 수는 있겠지만, '혼연일체'를 이렇게 가벼운 뉘앙스로 쓰지는 않죠.

> 日   한국은 상당히 무게감 있는 표현, 딱딱한 표현, 고급 표현에 속합니다.

> **모범 답안**

1. **경제 회생：経済再生**

2. **노사정：政労使**
우리는 노사정이라고 하지만 일본은 이렇듯 정부를 맨 앞에 둡니다.

3. 혼연일체가 되어 : 一丸となって

특히 요즘 일본의 젊은이들은 이런 문맥에서 '혼연일체'를 쓰면 어색하게 느낀다고 합니다. 이런 문맥의 예문을 짜서 질문을 했더니 답변해 준 모두가 그런 식으로 쓰는 건 어색하다, 낯설다는 반응이었습니다. 그중 한 명은 역시나 요리를 묘사할 때 주로 쓴다고 하더군요.

4. 배전의 노력 : 倍旧の努力

요즘은 '배전'이라는 말을 모르는 사람들도 많은 모양이더군요. 倍前은 이전의 갑절, 그러니까 두 배는 뜻이죠. 그런데 일본은 이처럼 배구(倍舊:倍旧)라고 합니다. 이 舊는 옛 구 자죠.

5. 渾然一体となって : 하나로 어우러져

일본어 '혼연일체'가 쓰인 예문들은 인터넷에서 실제로 있는 것들을 발췌해서 살짝 변형시킨 겁니다. 우리는 이런 경우 '혼연일체'란 말을 쓰지 않죠.

> **日** 따라서 이렇게 쓰인 일본어 '혼연일체'는 이처럼 번역하기를 권합니다.

6. 스르륵 녹아 버리는 느낌이다 : ほろりと崩れる感じだ

음식 같은 게 입안에서 녹는 걸 「溶ける」라고 하지만 「崩れる」라고도 하는 걸 몰랐던 분들은 외워 두세요. 그런데 엄밀히 따지면 「崩れる」라는 말은 뭉개지는 것, 으깨지는 걸 뜻하죠. 그리고 요리할 때 음식을 으깨는 것도 「崩す」라고 하고요. 하지만 한국의 경우 음식의 식감 같은 걸 표현할 때 '뭉개진다'고 하면 이상하니까 '녹는다'로 번역할 수밖에 없겠죠. 일본의 경우 이 예문의 장어나 케이크 같이 고형의 음식이 입안에서 녹는 건 「崩れる」, 아이스크림이나 초콜릿 같은 것들이 입안에서 녹는 건 「溶ける」라고 합니다. 그리고 이 경우에 '스스륵' 녹아 버린다고 할 때는 「ほろりと」가 아니라 「とろっと」나 「とろりと」를 써야 자연스럽습니다.

7. 피살자 : 被害者

8. 渾然一体となって : 마구 뒤섞여서

여기서는 이렇게 번역해 주는 게 좋을 것 같은데, 더 좋은 표현을 아시는 분은 가르쳐 주시면 감사하겠습니다.

9. 퀴퀴한 냄새 : すえた匂い

이 단어는 원서를 보고 일본어를 공부했을 때 발견하고 외웠던 건데, 한 일본인은 모르겠다더군요. 그래서 조금 더 조사해 봤더니 관동 쪽에서는 잘 쓰지 않는 말이고, 관서 쪽에서는 잘 알려진 표현인 모양입니다. 소설 같은 데서는 종종 등장하고요. 음식 등이 상하거나, 썩거나 해서 시큼한 냄새, 퀴퀴한 냄새가 나는 걸 뜻합니다. 다다미나 땀냄새, 발냄새도 이렇게 표현해 놓은 게 많이 발견됩니다. 한자는 「饐える」인데 흔치 않은 한자라서 히라가나로 써 놓은 게 많이 발견됩니다.

> **日** '퀴퀴하다'를 표준국어대사전에서는 '상하고 찌들어 비위에 거슬릴 정도로 냄새가 구리다'라고 돼 있습니다. 「すえた」와 비슷한 맥락에서 쓰이고 있죠.

10. 바다 향기 : 磯の香り
磯는 바다, 호수 등의 물가를 뜻하는 말이죠. 자주 접하게 되는 표현이니 통째로 외우시기 바랍니다.

11. 입 안에서 퍼지는 : 口の中で広がる

12. 해산물 요리 : 海鮮料理
일본은 이렇게 '해선 요리'라고 합니다.

13. 渾然一体となって : 하나로 어우러져

14. 소담하게 담긴 : 美味しそうに盛り付けられた
음식 등을 그릇에 수북이 담는 걸 「盛る」, 보기 좋게 담는 걸 일본은 「盛り付ける」라고 합니다. 여기서 「付ける」라는 말은 보기 좋게 장식한다는 뜻인 「飾り付ける」라고 할 때의 「付ける」와 같은 용법인 것이죠.

> 日 한국어 '소담하다'는 '생김새가 탐스럽다'와 '음식이 풍족하여 먹음직스럽다'는 뜻이 있습니다. 1번의 예문은 '소담한 꽃송이', 2번의 예문은 '과일이 소담하게 담겨 있다'. 여기서는 2번 뜻풀이죠.

15. 식재료 : 食材
일본은 이렇게 '식재'라고 하는 게 일반적입니다. 그리고 복수로 쓰면 어색하다고 합니다.

16. 식욕을 돋워 줍니다 : 食欲をそそります
몰랐던 분들은 이참에 외워 두시길. 그리고 '소소루'는 한자가 없고 히라가나로 씁니다.

17. 渾然一体となって : 하나로 어우러져

18. 팀원이 혼연일체가 돼서 : スタッフが一体となって
일본어 '혼연일체'는 사전의 원래 뜻풀이와 달리 앞서 말했던 것처럼 주로 요리를 묘사할 때 자주 등장하는 표현이기 때문에 이런 맥락에서 쓰인 한국어 '혼연일체'를 그대로 직역하면 어색하게 느끼는 사람이 많은 모양입니다. 따라서 위와 같이 의역을 해야 의사소통이 원활하게 될 거 같습니다.

19. 일사불란하게 움직이고 있어요 : 一所懸命に働いています
'일사불란'은 1권에서도 다뤘죠. 그런데 앞에 「 一体となって 」가 있으니 제 능력으로는 이렇게 의역하는 것밖에 떠오르지가 않네요.

랜덤 예제 모범 답안

1. 108배는 백팔염주 : 百八礼(108拝)は百八の数珠
일본은 우리의 108배를 위와 같이 '백팔례'라고도 합니다. 다만 일본은 불교보다 신도가 더 발달해서 이 말을 모르는 일본인들이 많은 모양입니다. 그리고 염주는 '수주'라고 합니다.

2. 숫자를 잘 안 까먹는다 : 数字を忘れにくい
여기서 잘 안 까먹는다는 말을 직역해서「よく忘れない」라고 하면 이 문맥에서는 이상한 표현이 되죠. 그리고 1권에서도 언급했듯이 이 문맥에서의「~にくい」를 '까먹기 어렵다', '잊어버리기 어렵다'고 하면 어색한 번역이 되죠.

3. 정부 출범 : 政府発足
일본은 '출범'이 아니라 이렇게 '발족'이라고 합니다.

4. 막후에서 무소불위의 권력 : 影で絶大的な権力
일본은 '무소불위'라는 표현을 안 쓰니까 이렇게 의역할 수밖에 없겠죠?

5. 문고리 3인방 : 門番 3 人衆
일본의 뉴스 등에서 이걸 문 손잡이를 뜻하는「ドアノブ3人衆」라고 번역해 놓은 걸 몇 차례 발견했는데 '문고리'라는 말이 내포하는 뜻으로 볼 때 저는 위와 같이 문지기라는 뜻으로 번역하는 게 낫지 않을까 합니다. 그리고 우리는 삼인방, 삼총사 등으로 표현하지만 일본은 이처럼 '3인중'이라고 합니다.

6. 비선 실세 : 影の権力者
'비선 실세'도 직역하면 못 알아들으니 이런 식으로 의역할 수밖에 없겠죠.

7. 국정을 농단해 왔던 : 国政を牛耳っていた
'농단'이라는 한자어도 일본은 안 쓰니까 이런 식으로 의역하는 방법밖에 없을 듯합니다.「牛耳る」는 어떤 집단이나 단체 등을 자기 마음대로 주무르는 것, 좌지우지하는 것을 뜻하는 단어죠. 그런데 '농단'을 명사로 썼을 때는 좀 애매하니까 蹂躪(유린) 정도로 의역할 수 있겠습니다.

8. 심복 역할을 했음이 : 腹心の役割をしていたことが

9. 청와대가 뒤를 봐줘서 : 大統領府の後ろ盾で
이걸「後ろを見てやって」라고 하면 코패니즈 표현이 되죠. 그래서 제가 생각해 낸 번역이 이것인데 더 나은 번역을 아시는 분은 가르쳐 주시면 고맙겠습니다.

10. 갹출하기 위해 : 拠出させるために
일본은 갹출이 아니라 拠出(거출)이라고 합니다. 그리고 사역형으로 표현해야 자연스럽습니다.

> 日 국어사전에는 '갹출하다'를 '여러 사람들이 돈을 나누어 내다'라고 돼 있지만, 실제로는 돈을 내게 한다는 뜻으로 쓰이고 있는 실정입니다. 바꿔 말해 자진해서 돈을 내는 게 아니라 돈을 거둔다는 뜻으로 쓰인다는 말이죠.

11. 압력을 넣었다 : 圧力をかけた
우리는 '넣다'라고 하지만 일본은 이처럼 '걸다'라고 합니다.

12. 내외 : 夫妻
일본은 '내외'라는 표현을 안 쓰고 이렇게 '부처'라고 표현합니다.

13. 기자들이 달려가자 : 記者たちが駆け寄ると
「駆けつける」라는 표현도 있는데 이 경우에 쓰면 어색하다고 합니다. 왜냐하면 이건 가까운 데 있다가 달려가는 게 아니라, 어떤 소식 같은 걸 듣고 비교적 먼 곳에서 황급히, 서둘러 가는 경우에 쓰기 때문입니다.

14. 역무원들이 막아서며 : 駅員たちが立ちはだかって
'막아서다'라는 표현은 이와 같이 번역해 줄 수 있겠습니다.

15. 수면유도제 : 睡眠導入剤
1권 복습이죠. 일본은 희한하게도 '도입'이라는 한자어를 이런 때 쓰는데, 우리 입장에서 생각할 때는 또 다른 희한한 식으로도 씁니다. 이 '도입'과 '도출'에 관해서는 뒤에서 표제어로 다뤄서 다시 살펴보겠습니다. 꽤 놀라실 겁니다.

16. 과다 복용 : 過剰摂取

17. 경각심을 일깨워야 한다 : 警戒心を呼び起こすべきだ
일본은 '경각심'이라는 한자어를 쓰지 않으니 완벽히 일치하는 뜻은 아니지만 이렇게 번역할 수밖에 없을 거 같습니다. 여러 일본인들한테, 그리고 1권 때 감수자님한테도 물어봤지만 뾰족한 방법이 없겠다더군요.

18. 불법 행위 : 違法行為
시위 등에서 법을 어기는 행위의 경우 일본은 '위법'이라고 하는 게 일반적입니다.

19. 경찰관 : 警官

일본도 '경찰관'이라고도 하지만 이렇듯 '경관'이라고도 합니다. 반면 한국의 경우는 '경찰관'이라고 하는 게 일반적이죠.

> 日　한국도 옛날 소설 등에는 '경관'이라고 한 기억이 있습니다만 요즘은 별로 쓰이지 않는 것 같습니다. 물론 쓴다고 해서 틀렸다고 할 순 없지만 일본어 警官을 한국어로 번역할 때는 의사소통의 원활함을 위해 '경찰관'이라고 번역하시기를 권합니다.

20. 特定 : 확증

요즘은 일본의 영향을 받아서 뉴스나 신문 등에서조차 "범인이 특정됐나요?", "범인을 특정했나요?"처럼 '특정하다(되다)' 형태의 동사로 쓰는 예가 늘고 있지만 이건 엄밀히 말해서 오용입니다. 한국어 '특정하다'는 영어로는 certain, specipic 등으로 번역되는, 예컨대 '특정한 OO' 형태의 형용사로 쓰이는 말입니다. 일반인들이야 그냥 쓰면 될지 몰라도 번역가의 경우는 가려 써야 합니다. 이건 너무 널리 퍼진 거다 싶어서 그대로 '특정'이라고 해서 보냈다가 검수 과정에서 지적받은 일이 있으니까요. 그러고 보면 한국에서 맞춤법, 띄어쓰기, 문법 등에 제일 엄격한 곳이 영상번역계가 아닌가 싶습니다. 언론사 데스크도 기자나 아나운서 등이 저런 말을 쓰는 걸 거르지 않는다는 말이니까요. 요즘은 '염두하다'라고 하는데도 데스크가 그냥 두나 봅니다.

21. 採証写真 : 증거 사진

이 '채증'이라는 용어 또한 일본의 영향을 받아서 한국 경찰 계통에서 따라 쓰던 걸 언론에서 그대로 받아서 씀으로써 퍼지게 된 케이스인데, 한국의 표준국어대사전에는 '채증'이라는 한자어 자체가 없습니다. '특정'과 '채증'에 관해 블로그에 글을 올렸으니 큐알코드로 확인해 보시기를.

「特定する」는 '특정하다', 「採証写真」은 '채증 사진'???

22. 계획 수립 : 計画の策定

이걸 보고 의외라고 생각한 사람은 저뿐만이 아니겠죠? 이 역시 막판에 욱여넣은 것이므로 자세한 설명은 큐알코드로 확인하시고, 간략히 말하자면 일본은 '책정'이라는 말을 기본적으로 전략, 계획, 방침, 안(案) 등에 쓰고 심지어 스케줄, 매뉴얼을 결정하는 것도 策定라고 합니다.

한국어 '책정'과 일본어 「策定」의 쓰임새 차이

> 日 두 나라 사전의 뜻풀이만 놓고 보면 위에 예시로 든 경우도 '책정하다'라고 해도 틀렸다고는 할 순 없겠지만, 한국의 경우 '책정'이라는 한자어는 예산, 비용, 요금 등 주로 가격 같은 걸 결정한다는 뜻으로 씁니다. 전략, 계획, 작전 등은 '수립'이라는 한자어를 쓰는 게 일반적이고 스케줄의 경우는 세우다, 정하다, 결정하다 등, 그리고 매뉴얼의 경우도 정하다 또는 만들다라고 하는 게 일반적입니다.

23. 극도로 신중해야 한다 : 慎重すぎるということはない

일본어의 이 문형을 접해 본 분도 있겠지만 의외라고 생각하는 분도 많을 겁니다. 직역하면 '너무 신중하다는 것은 없다'인데 한국어로서 매끄러운 표현은 아니죠. 저도 처음에 이 문형을 접했을 때 '이게 뭔 말이지?' 싶었습니다. 그런데 중학교 때쯤인가 영어 시간에 배운 '아무리 ~해도 지나치지 않다'로 해석됐던 'cannot ~ too ~' 문형을 생각해 보면 이해하기 수월할 겁니다. 또 비슷한 예로서 'never(not) too ~ to 동사' 문형도 비슷한 유형이죠. 일본의 경우 이 영어 문형을 직역투로 번역한 것이 그대로 굳어져 버린 것인지, 아니면 원래부터 일본어에 있던 문형인지 저로서는 알 수 없지만, 아무튼 이와 비슷한 문형이라고 생각하면 이해가 쉽겠죠. 즉, 무엇을 하는 데 있어서 아무리 신중해도 지나치지 않다, 무엇을 하는 데 있어서 지나치게 신중하다는 것은 있을 수 없다는 뜻인 것이죠. 다만 이렇게 하면 한국어로서 매끄럽다고는 할 수 없으니 위와 같이 매끄럽게 의역을 해 줘야겠지요.

> 読み方
>
> 湿気(しっけ)・振(ふ)るった・政労使(せいろうし)・倍旧(ばいきゅう)・渾然一体(こんぜんいったい) 磯(いそ)・盛(も)り付けられた・数珠(じゅず)・門番(もんばん)・牛耳(ぎゅうじ)っていた 後ろ盾(だて)・拠出(きょしゅつ)・夫妻(ふさい)・駆(か)け寄(よ)る・採証(さいしょう)

선명과 鮮明의 쓰임새 차이는 선명하다

[　1　]開発に対処するため、戦術核の[　2　]に関する
북한의 핵무기 개발에 대처하기 위해 전술핵 재배치에 관한

[　3　]を経るなど、[　4　]を強化する方針を鮮明にしている。
심도 있는 논의를 거치는 등 미일과의 연대를 강화할 방침을 [　5　].

「[　6　]」を公約に掲げて[　7　]彼は[　8　]見えたが、
'국민 화합'을 공약으로 내걸고 당선된 그는 화합의 상징인 것처럼 보였지만,

実は[9]をより鮮明にしてしまったのだ。
사실은 분열을 더욱 [　10　].

[　11　]を鮮明にした安倍元首相「国葬」
국론 분열을 [　12　] 아베 전 수상의 '국장'

[　　13　　]状況で[　14　]社会問題に対して自分の立場を
정치적 분열이 심화되는 상황에서 논란을 부를 사회 문제에 대해 자신의 입장을

鮮明にしても[　　15　　]、結局双方の反発を招くしかない。
[　　16　　], 침묵으로 일관하든 결국 양쪽의 반발을 부를 수밖에 없다.

[17]により[18]に脅威となっていた[19]を鮮明にしている。
폭등으로 인해 실물경제에 위협이 되었던 유가가 하향세를 [　20　].

自民党は[　　21　　]という立場であるのに対し、
자민당은 헌법 개정이 시급하다는 입장인 데 반해

社民党は憲法改正に反対する姿勢を鮮明にする方針であると[　22　]。
사민당은 헌법 개정에 반대하겠다는 자세를 [　　23　　]이라고 밝혔다.

両社は、相互技術および[　24　]方針であることを[　25　]
양사는 상호 기술 및 정보 교류를 활발히 할 방침임을 천명함으로써

[　26　]のOOに対抗する姿勢を鮮明にしています。
대형 가전업체인 OO에 대항하겠다는 자세임을 [　　27　　].

一方、製造業を中心に、売上が[　28　]に[　29　]という
한편 제조업을 중심으로 매상이 코로나 사태 이전 수준으로 회복됐다는

応答もあるなど、業種による[　30　]が鮮明になった。
응답도 있는 등, 업종에 따른 실적의 양극화가 [　　31　　].

랜덤 예제

[　1　]の[　2　]でOOの[　3　]1-0の辛勝で[　　4　　]OOチーム。
16강 토너먼트 첫 경기에서 OO의 슛이 들어가서 1-0의 신승으로 서전을 장식했던 OO팀.

[5]からは世界的強豪たちを[　6　]、[　7　]優勝を[　　8　　]。
8강부터는 세계적 강호들을 여유롭게 물리치며 승승장구 끝에 우승을 거머쥡니다.

テレビ討論などで[　9　]がいつも[　　10　　]のは、
TV토론 등에서 불타오른 논쟁이 항상 허무하게 끝나고 마는 것은

お互いが自分の主張ばかり[　　11　　]
서로가 자신의 주장만 밀어붙이려 하고

相手の意見には[　12　]耳を傾けないためである。
상대방의 의견에는 완고하게 귀를 기울이지 않기 때문이다.

これは[　13　]必要のある[　14　]事案であるので[15]は禁物だ。
이건 논쟁을 붙여 볼 필요가 있는 중차대한 사안이므로 속단은 금물이다.

[　　　16　　　]。
신중에 신중을 기해야만 한다.

> **해설**

이 표제어는 사실상 일본인 대상이라고 해도 무방할 거 같습니다. 왜냐하면 예제에서 나온 일본어 '선명'의 쓰임새가 한국과 다르다는 걸 한국인이라면 대부분 알 것이기 때문입니다. 한국에서는 입장, 방침, 자세 등을 '선명하게 했다', '선명하게 됐다'라고 하지 않거든요. 한국의 한자어 '선명'은 '선명한 화면/색깔', '비가 그치니 경치가 더 선명해 보인다', '이 렌즈가 더 선명하게 보이네요', '옛날 기억이 선명하게 떠오른다' 등으로 쓰일 뿐 예제에 나온 일본어 鮮明를 그대로 '선명'이라고 번역하면 부자연스러운 한국어가 됩니다. 그러니 그런 문맥에서 쓰인 일본어 '선명'은 제가 '제안'한 표현으로 번역하시기를 권합니다. 물론 더 적절한 표현이 있다면 그렇게 번역하면 되고요.

> **모범 답안**

1. **북한의 핵무기 : 北朝鮮の核兵器**

우리는 '무기'라고 하는 게 일반적이지만 일본은 구분해서 씁니다. '병기'의 경우는 전쟁에서 쓰는 대형 무기를 뜻합니다. 따라서 미사일 같은 건 '무기'라고 하지 않죠. 일본에서 '무기'는 칼, 총처럼 규모가 작은 개인용 무기라는 뜻으로 쓰입니다.

2. **재배치 : 再配備**

3. **심도 있는 논의 : 踏み込んだ議論**

일본은 '심도'라는 한자어를 쓰지 않는다는 건 1권에서 다뤘죠.

4. **미일과의 연대 : 日米との連携**

5. **鮮明にしている : 분명히 했다**

6. **국민 화합 : 国民の融和**

일본은 '화합'이라는 한자어를 거의 쓰지 않는다고 했죠.

7. **당선된 : 当選した**

이것도 자동사, 타동사 둘 다 '스루'라고 하죠. 조사해 보니 이런 동사를 自他同形漢語動詞, 또는 自他両用漢語動詞라고 하는 모양입니다.

8. **화합의 상징인 것처럼 : 融和の象徴であるかのように**

9. 분열 : 分断

> 日 이것도 실제 쓰인 사례인데, 이런 경우 한국은 '분열'이라고 하는 게 일반적입니다. 물론 '분단'이라는 말을 아니까 그렇게 말해도 의미는 통하겠지만요.

10. 鮮明にしてしまったのだ : 명확하게(분명하게) 만들고 말았다

11. 국론 분열 : 国論分断

이건 기사의 타이틀을 그대로 가져온 겁니다. 국론의 경우 일본도 '분열'이라고 하는데, 앞에서도 나왔듯이 이렇듯 '분단'이라고 하는 경우가 있다는 거죠.

12. 鮮明にした : (더) 명확하게(뚜렷하게) 만든

> 日 '명확하게 한'이 아니라 '명확하게 만든'이라고 번역하시길 권합니다.

13. 정치적 분열이 심화되는 : 政治的分断が深刻化する

일본은 '심화'라는 한자어를 안 쓰니 이렇게 의역해 줘야겠죠.

14. 논란을 부를 : 議論を呼ぶ

15. 침묵으로 일관하든 : 沈黙を貫いても

> 日 이 표현을 거꾸로 한국어로 직역을 한다면 '침묵을 관철하다'가 되겠지만 위와 같이 번역하시기를 권합니다.

16. 鮮明にしても : 분명히 하든

17. 폭등 : 高騰

일본도 '폭등'이라는 한자어가 사전에 실려 있는데 별로 쓰임이 없는 모양입니다. 크게 오른다는 뜻으로는 이 '고등'과 '급등' 정도가 흔히 쓰이는 모양입니다.

18. 실물경제 : 実体経済

19. 유가가 하향세 : 原油価格が下げ基調

일본은 '하향세'라는 식으로 말하지 않죠. 그러니 이 역시 이렇게 의역할 수밖에 없겠습니다.

20. 鮮明にしている : 뚜렷이 보이고 있다

21. 헌법 개정이 시급하다 : 憲法改正が急がれる

22. 밝혔다 : 述べた

23. 鮮明にする方針 : 분명히 할 방침

24. 정보 교류를 활발히 할 : 情報の交換を活発にする

25. 천명함으로써 : 宣明することにより

26. 대형 가전업체 : 大手電機メーカー(家電メーカー)

27. **鮮明にしています** : 분명히 밝혔습니다
여기서는 이렇게 번역해 봤는데 각자가 가장 적절할 것이라 생각되는 표현으로 번역하면 되겠죠.

28. **코로나 사태 이전 수준 : コロナ禍以前の水準**
이 문맥에서는 일본도 '수준'이라고 합니다. 1권에서 설명드렸듯이 일본은 높고 낮음으로 표현할 수 있는 경우에 쓰니까 이 경우는 가능하겠죠. 그리고 '사태'라는 한자어의 쓰임새도 달라서 2권 뒤에서 하나의 표제어로 다룰 텐데, 이 '사태'라는 한자어의 쓰임새를 조사하는 과정에서 우연히 일본은 コロナ事態라는 표현은 쓰지 않는다는 일본인의 말을 들었습니다. 하지만 일본인도 이렇게 쓰는 예가 분명 있습니다. 이에 관해서는 지면 절약을 위해 큐알 코드로 들어가서 읽어 보시기 바랍니다. 아무튼 부자연스럽게 생각하는 일본인이 많은 모양이니 위와 같이 번역해 주는 게 낫겠습니다.

일본은 「コロナ事態」라는 표현을 안 쓴다?

29. 회복됐다 : 回復した

30. **실적의 양극화 : 業績の二極化**
이 경우 쓰인 일본어 '업적'은 한국어 '실적'이라는 점. 그리고 이때도 일본은 양극화가 아니라 이극화라고 한다는 점.

31. **鮮明になった : 뚜렷해졌다**
이 문맥에서는 '뚜렷해졌다'를 선택했습니다.

랜덤 예제 모범 답안

1. **16강 토너먼트 : 決勝トーナメント**

2. **첫 경기 : 初戦**

3. **슛이 들어가서 : シュートが決まって**
이「決まる」라는 표현은 스포츠 경기에서 아주 자주 쓰는 표현이죠. 이처럼 골이 들어가는 것도「決まる」라고 하고, 야구에서 홈런이 되는 것도「ホームランが決まりました」라고 하고, 복싱에서 펀치가 적중하는 것도, 예를 들면「右フックが決まってKO勝ちです」라는 식으로 말하죠. 한마디로 공격이나 기술이 성공되는 걸 뜻하는 표현이죠.

4. **서전을 장식했던 : 初戦を飾った**
다시 상기시키는 의미로 언급하자면, 일본어「緒戦」은 전투나 싸움의 초반을 뜻하는 말로 쓰이고, 또 初戦과 발음이 같아서 혼동을 피하기 위해「ちょせん」이라고 읽게 됐다는 점.

5. **8강 : ベスト8**

6. **여유롭게 물리치며 : 悠々と退けるという**

> 日 한국에서도 '유유하다'라는 말을 씁니다. 그런데 한국어 '유유하다'는 예컨대 '유유히 흐르는 강물'이나 '고래가 바다를 유유히 헤엄치고 있다'처럼 쓰이기 때문에 유유하게 물리치다, 무찌르다, 승리하다 등으로 쓰면 어색합니다. 왜냐하면 아래 사전의 1번 뜻풀이처럼 한국어 '유유하다'에는 '느리다'는 뉘앙스가 내포돼 있기 때문입니다.

1. 움직임이 한가하고 여유가 있고 **느리다**.
   강이 유유하게 흘러가다.
   어항 속에는 금붕어들이 유유하게 헤엄치고 있었다.
2. 아득하게 멀거나 오래되다.
   유유한 세월.

7. 승승장구 끝에 : 快進撃の末

일본은 '승승장구'라는 사자성어를 쓰지 않으니 이렇게 의역해 줄 수 있겠습니다. 반대로 이 '쾌진격'이라는 일본 특유의 한자어는 번역하기가 만만치가 않죠. 스포츠 기사 같은 데서는 이렇게 '승승장구'로 번역해도 자연스러운 문맥도 있지만 그렇지 않은 문맥도 많죠. 문맥에 따라서 '파죽지세', '파죽의 ~~' 등의 표현으로 번역해야 더 자연스러운 경우도 있고, 그리고 예컨대 일본에서는 「快進撃のスタート」라는 표현을 하는데 이 경우는 '쾌조의 스타트'라고 번역해 주면 자연스럽죠. 하지만 이상과 같이 번역해도 부자연스러운 문맥도 있기 때문에 골치 아픈 한자어라고 할 수 있습니다.

8. 거머쥡니다 : 掴み取りました

승리 등을 거머쥔다는 표현은 이렇게 번역해 주면 적절합니다. 그리고 이 역시 일본은 과거형으로 표현합니다.

9. 불타오른 논쟁 : 白熱した議論

이 경우의 '논쟁'은 議論으로 번역해 줄 수 있겠죠. 그리고 토론, 논쟁 등이 불타오른 것, 불꽃 튀는 걸 일본은 '백열'이라는 한자어를 씁니다.

> 日 한국에서 '백열'이라는 한자어가 사전에 있긴 한데 거의 사장됐다고 보면 되고, 또한 동사로 쓰이지 않습니다. 오늘날은 '백열등'이라는 단어에 그 흔적이 남아 있는 정도입니다.

10. 허무하게 끝나고 마는 : 不毛に終わってしまう

이걸 직역식으로 「虚無に終わる」나 「虚しく終わる」라는 식으로 번역하면 매끄럽지 않은 일본어가 됩니다. 1권에 복습 차원에서 이 「不毛に」를 제시했는데 차라리 「無駄に」나 「呆気なく」라고 해 주는 게 자연스럽습니다.

11. 밀어붙이려 하고 : 押し通そうとして

12. 완고하게 : 頑として

저도 옛날에는 이걸 「頑固として」라고 했었습니다. 왜냐하면 일본인들이 그렇게 쓰는 걸 봤으니까요. 검색을 해 보시면 실제로 많이 나오고, 영어 stubbornly를 일본어로 뭐라고 하는지를 설명하는 사이트에서도 이걸 제시하고 있을 정도니까요. 그래서 감수 맡길 때 「興味津々」처럼 이것도 일부러 「頑固として」라고 해서 보냈더니 역시나 감수자님께서 고쳐 주시더군요. 아무튼 일본어 頑固는 명사와 형용동사로 씁니다. 그리고 「頑として」는 완고히, 완강히 등의 뉘앙스를 지닌 표현이죠.

13. 논쟁을 붙여 볼 : 議論を戦わせる

일본어 議論도 번역가를 정말정말 괴롭히는 한자어죠. 이 문맥에서는 '논쟁'이라고 하는 게 적절할 듯한데, 이 議論에 관해서는 하나의 표제어로 다시 살펴보도록 하겠습니다. 아울러 일본어 論議(논의)와의 쓰임새 차이에 대해서도 알아보죠.

14. 중차대한 : 重大な・重且つ大な

후자의 경우 옛날에 공부할 때 보고 외웠던 건데 지금 물어보니 다들 모른다, 처음 본다고 하더군요. 혹시 오래된 일본 원서를 읽고 공부하시는 분이 저 표현을 접한다면 우리는 '중차대'라고 음독을 하지만 일본은 '차' 부분을 저렇듯 훈독을 한다는 걸 알아 두시라고 적어 둡니다.

15. 속단 : 性急な判断

16. 신중에 신중을 기해야만 한다 : 慎重に慎重を期さねばならない

이걸「期さなければ」라고 해도 되겠지만 위와 같이 하는 게 조금 더 격식 있는(?) 문어적 표현입니다. 제 책을 읽을 레벨이면 다들 아시겠지만 1권의 경우 소화하기 버거운 레벨의 분들도 구입을 하셨더군요. 그래서 첨언하자면 이「～ねば」는「～なければ」와 똑같이 활용을 하지만「한자어+する」의 경우는 불규칙 활용을 해서「～せねば」라고 합니다. 여기서 의문을 품는 분도 계실지 모르겠는데 이건 왜「期せねば」가 아니라「期さねば」라고 해도 되냐 하면「期する」가 아니라 이게 오단화된 형태인「期す」의 활용형이기 때문입니다.

> **読み方**
>
> 鮮明(せんめい)・融和(ゆうわ)・貫(つらぬい)いても・悠々(ゆうゆう)と退(しりぞ)ける 快進撃(かいしんげき)・白熱(はくねつ)・頑(がん)として・且(か)つ

관중, 관객과 観衆·観客의 쓰임새 차이

強豪たちとの[1]堂々と勝利を勝ち取った[2]選手たちが
강호들과 치열한 혈전 끝에 당당히 승리를 거머쥔 한국 축구 국가대표 선수들이
[3]に向かって手を振っています。
관중석을 향해 손을 흔들고 있습니다.

キム・ヨナ選手が見事にトリプルアクセルを成功させて[4]
김연아 선수가 멋지게 트리플 악셀을 성공시키고 무사히 착지하자
[5]見守っていた[6]から[7]。
숨죽이며 지켜보고 있던 관중들로부터 열화와 같은 환성이 터져 나옵니다.

[8]行われる今日のブラジルとの[9]には
월드컵을 석 달 앞두고 펼쳐지는 오늘 브라질과의 평가전에는
5万を超える[10]が立錐の余地もなく[11]。
5만을 넘는 관중이 입추의 여지도 없이 경기장을 가득 메웠습니다.

プロ野球の[12]が[13]を突破したので[14]
프로야구 누적 관중 동원수가 1억 명을 돌파해서 협회 차원에서
[15]を準備していましたが、今回の[16]のために[17]しました。
대규모의 행사를 준비했었는데 이번 대지진 때문에 자제하기로 했습니다.

랜덤 예제

彼は[1]で[2]に対する保護対策が[3]と言って、
그는 찬조연설에서 공익제보자에 대한 보호 대책이 시급하다며
今回の[4]で関連[5]と[6]。
이번 정기국회에서 관련 법안을 반드시 통과시키겠다고 힘주어 말했다.

[7]に集まった[8]の中には
대선 유세장에 모인 군중들 중에는

[9   ]党員も多かったそうだ。
싫든 좋든 끌려 나온 당원들도 많았다고 한다.

アジアには、中国は[10]カザフスタン、北朝鮮など[11   ]
아시아에는 중국은 말할 것도 없고 카자흐스탄, 북한 등 강호가 즐비하지만,

日本を代表する[12]である以上、目標は優勝と[13]。
일본을 대표하는 체급인 만큼 목표는 우승이라고 잘라 말했다.

[14   ]OOとの韓国シリーズ[15]で勝利するためには、
거포가 즐비한 OO와의 한국 시리즈 총 7차전에서 승리하기 위해서는

[16   ]が非常に重要で、それに合わせた[17   ]も必要です。
투수 로테이션이 대단히 중요하고, 그에 맞춘 포수 교체도 필요합니다.

A : [18]強豪たちを退け、優勝を[19   ]、満足してますか？
A : 쟁쟁한 강호들을 물리치고 우승을 거머쥐셨는데 만족하시나요?

B : [20]。私は[21   ]、[22]満足できません。
　　ライト級に[23]2冠王を目指します。
B : 만족 안 합니다. 저는 욕심이 많아서 이 정도로는 만족 못 합니다.
　　라이트급으로 월장해서 2관왕을 노리겠습니다.

政府は、[24   ]金融市場に[25   ]に腐心している。
정부는 자금 경색에 시달리는 금융 시장의 숨통을 틔우기 위한 대책 마련에 부심하고 있다.

人形使いが[26]に[27]し秘密会談を妨害する可能性が濃厚だった
인형사가 인터넷 각 단말기에 침투해서 [28   ]을 방해할 [29   ]했다.

> **해설**

2권으로 밀려났다가 2권을 못 낼 수도 있으니 1권에 하나의 예제 안에 욱여넣은 한자어죠. 2권을 내기로 했으니 조금 더 자세히 알아보기로 합시다. 일본은 스포츠 경기를 관람하기 위해 모인 사람들도 '관객'이라고 하는 게 일반적입니다. 물론 '관중'이라고도 하는데 '관중'의 경우는 열대여섯 명 정도, 다시 말해 소수의 인원의 경우는 쓰지 않는다는 말이죠. 그러니까 엄청 많은 손님들이 모였을 때나 쓴다는 겁니다.

> **모범 답안**

1. 치열한 혈전 끝에 : 熾烈な戦いの末
일본도 '혈전'이라는 말을 쓰지만 한국처럼 구기 종목 같은 스포츠에 비유적으로 쓰진 않는다고 합니다. 감수자님의 의견도 같았습니다.

2. 한국 축구 국가대표 : サッカー韓国代表

3. 관중석 : 観客席
해설에서 언급했듯이 스포츠 경기를 보러 온 손님을 일본도 '관중'이라고 하긴 하지만「観衆席」라고는 하지 않습니다. 「かんしゅうせき」라고 치고 한자 변환을 하려 하면「間集積」라는 엉뚱한 한자가 튀어나올 정도입니다. 그리고 観衆席로 검색을 해 보면 거의 다 한국 관련 기사나 글들입니다.

4. 무사히 착지하자 : 無事着氷すると

5. 숨죽이며 : 固唾を呑んで
이걸 그대로「息を殺して」라고 하면 조금 어색합니다. 제가「息を殺す」와「固唾を呑む」의 뉘앙스 차이를 질문했더니 전자는 예를 들어 안 들리기 위해 숨어서 조용히 있는 이미지고, 후자는 매우 긴장하면서 상황을 지켜보는 이미지라더군요. 감수자님한테도 질문을 했는데 못 쓸 것까지는 없는데 이 문맥에서는 아무래도 후자 쪽이 더 적절할 것 같다고 하셨습니다.

6. 관중 : 観客·観衆
이렇듯 많은 사람들이 모인 경우는 일본도 '관중'이라고도 한다는 사실.

7. 열화와 같은 환성이 터져 나옵니다 : 嵐のような歓声が沸き上がりました
한국에서 말하는 '열화'와 일본에서 말하는 '열화'는 한자도 다르고 쓰임새도 다르다고 했었죠. 그리고 이 경우의 '터져 나온다'는 이렇게 의역해 줄 수밖에 없죠. 또한 일본은 과거형으로 표현하고요.

8. 월드컵을 석 달 앞두고 : W杯を3ヶ月後に控えて
앞에서 다뤘던 거죠. 「控えて」 앞에 기간, 시간을 나타내는 말이 오면 위와 같이 표현합니다.

9. 평가전 : 強化試合
일본은 국가대표 간 평가전을 이처럼 '강화시합'이라고 합니다.

10. 관중 : 観衆·観客
일본인에게 이 예문을 제시하면서 관객과 관중 어떤 걸 쓰는 게 자연스러우냐고 질문을 하니까 둘 다 쓸 수 있다고 하더군요. 그렇다면 「競技場には10人あまりの『観客·観衆』しかいない」라는 문장도 둘 다 자연스러우냐고 물으니 이 문장에서는 '관중'은 부자연스럽다는 답변이 돌아왔습니다. 1권에서 설명했듯이 '관중'이라는 한자어는 소수 인원이 모여 있을 때는 쓰지 않는다는 거죠.

11. 경기장을 가득 메웠습니다 : 会場(競技場)を埋め尽くしています
일본은 스포츠 등의 경기장도 이렇듯 '회장'이라고 합니다.

12. 누적 관중 동원수 : 累計観客動員数
일본은 이때 '누계'라는 단어를 쓰고, 또한 스포츠 관중 동원수도 '관객'이라는 한자어를 씁니다. 또한 우리는 줄여서 '누적 관중수(관객수)'라고 하는 게 일반적인데 일본은 「累計動員数」라고 하는 게 더 일반적이라고 하니 참고하시길.

13. 1억 명 : 1億人
이 경우에는 사람 수 세는 단위를 '인'이라고 하는 게 일반적입니다.

14. 협회 차원에서 : 協会を挙げての
이 역시 「協会の次元で」라고 하면 부자연스러운 일본어가 된다는 사실.

15. 대규모의 행사 : 大規模なイベント
일본은 '행사'라는 한자어의 쓰임새 폭이 한국에 비해 무척 좁죠.

16. 대지진 : 大震災

17. 자제하기로 : 自粛することに
한국어 '자제'는 거의 대부분 自粛라고 하면 됩니다.

랜덤 예제 모범 답안

1. 찬조연설 : 応援演説

2. 공익 제보자 : 公益通報者

3. 시급하다 : 急がれる

4. 정기 국회 : 通常国会

5. 법안을 반드시 통과시키겠다 : 法案を必ず成立させる
일본은 '성립'이라는 한자어의 쓰임새 폭이 한국보다 더 넓습니다. 1권에서 공소 시효 만료의 경우에도 '성립'이라고 한다고 했던 거 기억하시죠? 그리고 법안 통과의 경우도 이렇게 '성립'이라는 한자어를 씁니다. 물론 '통과'라고도 합니다.

6. 힘주어 말했다 : 力説した
힘주어 말하는 게 역설이죠.

7. 대선 유세장 : 大統領選の遊説の場
오래 전에 일본도 '유세장'이라고 하는지 물어본 적이 있는데, 한 일본인이 일본은 선거 유세를 차로 가두 행진을 하면서 하기 때문에 그 용어를 쓸 일이 거의 없다고 하더군요. 하지만 외국에는 있으니 외국 뉴스를 번역하거나 할 때는 쓸 수밖에 없죠. 그리고 고인이 된 아베 전 수상도 길거리에서 사람들 모아 놓고 유세를 했었죠.

8. 군중들 : 聴衆
일본은 이 자체로 복수의 뜻을 지니므로 '들'을 붙이지 않는 게 일반적이죠. 그리고 이 경우에 일본은 '군중'이라고 하는 건 부자연스럽다고 합니다.

9. 싫든 좋든 끌려 나온 : 否応なしに駆り出された
싫든 좋든, 다짜고짜, 강제로 등으로 번역될 수 있는 표현이죠. 그리고 비슷한 뜻으로 「有無を言わせず」도 있고요. 그리고 「駆る」는 몰다, 내몰다는 뜻이죠. 그러니까 「駆り出す」는 (싫은데도 강제로)끌어내는 걸 뜻하죠.

10. 말할 것도 없고 : 言うに及ばず
「言うまでもない」는 아는 분이 많을 텐데, 이것도 함께 외워 두세요.

11. 강호가 즐비하지만 : 強豪が目白押しだが
「目白押し」는 동박새들이 나뭇가지에 촘촘한 간격으로 나란히 붙어 앉는 모습에서 유래된 말입니다. 이 문맥에서는 '즐비하다'로 번역해 줄 수 있지만 다양한 문맥에서 쓰이는 말이므로 빽빽하다, 빼곡하다 등 유연하게 번역해야 하는 말입니다.

12. 체급 : 階級

13. 잘라 말했다 : きっぱり言った
딱 잘라 말하는 것, 단호하게 말하는 것을 뜻하죠.

14. 거포가 즐비한 : 強打者(巨砲)が揃っている
일본도 강타자를 '거포'라고 하는 기사를 읽은 적이 있는데, 한 일본인의 말로는 낡은 느낌이 든다더군요. 그러니 이처럼 '강타자'라고 하는 게 나을 거 같습니다. 또 이 경우의 '즐비하다'를 「目白押しだ」라고 해도 뜻은 통하겠지만 일반적인 표현은 아닙니다. 검색을 해 봐도 단 10건이 나옵니다. 그러니 여기서는 위와 같이 번역하는 게 낫겠습니다. 일본은 「櫛比」라는 한자어를 일상생활에서 쓸 일은 아예 없을 정도고, 읽는 법을 아는 사람도 드물 거라고 합니다. 하지만 글로 쓰인 예는 꽤 발견이 되므로 문서 번역을 하는 분은 접하지 않는다는 보장은 없기 때문에 그 뜻을 알아 둬서 나쁠 건 없겠죠. 櫛는 머리빗이란 뜻인데 櫛比는 머리빗의 빗살처럼 촘촘히 늘어서 있는 걸 뜻하는 말입니다. 그리고 일본은 동사로 씁니다. 이 한자어가 실제로 쓰인 사례를 찾아보면 문맥에 따라서는 그대로 '즐비하다'로 번역해도 될 듯한 것도 있지만, 그렇지 않은 경우도 많습니다. 또한 일본은 실제로 건물 등이 빽빽이 들어서 있다는 뜻으로만 쓰고 한국처럼 비유적으로 쓰지는 않습니다.

15. 총 7차전 : 全7戦
일본은 7次戦이 아니라 이렇게 말합니다. 그리고 일본은 '총~'라는 표현은 거의 하지 않고 위와 같이 말하는 게 일반적이죠. 또한 예를 들어 '총 7개다'라고 할 때는「計7個だ」라고 하고요. 이런 세세하고 미묘한 차이 때문에 일본어가 결코 만만치 않은 것이죠.

16. 투수 로테이션 : ピッチャーローテーション
일본은 신문 기사 등에서는 길이를 줄이기 위해 '투수'나 '포수'라는 한자어를 쓰지만 구어에서는 외래어를 쓰는 게 일반적입니다.

17. 포수 교체 : キャッチャーの交代

18. 쟁쟁한 : 錚々たる

19. 거머쥐셨는데 : つかみ取りましたが

20. 만족 안 합니다 : 満足してません
여기서도 '테이나이'라고 하죠.

21. 욕심이 많아서 : 貪欲なので
1권에서도 언급했듯이 이런 문맥에서는 이렇게 번역해 줘야겠죠.

22. 이 정도로는 : これしきのものでは
이 표현도 몰랐던 분들은 외워 두세요. 얕보는 뉘앙스가 내포된 표현이죠.

23. 월장해서 : 転級して
이 転級라는 한자어는 사전에 없는 한자어지만 격투기 등의 스포츠계에서는 종종 쓰고 있습니다. 그리고 학급을 옮긴다는 뜻으로도 쓰더군요. 말이 나왔으니 말인데 위 학년으로 건너뛰는 걸 우리는 월반(越班)이라고 하죠. 일본은 班이라는 한자어를 쓰지 않으니까 학급이라고 할 때의 級을 써서 「飛び級」라고 합니다.

> 日 월장(越牆)은 담(일본어로 塀)을 넘는다는 뜻인데, 여기서 파생돼서 체급이 있는 스포츠에서 다른 체급으로 (담을 넘어서)옮긴다는 뜻으로 쓰이는 말입니다.

24. 자금 경색에 시달리는 : 資金逼迫に苦しむ

25. 숨통을 틔우기 위한 대책 마련 : 息を吹き込むための対策作り
일본은 이 경우 '숨통을 틔우다'라는 표현을 하지 않습니다.

26. 인터넷 각 단말기 : ネットの格端末
일본은 우리가 말하는 단말기를 이렇듯 '단말'이라고만 하는 게 일반적입니다.

> 日 한국도 '단말'이라고도 하지만 '단말기', '단말 장치'라고 하는 게 일반적입니다.

27. 침투(침입) : 介入
<공각기동대 1995>에 나오는 대사인데 한국과 쓰임새가 미묘하게 다른 '개입'과 '농후'가 한꺼번에 든 문장이라서 이미 짜 놓았던 예문 지우고 욱여넣었습니다. 일본은 '개입'이라는 한자어를 이렇게도 씁니다. 다른 예를 들면 도청 등을 위해 통신 회선에 (한국어)침투하는 것도 '개입'이라고 하고, 컴퓨터 시스템 등에 무단으로 침입하는 것도 '개입'이라고 합니다.

> 日 한국은 '개입'을 이런 식으로 쓰지 않습니다. 국어사전 뜻풀이는 '자신과 직접적인 관계가 없는 일에 끼어들다'입니다. 예컨대 아이들 문제에 부모가 개입하다, 사건에 깊이 개입하다, 연인 사이의 문제에 남이 개입하지 마, 내전에 외국 군대가 개입하다 등과 같이 쓰입니다.

28. 機密会談 : 비밀 회담

> 日 이걸 그대로 '기밀 회담'이라고 해도 의미는 통하겠지만 일반적인 표현은 아닙니다. "기밀 회담"으로 검색하니 나오긴 합니다만, 거의 일본어를 직역한 것들입니다.

29. 可能性が濃厚 : 가능성이 농후

> 日 '가능성'의 경우는 '농후'라고 해도 자연스럽다고 볼 수 있고, 국어사전의 예문에도 나와 있습니다. 다만 오늘날은 '농후'라는 한자어의 쓰임새 자체가 별로 많지 않기 때문에 어쩌면 요즘 젊은이들은 '가능성이 농후'라고 하면 어색함을 느낄지도 모릅니다. 블로그 이웃님 중에서도 댓글로 '가능성이 높다'라고 하는 게 자연스러울 것 같다는 말을 남겼을 정도니까요. 그런데 굳이 왜 문제로 냈냐 하면 '농후'라는 단어의 쓰임새 차이를 설명하기 위해서입니다. 방금 말했듯이 한국의 경우 '농후'라는 말은 일본에 비해서 쓰임새 폭이 훨씬 좁습니다. 코로나 사태로 인해 우리가 말하는 '밀접 접촉'을 일본에선 '농후 접촉'이라고 한다는 게 꽤 많이 알려졌지만 한국에서 '농후 접촉'이라고 하면 부자연스럽습니다. 그리고 일본은 「味が濃厚だ」, 「濃厚なスープ」, 「濃厚な牛乳」, 「濃厚な香り」, 「濃厚な春の気配」, 심지어 「濃厚なキス·ラブシーン」이라는 표현도 하지만 한국은 그렇지 않습니다. 일본에서 '농후'라는 한자어를 쓸 장면에서 대부분 '짙다'나 '진하다'를 쓰는 경우가 많습니다. 예를 들어 코지엔에 예문으로 나와 있는 「敗色はますます―になった」의 경우 '패색이 점점 짙어졌다'라고 하는 게 일반적입니다. 위에 예로 든 것들도 '맛이 진하다', '진한 수프(국물)', '진한 우유', '짙은 향기', '짙은 봄기운', '농밀한(진한) 키스, 러브신' 등으로 말하는 게 일반적입니다. 이건 참 미묘한 문제 같아서 블로그 이웃님들의 의견을 구했었는데 큐알코드로 확인해 보시죠

(의견을 묻습니다)한국어 농후와 일본어 濃厚

読み方

立錐(りっすい)·2冠王(かんおう)·熾烈(しれつ)·固唾(かたず)を呑(の)んで·嵐(あらし)沸(わ)き上がり·強化試合(じあい)·累計(るいけい)·力説(りきせつ)·否応(いやおう)なし目白押(めじろお)し·揃(そろ)っている·櫛比(しっぴ)·転級(てんきゅう)·端末(たんまつ)介入(かいにゅう)·濃厚(のうこう)

일한 번역가를 괴롭히는 議論(의론)이라는 일본 한자어

政府は、新しく[1   ]関連の懸案に対し[2]議論を通じて
정부는 새로이 떠오른 암호화폐 관련 현안에 대해 다각도의 [3   ]를 통해

[4   ]、今後の対策を発表するそうです。
결론을 도출한 뒤, 향후 대책을 발표하겠다고 합니다.

現在、議論になっている大学入試改革案は、
현재 [5   ] 대학 입시 개혁안은

[6   ]当事者である[7]たちの負担を増やすだけだ。
정작 시험을 쳐야 하는 당사자인 입시생들의 부담만 늘릴 뿐이다.

○○の法廷での証言で[8]の議論が[9   ]
○○의 법정 증언으로 특혜 입학 [10   ]이 재점화되는 듯했으나

事態の[11]を認識した大学側が[12   ]を提出し
사태의 심각성을 인식한 대학 측이 즉각적으로 반박 자료를 제출함으로써

[13   ]はすぐに[14   ]。
논란의 불씨는 이내 사그라들었다.

今回の事案は[15   ]、充分な論議を経てから
이번 사안은 속전속결이 아니라 충분한 [16   ]

[17   ]、慎重に対処する必要がある。
의견을 정한 뒤에 신중하게 대처할 필요가 있다.

彼は[18]で、昨今の[19]を克服するためには、
그는 공개석상에서 작금의 총체적 난국을 극복하기 위해서는

与党の根本的な改革が必要であると議論した。
여당의 근본적인 개혁이 필요하다고 [20   ].

일한 번역가를 괴롭히는 議論(의론)이라는 일본 한자어 • 187

[21]アメリカ人達と議論をしても負けないくらい[22   ]。
얘는 미국인들과 [23   ]지지 않을 만큼 영어 실력이 출중하다고.

両首脳は[24   ]でも穏やかな雰囲気の中で[25   ]を続けた。
양 정상은 업무 오찬 자리에서도 온화한 분위기 속에서 비핵화 논의를 계속했다.

そんなちっぽけな問題で議論を続けたって[26]。[27]譲り合おう。
그런 사소한 문제로 [28   ] 끝이 없어. 대승적 관점에서 서로 양보하자.

랜덤 예제

[1]ご両親と十分に相談してから[2]を作成してくるように。
집에 가서 부모님과 충분히 [3]한 뒤에 진로 희망서를 작성해 오도록.

行列ができる程の[4]だと言われて訪ねてみたら、
[5   ]의 맛집이라길래 찾아가 봤더니

ほんとに[6   ]いたので[7   ]。
정말로 장사진을 이루고 있길래 맨 뒤로 가서 줄을 섰어.

あいつは、女の[8]に[9]乱暴をした[10]なんですよ。
저놈은 여자 겨드랑이 냄새에 욕정이 일어서 [11   ] 성도착자라고요.

野心に燃え、[12]若い頃には、世の中の全てのものを欲情した。
야심에 불타고 혈기왕성했던 젊은 시절엔 세상 모든 것들을 [13   ].

あいつの言うことは[14   ]。ひどい[15   ]があるからね。
저 자식 말은 곧이들으면 안 돼. 엄청난 허언증이 있거든.

> **해설**

번역을 해 본 분, 그리고 이 일본어 '의론'을 자주 접해 본 분들은 공감하시겠지만, 번역가들을 정말로 괴롭히는 한자어죠. 일본 사람들조차 정확한 구분법을 모르거나, 헷갈려할 정도니 한국 사람은 말해 무엇하겠습니까. 일본의 국어사전을 뒤져 봐도 뭐가 뭔지, 어떻게 다른지 갈피를 못 잡게끔 설명하고 있습니다. 저도 이것에 관해 조사를 하면서도 정말이지 감을 잡기 힘들었지만, 제 나름대로 정리해 본 걸 말씀드리겠습니다. 제 말을 곧이곧대로 받아들이지는 마시고 각자가 조사해 보시고 결론… 아니, 감을 잡으시기를 권합니다.

우선 일본어 '논의'는 일상생활에서는 거의 안 쓰이고 신문 기사 등에서나 접할 법한 한자어라고 합니다. 그리고 어떤 일본인은 동사로 쓰는 일은 드물고 명사로 '주로' 쓴다고 말하던데 동사로 쓰인 예가 상당히 많이 검색은 됩니다. 그리고 '의론'의 경우 사전에 「意見を戦わせること。また、その内容」라는 뜻풀이가 있습니다. 즉, 의견 싸움을 한다는 말이니까 서로 자신의 의견이 옳다고 논쟁을 한다는 뜻이 내포돼 있다는 것이죠. 그리고 일본어 '의론'과 '논의'의 차이, 구분법에 관해 미네 마사시(峯正志)라는 사람이 쓴 <「議論」と「論議」に関する議論>이라는 논문을 발견하고 읽어 봤는데, 저자의 주장을 요약하자면

'논의'는 그 대상이 되는 명사와 함께 붙여서 복합어적으로 쓰는 예가 많이 검색되지만 '의론'의 경우는 많지 않다. 예컨대 '정책에 관한'이라고 말할 때는 둘 다 쓰지만 '정책의론'이라고 하는 건 어색하다.

다만 앞에 동사형 명사, 그러니까 '하다'를 붙여서 동사로도 쓸 수 있는 명사가 오는 경우는 '의론'과 붙여서 쓴 예가 검색되기는 하지만(예 : 헌법개정의론, 증세의론 등), 일반 명사의 경우, 예컨대 소선거구제 의론, 평화의론, 안전의론 등의 경우는 어색하다.

그리고 '의론'에는 '논의'에 비해서 구체적인 행위성이 강하게 내포돼 있다. 예를 들어 「予算のことで議論している」라고 하는 경우는 많지만 이때 '논의'를 쓰는 예는 드물다.(동사로는 잘 안 쓴다고 한 일본인의 의견과 일맥상통) 특히 「論議になった」라고 하면 단순히 '화제가 됐다' 정도의 뉘앙스로 들리는 데 반해 「議論になった」라고 하면 경우에 따라서는 「喧嘩になった」라는 의미로 받아들일 가능성도 있다. 이렇듯 '의론'에는 행위성, 구체성이 강하게 내포돼 있다.

또한 '의론'이라는 말에는 자신의 의견을 밀어붙이려는, 바꿔 말해 상대방을 설복시키려 한다는 뉘앙스가 강하게 내포돼 있다.

이상으로 정리해 볼 수가 있겠습니다.

> **日**
>
> 한국은 '의론'이라는 한자어를 쓰지 않습니다. 그리고 위 논문을 쓴 분도 자기가 가르친 한국인 일본어 학습자들이 가장 많이 하는 질문 중에 하나가 바로 일본어 '의론'과 '논의'를 어떻게 구분해서 쓰느냐는 것인데, 한국에는 '의론'이라는 말이 없기 때문에 더 헷갈린다고 했다고 말하듯이요. 그리고 아주 오래 전에 '의론'이 국어사전에 있나 싶어서 찾아봤더니 '의논의 잘못'이라고 나와 있었습니다. 그런데 이 주제에 관해 책에 쓰기 위해 다시 확인을 해 보니 새로 뜻풀이가 올라와 있더군요. 아래와 같이요.

> 어떤 사안에 대하여 각자의 의견을 제기함. 또는 그런 의견.
>
> 엉덩이 무거운 국립국어원이 거의 쓰지 않는 단어인 이건 왜 발빠르게 정정했는지 모르겠지만, 적어도 저는, 그리고 위 논문에 나온 한국인도 그랬듯이 오늘날 한국에서 '의론'이라는 말은 안 쓴다고 생각합니다. 하지만 '의논의 잘못'이라고 해 놨던 걸 굳이 정정했다는 건 무슨 이유가 있어서일 텐데, 적어도 저는 이 나이껏 '의론'이라는 말을 쓰는 걸 듣거나 본 기억이 없습니다.

모범 답안

1. 떠오른 암호화폐 : 浮上した暗号通貨·仮想通貨

1권에서 잠시 언급했지만 일본은 여전히 (일반인들 사이에선) '가상통화'라고 하는 게 일반적인데 지금 검색을 해 보니 '암호통화'도 검색 건수가 많이 늘어났네요. 그래서 질문을 했더니 두 사람은 '가상통화'가 일반적이라는 답변이었는데 한 사람은 몇 년 전까지는 '가상통화'가 일반적이었는데 점점 '암호통화(자산)'로 통일되는 추세에 있다고 했으니 참고하시길. 21년 경에 일본인에게 물어봤을 때 '암호통화'라는 말은 안 쓴다고 단호히 말했는데, 새로 부상한 최신 용어인 만큼 일본도 빠르게 변화되고 있는 듯합니다.

2. 다각도의 : 多角的な

일본은 이런 문맥에서 '다각도'란 표현을 하지 않고 이처럼 '다각적'이라는 표현을 씁니다.

3. 議論 : 논의

이 문맥의 議論은 '논의'라고 번역해 주면 자연스럽죠.

4. 결론을 도출한 뒤 : 結論を導き出した後

앞에서도 언급했지만 일본은 '도출'이라는 한자어를 거의 쓰지 않습니다. 뒤에서 자세히 알아보도록 하겠습니다.

5. 議論になっている : 논란이 되고 있는

이 문맥에서는 '논란'이 자연스럽지 않나 합니다.

6. 정작 시험을 쳐야 하는 : いざ受験しなければならない

이 「いざ」도 번역이 수월치는 않은 단어죠. 정작, 막상 등으로도 번역되고 때에 따라서는, 예컨대 「いざ出発!」라고 할 때는 '자, 출발!' 등으로 번역해 줘야 하죠. 그리고 일본은 '수험'이라는 한자어를 동사로 사용하죠.

7. 입시생 : 受験生

일본은 '입시생'이라는 한자어를 쓰지 않습니다.

8. 특혜 입학 : 不正入学

일본은 '특혜'라는 한자어를 거의 안 씁니다. 쓰는 경우는「特恵関税」라는 경제 용어의 경우 정도로 사용 빈도가 극히 낮고, 한국처럼 일상생활에서도 흔히 사용하는 한자어가 아니죠. 제가 일본인들에게「なぜ、あの子にだけ『とっけい』を与えるのですか」라고 입으로 말하면 바로 알아듣냐니까 모르겠다더군요. 어떤 사람은 時計의 오타가 아니냐고 물을 정도였습니다. 사전을 찾아보면「とっけい」라는 발음에 해당하는 한자어가 特恵 외에 篤敬라는 희귀한 한자어밖에 없을 정도고, 애초에 特恵라는 말을 일상생활에서 쓸 일이 없기 때문이겠죠. 그러니 제가 예로 든 저 문장을 일본어로 말할 때는 '혜택'이란 뜻이 있는 恩恵라고 말하거나, '특별 대우를 하다' 정도로 풀어서 말할 수밖에 없겠죠.

9. 재점화되는 듯했으나 : 再燃するかと思われたが

일본은 이런 문맥에서 '재점화'라는 한자어를 안 쓴다는 점 다시 짚고 넘어갑니다.

10. 議論 : 논란

이런 문맥에서도 '논란'이 적절할 듯합니다.

11. 심각성 : 深刻さ

일본은 深刻性라고 하지 않습니다.「しんこくせい」라고 치고 한자 변환을 하려 하면 申告制가 뜹니다. 또한 일본인들에게「しんこくせい」라고 입으로 말하면 금방 알아듣냐니까, 전후 문맥을 알면 몰라도 그렇지 않다면 申告制를 말하는 걸로 생각할 거라더군요.

12. 즉각적으로 반박 자료 : 即座に反論資料

일본은 '반박'이라는 한자어를 거의 안 씁니다. 그리고 일본도 即刻라는 한자어를 쓰긴 하지만 일상생활에서는 비슷한 뜻인「即座」나「即時」를 쓰는 게 일반적입니다. 그리고 이 둘은「に」를 붙여서 쓰지만 即刻는「に」를 붙이지 않고 이 자체만으로 부사로 씁니다. 또한 '적'을 붙이지 않는 게 일반적입니다. 일본은 '속공', 그러니까「速攻」도 즉각, 당장, 신속히 등의 뜻으로 회화체에서 종종 씁니다.

13. 논란의 불씨 : 議論の火種

이 경우의 한국어 '논란'도 이렇게 번역해 줄 수 있겠습니다.

14. 사그라들었다 : 収まった

사그라들었다는 표현도 일본어로 번역하기 쉽지 않은 표현이죠. 이 맥락에서는 위와 같이 번역해 줄 수 있을 거 같습니다.

15. 속전속결이 아니라 : 即断即決ではなく

16. 論議を経てから：논의를 거쳐

17. 의견을 정한 뒤에：意見を固めた上で
의견을「決めた」라고도 하지만 이와 같이도 표현합니다. 그리고 이 경우는「後」가 아니라 위와 같이 말하는 게 일반적입니다. 감수자님한테도 물어봤는데 같은 의견이었습니다.

18. 공개석상：公の場

19. 총체적 난국：危機的な局面
감수자님이 제시한 번역입니다.

20. 議論した：(강력히)주장했다
議論이라는 일본어가 쓰인 사례를 살펴보면 이와 비슷한 문맥, 형태로 쓰인 것을 종종 발견합니다. 그래서 이런 형태로 쓰인 예문들을 여러 개 제시하면서 이 경우의 議論을 主張으로 바꿔 넣을 수 있느냐고 질문하니 '그렇다'는 답변이 돌아왔습니다. 또한 이런 문맥에서의「議論した」를 영어로 번역하면 argued가 됩니다. 이 argue는 '논쟁하다'라는 뜻도 있지만 '주장하다'라는 뜻도 있죠. 제가 이 예문도 제시하면서 여기서 쓰인 議論을 다른 일본어로 바꾼다면 뭐가 있느냐고 물었더니 '주장'이라는 한자어를 제시했습니다. 다만 단순히 주장한다는 뜻이 아니라 강하게, 강력하게 주장한다는 뉘앙스인 것이죠.

21. 얘는：彼は

22. 영어 실력이 출중하다고：英語力が抜きんでてるぜ
일본은 이렇듯 '영어력'이라는 표현을 주로 씁니다. 다른 언어의 경우도 마찬가지로 뒤에 '력'만 붙여서 표현하죠. 제 개인적으로는 빼어나다, 뛰어나다보다는 출중하다는 표현이 어감이 더 강하다고 생각하는데 일본도「優れている」보다는「抜きんでている」가 어감이 더 강하다고 합니다.

> 日　일본인들에게 물어보니「ずば抜けている」가 가장 어감이 강하다고 하던데 그렇다면 한국어로는 '독보적(独歩的)이다' 정도의 뉘앙스가 아닐까 합니다.

23. 議論をしても：설전(논쟁)을 벌여도
이건 '설전'이라고 번역해 줄 수 있겠죠.

24. 업무 오찬 자리：ワーキングランチの席

25. 비핵화 논의 : 非核化議論

한국어 '비핵화 논의'라는 건 서로 이렇게 하자, 저렇게 하자 하면서 자신들의 주장과 의견을 제시하면서 논의를 하는 것이니 議論이라고 할 수 있겠죠. 또한 일본 신문 등에서도 이걸 議論이라고 표현하는 걸 종종 봅니다.

26. 끝이 없어 : 切りがないさ

끝이 없다는 뉘앙스로 아주 자주 쓰는 표현이니 몰랐던 분들은 외워 두시길. 그리고 전투 등을 하는 장면에서 적의 숫자가 너무 많아서 아무리 죽여도 「切りがない」라는 식으로 말합니다.

27. 대승적 관점에서 : 大局的な観点から

일본은 '대승적'이라는 말을 안 쓴다고 합니다. 여러 일본인들에게 물어본 결과도 같았습니다. 그러니 이처럼 '대국적'이라고 번역해 줄 수 있겠습니다. '대국적'은 아는 사람도 많고, 쓰는 사람도 많습니다. 그런데 희한한 건 '대국적'은 제가 블로그에서 소개했던 사전 사이트의 여러 사전들 중에 다이지린 사전과 학연국어대사전에만 있었습니다. 오히려 '대승적'을 실어 놓은 사전이 더 많고요.

28. 議論を続けたって : 논쟁을 계속해 봤자

> 日 이런 문맥에서의 議論은 '논의'라고 번역하면 議論의 뉘앙스를 살리지 못합니다. 한국의 한자어 '논의'는 일본 한자어 '의론'과 달리 중립적이랄까, 점잖은, 신사적인, 합리적인 뉘앙스를 지닌 단어입니다.

랜덤 예제 모범 답안

1. 집에 가서 : 家に帰って

이걸 「家に行って」라고 하면 뉘앙스가 달라진다는 점. 일상의 루틴(하교)으로서 말할 때는 「帰る」를 씁니다.

2. 진로 희망서 : 進路志望書·進路希望書

일본은 이 경우 '지망서'라고도 합니다.

3. 相談 : 의논, 상의

> 日 한국은 '상담'이라는 한자어를 일본처럼 빈번히 쓰지 않습니다. 그리고 친구들끼리 가족들끼리 의논, 상의하는 걸 '상담'이라고 하진 않습니다. 물론 장난 삼아 쓸 수는 있겠지만요. 다만 '고민 상담'이라는 표현은 종종 합니다. 한국에선 기본적으로 '상담'이라는 말은 전문가, 선생 등의 의견이나 조언, 자문을 구할 때 쓰는 말입니다.

4. 맛집 : 美味しい店

우리는 맛집 프로, 맛집 방송이라고 하지만 일본은 미식가라는 뜻의 프랑스어인 gourmet를 음역한「グルメ」를 써서「グルメ番組」라고 하죠. 근데 '맛집'만 따로 떼어서 쓰는 경우 일본에선 이런 표현이 없으니 이렇게 의역할 수밖에 없겠죠.

5. 行列ができる程 : 줄을 서야 할 정도

> 日 직역하면 '행렬이 생길 정도'가 되겠지만 한국은 '행렬'이라는 말을 일본에 비해 빈번히 쓰지 않습니다. 그리고 한국의 경우 행렬(行列)이라는 말은 列(열=줄)을 지어서 行(가는 것)이라는 뉘앙스로 쓰입니다. 예를 들면 군악대 행렬, 퍼레이드 행렬, 운구(運柩) 행렬 등의 표현은 하지만 가게 앞에 줄을 지어서 '서 있는 걸' 행렬이라고 하지는 않습니다.

6. 장사진을 이루고 : 長蛇の列を作って

우리는 장사陣이라고 하지만 일본은 위처럼 표현합니다. 또한 동사도「作る」를 씁니다.

7. 맨 뒤로 가서 줄을 섰어 : 最後尾に行って並んだの

> 日 한국도 후미, 최후미라는 말을 쓰긴 하지만 일본에 비해 쓰임새가 무척 적습니다. 군대 같은 데서나 접할 법한 말이고, 일상생활에서의 쓰임새는 별로 없습니다.

8. 겨드랑이 냄새 : 腋臭

이걸「えきしゅう」라고 읽기도 하는데 의학 서적 같은 데서 이렇게 쓰고, 특히「腋臭症」라고 할 때 이렇게 읽습니다. 하지만 일상생활에서는 위와 같이 읽는 게 일반적입니다.

> 日 한국도 '액취'라는 한자어를 쓰는데 전문 서적 같은 데서 쓰이는 말로서 일상생활에서는 위와 같이 말하거나 '암내'라는 말을 씁니다.

9. 욕정이 일어서 : 欲情して

일본은 이처럼 동사로도 사용합니다.

10. 성도착자 : 変質者

11. 乱暴をした : 겁탈을 한

블로그에 포스팅한 바 있듯이 일본은 '난폭'을 겁탈, 강간이라는 뜻으로도 씁니다. 제 블로그 글 안 읽은 분들 중에는 놀란 분이 많으실 텐데, 이 乱暴(난폭)이라는 일본의 한자어도 번역하기 엄청 까다로운 말인데 다음 표제어로 자세히 다루겠습니다.

12. 혈기왕성했던 : 血気盛んだった
일본도 '혈기'라는 말도 쓰고 '왕성'이라는 말도 쓰니까 「血気旺盛」라고 글로 적혀 있으면 충분히 알아듣겠죠. 하지만 흔히 쓰는 표현은 아니라고 합니다.

13. 欲情した : 욕망했다, 탐했다
일본은 이런 뜻으로도 씁니다. 원서로 공부했을 때 보고 의외란 생각을 하며 외웠던 건데 물어보니 요즘은 이런 뜻으로는 잘 안 쓰는 모양입니다. 하지만 사전을 보면 <허무의 노래>라는 책에서 「私はかつて年が若く、一切のものを欲情した」라고 쓰인 걸 예문으로 제시하고 있습니다. 참고로 감수자님은 이걸 「に欲情した」로 조사를 고쳐 주셨는데 원문이 그렇게 돼 있기 때문에 안 고쳤습니다.

14. 곧이들으면 안 돼 : 鵜呑みにしちゃだめだぜ
이것과 뉘앙스는 조금 다르지만 「真に受ける」도 복습 차원에서 언급해 둡니다.

15. 허언증 : 虚言壁
일본은 우리와 달리 '허언벽'이라고 합니다.

読み方

懸案(けんあん)・浮上(ふじょう)・導(みちび)き出した・即座(そくざ)・火種(ひだね)・大局的(たいきょくてき)・長蛇(ちょうだ)の列・最後尾(さいごび)・腋臭(わきが)・血気(けっき)盛(さか)んだった・虚言壁(きょげんへき)

일본어 乱暴를 너무 乱暴에 번역하면 안 돼요~

[1   ]だった先輩なのに、彼の部屋で拘束されたまま乱暴されました。
선망의 대상이었던 선배였는데 그 선배 집에서 [2   ] [3   ].

〇〇氏、35歳、乱暴容疑で逮捕
〇〇 씨(35세) [4   ]로 체포

日銀が政府の子会社というのは、かなり乱暴な議論だ。
일본은행이 정부의 자회사라는 건 상당히 [5   ]이다. 〈오키나와 타임즈 뉴스〉

これは[6   ]ではありません。そんな乱暴な結論を出してはいけません。
이건 양자택일 문제가 아니에요. 그런 [7   ]을 내려서는 안 됩니다.

この本は、あまりにも乱暴に翻訳されていたので、返品して[8   ]。
이 책은 너무 [9   ]돼 있어서 반품하고 환불받았다.

あまりにも乱暴な値段ですな。[10   ]。
너무도 [11   ]이네요. 바가지도 이런 바가지가 없네요.

あんな乱暴な戦術では、決勝どころか[12   ]も無理だと思う。
그런 [13   ]로는 결승은커녕 16강 진입도 무리라고 봐.

[14   ]議論を繰り広げているが、内容は乱暴極まりない議論だ。
불꽃 튀는 [15   ]을 벌이고 있지만 내용은 [16   ]이다.

そんな乱暴な計画がうまくいくはずがない。[17   ]

그런 [18   ]이 잘 될 리가 없어. 원점으로 돌아가서
[19   ]がいい。
처음부터 다시 짜는 게 나아.

戦国時代は[20   ]乱暴な時代であった。
전국시대는 흥망성쇠를 가늠할 수 없는 [21   ]였다.

戦国時代が終わったのが1604年。やや乱暴な言い方をすれば、クニらしきものが現われてから、日本は約1600年間も戦を続けてきたことになるのだ。
전국시대가 끝난 것이 1604년. [22   ], 나라다운 것들이 생겨난 이래 일본은 약 1600년 동안이나 전쟁을 계속했다는 말이 된다.

それは、血液型で人を[23   ]のと同じくらい乱暴な判断だ。
그건 혈액형으로 사람을 단정짓는 것과 마찬가지일 만큼 [24   ]이다.

> **랜덤 예제**

[1]により[2]の引き上げが[3   ]
유가 폭등으로 인해 기름값 인상이 불가피해지자
大統領は[4]を[5]ための[6   ]指示。
대통령은 소비자 충격을 최소화하기 위한 방안을 강구하라고 지시.

新政権が[7]するやいなや[8   ]を掲げて[9   ]捜査に[10]。
새 정권이 출범하자마자 적폐 청산의 기치를 내걸고 고위 공직자 비리 수사에 착수했다.

[11]に[12]を負ったのに、[13]が[14   ]。
근로 중에 불의의 부상을 입었는데도 산재 보상이 안 된다고 해요.

> **해설**

일본 한자어「乱暴」는 보통 거칠다, 난폭하다 등으로 번역하는 경우가 많죠. 하지만 퀴즈를 풀어 봤으면 아시겠듯 이렇게 번역하면 부자연스러운 경우가 무지무지 많습니다. 또한 말뜻의 스펙트럼도 엄청 넓어서 문맥에 따라 다양한 뉘앙스로 쓰이기 때문에 번역도 적절한 한국어를 골라야 하는 아주 까다로운 일본어입니다. 제가 퀴즈로 낸 예문들에 쓰인「乱暴」를 다른 일본어로 바꾼다면 어떤 일본어가 있겠는지를 일본인들에게 물어봤더니 저마다 조금씩 다른 일본어를 제시하더군요. 대략 아래와 같은 단어들을 제시했습니다.

「極端な」,「荒い」,「雑な」,「おおまか過ぎる」,「大雑把な」,「アバウトな」
「荒っぽい」,「性急な考え」,「飛躍した」,「極端な」,「無理な/強引な結論」
「漠然とした」,「激動の/疾風怒濤の時代」,「無理矢理な」,「いい加減な」
「度を越した」,「非合理的で間違いを含む説明」「非合理的な結論」등

이렇듯 일본인 입장에서도 이 한자어에서 느껴지는 뉘앙스를 다르게 인식하는 경우가 많다는 것입니다. 그렇기에 한국어로 번역하기도 엄청 까다로운 것이죠. 따라서 일본 한자어 乱暴는 문맥에 따라서 조잡한, 엉성한, 허술한, 부실한, 무리가 있는, 비약된, 비약이 심한, 근거가 약한, 비논리적인, 비합리적인, 억지스러운 등등 다양한 한국어로 번역해 줘야 하는 말입니다. 퀴즈에서는 제 나름대로 머리를 굴려서 번역했지만 솔직히 만족스럽지는 않습니다. 번역 참 어렵습니다.

> **日** 예제들에 있는 乱暴를 '거칠게'나 '난폭하게'로 번역하면 거의 다가 한국어로서는 부자연스럽습니다.

모범답안

1. 선망의 대상 : 羨望の的

2. 결박당한 채 : 拘束されたまま
앞서 나왔듯이 일본어 '구속'은 결박, 포박의 의미로도 쓴다는 점.

3. 乱暴されました : 강간당했어요
일본은 신문이나 뉴스 등의 보도에서 강간 같은 자극적이고 노골적인 표현은 가능하면 삼간다고 합니다. 그 이유에 관한 글을 읽은 적이 있는데, 그 사람만의 주장인지 공인된 건지 애매해서 일단 여기선 소개를 하지 않겠습니다.

4. 乱暴容疑 : 강간 혐의

5. 乱暴な議論 : 엉뚱한 주장, 불합리한 주장
앞서 나왔듯이 일본어 議論과 主張는 뉘앙스가 다르지만 이 경우는 서로 논쟁하거나 설전을 벌이는 게 아니므로 한국어로 번역할 때는 '주장'이라고 번역해 줄 수밖에 없다는 점.

6. 양자택일 문제 : 二者択一の問題

7. 乱暴な結論 : 부실한(엉성한) 결론
이것도 문맥에 따라서는 '성급한'으로도 번역 가능할 거 같습니다. 이걸 영어로 번역한 것 중에서도 '성급한'이라는 뉘앙스로 번역된 걸 발견했고, 일본인에게 물어봤을 때도 '문맥에 따라서는' 가능할 거 같다고 하더군요.

8. 환불받았다 : 返金してもらった
일본은 '환불'이라는 한자어를 쓰지 않고 이렇게 표현합니다.

9. 乱暴に翻訳 : 엉터리로(허술하게/부실하게) 번역

10. 바가지도 이런 바가지가 없네요 : ぼったくりもいいとこですね
몰랐던 분은 이것도 문형으로 외워 두세요.「〜もいいとこ(ろ)だ」의 형태로 앞에 나오는 말보다 더 심하다, 지나치다, 앞에 나온 말로 표현해 준 것도「良いところだ」, 바꿔 말해 곱게(좋게) 말해 준 거라는 뜻이라고 외우면 쉽게 외워질 겁니다. 다른 예를 들어서「勘違いもいいところだ」라고 하면 착각도 너무 심한 착각이라는 뉘앙스죠.

11. 乱暴な値段 : 터무니없는 가격
지나치게 비싼 가격이라는 뉘앙스니까 이렇게 번역해 줄 수도 있겠습니다. 그리고 이 경우「法外な値段」이라고도 합니다. 이 '법외'도 쓰임새가 독특하죠. 불합리하다, 당치 않다, 터무니없다는 뉘앙스로 쓰입니다.

12. 16강 진입 : ベスト16進出
일본은 이때 '진입'이라는 한자어는 안 쓴다는 거 기억하고 계시죠?

13. 乱暴な戦術 : 허술한(허접한) 전술
이런 문맥에서는 위와 같이 번역할 수도 있을 거 같습니다.

14. 불꽃 튀는 : 白熱した

> **日** 거꾸로 번역할 때 한국에서는 이런 뜻으로 '백열'이라는 한자어를 안 쓰니 위와 같이 번역해 줄 수도 있겠습니다.

15. 議論 : 설전
논쟁 말고 이렇듯 설전으로 번역해 줄 수도 있겠죠.

16. 乱暴極まりない議論 : 허술하기 짝이 없는 설전

불꽃 튀는 논쟁을 벌이곤 있지만 그 내용은 논리도 빈약하고 논점에서도 자주 벗어나는 등 허술하기 짝이 없는 설전이라는 뉘앙스죠.

17. 원점으로 돌아가서 : 振り出しに戻って

「振り出し」는「双六(すごろく)」라는 주사위 놀이에서 주사위를 처음 굴리는 출발점을 뜻하죠. 이것도 아주 자주 접하는 표현이니 통째로 외워 버리시길.

18. 乱暴な計画 : 부실한(허술한) 계획

세심하게 짜지 않고 거칠게 대충대충 짠 계획이라면 부실할 수밖에 없겠죠. 문맥에 따라서는 '엉성한'이라고 번역해 줄 수도 있겠습니다.

19. 처음부터 다시 짜는 게 : 一からやり直した方が

이것 역시 아주 자주 접하는 표현이니 통째로 외워 버리세요.

> 日   이 경우에도 方를 굳이 번역하려면 '짜는 편이 나아'가 되겠지만 '편'은 빼고 위와 같이 말하는 게 매끄럽다고 봅니다.

20. 흥망성쇠를 가늠할 수 없는 : 栄枯盛衰を予測できない

일본은 흥망성쇠라는 사자성어가 없고 영고성쇠라고 하는 게 일반적입니다. 그리고 '가늠할 수 없다'라는 한국어 표현은 보통「計り知れない」라고 번역되죠. 그런데 이렇게 해서 보냈더니 감수자님이 여기서는 부자연스럽다며 위와 같이 고쳐 주셨습니다. 그래서 몇몇 일본인들에게 확인한 결과도 앞뒤에 뭔가를 보충할 필요가 있을 것 같다, 이대로는 뭘「計り知れない」라고 하는 건지 모호하다는 답변이었습니다. 일본어… 참 어렵습니다.

> 日   한국도 영고성쇠라고도 하는데, 이건 어휘력이 약한 사람은 모를 수도 있습니다. 반면 흥망성쇠는 비교적 널리 알려져 있는 사자성어입니다.

21. 乱暴な時代 : 격랑(격동)의 시대

이「乱暴な時代」를 영어로는 격동의, 격변의, 등의 뜻이 있는 turbulent라고 번역이 돼 있더군요. 그러므로 문맥에 따라서는 위와 같이 번역할 수도 있겠습니다. 한 일본인은 '격동'도 가능하지만 '질풍노도의 시대'도 가능하다고 했으니 참고하세요. 다만 이처럼 '시대'를 수식하는 경우도 문맥에 따라서는 다른 한국어로 번역해 줘야겠죠. 정말 골치 아픈 한자어입니다.

22. やや乱暴な言い方をすれば : 다소 과장되게 말하자면

이 문맥에서 저는 이런 번역이 생각났는데, 더 좋은 번역도 충분히 있겠죠. 참고로 감수자님도 이 번역에 지적을 안 하셨습니다. 이「乱暴」라는 일본 한자어의 말뜻의 스펙트럼은 이렇게나 넓다는 겁니다.

23. 단정짓는 : 決めつける

24. 乱暴な判断 : 안이한 판단
이 문맥에서는 이렇듯 '안이'라고 번역할 수도 있겠는데 이게 정답이란 뜻은 아니고, 더 적절한 번역이 떠오른다면 그렇게 해 주면 되겠죠.

랜덤 예제 모범 답안

1. 유가 폭등 : 原油価格の高騰

2. 기름값 : ガソリン価格
이 경우의 기름값은 주로 자동차 등 소비자 기름값을 뜻하죠. 일본은 이처럼 '가솔린'이라고 말합니다. 그리고 뉴스 등의 보도가 아니라 일상생활에서는 「ガソリン代」라고 하는 게 일반적이죠.

3. 불가피해지자 : 避けられなくなったことを受け
문장이 신문 기사투니까 그대로 不可避라고 해도 되겠지만 흔히 쓰는 한자어는 아니라는 점에서 저는 위와 같이 의역해 봤습니다. 그리고 「〜を受け」라는 표현은 신문이나 뉴스 등에서 자주 접하는 표현이죠. 앞에 나오는 내용, 상황 등에 대해서 뒤에 나오는 내용으로 처리하거나, 답변하거나, 대응하거나 한다는 뜻으로 쓰이는데 한국인으로서는 구사하기 쉽지 않죠. 자주 접하고 또 직접 써 봄으로써 익히는 방법에 없겠습니다.

4. 소비자 충격 : 消費者への打撃
일본은 이런 문맥에서 '충격'이라는 한자어가 아니라 '타격'이라고 하는 게 일반적인 거 같습니다. 왜 이런 생각을 했냐 하면 일본 신문 기사 등을 보면서 우리라면 '충격'이라고 했을 장면에서도 '타격'이라고 해 놓은 걸 많이 봤거든요. 그래서 이런 문맥에서 쓰는 한국어 '충격'을 그대로 衝撃라고 적어서 여러 차례 질문을 했는데 일본인들의 대답도 대체로 비슷했습니다. 감수자님도 衝撃라고 하면 의미가 통하지 않는다는 답변이었습니다.

5. 최소화하기 : 最小限に留める
한국 뉴스 같은 걸 일본어로 번역해서 일본인들에게 소개하는 일본인 블로거가 있는데, 한국어 '최소화하다'를 위와 같이 번역을 했더군요. 일본도 분명 '최소화하다'라는 표현을 쓰는데 왜 바꿨는지 의아했던 적이 있습니다. 그래서 이번에 책에 쓰기 위해 이 예문을 짠 뒤에 부자연스러운 부분을 첨삭해 달라고 일본 사이트에 질문을 올리면서 이걸 그대로 「最小化する」라고 해 놨었습니다. 그런데 우연인지 부자연스러워서인지는 몰라도 한 사람이 위와 똑같이 바꿔 놓은 것이었습니다. 그리고 또 한 사람은 '최소화'는 그대로 뒀는데 「最小化に向けて」라고 고쳐 주더군요. 일본인이 아닌 저로서는 그 이유를 파악하기 힘들지만 분명한 건 일본도 「最小化する」라는 표현을 합니다. 그리고 다른 사이트에서는 자연스럽다는 답변을 들었습니다.

> 日 거꾸로 번역을 한다면 '최소한으로 멈추기 위한' 정도가 될 텐데 저는 '억누르기 위한'을 제안하는 바입니다.

6. 방안을 강구하라고 : 方策を講じるように

일본은 法案이라는 한자어와 발음이 같아서 헷갈리기 쉽기 때문인지 이 '방안'이라는 한자의 쓰임새가 한국에 비해 적은 거 같습니다. 일본 사이트에 질문을 올릴 때 이 또한 그대로 「方案」이라고 해 놔 봤습니다. 그랬더니 두 사람 다 「方策」로 고쳐 주더군요. 이 예문과 다른 질문을 올렸을 때 심지어 한 일본인은 方案은 중국어고 일본에는 없는 단어라는 말까지 하더군요. 하지만 일본 국어사전에 분명히 실려 있으니 이 사람 말은 참고만 하세요. 아무튼 그만큼 쓰임새가 적다는 것의 방증 정도는 되겠죠.

7. 출범 : 発足

8. 적폐 청산의 기치 : 旧弊打破の旗印

일본은 '적폐'라는 한자어를 쓰지 않는다고 1권에서 언급했죠. 따라서 이렇듯 '구폐'라고 해야 소통이 원활할 겁니다. 그리고 이 경우 일본은 '청산'이 아니라 '타파'라고 하는 게 일반적입니다. '청산'의 쓰임새도 미묘하게 다르다는 말이죠.

9. 고위 공직자 비리 : 高位高官の不正

10. 착수했다 : 取り組んだ

앞에서 이 표현은 '도전'이라고 번역해야 자연스러운 경우도 있다고 했는데, 나중에 책으로 쓰면 좋겠다 싶어서 워드 파일에 '번역하기 까다로운 일본어'라는 제목으로 메모를 해 둔 것 중에 또 하나를 소개합니다. 코로나 관련 기사 중에 「韓国のような取り組みは始まっていない」라는 문장이 있었는데 이 경우는 '대처'나 '대응'이라고 번역해 줄 수 있다고 생각합니다. 다시 말하지만 이 일본어는 결코 만만치 않은 단어입니다.

11. 근로 중 : 労働中

한국의 근로기준법, 근로자도 일본은 각각 노동기준법, 노동자라고 하는 게 일반적이라고 1권에서 다뤘듯이, 이 경우에도 위와 같이 말하는 게 일반적입니다.

> 日 한국도 '노동 중'이라고 해도 뜻은 통하지만 '근로'를 쓰는 게 일반적입니다.

12. 불의의 부상 : 不慮の怪我

이 역시 꼭 집어넣고 싶어서 막판에 욱여넣는 겁니다. 일본어 '불의'도 원래 예기치 않았던, 생각지도 못했던, 등의 의미였는데 지금은 그 뜻이 조금 변했습니다. 아래 코지엔 사전의 뜻풀이를 보시죠.

思いもよらないこと。思いがけないこと。意外。転じて、突然。だしぬけ。

뒷부분을 보시면 뜻이 변해서 '돌연', '난데없음'이라는 뜻으로 쓰인다는 말이죠. 그래서 몇 번에 걸쳐서 일본인들에게 확인해 봤는데 지면 절약을 위해 두 사람의 답변만 소개합니다. 먼저 일본은 예기치 않았던 부상이라는 뜻으로 「不意の負傷」라고 하면 어색하게 느끼냐고 물었을 때의 답변입니다.

そうですね。「不意」には、「思いがけず」という意味に留まらず「突然」というニュアンスも含まれているからだろうと思われます。「突然アクシデントに見舞われて」という意味で、「不意のアクシデント（事故）で」なら自然なのですが、「突然負傷して」という意味にすると違和感が生じる。

'불의'에는 '예기치 않은'이란 의미에 머무르지 않고 '돌연'이란 뉘앙스가 들어 있다는 거죠. 그래서 '불의의 부상'이라고 하면 違和感을 느낀다는 겁니다. 다음은「不慮の事故」와「不意の事故」의 차이를 물었을 때의 답변입니다.

「慮」は、考える・思うなどを意味する漢字で、「不慮」は、考えていなかった・想定していなかったという意味です。「不意」は突然の、という意味です。つまり、「不慮の事故」は想定外の事故、「不意の事故」は突然の事故となります。

「慮」는 생각한다는 뜻의 한자이므로「不慮」는 '생각지 않았던, 예기치 않았던'이라는 뜻인 반면「不意」는 '돌연한(갑작스러운)'이라는 뜻이라는 것이죠. 참고로「不慮の怪我」라고 할 때는「負う」라고 해도 되지만「不慮の負傷」라고 하는 경우는 이중 표현이 되므로「する」라고 말해야 매끄럽다고 합니다. 다만 일본인도「負う」라고 해 놓은 것들이 발견됩니다.

13. 산재 보상 : 労災補償

14. 안 된다고 해요 : できないと言われました

일본은 이처럼 피동형으로 표현하는 경우가 아주 많습니다. 다시 말하지만 본인(당사자)의 입장에서 말을 한다고 생각하면 감이 잡히는데 그렇게 해도 우리로선 자유자재로 구사하기 힘든 건 사실이죠. 따라서 이런 건 자주 접하고 또 자주 써 봄으로써 자연스럽게 입에 붙게 하는 수밖에 없겠죠.

読み方

返品(へんぴん)・戦(いくさ)・乱暴(らんぼう)・返金(へんきん)・振(ふ)り出し
栄枯盛衰(えいこせいすい)・留(とど)める・旧弊(きゅうへい)・旗印(はたじるし)・不慮(ふりょ)

그럼 違和感을 대체 어떻게 번역하란 건데?

何だ何だ、この違和感は?…… これが俺の違和感のきっかけだったんだ。
뭐지, 뭐지, 이 [1   ]? …… 이게 내 [2   ]. 〈명탐정 코난〉

A : 語尾に「にゃん」つけるの、奥さんは違和感感じないのですか?
A : 어미에 '냥' 붙이는 거 부인은 [3   ]?
B : 違和感あるから録音したのよ。
B : [4   ] 녹음한 거죠.

A : [5]いると嘘ついてこめんね。
A : 내연남 있다고 거짓말해서 미안해.
B : いいのよ。姉ちゃんに[5]がいると聞いて違和感あったから。
B : 괜찮아. 언니한테 내연남이 있다길래 [6   ].

この文脈でどういう意味で「狼狽」と書いたんだ?違和感あるな。
이 문맥에서 무슨 뜻으로 '낭패'라고 적었지? [7   ].

[8   ]と一日中、一緒にいたせいか、胃に違和感がある。
위화감을 주는 인간들과 온종일 있었던 탓인지 [9   ].

最初は、「確保」という警察用語に違和感があった。
처음에는 '확보'라는 경찰 용어가 [10   ].

これお前?今よりは違和感のない笑顔だね。
이게 너야? 지금보다는 [11   ].

랜덤 예제

[1]は、「今回の[2]は、[3   ]
미 외무장관은 '이번 조처는 한반도 유사시

[4]の[5   ]おくための[6]だ」と[7   ]。
자국민들의 대피책을 강구해 두기 위한 고육지책'이라고 해명했다.

[8]ことで[9]になったら、[10]もまともにもらえないかもよ。
지엽말단적인 일로 진흙탕 싸움이 되면 합의금도 제대로 못 건질 수 있어.

[11   ]俺に言われたとおりにしろ。
목돈 만지고 싶으면 내가 시키는 대로 해.

[12]時間帯の[13]を避けるために、早目に会社を[14   ]
출퇴근 시간대의 정체를 피하려고 일찌감치 회사에서 빠져나왔지만

すでに道路は[15   ]。
이미 도로는 자동차가 꼬리에 꼬리를 물고 있었다.

[16   ]5年、[17   ]行方が分からなかった父が、
종적을 감춘 이래 5년간 백방으로 수소문을 해도 행적이 묘연했던 아버지가

結局[18   ]を聞いて[19   ]した。
결국 객지에서 별세했다는 소식을 듣고 허망함을 달랠 길 없어 오열했다.

電線から[20]火がカーテンに[21]、結局家全体が[22]火災です。
전깃줄에서 발화된 불이 커튼에 착화됐고 결국 집 전체가 전소된 화재입니다.

A : [23   ]なのに[24   ]困るな。
A : 술김에 뱉은 말인데 진짜로 받아들이면 난감한데.

B : [25   ]。この町の子らは[26   ]。
B : 진짜로 받아들인다고! 이 동네 애들은 다들 순진하다고!

> **해설**

요즘 젊은 사람들 중에서는 '위화감'이라고 하면 부자연스러운 상황에서도 이 말을 남발하는 경향이 눈에 띕니다. 이 역시 '흑막'과 마찬가지로, 한국에선 한자를 표기하지 않게 됨으로써 한자어 어휘력이 약해질 수밖에 없는 한국의 젊은 아마추어 자막러들은 물론 일부 직업 번역가들이 일본어 違和感을 그대로 '위화감'이라고 직역(=오역)함으로써, 또는 한국의 '위화감'이라는 말의 정확한 뜻을 파악하지 못한 일본어 학습자들이 그대로 따라서 씀으로써 다른 많은 사람들도 오용하게끔 만든 사례 중 하나라고 생각합니다.

한국어 위화감의 뜻은 어떤 대상이나 상대 집단 등과 조화되지 못한 느낌, 어우러지지 못하는 느낌, 어울리지 않는 느낌, 이질감이 드는… 등의 뉘앙스로 쓰이는 말입니다. 반면 일본어 違和感은 한국에 비해 말뜻의 스펙트럼이 엄청나게 넓은 단어죠. 예를 들면 한국에서도 잘 알려진 수사 드라마 <파트너 9>에서 범인의 차 트렁크에서 돈이 든 상자와 삽 등의 도구를 보고 "違和感이 들더라고요"라고 말하는 장면이 나옵니다.

그리고 어릴 때 제주도에서 살다가 가족과 함께 일본 오사카로 건너간 후, 단칸 셋방에서 일곱 식구가 함께 찢어지게 가난한 삶을 살다가 패션 모델로서 성공하고, 외국의 갑부 2세와 결혼에 골인해서 이른바 셀럽(요즘은 한국에서도 '셀럽'이란 유행어가 돌더군요) 반열에 오른 안 미카(安美佳)라는 재일교포가 있습니다. 그 안 미카가 토크쇼에 출연해서는 옛날에 사귀던 남자가 알고 보니 북한 간첩이었다는 일화를 얘기하면서, 남자의 부모님에게 인사드리기 위해 한국에 가서 함께 식사를 했는데 그 가족들에게 왠지 違和感을 느꼈다고 말합니다. 자기가 그 가족들에게서 '(한국어)위화감'을 느꼈다는 뜻이 아니라, 다시 말해 남자 친구의 가족들과 자신은 잘 어울리지 않을 것 같은 느낌이 들었다는 말이 아니라, 가족이라는데 어딘지 어색해 보이고 이상했다는 뜻인 겁니다. 진짜 가족인 것처럼 연기를 자연스럽게 못 했으니 뭔가 어색해 보였다는 말인 거죠.

또, 팬티 바람으로 예능 프로에 출연하는 어떤 일본 개그맨의 어릴 때 사진을 보고 게스트 중 한 명이 "지금보다는 '위화감'이 없는 웃는 얼굴이네"라고 말합니다. 그리고 짝이 맞지 않는 신발을 보고도 違和感이 느껴진다고 표현하기도 하죠(이 경우는 그대로 한국어 위화감으로 번역해도 되겠죠). 심지어 제가 어떤 일본인에게 어떤 문장을 보여주면서 일본어로서 좀 부자연스러운 거 아니냐고 물으니까 '위화감'이 있다고 말하더군요. 그리고 성인이 돼서 장성한 사람을 「お子様」라고 부르니까 '위화감'이 있다는 식으로도 말하고요.

또한 일본은 예를 들어서 속이 거북한 느낌, 불쾌한 느낌이 들 때도 違和感이 있다는 식으로 말하고, 어깨가 결린다거나 어딘지 편치 못한 감각을 느낄 때도 어깨에 違和感이 있다고 하죠. 한국은 속이 거북하거나 어깨에 불편한 감각이 있을 때 '위화감'이란 표현을 쓰지 않죠.

위의 거의 모든 예가 한국어 위화감과는 사뭇 다르다는 생각이 들지 않는지요? 이렇듯 일본어 違和感은 뭔가가 이상하다, 부자연스럽다, 어울리지 않는다, 균형이 안 맞는 것 같다, 이질감이 느껴진다, 어색하다, 때로는 거부감이 든다 등등, 그 쓰임새의 폭이 대단히 넓은 단어 중 하나입니다. 그런데도 이 단어를 생각 없이 그대로 한국어 '위화감'으로 번역해 버리는 사람들을 너무 많이 봅니다. 한국어 위화감은 어떤 경우에 쓰이는지 예문을 몇 개 들어 보자면,

교복 자율화로 인해 부잣집 아이들과 가난한 집 아이들 간에 위화감이 조성되고 있다.
학교에 너무 비싼 학용품을 가져와서 다른 친구들이 위화감을 느끼게 하면 못써.
너처럼 공부 못하는 게 공부 잘하는 애들이랑 어울리면 위화감 느껴지지 않냐?
현대식 건물 사이에 판잣집 하나가 달랑 있으니 위화감이 느껴진다.

결국 언어라는 건 언중들이 이끌어 가는 거니까 설령 오용이라도 너무도 널리, 깊게, 두루두루 퍼져서 거의 모든 사람들이 그렇게 오용하게 된다면, 예컨대 '역대급'이라는 듣보잡 표현을 모르는 한국인이 거의 없을 정도로 널리 퍼져 버렸듯이, '흑막'이든 '위화감'이든 또는 TV 방송의 피디나 작가조차 요용하고 있는 '아련하다' 등의 말들도 거의 모든 사람들이 그 오용된 뜻으로 아는 시점이 온다면 어쩔 수 없겠지만, 적어도 그 단어나 표현이 오용이라는 걸 알고 있는 사람들이 존재하는 한, 번역하는 사람들은 그런 말들을 번역할 때 세심한 주의를 기울일 필요가 있겠죠.

지극히 개인적인 생각, 추측인데, 일본인들은 남에게 직설적인 표현을 쓰는 걸 꺼리는 경향이 있으니까, 이상한 느낌, 희한한 느낌, 부자연스러운 느낌, 거부감 등의 부정적인 감정들을 違和感이라는 다소 두리뭉실한 한자어로 표현하다 보니 違和感이라는 한자어의 스펙트럼이 어마어마하게 넓어진 게 아닌가 합니다. 아무튼 결론적으로 일본어 違和感은 문맥에 따라서 이상한 느낌, 어색한 느낌, 균형이 안 맞는 느낌, 거북한 느낌, 불편한 느낌, 부자연스러운 느낌, 안 어울리는 느낌, 생경한 느낌, 이질감, 거부감 등등으로 적절히 의역을 해 줘야겠죠. 물론 한국어 '위화감'이라고 번역해도 상관없을 때는 '위화감'이라고 번역해 주고 말이죠.

모범 답안

1. 違和感は : 찜찜함은, 석연치 않음은

<명탐정 코난>에서 코난이 추리를 끝냅니다. 그런데 자신의 추리에 논리적 허점 같은 건 없는데 어딘지 찜찜한 느낌이 들자 내뱉은 대사입니다. 추리에는 문제가 없는데 어딘지 이상한 느낌이 들어서 한 말이죠. 우리는 이때 위화감이란 표현을 쓰지 않죠.

2. 違和感のきっかけだったんだ : 찜찜함의 이유였구나

여기 나온 「きっかけ」를 '계기'라고 번역하면 좀 이상하죠. 번역을 많이 해 보신 분은 접했을 거라 생각하는데 「きっかけ」도 무조건 계기라고 해선 안 되는 문맥이 있다는 것이죠.

3. 違和感感じないのですか : 듣기 거북하지 않나요, 거부감 안 느끼나요

다 큰 어른이, 그것도 남자가 '~~냥' 하면서 냥냥거리니까 듣기에 거북해서 부인은 그러는 것에 대해 일본어 '위화감'을 안 느끼냐고 묻는 건데, 이 역시 우리는 위화감이라고 하지 않죠.

4. 違和感あるから : 거북하니까, 거부감 느끼니까

5. 愛人 : 내연남

> 日 일본에서 말하는 '애인'은 한국어로 '정부(情夫,情婦)'라고 번역하는데, 일상생활 속에서는 내연남, 내연녀라고 하는 경우가 많습니다.

6. 違和感あったから : 이상하다 싶었거든

언니한테 내연남 있다길래 '위화감'이 있었다? 일본어 학습자들이 違和感을 그대로 위화감이라고 함으로써 지금은 오용 사례가 급격히 늘고 있는 거 같은데 이런 문맥에서조차 '위화감'이라고 하는 분이 계신지가 궁금하네요.

7. 違和感あるな : 희한하네

일본어 狼狽랑 한국어 낭패는 뜻도 쓰임새도 다른데, 그걸 모르는 한국인이 그대로 狼狽라고 해 놓은 걸 본 일본인이 쓴 글을 좀 고친 겁니다. 그러니 일본인 입장에선 그 글이 이상하게 느껴질 수밖에 없겠죠.

8. 위화감을 주는 인간들 : 違和感を与える奴ら

일본에서는 이런 문맥에서도 違和感이라고 합니다. 일본어 違和感은 이 정도로 말뜻의 스펙트럼이 넓은 단어죠. 그리고 위화감의 쓰임새 차이를 강조하기 위해 한 문장에 '위화감'을 두 개나 집어넣었는데 일본인들은 같은 말이 중복되는 걸 꺼리니까 뒷부분은 다른 표현을 써 주는 게 낫겠죠. 아니나 다를까 감수자님도 뒤의 '위화감'을 '불쾌감'이라고 고쳐 놨더군요. 여기서 중요한 사실 또 하나. 한국은 '불유쾌'가 사전에 있긴 해도 거의 안 쓰죠. 하지만 일본은 둘 다 쓰는데 뉘앙스 차이가 있습니다. 이 경우「不愉快」라고 하면 오용입니다. 제 블로그 글 읽으신 분은 아시겠지만 못 읽은 분들은 큐알코드로 확인하세요.

> 日 일본에서는 '인간'이라는 단어를 부정적 의미로 쓰지 않지만, 한국에선 이렇듯 부정적인 뜻으로 쓰일 때가 있습니다. 예컨대 남편이 못마땅한 행동을 했을 때 "이 인간이 진짜!"와 같은 식으로 쓰죠.

일본어 不快와 不愉快의 쓰임새 차이

9. 胃に違和感がある : 위장에 거북한(불편한) 느낌이 든다

요즘은 '위화감'을 이런 때 쓰는 사람들도 늘어난 거 같더군요. 검색하다가 발견한 건데 네이버 지식인에 어떤 사람이, 어깨인지 어딘지 정확히 기억은 안 나는데, 아무튼 신체 부위에 위화감이 있다고 말했더니 그 사람 아내가 위화감을 어디 그런 데 쓰냐고 핀잔을 주더라며 이렇게 쓰면 틀린 거냐고 질문을 올렸더군요. 답변한 분은 틀렸다고 답을 했고요. 그리고 중학생이었던 걸로 기억하는데 '무릎에 위화감이 있다'는 문장을 써 놓고 이런 때 써도 되냐고 물어보더군요. 답변한 사람은 당연히 틀린 표현이라고 하고요. 이것만 보더라도 예전에는 이런 문맥에서는 '위화감'이라고 하지 않았다는 걸 증명하는 것이죠.

10. 違和感があった : 생경하게(어색하게) 느껴졌다

이 문맥에서는 '생경하다'라는 표현으로 번역해 봤는데, 더 나은 번역이 떠오른다면 그렇게 하면 되겠죠. 다시 말씀드리지만 제 번역이 맞다고 주장하는 게 아닙니다. 똑같은 대사라도 번역가에 따라 수많은 번역이 나올 수 있듯이 이 역시 충분히 다른 번역이 가능할 테니까요.

11. 違和感のない笑顔だね : 웃는 얼굴이 자연스럽네

해설에서 언급한 팬티 바람으로 TV에 나오는 개그맨에게 한 말입니다. 여기서 쓰인 '위화감 없는'을 다른 일본어 표현으로 바꾼다면 어떤 게 있겠느냐고 물어봤더니 「自然な」라고 답변했었습니다. 그러니 위와 같이 번역해 줄 수도 있겠는데, 다르게 번역한다면 '어색하지 않네'라고 할 수도 있겠습니다.

랜덤 예제 모범 답안

1. 미 외무장관 : 米外相

2. 조처 : 措置
일본은 '조처'라는 한자어를 안 쓰니까 이렇게 말합니다.

3. 한반도 유사시 : 朝鮮半島での有事の際
일본은 有事時가 아니라 이렇게 표현합니다. 그리고 「朝鮮半島の」라고도 하지만 일본은 위와 같이도 쓰죠.

> 日 반대로 저걸 '한반도에서의 유사시'라고 하면 군더더기 느낌이 납니다.

4. 자국민들 : 邦人·自国民
일본은 자국민을 邦人이리고도 합니다. 邦은 나라 방인데 이렇게 쓰일 때는 '자기 나라'라는 뜻이죠.

> 日 한국에서도 제가 어렸을 때는 '외화(외국 영화)'의 반대말로 '방화'라는 말을 썼습니다만 요즘은 거의 사장됐다고 볼 수 있습니다.

5. 대피책을 강구해 : 避難策を講じて
일본은 '강구'의 뜻이 한국과 다르니 이렇게 번역해 줘야겠죠.

6. 고육지책 : 苦肉の策
사자성어에 쓰이는 之라는 한자는 일본은 이렇게 쓴다는 점.

7. 해명했다 : 釈明した

8. 지엽말단적인 : 枝葉末節な
일본은 '지엽말절'이라고 하고 '적'도 붙이지 않습니다.

9. 진흙탕 싸움 : 泥仕合

10. 합의금 : 示談金

11. 목돈 만지고 싶으면 : まとまったお金が欲しけりゃ
여기서 쓰인 '만지고'를 직역하면 코패니즈가 되죠. 그리고 「纏まる」라는 일본어도 번역하기 결코 쉽지 않은데 일본은 목돈을 위와 같이 표현합니다.

12. 출퇴근 : 通勤
일본은 '출퇴근'이라고 하지 않고 이렇게 표현합니다.

13. 정체 : 渋滞

14. 빠져나왔지만 : 抜け出したが

15. 자동차가 꼬리에 꼬리를 물고 있었다 : 車で長蛇の列をなしていた
'꼬리에 꼬리를 물다'는 번역할 방법이 없으니 위와 같이 의역해 주면 되겠죠?

16. 종적을 감춘 이래 : 失踪してから

17. 백방으로 수소문을 해도 : 四方八方に尋ね回っても
개인적으로 「八方に」라는 표현을 외우고 있었는데 책에 쓰려고 확인해 보니 모른다는 사람도 있고, 쓴다는 사람도 있었습니다. 감수자님은 자기는 쓴 적이 없으나 뜻은 알 것 같다는 답변. 그러니 위와 같이 번역해 주는 게 의사 소통이 원활할 거 같습니다.

18. 객지에서 별세했다는 소식 : よその土地で他界したという知らせ

19. 허망함을 달랠 길 없어 오열 : 虚しさを紛らわすこともできず号泣
달랠 길 없다는 표현은 이처럼 번역해 줄 수 있겠습니다.

20. 발화된 : 出火した
일본어를 공부한 뒤 일본은 '출화'라는 말을 쓰는 걸 보고 사전을 찾아봤더니 한국 국어사전에도 실려 있더군요. 그런데 일본은 '출화'와 '발화'의 쓰임새가 다릅니다. '출화'의 경우는 화재가 발생하는 걸 뜻하고, '발화'는 화재로 이어지든 아니든 불이 발생하는 걸 뜻합니다. 예컨대 누전 등으로 불이 번쩍 튀는 건 출화가 아니고 발화인 것이죠. 한국인 중에 '출화'라는 용어를 아는 사람은 많지 않겠죠? 실제로 검색을 해 봐도 검색되는 건수 차이가 엄청 큽니다. 아무튼 전문 용어이니만큼 아마도 전문 영역에서는 쓰지 않을까 싶은 생각이 문득 들어서 찾아보니 아니나 다를까 쓰고 있더군요. 하지만 전문 영역에서도 '발화'라고 하는 예가 더 많았습니다. '수복'이라는 용어도 예술품 복원 전문가들은 쓰고 있고, 치과 분야에서도 치아를 '수복'한다는 식으로 쓰고 있듯이, 전문 영역에서는 일본의 용어를 그대로 받아서 쓰는 예가 정말 많은 거 같습니다. 그리고 '발화되다'도 일본은 '스루'라고 합니다.

> **日** 한국은 방금 말했듯 전문 영역에서나 쓰지 일반인들에게 예를 들어 "여기서 출화됐어"라고 하면 못 알아듣는 사람이 많을 겁니다. 모르긴 몰라도 발음이 비슷한 출하(出荷)를 떠올리지 않을까 싶습니다.

21. 착화됐고 : 着火し

22. 전소된 : 全焼した
사전을 찾아보면 자동사라고 돼 있는데 타동사로 쓰기도 하는 모양입니다. "を全焼し"로 검색한 건수와 "を全焼させ"로 검색한 건수가 비슷하게 나올 정도입니다.

23. 술김에 뱉은 말 : 酒の勢いで口にした言葉
이런 문맥의 「勢い」라는 말은 그 순간의 분위기에 휩쓸려서 어떤 언행을 한다는 뜻이죠. 술김에, 홧김에, 싸운 김에 등등…

24. 진짜로 받아들이면 : 本気にされたら
일본어 本気도 번역가를 애먹이는 한자어죠. 여기서는 이렇게 번역할 수 있겠습니다. 그리고 이 역시 일본은 피동형으로 말하죠.

25. 진짜로 받아들인다고 : 本気にするんだよ

26. 다들 순진하다고 : みんな純情なんだよ

'순정'이라는 한자어도 한국과 일본이 다른 뜻으로 쓰입니다. 다이지센 사전은 아래와 같이 설명하고 있습니다.

純真で邪心のない心。また、その心をもっているさま。「―な少年」「―可憐」

다른 사전에는 '순진' 대신 '순수'라고 해 놓은 것도 있습니다. 그러니까 일본 한자어 '순정'은 순수나 순진과 비슷한 뜻으로 쓰인다는 것이죠. 여자가 말을 거니까 얼굴이 빨개지는 남자를 보고 일본은「純情な男」라고 합니다.

> **日** 한국어 '순정'은 '순수한 감정이나 애정'이라는 뜻의 명사로만 쓰입니다.

読み方

違和感(いわかん)・有事(ゆうじ)の際(さい)・邦人(ほうじん)・講(こう)じて・苦肉(くにく)
枝葉末節(しようまっせつ)な・渋滞(じゅうたい)・四方八方(しほうはっぽう)・虚(むな)しさ
紛(まぎ)らわす・出火(しゅっか)・着火(ちゃっか)・全焼(ぜんしょう)・純情(じゅんじょう)

応酬와 応手도 한국과 쓰임새가 사뭇 다르다

日本側は哨戒機による[1]はなかったとし、
일본 측은 초계기에 의한 위협 비행은 없었다고 하고,

韓国側は[2]はなかっと主張、日韓の応酬が続いている。
한국 측은 레이더 조준은 없다고 주장, [3   ]이 계속되고 있다.

○○候補と××候補の[4]テレビ討論会は、非難と中傷の応酬合戦に[5]。
○○ 후보와 ×× 후보의 대선 TV 토론은 [6   ]으로 일관했다.

北朝鮮の問題で[7   ]の会議に[8]した4か国が応酬を交わした。
북한 문제로 국제원자력기구 회의에 참석한 4개국이 [9   ].

[10   ]は今回の[11   ]の結果について、[12   ]の末
재일 동포 출신의 한반도 전문가는 이번 양자회동 결과에 대해, '양측의 치열한 공방 끝에

韓国の外交史上、[13]快挙を成し遂げた」と[14]。
한국 외교사상 전무후무한 쾌거를 이룩했다'라고 높이 평가했다.

「非難の応酬」は、激しく[15   ]です。お互いに好ましくない言葉を
'[16   ]'은 격렬하게 서로를 비난하는 것입니다. 서로 바람직하지 않은 말을

[17]し、相手の急所を攻撃し続けることを指します。
연발하면서, 상대의 급소를 계속 공격하는 걸 가리킵니다.

昨夜の大統領選挙討論会は[18   ]は[19   ]
어젯밤의 대선 토론회는 정책 공방은 온데간데없고,

人身攻撃の応酬合戦になってしまい、今、両候補は[20   ]。
[21   ]이 돼 버림으로써 지금 두 후보는 여론의 뭇매를 맞고 있다.

랜덤 예제

[1]全国の養鶏場の鶏を[2]することにした。
AI 확산 방지를 위해 전국 양계장의 닭을 전수조사하기로 했다.

韓国での3年間、様々な文化や[3]を学び、
한국에서 3년간 다양한 문화와 예의범절을 배웠고,

特に[4]の活動は私の人生においてとても[5]になりました。
특히 반려견 동호회 활동은 제 인생에 있어서 대단히 유의미한 시간이 됐습니다.

全般的に[6]そうだから[7]の小さな変化に[8]するんじゃなくて、
전반적으로 호전되고 있다니까 병세의 조그만 변화에 일희일비하지 않고

[9]信じて[10   ]。
완쾌될 거란 믿음으로 열심히 재활에 힘을 쏟을래.

[11   ]、[12   ]今回の[13   ]を[14   ]。
덮거나 숨기지 않고 면밀히 조사해서 이번 승부조작 사건의 전모를 백일하에 드러내겠습니다.

今回の[15]には[16   ]を狙った[17]が[18   ]。
이번 수학 시험에는 성적 상위권 학생을 겨냥한 함정 문제가 세 문제나 들어 있었다.

原作に[19]映画化されたこの作品の[20]を[21   ]
원작에 변주를 가해 영화화된 이 작품의 주인공 배역을 완벽히 소화해 내기 위해서

実際に[22]の間に[23]、[22]生活もしたと言う。
실제로 노숙자들 사이에 섞여 들어가서 노숙자 생활도 했다고 한다.

[24   ]俺の意見は論外と言っていること自体が論外なんだよ!
내 나름대로 논리적으로 말했는데 [25   ] 말하는 자체가 [26   ]!

> **해설**

옛날에 일본어 応酬라는 한자어를 처음 봤을 때 '응? 응수의 한자어가 이거였어?' 하고 사전을 찾아보기 전까지는 저는 한국어 '응수'는 應手뿐인 줄 알았습니다. 아마 이 글을 읽는 여러분들 중에서도 그렇게 생각한 분들이 많을 겁니다. 그럼 사전을 뒤져 볼까요?

먼저 應手입니다.

운동 바둑이나 장기 따위에서, 상대편이 놓는 수에 대응하는 수를 둠. 또는 그 수.
응수를 묻다

다음은 應酬입니다.

상대편이 한 말이나 행동을 받아서 마주 응함.
그의 거친 소리에 여자의 앙칼진 응수가 있었다.

두 단어의 뜻이 다르긴 해도 應手를 바둑이나 장기 용어로서뿐 아니라 비유적으로도 쓸 수 있으니 두 단어의 쓰임새는 얼추 똑같다고 봐도 무방하겠죠? 그럼 이번엔 일본어 사전을 찾아봅시다. 전자의 경우는 양국의 뜻에 차이가 없으니 応酬의 뜻만 알아보기로 하죠. 관련이 없는 2번 뜻풀이는 생략합니다.

먼저 코토방크와 goo사전

互いにやり取りすること。また先方からしてきたことに対して、こちらからもやり返すこと。
서로 주고받는 것. 또는 상대방이 (자신에게)한 행동에 대해 되갚아 주는 것.

「杯の応酬が続く」「相手のやじに応酬する」

다음은 weblio사전

互いにやりとりすること。また、相手のやり方にこたえて、やり返すこと。
서로 주고받는 것. 또는 상대의 행동에 대응해서 되갚아 주는 것.

「やじの―」「パンチの―」

중요한 차이점이 발견되나요? 뒷부분의 뜻풀이는 한국어 '응수(應酬)'와 별반 차이가 없는 것 같은데 중요한 건 앞부분의 뜻풀이죠. 서로 주고받는 것, 치고받는 것이라는 뜻으로도 쓰인다는 사실이 중요한데 실제로 앞부분의 뜻으로 쓰이는 예가 많다는 겁니다. 그러니 일본어 応酬가 '서로 주고받음, 치고받음'이라는 뜻으로 쓰였을 때는 상황과 문맥에 따라 융통성 있게 번역해야 하는 까다로운 단어라는 결론이죠. 그리고 애초에 한국의 경우 오늘날은 應酬라는 한자어를 쓸 일이 거의 없다는 점이고, 한자어 지식이 해박한 사람의 경우 이 應酬라는 한자어를 알고 있다 하더라도 일본처럼 쓰지는 않을 거라는 사실입니다. 예컨대 일본에서 쓰는 것처럼 「WTOで日韓応酬」라는 식으로 말하지는 않을 거라는 겁니다. 왜냐하면 한국어 應酬는 상대방의 말이나 행동을 받아서 마주 응한다는 뜻, 바꿔 말해 맞받아친다는 뜻이니까요. 그렇기 때문에 예문들에 나오는 일본어 応酬를 그대로 응수라고 번역하면 자연스럽지 않은 한국어가 되고 만다는 것이죠.

모범 답안

1. 위협 비행 : 威嚇飛行

2. 레이더 조준 : レーダー照射

3. 日韓の応酬 : 한일의 공방전

   > 日 이런 문맥에서의 일본어 応酬는 공방, 공방전으로 번역해야 자연스럽다고 생각합니다. 이걸 그대로 '한일 응수'라고 하면 한국어로서는 부자연스럽습니다.

4. 대선 : 大統領選

5. 일관했다 : 終始した

   일본은 시종(始終)의 말 순서를 바꿔서 일관하다는 뜻의 동사로 쓰죠.

6. 非難と中傷の応酬合戦 : 비난과 중상 공방전

   일본은 応酬合戦이라는 표현도 자주 쓰는데 이것도 공방전이라고 하면 되겠죠.

7. 국제원자력기구 : 国際原子力機関

8. 참석 : 参加

9. 応酬を交わした : 설전(공방)을 펼쳤다

   이 경우의 応酬를 다른 일본어로 바꾼다면 어떤 게 있겠느냐고 물으니 議論이라고 하더군요. 그러니 '설전'이라고 번역해 줄 수도 있겠죠.

10. 재일 동포 출신의 한반도 전문가 : 在日出身の朝鮮半島専門家

    일본은 在日韓国人(朝鮮人)을 줄여서 이렇게 '재일'이라고 부르는 게 일반적입니다.

    > 日 한국인에게 "저 사람은 재일이에요"라고 하면 일본어를 학습해서 이 단어를 아는 사람이 아니라면 무슨 말인지 못 알아들을 겁니다.

11. 양자 회동 : 二者会合

12. 양측의 치열한 공방 : 双方の熾烈な応酬(攻防)

한국은 '쌍방'보다 '양측'이라고 하는 게 일반적인데 일본의 경우는, 특히 신문이나 뉴스 등에서는 '쌍방'을 쓰는 경우가 더 많은 것 같습니다.

13. 전무후무한 : 空前絶後の

14. 높이 평가했다 : 評価した

15. 서로를 비난하는 것 : 非難し合うこと

16. 非難の応酬 : 비난 공방전

이 예제는 応酬라는 단어가 지닌 뉘앙스에 대해 일본인에게 물었더니 일본인이 답변한 글입니다. 議論과 비슷한 말이지만, 엄청 거칠고 격렬한 설전을 한다는 뉘앙스로 쓰이는 경우가 많다는 것이죠.

17. 연발 : 連呼

답변을 해 준 이 일본인도 '연호'라는 한자어를 이런 식으로 쓰고 있죠. 이건 하나의 표제어로 다시 살펴보겠습니다.

18. 정책 공방 : 政策の論戦

이것의 답으로 처음에는 「応酬」를 제시했는데, 혹시나 싶어서 일본인에게 물었더니 부자연스럽다고 하더군요. 하지만 검색해서 나온 사례를 제시하니까, 자신은 조금 부자연스럽다고 생각하는데 쓰고 있는 사람이 있다면 언젠가 정착될 수도 있겠다는 답변이었습니다. 그래서 감수자님한테도 물었더니 '조금 부자연스러운 느낌'이라고 답했습니다. 그렇다면 論戦과 攻防 중에는 어떤 게 자연스럽냐고 물었더니 論戦을 골라 줬습니다.

19. 온데간데없고 : 影も形もなく

이 '온데간데없다'라는 한국어도 직역 불가능한 표현이죠. 제 능력으로는 위와 같은 번역밖에 떠오르지 않네요.

> 日　'온데간데없다'는 하나의 단어이므로 붙여 씁니다.

20. 여론의 뭇매를 맞고 있다 : 世論のバッシングを受けている

21. 個人攻撃の応酬合戦 : 인신공격 공방전

앞에서 언급한 인격 살인과 인신공격 관련 글 큐알코드로 확인하셨으면 맞히셨겠죠?

랜덤 예제 모범 답안

1. AI 확산 방지를 위해 : 鳥インフルエンザの拡大を防ぐため
이걸「鳥インフルエンザの拡大の防止のため」라고 하면「の」가 너무 많이 중복되니까 위와 같이 번역해야 매끄럽겠죠.

2. 전수 조사 : 全羽検査
일본의 구제역 관련 기사를 많이 접한 분은 우리는 전수 조사라고 하는데 일본은 全頭検査(전두검사)라고 한다는 걸 아시겠죠? 그런데 일본은 소나 돼지 등을 세는 단위는 頭라고 하지만 조류는 羽라고 하니까 위와 같이 번역해 줄 수 있겠죠. 다만 이건 잘 알려지지 않은 전문 용어인 모양입니다. 일본인에게 질문했더니 처음 본다고 하더군요. 검색하니 용례가 있긴 한데 많지는 않습니다. 그러니 일상의 대화에서는 풀어서 말하는 게 낫겠습니다. 그리고 일본에서도 '전수조사'란 말을 쓰지만 이건 사람들에게 어떤 걸 조사할 때 '표본조사'의 반대 개념으로 쓰는 말이라고 합니다.

3. 예의범절 : 礼儀作法
이 경우는 뉘앙스적으로 포괄적인 예의범절의 뜻으로 볼 수 있으니 이렇게 번역해 줄 수 있겠지만, 1권에서 말씀드렸듯이 礼儀作法은 구체적인 예법이란 뉘앙스로도 쓰입니다.

4. 반려견 동호회 : 愛犬同好会
일본은 '반려견'이라는 표현을 쓰지 않죠.

> 日　한국은 '애견'이라는 말도 '반려견'으로 바뀌고 있는 추세입니다.

5. 유의미한 시간 : 有意義な時間
일본은 '유의미'라는 말을 쓰지 않고 이렇듯 '유의의'라는 표현을 씁니다.

6. 호전되고 있다 : 好転している
이 '호전되다'도 일본은 '스루'를 씁니다.

7. 병세 : 病状

8. 일희일비 : 一喜一憂
일본은 한국의 '일희일비'를 이처럼 '일희일우'라고 합니다.

9. 완쾌될 거란 : 完治すると
일본은 '완쾌'라는 한자어 안 쓴다는 거 복습이죠. 그리고 이 역시 '스루'라고 합니다.

10. 열심히 재활에 힘을 쏟을래 : リハビリを一生懸命頑張るつもり
일본은 '재활'이라고 하지 않고「リハビリテーション」을 줄여서 위와 같이 말하는 게 일반적입니다. 그리고 '힘을 쏟을래' 부분도 직역하면 좀 '오오게사'가 됩니다.

11. 덮거나 숨기지 않고 : 包み隠さず
이것도 통째로 외워 버리시기 바랍니다.

12. 면밀히 조사해서 : 精査を行い
협회 차원에서 승부 조작을 한 팀을 조사하겠다는 말인데, 한국은 精査라는 한자어를 쓰지 않지만 일본은 종종 씁니다.

13. 승부 조작 사건의 전모 : 八百長事件の全容

14. 백일하에 드러내겠습니다 : 白日の下に晒してみせます
일본은 이렇듯「〜てみせる」라는 표현을 자주 쓰죠.

15. 수학 시험 : 数学テスト

> 日 일본은 이처럼 '테스트'라고 하는 게 일반적이지만 한국은 조금 다릅니다.

16. 성적 상위권 학생 : 成績上位層の生徒
이 경우 일본은 상위권이 아니라 상위층이라고 합니다. 그리고 '학생'은 이처럼 '생도'라고 번역해 줘야겠죠.

> 日 한국은 예컨대 빈부를 나타낼 때 상위층, 중위층, 하위층이라고 하고 성적의 경우는 이렇듯 상위'권'이라고 하는 게 일반적입니다.

17. 함정 문제 : ひっかけ問題
일부러 오답을 유도하기 위해 낸 문제라는 뜻으로 일본은 위와 같이 표현합니다.「引っかける」는 '건다'는 뜻도 있지만 '걸려들게 한다'는 뜻도 있죠.

18. 세 문제나 들어 있었다 : 3問も含まれていた
우리는 두 문제, 세 문제라고 하지만 일본은 위와 같이 말하는 게 일반적입니다. 그리고 「入っていた」라고 해도 부자연스러운 건 아니지만 위처럼 「含まれていた」라고 하는 게 일반적이라고 말한 일본인이 있었으니 참고하세요.

19. 변주를 가해 : アレンジを加えて
일본은 변주(変奏)라는 한자어를 비유적으로 쓰지 않습니다. 말 그대로 음악 등에서 말하는 '변주'라는 뜻으로만 씁니다. 따라서 위처럼 '어레인지'라고 번역해 줄 수 있겠는데, 한자어로는 「改変」을 쓰기도 합니다.

20. 주인공 배역 : 主人公の役柄
이 '배역'이라는 한자어도 쓰임새가 살짝 다릅니다. 이 문맥에서 配役이라고 하면 어색합니다. 왜냐하면 일본어 配役는 '캐스팅'이라는 뉘앙스로만 쓰이기 때문입니다.

21. 완벽히 소화해 내기 위해서 : 完璧に演じ切るために
'~(해) 내다'라는 한국 표현은 동사 연용형에 「切る」를 붙여서 말하면 자연스러운 경우도 있습니다. 위의 「演じ切る」도 마찬가지고요. 그리고 일본도 「役柄を消化」라는 식으로 쓰긴 하는데 이게 쓰인 문맥을 보면 우리가 말하는 '배역을 소화'라는 표현의 뉘앙스와는 다르게 쓰인 예가 있는 거 같습니다. 그리고 이 경우에 「消化しきる」라고 하는 건 어색하다고 합니다. 그래서 이처럼 「演じ切る」라고 해서 보내면서 감수자님께 「消化し切る」라고 해도 자연스럽냐고 물었더니 돌아온 답변이 아래와 같습니다.

「役柄を消化しきる」とは言わず「演じ切る」で良いと思います。

다만, 이것에 관해서도 여러 차례에 걸쳐서 많은 일본인들에게 질문을 했는데 전반적으로 부자연스럽다는 답변이었지만 자연스럽다는 답변도 없지는 않았으니 참고하시길.

22. 노숙자 : ホームレス

23. 섞여 들어가서 : 紛れ込んで
'섞여 들어간다'는 위와 같이 말하면 되는데 몰랐던 분은 이참에 외워서 활용해 보시기 바랍니다.

24. 내 나름대로 논리적으로 말했는데 : 俺なりに筋道を立てて言っているのに
일본어 「筋道」도 참 골치 아픈 단어죠. 이런 문맥에서는 '논리적'이라고 번역해 줄 수 있겠습니다.

25. 俺の意見は論外 : 내 의견은 말도 안 된다

이 '논외'라는 한자어도 쓰임새가 다릅니다. 한국어 '논외'는 '논의의 범위 밖'이라는 뜻으로만 쓰죠. 예문도 '그 문제는 일단 논외로 하고 본론으로 들어갑시다'라고 나와 있습니다. 다시 말해 일단 제쳐 둔다는 뜻인 것이죠. 그런데 일본어 論外는 이것에서 의미가 확장돼서 쓰입니다. 다이지린 사전의 2번, 3번 뜻풀이입니다.

（2）論ずる価値のないこと。とるにたりないこと。また，そのさま。問題外。「そんな現実離れした案は―だ」

（3）もってのほかのこと。とんでもないこと。また，そのさま。法外。「―な値段」「―な要求」

일본은 '논할 가치도 없는 것'이라는 뜻과 '당치도 않은 것, 터무니 없는 것'이라는 뉘앙스로도 쓴다는 겁니다. 예문을 봐도 한국과는 다른 뜻이란 걸 알 수 있죠.

26. 論外なんだよ : 말도 안 된다고

> **読み方**
>
> 哨戒機(しょうかいき)・快挙(かいきょ)・養鶏場(ようけいじょう)・応酬(おうしゅう)・終始(しゅうし) 空前絶後(くうぜんぜつご)・連呼(れんこ)・全羽(ぜんわ)・一喜一憂(いっきいちゆう) 有意義(ゆういぎ)・包(つつ)み隠(かく)さず・精査(せいさ)・白日(はくじつ)の下(もと)に晒(さら)して 役柄(やくがら)・紛(まぎ)れ込んで・論外(ろんがい)

일본은 아무거나 다 連呼(연호)한다

この頃、私の息子が下品な言葉を連呼していて心配です。
요즘 제 아들이 [1   ] 말을 [2]하고 있어서 걱정입니다.

今、患者の家族たちが病院の前で[3]の[4]だと連呼してます。
지금 환자 가족들이 병원 앞에서 물리치료사의 의료 과실이라고 [5   ].

[6]は市の[7]を批判しながら、
시위대는 시의 전시행정을 비판하면서

演説のために[8]野党の〇〇〇議員の名前を連呼しています。
연설을 위해 연단에 오른 야당의 〇〇〇 의원의 이름을 [9   ].

〇〇年ぶりに[10   ]瞬間、
〇〇년 만에 우승을 쟁취한 순간

野球場を埋め尽くした[11]は「ロッテ」を連呼した。
야구장을 가득 메운 관중들은 '롯데'를 [12   ]했다.

랜덤 예제

[1   ]が下された中、特に[2   ]で
강력범 일제 소탕령이 내려진 가운데, 특히 잔인무도한 수법으로

善良な商人らの[3   ]、苦しめてきた[4   ]を検挙するために
선량한 상인들 돈을 갈취하고 괴롭혀 온 〇〇파 조직원들을 검거하기 위해

[5   ]が総動員された。
강력계 형사가 총동원됐다.

[6   ]のOOさんは特にベートーベンに関する[7   ]。
클래식 음악계의 권위자인 OO 씨는 특히 베토벤에 관한 지식에 있어서는 독보적이다.

さらに現代のポップソングにも[8]。
또한 현대 팝송에도 일가견이 있다.

元カレを[9]に合格させようと、身も心も捧げて[10   ]
전 남자친구를 사법고시에 합격시키려고 몸도 마음도 바치고 돈까지 바쳤는데

合格するやいなや捨てられて[11   ]。
합격하자마자 버림당하니 피가 거꾸로 솟는 거 같았어요.

[12]、[13]、[14]、[15]などの軽犯罪は
고성방가, 노상방뇨, 무전취식, 풍기문란죄 등의 경범죄는

[16]の対象になりうる。
즉결심판 대상이 될 수 있다.

延長戦まで[17   ]だったので、テレビから[18   ]。
연장전까지 반전 또 반전의 경기 양상이어서 TV에서 눈을 뗄 수가 없었다.

自ら発議した法案が最も多く[19]など、[20   ]で
손수 발의한 법안이 가장 많이 통과되는 등, 발군의 의정활동으로

国民の賛辞を[21   ]代議士である。
국민의 찬사를 한 몸에 받고 있는 [22]이다.

OO議員の独走を牽制するためには[23   ]が[24   ]。
OO 의원의 독주를 견제하기 위해서는 야권 단일화와 후보 단일화가 필수적입니다.

「[25]」の[26]は、[27]会社から[28]を意味する「[29]」です。
'출근'의 반대말은 일을 끝내고 회사에서 나가는 걸 뜻하는 '퇴근'이에요.

> **해설**

연호(連呼)라는 한자어도 한일 양국의 쓰임새가 미묘하게 다릅니다. 사전부터 일단 살펴볼까요? 다 비슷하니 goo 사전의 뜻풀이를 보시죠.

同じ言葉を何度も繰り返して大声で言うこと。「スローガンを―する」
같은 말을 여러 차례 반복해서 큰소리로 말하는 것. (슬로건을 연호하다)

다음은 표준국어대사전의 설명

계속하여 부름.
군중들은 연호로써 그의 연설에 호응했다.

표준국어사전의 뜻풀이가 너무 간략하네요. 아무튼 언뜻 보면 비슷한 거 같은데 자세히 뜯어보면 미묘한 차이가 있죠. 우리는 '부름'인데 일본은 같은 '말'을 반복해서 '말하는' 것이죠. 우리가 연호한다고 말할 때는 스포츠 선수, 정치인 등의 이름을 계속 부르는 걸 말하죠. 그리고 시위할 때 구호를 반복해서 외치는 것을 말하고요. 그런데 일본은 같은 '말'을 반복해서 '말하는 것'도 연호라고 한다는 것이죠. 실제로 쓰인 사례를 수집해 왔으니 한번 보시죠.

ありえないと連呼しながらも、それでも完全に否定できないのだ。
「失礼」と連呼する癖 はコメントを受け付けていません。
ひたすら「可愛い」と連呼したい！
「ゲーム＝悪いもの」と連呼する親が問題である。
数多の人々がいい山だと連呼する雪彦山に登った。

차이가 느껴지시죠? 우리는 귀엽다(예쁘다)란 말을 반복해서 하는 걸 '연호'라고 하지 않죠. 특히 마지막 예문 '다수의 사람들이 좋은 산이라고 연호하는'의 경우 우리와의 쓰임새 차이가 극명하게 드러나죠. 그리고 이와 비슷한 의미로 일본은 의외의 한자어를 쓰는데 지면 관계상 못 넣을 뻔했는데 말씀드렸듯 막판에 욱여넣기 작업으로 집어넣었으니 3권을 기대하세요.

> 日 한국의 경우 앞서 말했듯이 사람 이름이나 구호 등을 반복해서 외치는 걸 '연호'라고 합니다.

> **모범 답안**

1. 下品な : 상스러운

> 日 일본어 「下品」은 문맥에 따라서 여러 한국어로 번역하지 않으면 안 되는 까다로운 일본어인데, 이 경우는 '상스러운'이 딱이라고 생각합니다.

2. 連呼 : 연발

> 日 이렇듯 한국에서의 '연호'란 말의 쓰임새도 일본과는 다릅니다. 한국어 '연호'는 사람이나 단체 등의 이름, 혹은 구호(口號) 등을 계속해서 외치는 경우 말고는 쓰지 않습니다. 이처럼 '상스러운 말을 계속 내뱉는' 경우에는 '연호'라고 하지 않습니다.

3. 물리치료사 : 理学療法士

일본에서는 이처럼 '이학요법사'라고 합니다.

4. 의료 과실 : 医療過誤

> 日 의료 미스(医療ミス)라고도 하긴 하는데 의료 과실(医療過失)이 정식 표현입니다.

5. 連呼してます : 계속 외치고 있습니다.

> 日 이 경우에는 '연발'이라는 단어도 어울리지 않죠. 그러므로 일본어 連呼는 문맥에 따라서 다른 표현을 쓰지 않으면 안 되겠죠.

6. 시위대 : デモ隊

7. 전시 행정 : 箱物行政

'전시(展示) 행정'이라는 용어를 일본어로 번역할 길이 없죠. 번역가는 이런 경우에 정말 머리를 쥐어뜯습니다. 다만, 이와 똑같지는 않지만 비슷한 용어가 있는데 이게 바로 箱物行政라는 말이죠. 箱物는 상자 모양으로 생긴 가구의 총칭인데, 여기서 의미가 확장돼서 정부나 지자체 등이 건설하는 경기장, 체육관, 미술관, 박물관 등 공공시설을 뜻하게 된 거죠. 그런데 우리도 그렇지만 이런 것들을 건설하는 건 민생에 실익을 주는 경우는 극소수죠. 그래서 비판의 목소리가 많을 수밖에 없고 이 箱物行政이란 말에 부정적인 느낌을 받는 사람들이 많은 것이죠. 아무튼 세금을 헛되이 쓴다는 의미에선 한국의 '전시 행정'과 비슷하다고도 할 수 있겠습니다.

> 日 한국어 '전시 행정'은 그다지 시민을 위한 것이 아님에도 자신의 업적을 과시하기 위해서, 혹은 주어진 예산을 일부러 소진하기 위해서 겉만 번드르르한 헛된 곳에 돈을 낭비하는 걸 뜻합니다.

8. 연단에 오른 : 登壇した

9. 連呼しています : 연호하고 있습니다

> 日 이 경우는 사람의 이름을 반복해서 부르는 거니까 '연호'라고 합니다.

10. 우승을 쟁취한 : 優勝を勝ち取った

일본은 '쟁취'라는 한자어를 쓰지 않고 위와 같이 표현합니다.

11. 관중 : 観客

12. 連呼 : 연호

> 日 한국에선 이런 경우에 '연호'라는 말을 씁니다.

랜덤 예제 모범 답안

1. 강력범 일제 소탕령 : 強行犯一斉検挙の命令

강력범은 앞에서 나온 것이고, 소탕(掃蕩)은 어려운 한자에다 상용한자가 아니라서 掃討(소토)라고 표기하는데, 이것의 쓰임새도 실제로 적을 소탕한다거나 할 때 쓰지 이런 때는 쓰지 않는다고 합니다. 참고로 討는 토벌이라고 할 때의 討죠.

2. 잔인무도한 수법 : 残忍非道な手口

3. 돈을 갈취하고 : お金を巻き上げ

일본은 '갈취'라는 한자어의 사용 빈도가 낮고 모르는 사람도 많은 모양이니 위와 같이 번역해 주는 게 좋겠죠. 「巻き上げる」는 기본적으로 감아 올린다, 말아 올린다는 뜻이지만 사람들 등치는 것, 갈취하는 것, 빼앗는 것이라는 뜻으로 씁니다.

4. OO파 조직원들 : OO組の構成員

한국은 폭력 조직을 '~파'라고 하는데 일본은 일반적으로 組를 붙이죠. 그리고 폭력 조직 조직원을 일본은 組織員이라고는 하지 않고 위와 같이 말합니다. 또는 暴力団員이라고도 합니다.

5. 강력계 형사 : 強行犯係の刑事

6. 클래식 음악계의 권위자 : クラシック音楽界の権威

일본은 이렇듯 '권위'만으로 사람을 가리키기도 합니다.

7. 지식에 있어서는 독보적이다 : 知識においては右に出るものはいない。

일본은 '독보적'이라는 한자를 쓰지 않으니 위처럼 의역해 줘야겠죠.

8. 일가견이 있다 : 見識が高い·一見識がある

일본어를 한창 열심히 배울 때 '일가견'과 같은 말로 일본은 一家言(일가언)이라고 한다고 배웠습니다. 그런데 이 역시 확인을 위해 검색을 해 봤더니 지금은 원래의 뜻과는 전혀 다른 부정적 뉘앙스로도 쓰이는 모양이더군요. 글이 길어지니 큐알코드 참조.

'일가견(一家見)이 있다'는 「一家言がある」?

9. 사법고시 : 司法試驗

10. 돈까지 바쳤는데 : お金まで貢いだのに

이 「貢ぐ」도 드라마 등을 보면 아주 자주 나오죠. 이성에게 시쳇말로 뻑이 가서 돈을 갖다 바치는 것, 또는 이용당해서 돈을 뜯기는 걸 이렇게 표현하죠.

11. 피가 거꾸로 솟는 거 같았어요 : 血が逆流しそうでした

12. 고성방가 : 放歌高吟

13. 노상방뇨 : 立小便

「たちしょんべん」이라고도 합니다.

14. 무전취식 : 無銭飲食

15. 풍기문란죄 : 公然わいせつ罪

16. 즉결심판 : 即決裁判

17. 반전 또 반전의 경기 양상 : 二転三転の試合展開

이 「二転三転」도 몰랐던 분은 외워 두세요. 스포츠 중계나 신문 보도 등에서 「二転三転の〜〜」 형태로 자주 등장하죠. 검색해 봐도 아주 많이 나옵니다. 다만 감수자님은 「二転三転する」라고 하는 게 일반적이라고 했으니 이 의견도 참고하세요.

18. 눈을 뗄 수가 없었다 : 目が離せなかった

19. 통과되는 : 成立する

20. 발군의 의정 활동 : 群を抜いた議会活動
일본은 '의정'활동이란 표현을 쓰지 않고 이처럼 말합니다.

21. 한 몸에 받고 있는 : 一身に受けている

22. 代議士 : 중의원 국회의원

23. 야권 단일화와 후보 단일화 : 野党一本化と候補一本化
일본은 단일화가 아니라 一本化라고 합니다. 또한 '야권'이라는 말을 안 쓰죠.

24. 필수적입니다 : 不可欠です・必須です

25. 출근 : 出社・出勤

26. 반대말 : 対義語・反対語

27. 일을 끝내고 : 仕事を終わり・仕事を終え
「終わる」는 자동사고 「終える」가 타동사인데 일본은 이처럼 「終わる」도 타동사로도 쓰죠. 그렇다면 타동사로서 이 둘의 차이는 뭘까요? 큐알코드로 확인하세요.

終える는 타동사, 終わる는 자동사, 그런데…

28. 나가는 걸 : 退出することを
일본은 '퇴출'이라는 한자어를 이렇듯 스스로 어떤 장소에서 나간다는 뜻으로 씁니다.

29. 퇴사 : 退社・退勤

> ### 読み方
> 賛辞(さんじ)・牽制(けんせい)・理学療法士(りがくりょうほうし)・箱物(はこもの)行政・巻(ま)き上げ・一(いち)見識・貢(みつ)いだ・立小便(たちしょうべん)・二転三転(にてんさんてん)・代議士(だいぎし)

성향, 지향과 性向·志向의 미묘한 쓰임새 차이

最近の日本の若者は、[　　1　　]方で、
요즘 일본의 젊은이들은 대체로 보수 성향이 강한 편이고,

社会への閉塞感をもろに受けている世代である。
사회에 대한 [　2　]을 고스란히 느끼고 있는 세대다.

SNSの[3]があまりにも[4]じゃないかと[5]
SNS의 글이 지나치게 보수 성향이 아니냐고 따지니까

「俺の[　6　]は保守じゃなく極右だ、この野郎!」と言って開き直った。
"내 정치적 성향은 보수가 아니라 극우야, 이 자식아!"라고 말하며 [　7　].

彼は、[　　8　　]
그는 진보 진영에서 입지가 좁아지자,

開き直って[　9　]のコラムニストとして活動を始めた。
[　10　] 극우 성향 신문의 칼럼니스트로 활동을 시작했다.

南北[　　11　　]、[　　12　　]を[　　13　　]。
남북 고위급 회담에서 양측은 미래 지향적 동반자 관계를 구축해 가기로 합의했다.

当社は、[　　14　　]するために、
저희 회사는 미래 지향적 인재를 양성하기 위해

海外に[　15　]など、様々な支援活動を行っています。
해외에 어학연수를 보내는 등 다양한 지원 활동을 펼치고 있습니다.

最近の[16]は[　17　]、[　　18　　]者が多すぎる。
요즘 취준생은 지나치게 안정 지향적이라 진취적 기상은 티끌조차 없는 사람이 너무 많다.

独立志向が強い人の中には、[19]が良い人が多い。
[20   ] 사람 중에는 일솜씨가 좋은 사람이 많다.

[21]志向の方、大歓迎!様々な分野での[21]を支援すべく、
창업 [22   ] 대환영! 다양한 분야에서의 창업을 지원하기 위해

色んな[23   ]を[24   ]。
여러 맞춤형 강좌를 마련해 두었습니다.

俺の彼女はブランド志向が強すぎて、いくら[25   ]切りがない。
내 여친은 [26   ] 아무리 돈을 갖다 바쳐도 끝이 없다.

いつも[27]、[28]はめちゃくちゃなくせに、上昇志向ばかり強い奴だ。
맨날 꾀만 부리고 일 처리는 엉망진창인 주제에 [29   ] 놈이다.

うちのサッカーチームには、Jリーグじゃなく欧州志向の選手が多いです。
우리 축구팀에는 J리그가 아니라 [30   ]가 많습니다.

랜덤 예제

他分野の人たちとの[1]を確保するというO議員の[2]も
다른 분야 사람들과의 형평성을 확보하겠다는 O의원의 해법도

[3   ]。
황당하기 짝이 없다.

[4]の具体的な内容も除いた[5]捜査報告書に[6   ]
성폭행의 구체적 내용도 뺀 부실한 수사 보고서에 여론이 들끓자

国防部は[7   ]大々的な[8   ]。
국방부는 뒤늦게 부랴부랴 대대적인 재수사에 나섰다.

> **해설**

한국어 '성향'과 일본어 性向의 쓰임새도 양국이 다릅니다. 한국의 국어사전을 보면 간단하게 '성질에 따른 경향'이라고 뜻풀이가 돼 있습니다. 그럼 일본의 사전은 어떨까요? 코토방크와 goo사전 둘 다 아래와 같이 돼 있습니다.

人の性質の傾向。「目立ちたがる性向がある」
사람의 성질의 경향. '눈에 띄고 싶어하는 성향이 있다'

즉, 한국과 달리 일본의 경우 性向이라는 한자어는 주로 '사람'의 정서적 성향, 기질이라는 뜻으로 쓰이는 말이지 언론사 같은 단체나 집단에 쓰이는 건 아니란 말이죠. 그리고 애초에 일본은 性向이라는 한자어 자체를 별로 쓰지 않는다고 합니다. 한 일본인의 경우 性向이라는 한자어는 난생처음 본다는 반응을 했을 정도였으니까요. 다만, 소비성향, 배당성향 같은 경제용어의 경우에는 일본도 우리와 같이 「消費性向·配当性向」라고 합니다.

그리고 '지향'이라는 한자어 역시 쓰임새가 다릅니다. 사전의 뜻풀이는 대동소이하지만 일본은 한국에 비해 쓰임새의 폭이 훨씬 넓고 사용 빈도 또한 높습니다. 그리고 한국의 경우는 주로 '지향적' 또는 '지향하다'라는 동사로 쓰지만 일본은 '지향'이라는 명사 형태로 쓰는 경우가 아주 많습니다. 그럼 예제를 살펴보면서 설명해 나가겠습니다.

> **모범 답안**

1. 대체로 보수 성향이 강한 : 総じて保守志向が強い

한국이 말하는 '보수 성향'을 일본어로 번역해 놓을 걸 보면 이처럼 '지향'이라고 한 게 많습니다. 그리고 「総じて」란 표현을 몰랐던 분은 외워 두시길.

2. 閉塞感 : 무력감

일본에서 쓰는 '폐색감'이라는 한자어는 사방이 꽉 막힌 듯한 막막함, 무력감, 절망감 등의 뉘앙스로 쓰는 말입니다. 하지만 우리는 장폐색 같은 전문 용어로만 쓰일 뿐 일상생활에서는 거의 안 쓰죠. 처음 듣는다는 사람도 꽤 될 겁니다. 일본은 버블 경제가 무너지고 시름에 잠기는 사람들이 늘어났을 때 이 용어를 쓰기 시작하면서부터 널리 퍼진 거라고 합니다. 문서 번역 같은 거라면 그대로 '폐색감'이라고 직역하고 주를 달아 줄 수 있지만, 영상번역은 그게 불가능하니까 위처럼 의역해 주는 방법밖에 없겠습니다.

3. 글 : 記事

일본은 블로그, SNS 등에 올리는 개인의 신변잡기 같은 글도 '기사'라고 하고, 글을 올리는 행위를 '투고'라고 합니다.

4. 보수 성향 : 保守寄り

보수 성향은 이렇게 번역해 줄 수도 있겠죠. '보수로 쏠린'이라는 뜻이죠. 특히 좌편향, 우편향이라는 한국어도 「寄り」로 번역해 주면 되겠죠.

5. 따지니까 : 問いただすと

6. 정치적 성향 : 政治的立場

'성향'은 문맥에 따라서는 '입장'이라고 번역해 줄 수 있겠습니다.

7. 開き直った : 더 세게 나왔다

이 「開き直る」도 번역하기 정말 까다로운 일본어죠. 한마디로 말이나 행동 등이 표변하면서 '배 째라'는 태도로 나오는 걸 뜻하는 말이죠. 이 문맥에서 저는 저렇게 번역해 봤습니다.

8. 진보 진영에서 입지가 좁아지자 : 革新陣営での立場が弱くなると

일본에선 '보수'는 그대로 保守라고 하지만 '진보 진영, 진보 세력, 진보파' 등의 표현의 경우에 일본에선 '진보'라고 하지 않고 革新이란 말을 쓰는 게 일반적입니다. 물론 일본도 進歩라는 한자어를 쓰니까 한국어 '진보'를 그대로 進歩라고 표현해도 의미는 통합니다. 다만 일본에선 '혁신'을 쓰는 게 일반적이라는 것이죠. 하지만 '진보당'처럼 고유명사인 당명의 경우는 일본어로 革新党이라고 바꾸어 부를 수는 없겠죠. 그리고 일본의 신문 기사 등을 보면 한국에서 말하는 '진보 진영, 진보 세력, 진보파' 등을 번역할 때 그냥 그대로 進歩라고 번역해 놓은 경우에도 괄호를 쳐서 革新이라고 보충해 넣은 예를 종종 발견합니다. 이것만 봐도 일본에선 '진보'보다는 '혁신'이 더 널리 알려져 있음을 알 수 있겠죠. 그리고 '보수'의 반대 개념으로서 「リベラル(liberal)」라고 칭하기도 하는데, 이건 오용이라고 지적하는 일본인도 있긴 있더군요. 일견 일리 있는 말 같기도 합니다. 일본에선 일본 정당인 일본공산당을 좌익이라고 보는데 공산주의를 liberal(자유주의)라고 부르는 데 대한 반발심이 아닌가 합니다. 하지만 아무튼 일본의 뉴스나 신문 기사에서도 보수의 반대 개념으로서 「リベラル」라고 말하고 적어 놓은 사례를 많이 찾아볼 수 있으니 참고하시기를. 그리고 일본은 '입지'라는 한자어를 이처럼 비유적으로 쓰진 않고 그 쓰임새도 국한돼 있습니다. '입지 조건'이라고 할 때 쓰는 정도일 뿐입니다. 따라서 이 '입지'를 立場라고 번역하기도 하죠. 하지만 이 경우 「立場が狭い」라고 하면 부자연스럽다고 합니다. 검색을 해 보면 실제로 이렇게 표현하고 있는 일본인들도 많은데, 그중에서 발견한 어떤 글에서는 「立場が狭い」라는 표현을 하는 것 자체로 질문자의 레벨을 알겠다, 또 한 사람은 일본에선 그런 표현 안 쓴다고 핀잔을 주는 글도 발견했습니다. 그리고 「肩身が狭い」라는 표현도 몰랐던 분은 외워 두세요. 기본적으로는 면목이 없다, 체면이 안 선다, 체면이 말이 아니다, 그 자리나 단체, 집단에 있기가 거북(불편)하다 등의 뉘앙스로 쓰이는 말인데 이런 문맥에서도 씁니다.

9. 극우 성향 신문 : 極右寄りの新聞

10. 開き直って : 아예 대놓고, 아예 보란 듯이

여기서는 위와 같이 번역해 봤는데, 더 좋은 번역을 아시면 가르쳐 주십시오.

11. 고위급 회담에서 양측은 : 高官会談で双方は
이런 문맥에서는 両側가 아니라 위처럼 말하는 게 일반적인 거 같습니다.

12. 미래 지향적 동반자 관계 : 未来志向のパートナーシップ
블로그에서도 언급했지만 일본은 이 경우에도 '적'을 안 붙입니다. 그리고 '동반자 관계'라는 말도 안 씁니다. 일본어 '동반'도 원래 한국과 같은 뜻인데, '캬바쿠라' 같은 유흥주점의 호스티스가 출근하기 전에 손님과 식사 등을 하고 가게로 가는 걸 뜻하는 말로 쓰이기 시작하면서 원래의 뜻은 퇴색되고, 우리가 우스갯소리로 말하는 소위 밤 문화 '전문 용어'로 쓰임으로써 원래의 뜻으로 이 단어를 쓰는 걸 꺼려하게 된 게 아닌가 싶습니다.

13. 구축해 가기로 합의했다 : 築いていくことで合意した
그대로 構築라고 해도 되지만 이 경우는 이처럼 말하는 게 일반적입니다.

14. 미래 지향적 인재를 양성 : 未来志向の人材を育成
일본은 '양성'과 '육성'의 쓰임새와 뉘앙스가 살짝 다릅니다. 이 문맥에서 '양성'이라고 하면 부자연스럽다고 합니다. 이에 관해서는 바로 다음에 따로 표제어로 다뤄서 설명하겠습니다.

15. 어학연수를 보내는 : 語学留学に行かせる
앞서 '유학을 보내다'에서도 다뤘듯이 이 경우도 「送る」라고 하면 부자연스럽습니다.

16. 취준생 : 就活生

17. 지나치게 안정 지향적이라 : 安定志向すぎて
이 문맥에서는 위와 같이 번역해 봤습니다.

> **日** 블로그에서 이웃님들의 조언을 구하기 위해 여기서 쓰인 예문들을 제시하고 우리도 '지향'이라는 단어를 이와 같이 쓰는지를 물었었는데, 거의 모든 사람들이 부자연스럽다고 했습니다. 그런데 몇몇 분은 이 예문의 경우는 쓸 수도 있겠다는 답변을 했지만 이 역시 자연스럽다고까지는 말 못 하겠다는 반응, 자신이라면 동사로 쓰겠다는 답변도 있었습니다. 이렇듯 한국에서는 '지향'이라는 한자어를 '지향적'이라고 하거나 동사로 쓰는 게 일반적입니다.

18. 진취적 기상은 티끌조차 없는 : 進取の気性の欠片もない

> **日** 「欠片もない」를 직역하면 '조각도 없다'지만 이건 부자연스럽습니다. 그러니 문맥에 따라 '티끌'이라고 번역하시기를 권합니다.

19. 일솜씨 : 仕事ぶり

20. 独立志向が強い : 독립 욕구(의지)가 강한

21. 창업 : 起業
일본도 創業라는 한자어를 쓰지만 여기선 創業라고 하면 부자연스럽습니다. 이에 관해서도 따로 표제어로 다뤄서 자세히 설명드리겠습니다.

22. 志向の方 : 지망하는 분
창업에 '지망'을 쓰면 이상한가? 싶었는데 검색을 해 보니 취업 아카데미나 자격증 학원 등에서 '창업 지망생' 등의 표현을 엄청 많이 쓰고 있더군요. 뉴스 기사에서도 엄청 많이 검색이 됐습니다.

23. 맞춤형 강좌 : オーダーメイド型講座
일본은 이처럼 order made라고 표현합니다. 수강생 등의 '니즈'에 맞춰서 커리큘럼이나 강좌 코스를 짠다는 뜻으로 쓰는 말이죠.

24. 마련해 두었습니다 : 設けています
이 경우의 '마련하다'는 「設ける」라고 번역하면 되겠습니다. 그리고 '~해 두다'는 보통 「～ておく」라고 번역하지만 모든 경우에 해당하는 건 아니죠. 따라서 이런 문맥에서는 이처럼 '테이루'를 써 줄 수 있겠습니다. 또한 이건 지금 마련하고 있다는 말이 아니라 이미 마련해 둔 상태라는 말이죠.

25. 돈을 갖다 바쳐도 : お金を貢いでも

26. ブランド志向が強すぎて : 명품 욕심이 너무 많아서
개인적으로 여기선 '욕심'으로 의역하는 게 적절할 듯합니다.

27. 꾀만 부리고 : ズルばかりして

28. 일 처리 : 仕事ぶり

> 日　일본어「仕事ぶり」는 문맥에 따라 일솜씨, 일 처리, 일 처리 능력 등으로 번역해 줄 수 있겠습니다.

29. 上昇志向ばかり強い : 상승 욕구만 강한
여기서는 '욕구'라고 의역해 봤습니다.

30. 欧州志向の選手 : 유럽을 희망하는(원하는) 선수
여기선 욕구도, 욕심도 부자연스럽죠. 그래서 위와 같이 의역했습니다.

랜덤 예제 모범 답안

1. 형평성 : 公平性
일본은 '형평성'이라는 한자어를 안 쓰니까 이처럼 의역할 수밖에 없죠.

2. 해법 : 解決策
일본은 「解法」라는 한자어를 '문제를 푸는 방법'이라는 수학 용어로만 씁니다.

3. 황당하기 짝이 없다 : 荒唐無稽極まりない
'황당하다'는 말도 일본어로 번역하기 까다로운 단어죠. 한국어 '황당하다'를 '황당무계하다'로 바꿔도 자연스러운 경우는 위와 같이 번역하면 되겠습니다.

4. 성폭행 : 性的暴行
일본은 이처럼 '성적 폭행'이라고 하는 게 일반적입니다. 한 일본인은 '성폭행'이라고는 안 한다고 단언할 정도였습니다.

5. 부실한 : ずさんな
이 '부실'이라는 한자어의 뜻과 쓰임새도 다르다고 1권에서 썼죠. 혹시 1권에서 블로그 글 읽어 보시라고 권했는데 시간이 없어서 안 읽으신 분은 시간 되실 때 꼭 한번 읽어 보시기를 권합니다. 그리고 PC를 켜야 하는 게 불편한 분들을 위해서 1권에 못 넣었던 큐알코드를 넣어 두니까 휴대폰으로 들어가셔서 읽어 보세요.

'부실한 남편'과 「不実な夫」는 정반대의 뜻?

6. 여론이 들끓자 : 世論が沸き起こると
여론이 들끓는다는 표현은 이처럼 번역할 수 있겠습니다.

7. 뒤늦게 부랴부랴 : 遅まきながら、あたふたと

「遅まき」는「遅蒔き」인데「蒔く」는 씨를 뿌리는 것, 파종하는 것을 말하죠. 그러니 철 늦은 파종, 늦은 파종이라는 뜻인데 의미가 확장돼서 이런 뉘앙스로도 쓰는 거죠. 그리고「あたふた」는 부랴부랴, 허겁지겁, 황급히 등의 뉘앙스를 지닌 말이죠. 이「遅蒔きながら」와 비슷한 뉘앙스로「遅ればせながら」라는 말도 있는데 이 둘은 쓰임새 차이가 있습니다.「遅ればせながら」라는 말은 본인에 대해서 쓰는 말로서 늦었음에 대한 미안한 마음, 사죄의 마음을 담아서 쓰는 말인데「遅蒔きながら」에는 그런 뉘앙스는 없습니다. 그리고「ばせる」부분은 히라가나로 쓰는 경우가 많은데 한자로 쓰면「遅れ馳せながら」가 됩니다.「はせる」가 탁음화된 것이죠. 그러니까 '늦었으므로 (급히)내달린다'라고 생각하면 외우기 쉬울 겁니다.

8. 재수사에 나섰다 : 再捜査に乗り出した

이런 문맥에서의 '나서다'는 이처럼 번역해 주면 되겠습니다.

> **読み方**
>
> 総(そう)じて・志向(しこう)・閉塞感(へいそくかん)・肩身(かたみ)・極右(きょくう)
> 欠片(かけら)もない・荒唐無稽(こうとうむけい)・遅(おそ)まきながら・遅(おく)ればせながら

양성, 육성과 養成·育成의 쓰임새 차이

[1]は、[2]のトレーナーによる体系的な[3]
저희 아이돌 학원은 대형 연예기획사 트레이너에 의한 체계적인 커리큘럼을 갖추고

[4]アイドル[5]をお待ちしております。
다재다능한 아이돌 지망생을 기다리고 있습니다.

これは、ゲームのキャラクターを[6]ゲームです。
이건 게임 속 캐릭터를 아이돌로 육성하는 게임이에요.

声優を[7]で訓練を終えて、今回の声優[8]したのです。
성우를 양성하는 전문 학원에서 훈련을 마치고 이번 성우 모집에 응시한 겁니다.

優れた[9]するのは、企業にとって非常に[10]ことである。
뛰어난 인재를 양성하는 건 기업에 있어서 대단히 긴요한 일이다.

優れた溶接[11]する[12]を探してます。
뛰어난 용접 기술자를 양성하는 용접 직업 훈련소를 찾고 있습니다.

랜덤 예제

[1]が受け入れられるどころか、
성폭행 신고가 받아들여지기는커녕

担当警察官に[2]をされたんです。
담당 경찰관한테 강제 추행을 당했다고요.

[3]発見されてから1ヵ月、警察の対応は未だに[4]。
외대생이 익사체로 발견된 지 1개월, 경찰의 대응은 아직도 미적지근하다.

2002日韓W杯[5]で[6]韓国は[7]だった
2002 한일 월드컵 조 추첨식에서 D조에 편성된 한국은 오랜 숙원이었던

[8   ]、世界の強豪たちと[9]なりました。
사상 최초 16강 진입을 위해 세계의 강호들과 자웅을 겨루게 됐습니다.

[10   ]の扉に[11]があるはずだ。
현관문을 마주봤을 때 오른쪽 문짝에 수리된 흔적이 있을 거야.

その部分の塗料のサンプルを採取して[12]。
그 부분 도료 샘플을 채취해서 감식반에 넘겨.

最近[13]だという[14]を読んで行ってみたが、
요즘 평판이 좋은 라면집이라는 블로그 글을 읽고 가 봤는데

[15   ]。
완전 먹을 게 못 되더라.

[16]に[17   ]が[18]、今回の措置は
익명 게시판에 경찰이라고 밝힌 누리꾼이 게시글을 올렸는데, 이번 조치는

警察の[19]検察が警察を[20   ]
경찰의 입지를 좁히고 검찰이 경찰을 마음대로 주무르려는

[21   ]だと主張した。
저의를 노골화한 것이라고 주장했다.

知人が[22]ことがばれて、[23]はもちろん
지인이 세금 탈루한 게 들켜서 과징금은 물론

莫大な[24]を見て、僕は[25]することにした。
막대한 가산세를 무는 걸 보고 나는 자진 납세하기로 했다.

韓国へ[26]娘が、毎週[27]のような写真と共に[28   ]。
한국으로 유학을 보낸 딸이 매주 셀카 같은 사진과 함께 근황을 알려줘요.

> **해설**

일본어 養成과 育成의 쓰임새 차이를 설명하고 있는 여러 사이트의 글을 읽어 보면 공통적으로 나오는 게 있는데, 養成은 뚜렷한 목적을 갖고 사람을 키우는 것, 다시 말해 기술, 기능, 지식 등을 익히게 가르치는 것을 말하고, 育成는 막연히 훌륭하게 키우는 것을 뜻한다는 설명입니다. 그러니까 성우, 아이돌, 특정 기술자의 경우는 養成이라고 하고, 따라서 그런 사람들을 훈련하는 학원, 학교를 養成所라고 하는 것이죠. 일본 연예계에 관심이 많은 분은「アイドル養成所」라는 말을 접해 보셨을 겁니다. 다만 일본인들도 둘을 혼동해서 쓰는 사례가 있다고 하네요.

> **모범 답안**

1. 저희 아이돌 학원 : 当アイドル養成所

해설에서 설명했듯이 '명확한 목표'를 가지고 '구체적인 기술과 기능, 지식'을 길러주는 건 養成라고 한다는 거죠. 그런 이유로 아이돌 '학원'을 일본은 양성소라고 부르는 것이죠.

2. 대형 연예기획사 : 大手芸能事務所

이 '대형'을 그대로「大型」라고 해 놓은 게 많은데 일본은 위와 같이 말하는 게 일반적입니다.

3. 커리큘럼을 갖추고 : カリキュラムを用意し

4. 다재다능한 : 多芸多才な·多才な

'다예다재'는 흔히 쓰는 말은 아니니까 구어체로 할 때는 그냥 후자처럼 말하는 게 의사소통이 원활하겠죠. 하지만 시험에 나올 확률은 있으니 외워 둬서 나쁠 건 없겠죠.

5. 지망생 : 志望者

일본은 '지망생'이란 단어가 사전에 없습니다. 그리고「しぼうせい」라고 치고 한자 변환을 하려 하면 먼저 脂肪性가 뜨고 다른 한자를 찾기 위해 스페이스 키를 누르면 志望로만 바뀌고「せい」부분은 그대로 두고「志望性」를 제시할 정도입니다. 다만, 이른바 한류 열풍 때문에 志望生라는 단어를 자주 접한 사람이 많고, 또 그대로 '지망생'으로 번역한 걸 자주 보다 보니 상당히 많이 알려진 모양입니다.

6. 아이돌로 육성하는 : アイドルに育成する

일본에서 유행하는 '육성 게임', '육성 앱'이라는 게 있죠. 게임 속 캐릭터를 키우는 거죠. 이 경우는 전문 학원 등에서 기술이나 지식을 연마시키는 게 아니고, 그냥 막연히 길러 준다, 키워 준다는 뉘앙스니까 '육성'을 쓰는 거죠. 반면에 학원 강사 등의 전문가가 아이돌을 키운다는 의미라면 '양성'이라고 해야겠죠.

7. 양성하는 전문 학원 : 養成する專門養成所

이렇듯 학원 등에서 수강생, 학생 등을 전문적으로 훈련시키는 건 '양성'이라고 해야 자연스럽다는 것이죠.

8. 모집에 응시 : 募集に応募

1권에서 일본은 사원 모집에 (한국어)'지원'하는 경우 応募라고 한다고 했죠. 왜냐하면 일본의 경우 志願이라는 단어는 남들이 잘 안 하려 드는, 꺼려하는 것에 자원(自願 : 일본은 '자원'이라는 한자어도 안 씁니다)하는 경우에나 쓰기 때문입니다. 다만 대학의 경우 '지원자', '지원자 수', '지원이유서' 등의 표현은 쓴다고 합니다. 하지만 이역시 '대학에 지원하다'와 같은 표현은 '응모'를 쓰는 게 일반적입니다. 그리고 일본은 '응시'라는 한자어를 안 쓰죠. 그러니 모집에 지원하거나 응시하는 건 이처럼 번역해 줘야겠죠.

> 日 한국은 이처럼 응모가 아니라 응시(応試)라고 하는 게 일반적입니다. 성우를 모집할 때 테스트, 다시 말해 試験을 칠 테니까요.

9. 인재를 양성 : 人材を育成

회사, 기업 등에서 인재를 기르는 경우는 '육성'이라고 해야 자연스럽답니다. 다시 말하지만 일본어 '양성'은 뚜렷한 목표, 목적 하에 구체적이고 전문적인 기술, 지식을 가르쳐서 기르는 것이라는 뉘앙스로 쓰는 거니까요. 하지만 해설에서도 언급했듯 구분 없이 혼동해서 쓰는 경우도 있다는 점.

10. 긴요한 : 肝心な

긴요하다, 중요하다, 요체다 등의 뉘앙스로 쓰이는 말이죠.

11. 기술자를 양성 : 技術者を養成

이 경우도 '육성'과 혼용해서 쓰는 경우가 많은가 봅니다. 다만 물어본 결과 한 일본인은「技術者に」라고 할 때는 '육성'을 써야 자연스럽다고 합니다.「技術者に養成」라고 치면「技術者に要請」가 아니냐는 메시지가 뜰 정도입니다. 그리고 검색 결과도 별로 안 뜹니다. 짐작건대 일본의 경우 '육성'은 결과에 중점을 둔 표현이기 때문에 그런 것인지도 모르겠습니다.

12. 용접 직업 훈련소 : 溶接工養成所

랜덤 예제 모범 답안

1. 성폭행 신고 : 性的暴行の届け出

일본어「通報」는 '제보'에 가까운 뉘앙스고, 피해 사실을 경찰서 등에 신고하는 건 이렇게 표현합니다. 재해, 사고 등의 '피해 신고'를「被害届」라고 하죠.

2. 강제 추행 : 強制わいせつ

일본에는「強制わいせつ罪」라는 용어가 있는데 본인의 의사와 반해서 폭행, 협박 등의 강제 수단을 동원해서 '외설적인 행위', 바꿔 말해 추행 등을 한 죄를 뜻하죠. 그러니 이와 같이 번역해 줄 수 있겠습니다.

3. 외대생이 익사체로 : 外語大生が水死体として

일본은 이런 경우 보통 이처럼 '수사체'라고 표현하는 경우가 많습니다. 일본인들도 '수사'와 '익사'는 같은 거라고 알고 있는 사람들이 많고, 사전에서도 서로 비슷한 말이라고 적어 놓고 있습니다. 하지만 엄밀히 말하면 일본의 '익사'는 '수사'에 해당하는 것 중의 하나입니다. 즉 '수사'가 더 포괄적인 개념이란 거죠. 일본의 '익사'는 폐나 기관지에 물이 들어가서 호흡을 못 해서, 다시 말해 질식해서 사망하는 경우를 뜻하고, 일본의 '수사'는 물과 관련된 모든 경우를 포괄하는 개념입니다. 그러니까 물에 빠져서 질식해서 사망하는 것 외에 심장마비로 죽는다거나, 상어 같은 것의 공격을 받아 죽는다거나, 물에 빠져서 배의 스크루 같은 것에 휩쓸려서 죽는다거나 하는 등등 물에서 사망하는 모든 경우를 포괄하는 개념입니다. 게다가 바다에서 발견된 익사체의 경우 물에 빠져서 죽은 건지, 살해 등으로 이미 사망한 뒤에 물에 던져진 것인지를 알 수 없으니 뭉뚱그려서 일단은 '수사체'라고 하는 것이죠.

4. 미적지근하다 : 生ぬるい

미적지근한 것, 뜨뜨미지근한 것을 일본은 이렇게 표현합니다. 몰랐던 분은 외워 두시길.

5. 조 추첨식 : 組み合わせ抽選会

6. D조에 편성된 : D組に組み込まれた

7. 오랜 숙원 : 長年の悲願

일본도 '숙원'이라는 한자어를 쓰긴 쓰는데 일본의 경우 悲願이라는 말을 한국에 비해 빈번하게 씁니다. 오래 전 일본의 유명 격투기 K-1이 전성기를 구가하던 시절 일세를 풍미했다가 안타깝게도 젊은 나이에 요절한 앤디 훅 선수의 다큐에서 내레이터가 이 '비원'이라는 표현을 하던데, 제가 보기에 다큐 속의 그 상황은 '비원'이라는 한자어를 쓸 만한 상황은 아니었거든요(앤디 훅의 요절과 관련돼서 비원이라고 표현한 게 아니었음). 그 이후로도, 특히 스포츠 관련 뉴스나 기사 등에서 일본은 '비원'이라는 한자어를 자주 쓰는 걸 보고 좀 의아한 생각이 들었습니다. 그런데 그 이유는 바로 悲願의 悲 자를 양국이 다른 뉘앙스로 받아들이고 있었기 때문이었습니다. 한국에서 비원이라고 하면 비통(悲痛)한 소원(염원)이라는 뉘앙스로 받아들이는 데 반해 일본은 비장(悲壮)한 소원(염원)이라는 뜻으로 받아들이기 때문이었던 것이죠. 따라서 일본어 悲願은 하나의 한자어로 번역하려면 숙원이라고 해 주는 게 낫고, 아니면 비장한 소원(염원)이라고 번역해야 일본어 悲願의 뜻이 제대로 전달이 되는 것이죠.

8. 사상 최초 16강 진입을 위해 : 史上初のベスト16入りを目指し

뒷부분의 '위해'라는 부분을 「ために」가 아니라 위와 같이 번역하는 게 더 적절할 듯합니다.

9. 자웅을 겨루게 : 雌雄を決することに
우리는 '겨룬다'고 하지만 일본은 이렇듯 '결한다'고 하는 게 일반적입니다.

10. 현관문을 마주봤을 때 오른쪽 : 玄関ドアに向かって右側
우리는 방향이나 위치를 설명하는 장면에서 마주보고 오른쪽 또는 마주봤을 때 오른쪽이라고 하지만 일본은 위와 같이 표현합니다.

11. 수리된 흔적 : 修復された跡

12. 감식반에 넘겨 : 鑑識に回せ

13. 평판이 좋은 라면집 : 評判のラーメン屋
일본도 평판이 좋다, 나쁘다는 식으로도 말하지만 이렇듯 '평판'이라는 말 만으로도 좋은 평판, 높은 평판이라는 뜻으로 씁니다. 1권에서 다뤘던 '평가'라는 한자어와 같은 케이스죠. 다이지린의 2번 뜻풀이의 진한 글자를 보시죠. 이미 '평판'이라는 한자어 안에 '이름 높은'이라는 뉘앙스가 들어 있다는 말이죠.
　（１）世間でのうわさ。「―がいい」「―が立つ」「―を気にする」
　（２）世間にとりざたされていて，**名高い**こと（さま）。「―の孝行娘」「―になる」「今，最も―の本」

14. 블로그 글 : ブログの書き込み

15. 완전 먹을 게 못 되더라 : まるで食えたもんじゃなかった
일본어 「まるで」는 부정의 말을 수반해서 '전혀'라는 뜻으로도 쓴다는 점. 그리고 블로그에서 한국에선 현재형으로 표현하는 장면에서 일본은 과거형으로 표현하는 경우가 많다고 했죠. 1권에선 사정상 게시글마다 일일이 큐알코드를 집어넣지 못했기 때문에 시간이 없어서, 혹은 귀찮아서 그 글 패스하신 분은 큐알코드로 확인해 보세요.

「～た」: 한국인이 구사하기 힘든 일본어

16. 익명 게시판 : 匿名スレ
일본은 인터넷 등의 '게시판'을 スレッド, 그러니까 thread의 준말로 표현합니다.

17. 경찰이라고 밝힌 누리꾼 : 警察と名乗ったネットユーザー

일본은 누리꾼, 네티즌을 위와 같이 '네트 유저'라고 표현합니다. 원래 정식 용어는 「インターネットユーザー」인데 이 역시도 줄여서 위와 같이 말하는 것이죠. 그리고 요즘에는 「ネット民」이라는 용어도 종종 접하는데, 「ネット住民」을 줄인 말로서 하루 중에 상당히 많은 시간을 인터넷에 투자하는 사람을 뜻하는 말입니다. 그러니까 「ネットユーザー」가 포괄적 의미의 누리꾼이라면 이건 그중에서도 거의 인터넷에 상주하다시피 하는 사람을 일컫는 것이죠.

18. 게시글을 올렸는데 : 書きこみを掲載し

1권에서 다뤘던 것이죠. 일본은 이때 게시(揭示)라는 한자어를 쓰지 않는다는 점.

19. 입지를 좁히고 : 立場を悪くし

이 역시 「立場を狭める」라고 하는 건 부자연스럽다고 합니다. 그리고 3권에서 '입장'이라는 한자어의 쓰임새 차이에 대해 다룰 텐데, 이 문맥에서 쓰인 立場는 한국어 '입장'과 다른 뜻으로서 설 자리라는 뜻입니다.

20. 마음대로 주무르려는 : 意のままに操ろうとする

「思うままに」, 「思うがままに」와 같은 뜻인데 살짝 어감이 다르죠.

21. 저의를 노골화한 것 : 魂胆を露骨に表したもの

일본은 저의(底意)를 「そこい」라고 읽고 사전에도 실려 있긴 한데 거의 안 쓰는 모양입니다. 따라서 '저의'는 속셈, 꿍꿍이, 책략 등의 뜻을 지닌 일본 한자어인 '혼담'으로 번역해 주면 되겠고, 또한 일본은 '노골화'라는 표현을 안 씁니다. 그리고 '적'도 붙이지 않습니다. 따라서 위와 같이 의역해 줄 수 있겠습니다.

22. 세금 탈루한 : 脱税した

23. 과징금 : 追徴金

한국은 과징금도 추징금도 범죄 수익 등을 환수하기 위해 부과하는 돈을 뜻한다는 점에서는 둘 다 같은데, 둘의 차이는 추징금은 재판관이 재판을 통해 부과하는 것, 과징금은 행정 기관이 부과하는 것이라는 점입니다. 그러니 한국에서는 세금 탈루 범죄에 대해 부과하는 돈을 과징금이라고도 추징금이라고도 하죠. 반면 일본의 경우 '과징금'은 '세금 외'의 것에 부과하는 금전이라는 뜻으로 쓰입니다. 그러니 한국어 '과징금'을 그대로 課徴金이라고 하면 오역이죠.

24. 가산세를 무는 : 加算税を払わされる

이 경우의 '문다'라는 한국어는 위와 같이 말합니다.

25. 자진 납세 : 自主納税

26. 유학을 보낸 : 留学に行かせた

27. 셀카 : 自撮り·セルフィー
일본은 한국에서 말하는 '셀카'를「自撮り」라고 한다는 건 아는 분도 많을 텐데 요즘 젊은이들은 selfie라는 외래어를 쓰는 사람들이 많아졌다고 합니다.

28. 근황을 알려줘요 : 近況を報告してくれるんです
1권에서 가볍게 다루고 2권에 자세한 용례들을 살펴보려 했는데 결국 못 싣고 마네요. 아무튼 일본은 '보고'라는 한자어도 한국에 비해 쓰임새의 폭이 넓고 사용 빈도도 높죠. 미팅하러 가는 친구한테 미팅 끝나면 '보고'해 달라고 하는 등, 보고라는 한자어의 무게감이 한국에 비해 가볍습니다. 어떤 드라마에서는 여행에서 돌아오면 '보고'하러 가겠다고 합니다. 우린 인사드리러 간다거나 찾아뵙겠다고 하는 게 자연스럽죠. 1권에서도 명품백 샀다고 시시콜콜 '보고'한다는 식으로도 표현하듯이요.

読み方

溶接(ようせつ)·扉(とびら)·塗料(とりょう)·養成所(ようせいじょ)·育成(いくせい)
肝心(かんじん)·届(とど)け出(で)·水死体(すいしたい)·生(なま)ぬるい·悲願(ひがん)
雌雄(しゆう)·匿名(とくめい)·操(あやつ)ろうと·魂胆(こんたん)·露骨(ろこつ)
追徴金(ついちょうきん)·自撮(じど)り

일본어 創業(창업)과 起業(기업)은 같은 뜻?

今、この[1]では、[2]記念パーティーが盛大に開かれています。
지금 이 행사장에서는 창업 20주년 기념 파티가 성대하게 열리고 있습니다.

[3]独立してIT会社を[4]だったようですが
내년까지는 독립해서 IT 회사를 창업할 예정이었던 모양인데,

[5]、[6]ようです。
자금 융통이 여의치 않아서 전전긍긍하는 모양입니다.

A : [7]はいつで、[8]のお名前は何ですか?
A : 창업 연도는 언제고 창업자 성함은 어떻게 되나요?

B : [7]は1980年で、[8]は[9]です。
B : 창업 연도는 1980년이고, 창업자는 제 아버님이신 OOO 씨입니다.

[10]直前の5年前に[11]、一時大ピンチに追い込まれたが、
코로나 사태 직전인 5년 전에 창업해서 한때 대위기에 몰렸지만

[12]危機を克服、[13]前途有望な企業である。
발상의 전환을 통해 위기를 극복, 승승장구하고 있는 전도유망한 기업이다.

랜덤 예제

[1]の克服に向け、政府が[2]
금융경색 극복을 위해 정부가 적극적으로 나서서

[3]することで[4]に拍車をかけなければならない。
기업 하기 좋은 여건을 조성함으로써 경제 회생에 박차를 가해야 한다.

韓国、世界銀行が選定した「[5]」第4位。
한국, 세계은행 선정 '기업 하기 좋은 나라' 4위. 〈연합뉴스〉

世界銀行が発表した「2018年ビジネス環境ランキング」で
日本は「[6   ]」で106位を記録した。
세계은행이 발표한 '2018년 기업 환경 평가'에서
일본은 **창업의 용이성**이 106위를 기록했다.

[7   ]政府を[8]標榜していた大統領は、[9]で
기업 친화적 정부를 **공공연하게** 표방한 바 있는 대통령은 **신년사**에서

[10   ]ことに最善を尽くすと公言した。
기업 하기 좋은 여건을 조성하는 데 최선을 다하겠다고 공언했다.

[11   ]チームに負けたせいで、
약체팀이라 평가된 팀에게 패하는 바람에

ドイツは[12]を[13   ]になった。
독일은 **골 득실차**를 걱정해야만 하는 신세가 됐다.

教育部長官が[14]に関連した[15]の責任を取って[16   ]
교육부 장관이 **학제 개편안** 관련 **정책 혼선**에 책임을 지고 **사퇴했음에도**

世論が尋常じゃないんです。このままでは来年の[17]にも[18   ]。
여론이 심상치 않습니다. 이대로는 내년 **총선**에도 **악영향을 미칠** 겁니다.

[19   ]が韓国の民主化世代も、[20   ]になったと声を上げると
진보 세력이 한국의 민주화 세대도 **이젠 기득권층**이 됐다며 목소리를 높이자,

A議員は「[21   ]のは[22]、[23   ]。
A 의원은 '**진보 진영끼리 으르렁대는** 건 **상책이 아니**'라며 **자제를 촉구했다**.

A党の[24   ]を[25   ]、[26   ]を繰り広げている。
A당의 **두 대선 후보**가 **경선 투표일을 일주일 앞두고** **사생결단의 폭로전**을 벌이고 있다.

> **해설**

한국은 企業(기업)이라는 한자어는 있지만 起業(기업)이라는 한자어는 없죠. 그런데 일본의 경우 起業와 創業 둘 다 회사를 세운다, 설립한다는 뜻이지만 둘의 쓰임새 차이가 있습니다. 먼저 起業의 경우 '멀지 않은 과거', 현재, 미래에도 쓰지만 創業는 과거에만 사용하는 게 일반적이라는 겁니다. 그러니까 '창업 OO주년'이라고 할 때는 創業라고 하지 起業라고 하지는 않는다는 것이죠. 그렇기 때문에 이미 회사가 설립된 지 오래됐을 경우 創業者라고는 해도 起業者라고는 하지 않는다는 사실입니다. 그리고 일본의 경우 起業者라는 말은 토지수용법상의 전문 용어로도 쓰기 때문에 起業家라고 하는 경우가 많은 것 같습니다. 일부 사전은 起業者에 관해 전문 용어가 아닌 뜻풀이를 해 놓은 것도 있는데 코토방크 사전은 「新しく事業を起こそうとする者。起業をする者」라고 돼 있습니다. 사업을 '일으킨'이 아니라 '일으키려고 하는', 그리고 起業'하는' 사람이란 말이 중요하죠. 그리고 起業家라는 말도 모든 사전에 올라와 있지는 않고 일부 사전에 실려 있는데 다이지린 사전은 「新しく事業を起こし，経営する者」라고 돼 있습니다. 여기서 중요한 건 「新しく」라는 말이죠. 아무튼 이런 이유로 '내년에 창업할 생각입니다'라고 할 때는 創業가 아니라 起業를 써야 자연스럽다는 것이죠.

> **모범 답안**

1. 행사장 : 会場

2. 창업 20주년 : 創業20周年
해설에서 설명했듯이 일본어 '창업'은 이렇듯 (비교적 먼)과거의 일일 경우에만 쓴다고 합니다.

3. 내년까지는 : 来年までには
일본어는 시한을 나타내는 「まで」와 「までに」 사이에 쓰임새 차이가 있는데 한국에는 없다 보니 「までに」라고 해야 할 자리에도 「まで」라고 하는 경우가 종종 있죠. 저도 마찬가지였습니다. 알고 있었는데도 무심코 「まで」라고 했다가 1권 감수자님이 정정해 줬었거든요. 「まで」는 동작이나 행위가 해당 시점까지 계속되는 성질의 동사일 경우에 쓰고, 「までに」는 해당 시점 이전의 어느 시점에서든 그 동사의 행위, 동작이 끝나는 경우, 바꿔 말해 일회성으로 끝나는 경우에 쓰죠. 따라서 여기서 나온 「起業する」나 「発つ」, 「行く」, 「来る」, 「返す」, 「終える・終わる」, 「決める」, 「出す」, 「提出する」, 「出席する」, 「結婚する」, 「離婚する」, 「出発する」, 「到着する」처럼 동작이나 행위가 일회성으로 끝나는 동사의 경우는 「までに」라고 하고 「生きる」, 「待つ」, 「いる」, 「休む」, 「続ける」, 「働く」, 「勉強する」 등과 같이 동작이나 행위가 계속되는 성질을 가진 동사의 경우는 「まで」라고 해야 하는 것이죠.

4. 창업할 예정 : 起業する予定
이 역시 미래의 일이니까 創業가 아니라 起業라고 해야 한다는 것이죠.

5. **자금 융통이 여의치 않아서 : 資金繰りがままならず**
자금 융통, 자금 사정, 자금 관리 등의 뉘앙스로 쓰이는 표현입니다. 그리고 '여의치 않아서'는 위와 같이 번역할 수 있겠습니다. 「儘ならない」는 잘 안 되는 것, 뜻대로 안 되는 것이라는 뉘앙스로 쓰는 말인데 히라가나 표기가 일반적입니다.

6. **전전긍긍하는 : 腐心してる**
이때는 '부심'이라고 번역해 줄 수 있겠습니다.

7. **창업 연도 : 創業年度**
이 역시 과거의 일을 말하는 거니까 '창업'인 것이죠.

8. **창업자 : 創業者**
그러므로 이 경우 起業者라고 하면 틀린 표현이 되는 겁니다.

9. **제 아버님이신 OOO 씨 : 私の父であるOOO**
우리는 아버지를 높여서 말하지만 일본은 반대죠.

10. **코로나 사태 : コロナ禍**

11. **창업해서 : 創業・起業し**
起業의 경우는 얼마 안 지난 과거에 관해서도 쓸 수 있다니까 이 경우는 둘 다 정답이겠죠. 그런데 감수자님께 이 둘을 제시했더니 起業를 골라 주셨으니 이것도 참고하세요. 그리고 질문에 답변한 일본인들의 답변도 달랐는데 한 사람은 과거의 일이니 '창업'이 맞다는 답변. 다른 한 사람은 반대로 이때는 '기업'이라고 한다. '창업'이라고 하면 역사가 길다는 느낌, 그리고 회사 규모가 큰 경우에 쓰는 느낌이라는 말을 덧붙였습니다.

12. **발상의 전환을 통해 : 発想の逆転により**
아주 오래 전, 제가 대학 다닐 무렵에 이와 비슷한 일본 서적 제목을 그대로 '역전'이라고 해 놨길래 무슨 뜻이지? 무슨 생각으로 '역전'이라고 한 거지? 하면서 의아했던 기억이 납니다. 그리고 '~(을) 통해'라는 한국어 표현도 그대로 「~通じて」라고 하면 어색한 경우가 있다고 말했는데 이 경우도 그렇다고 합니다. 고백하건대 저 역시 이 부분은 완벽히 감을 잡지 못하고 있습니다.

> **日** 한국에선 '역전'이라는 말을 이런 문맥에서 쓰면 어색합니다. 한국어 '역전'은 '형세'가 뒤집히는 것, '형세'를 뒤집는 것을 뜻하기 때문입니다.

13. **승승장구하고 있는 : 快進撃を続けている**

랜덤 예제 모범 답안

1. 금융경색 : 金融逼迫

2. 적극적으로 나서서 : 積極的に取り組んで

일본어 「取り組む」는 문맥에 따라 이렇게 번역해 줄 수도 있겠죠.

3. 기업 하기 좋은 여건을 조성 : 企業運営に良い環境を醸成

일본은 「与件」이라는 한자어를 거의 안 씁니다. 여러 일본인에게 물어봤는데 처음 본다, 사전 찾아보고 쓴다는 걸 처음 알았다는 사람이 여럿 있었습니다. 그리고 그 뜻도 한국과는 다릅니다.

4. 경제 회생 : 経済再生

5. 기업 하기 좋은 나라 : 企業にやさしい国

이건 문맥에 따라 이렇게 번역해 줄 수도 있겠죠.

6. 창업의 용이성 : 起業のしやすさ

이 역시 과거가 아니니 '창업'이라고 하면 안 되겠죠. 그렇다면 「起業の容易性」라고 하면 될까요? 아닙니다. "企業の容易性"로 검색을 하면 뜨긴 하지만 극소수입니다. 뉴스 검색에서는 아예 안 뜹니다. '용의성'이라는 한자어의 쓰임새도 미묘하게 다르다는 말이죠.

7. 기업 친화적 : 企業にやさしい

일본은 이때 '친화적'이라는 표현을 쓰지 않습니다. 그리고 일본어 「やさしい」는 진짜 번역하기 너무 골치 아픈 단어죠. 블로그에서 누차 말씀드린 바 있는 '번역하기 까다로운 일본어' 파일에 수집해 놓은 역어 후보군을 소개하면 아래와 같습니다.

> 부드럽다, 감미롭다, 순하다, 상냥, 다정, 살갑게, 다정다감, 자상, 착하다, 우아하다, 너그럽다, 그윽하다, 은은하다, 배려심이 많다, 친절하다, 온순하다, 온유하다, 어질다(어진 왕), 살살, 조용히, 가만히, 잠자코, 묵묵히

엥? 싶은 분들 계시죠? 하지만 '야사시이'가 쓰인 문맥을 유심히 관찰하시면 위 역어들 중 하나에 걸맞은 뉘앙스로 쓰인 예를 분명 발견하실 겁니다. 특히, 제 블로그 글 안 읽은 분들 중에는 맨 아래 '잠자코'나 '묵묵히'의 경우 수긍하기 힘든 분들이 많을 텐데, 블로그 글을 읽어 보시기 바랍니다.

골치 아픈 일본어 「優しい」와 「付き合う」 번역 방법

8. 공공연하게 : 公然と

9. 신년사 : 新年の挨拶
일본은 '신년사'라는 표현을 하지 않고 위와 같이 말합니다.

10. 기업 하기 좋은 여건을 조성하는 : 企業の運営に良い環境を整える
'조성하다'는 위와 같이 의역할 수도 있겠죠.

11. 약체팀이라 평가된 : 弱小チームと評されていた
이 경우 評価가 아니라 위와 같이 해 주는 게 자연스럽다고 1권에서 다뤘죠. 하지만 評価라는 일본 한자어도 원래는 한국과 마찬가지로 어떤 걸 평가한다고 할 때도 쓰니까 이 경우 評価라는 한자어를 쓰려면「という評価を受けている」라고 하면 자연스럽게 됩니다.

12. 골 득실차 : ゴール得失点差
일본은 '득실차'가 아니라 '득실점차'라고 합니다.

13. 걱정해야만 하는 신세 : 気にしなければならない羽目
일본어「気にする」와「気になる」도 문맥에 따라 다양하게 번역해 줘야 하는 표현이죠. 이처럼 '걱정하다'라고 번역할 수도 있겠습니다. 특히「気になる」의 경우 말뜻의 스펙트럼이 아주 넓은 표현인데 제가 지금껏 수집해 놓은 역어 후보군을 소개합니다.

> 신경 쓰인다, 마음이 쓰인다, 궁금하다, 관심이 간다(생긴다), 마음에 걸린다, 걱정이 된다, 호기심이 생긴다, 눈에 밟힌다, 찝찝하다, 거슬린다, 심상찮다, 미심쩍다

'심상찮다'나 '미심쩍다' 등 몇몇 개는 의아하다 싶은 것들도 있죠? 하지만 이 표현이 쓰인 예를 유심히 살펴보시면 문맥에 따라서는 딱이다 싶은 것들이 분명 있을 겁니다. 그런데 위에 제시한 역어들로 번역을 해도 들어맞지 않는 예를 하나 소개합니다. 남편이 술에 취해서 아들의 바이올린 선생을 귀찮게 합니다. 그러다가 남편은 잠들고 선생이 떠날 때 아내가 "남편이 술 취해서 많이 귀찮게 했죠?"라고 하니까 선생이 "아뇨, 맨날 그러면 곤란하겠지만"이라고 말하고 약간 텀을 둔 뒤「気になったら言います」라고 합니다. 이 경우의「気になったら」는 어떻게 번역하면 좋을까요? 저도 참 난감해서 머리를 쥐어뜯었습니다. 저 역어 후보군 중에서는 '거슬린다'가 그나마 가깝다고 생각되지만 두 사람의 관계를 생각하면 무례하게 들릴 수도 있겠죠. 그래서 고민 끝에 '너무하다 싶으면'과 '아니다 싶으면'을 떠올렸는데 전자로 번역해서 보냈습니다. 이처럼「気になる」라는 표현도 정말로 강적 중에 강적에 속한다고 생각합니다.

14. 학제 개편안 : 学制改革案

제도 같은 것도 일본은 '개편'이 아니라 '개혁'이라고 하는 게 일반적입니다. 1권에서 한국에서 말하는 '내각 개편'도 일본은 '내각 개조'라고 한다고 했죠. 그 이유를 추측건대 일본의 경우 改編이라는 단어와 改変이라는 단어가 발음이 같아서 혼동해서 쓰기도 하기 때문이 아닌가 합니다. 改変은 고치다, 수정하다, 각색하다 등의 뜻으로 쓰이는 말인데 '원작을 각색'의 경우 「原作を改変」이라고 해야 올바른 용법인데 이것도 改編이라고 표기하는 사례가 상당히 많습니다.

15. 정책 혼선 : 政策の混乱

일본은 이때 '혼선'이라고 하면 부자연스럽습니다. 왜냐하면 일본은 한국처럼 비유적으로는 쓰지 않기 때문입니다.

16. 사퇴했음에도 : 辞任したにも関わらず

17. 총선 : 総選挙

18. 악영향을 미칠 겁니다 : 響くと思います

이 「響く」라는 단어도 말뜻의 스펙트럼이 아주 넓죠. 일본은 「響く」만으로 '나쁜 영향'을 미친다는 뜻으로 사용합니다. 아래 다이지린 사전의 7번 뜻풀이 참조.

(7) 悪い影響を与える。たたる。「徹夜をすると明日の仕事に―・く」「物価の上昇が家計に―・く」「大事なところでのエラーが―・いた」

19. 진보 세력 : 革新勢力

20. 이젠 기득권층 : もはや既得権益層

既得権, 既得権層이라는 용어도 쓰지만 위와 같이 '기득권익'이라고 말하는 경우가 더 많습니다.

21. 진보 진영끼리 으르렁대는 : 革新陣営同士でいがみ合う

22. 상책이 아니'라며 : 得策ではない」とし

일본은 '상책'이 아니라 '득책'이라고 합니다.

23. 자제를 촉구했다 : 自粛を促した

24. 두 대선 후보가 경선 투표일 : 両大統領選候補が党内選挙の投票日

일본은 '경선'이라는 한자어를 쓰지 않고 이처럼 '당내 선거'라고 합니다. 그리고 미국의 경선을 일본은 「予備選挙」, 줄여서 「予備選」이라고 번역하니까 이렇게 해 줄 수도 있겠습니다.

25. 일주일 앞두고 : 一週間後に控え

26. 사생결단의 폭로전 : 必死(命懸け)の暴露合戦
일본은 '사생결단'이라는 사자성어가 없으니 처음엔「命懸け」라고 했다가 좀 오버가 아닐까 싶어서「必死の」로 바꿨습니다. 그런데 한번 물어나 보자 싶어서 질문을 올렸는데 한 사이트에서는「一生懸命」를 예로 들면서 충분히 쓸 수 있다는 답변이었고, 다른 사이트에서는 총 8명이 대답했는데 1명은「誤った用法」라는 말까지 하면서 비유적으로는「政治生命をかけて」라고 하는 게 자연스럽다는 답변, 좀 오버 같다는 답변 1명,「必死」라면 자연스럽겠다 1명, 비유적으로 못 쓸 건 없지만 폭로전에 그런 표현은 좀 그렇다는 반응이 2명, 나머지 3명은 충분히 쓸 수 있다고 답했는데 그중 1명도「一生懸命」의 예를 들었습니다. 그러니 판단은 각자가 하면 되겠습니다.

> **読み方**
>
> 前途有望(ぜんとゆうぼう)・標榜(ひょうぼう)・尋常(じんじょう)・得失点(とくしってん)
> 既得権益(きとくけんえき)・得策(とくさく)・命懸(いのちが)け・暴露(ばくろ)・合戦(がっせん)

사태와 事態도 미묘하게 뜻이 다르다

[1]！○○で[2]銃撃戦が起こっているという[3]。
긴급 상황 발생! ○○에서 폭력 조직 간 총격전이 벌어지고 있다는 신고 접수.

「私"は"～～」は、自分の思い・気持ち・事態などを淡々と述べる場合。
"나는'～～"은 자신의 생각, 기분, [4   ] 경우.

彼女は事態を把握するのがとても速いので、[5]。
저 여자는 [6   ] 대단히 빠르니까 방심해선 안 돼.

[7]の犠牲者が[8]に増えているという噂があるのに、
천안문 사태 희생자가 기하급수적으로 늘고 있다는 소문이 있는데도

中国政府は、[9   ]、軍人の犠牲者数だけを[10]。
중국 정부는 철저한 비밀 유지 하에 군인 희생자 수만 보도하고 있다.

1989年に発生した[11]は、民主化を熱望する人々の[12]を
1989년에 발생한 천안문 사태는 민주화를 열망하는 사람들의 시위를

中国政府が[13   ]事件である。
중국 정부가 총칼로 짓밟은 사건이다.

[14   ]は完全にデフレ状態に陥っており、
경제의 현 상황은 완전히 디플레 상태에 빠졌고

[15   ]悪化した。
기업 실적은 유례가 없을 만큼 악화됐다.

特に[16   ]極めて深刻だ。
특히 중소기업이 처한 상황은 극히 심각하다.

랜덤 예제

[1   ]の[2]を実施すべきだという
구시대적인 민간인 불법 사찰의 진상 규명을 실시해야 한다며
国民の[3   ]。
국민들은 목소리를 높이고 있다.

シウバのライトヘビー級への[4   ]というニュースを見て
실바의 라이트 헤비급 월장이 임박했다는 뉴스를 보고
クロコップも[5   ]が繰り広げられると良いなと思った。
크로캅도 체급을 옮겨서 세기의 재대결이 펼쳐지면 좋겠다는 생각을 했다.

[6   ]を繰り広げたが、
우열을 가리기 힘든 박빙의 승부를 펼쳤지만
Aの[7]で辛勝を収めたBは、とうとう連勝[8   ]。
A의 자책골로 신승을 거둔 B는 마침내 연승 기록을 갈아치웠습니다.

今日の[9]では相手チームが[10]してくれて4－0で[11]。
오늘 시범경기에선 상대팀이 자살골까지 헌납해 줘서 4-0으로 완파했어.

今回の[12]事件は、[13   ]がもたらした[14   ]。
이번 여검사에 대한 성폭행 사건은 검찰의 상명하복 문화가 빚은 참극과 다름없다.

彼女は一人息子に[15]に行って[16]を上げるようにと慫慂した。
그녀는 외동 아들에게 학생일 때 어학연수를 가서 영어 실력을 키우라고 [17].

うん、[18]ついでに[19   ]。
응, 외근한 김에 바로 퇴근해 버렸어. 〈언젠가 티파니에서 아침을〉

254 • 양대 양~대 코패니즈 한자어 2

> **해설**

제가 번역일을 하면서 이 '사태'라는 한자어도 아주 미묘하게 쓰임새가 다르다는 걸 느껴서 메모해 뒀는데 2권으로 밀린 겁니다. 그리고 우리는 천안문 '사태'라고 하는데 일본은 이걸 천안문 '사건'이라고 하죠. 그래서 일본 사이트에 우리는 '사태'라고 하는데 일본은 '사건'이라고 하는 이유가 뭐냐고 물었더니, 일본에서 '사태'라는 말은 과거에 일어난 역사적 사건을 지칭하는 말로는 안 쓰인다고 하더군요. 왜냐하면 '천안문 사태'의 예에서 알 수 있듯이 한국은 국어사전의 뜻풀이와 달리 '사변'이라는 뉘앙스로도 쓰는데 반해 일본은 사전의 뜻풀이「事のあり様·成り行き」, 그러니까 한국 국어사전에 있는 '일이 되어가는 형편이나 상황, 벌어진 일의 상태'와 비슷한 뜻으로만 쓰고 있는 것이죠. 그런데 1권에서 제가 '코로나19 사태'를 그대로「コロナ19事態」라고 했었죠? 기억나시나요? 바로 아래 글 말입니다.

コロナ19事態の帰趨するところは誰も知らない。

그런데 2권에 이 '사태'를 표제어로 집어넣어서 쓰려다가 혹시나 싶은 마음에 일본에서도「コロナ事態」라는 말을 쓰느냐고 여러 차례에 걸쳐서 여러 일본인에게 물어봤는데 1명을 제외한 거의 다가 어색하다고 하더군요. 뒤통수를 한 대 맞는 기분이었습니다. 제가 책에 또 코패니즈 한자어를 쓴 셈이니까요. 그런데 실제로 검색을 해 보면 한국발 기사들이 많긴 한데, 블로그에 올렸듯이 일본인이 쓴 사례도 검색이 됩니다. 심지어 앞서 나왔던 코로나 시국이라는 말도 그대로「コロナ時局」라고 해 놓은 게 있었고요. '시국'이라는 한자어를 지금은 거의 안 쓰지만 쓰는 사람도 있긴 있다는 말인 것이죠. 어쨌건 퀴즈를 풀어 봤다면 아시겠지만 '사태'라는 한자어도 한일 간에 쓰임새 차이가 있는 건 분명합니다.

> **모범 답안**

1. 긴급 상황 발생 : 緊急事態発生

경찰 등이 무전으로 보고할 때 우리는 '긴급 상황'이라고 하는 게 일반적이죠. 그런데 반대로 일본은 '사태'를 쓰지 '상황'은 쓰지 않습니다.

2. 폭력 조직 간 : 暴力団同士の

3. 신고 접수 : 通報があった

앞서 나온 '성폭행 신고'와 달리 이런 경우에는 '통보'라고 한다는 건 이제 모두 아실 테지만, 일본은 이런 경우에 접수(受け付け)라는 말을 쓰지 않습니다.

4. 事態などを淡々と述べる : 상황(상태) 등을 담담하게 말하는

인터넷에 실제로 쓰인 사례를 가져온 것인데, 한국어 '사태'와 일본어 '사태'의 쓰임새 차이를 가장 극명하게 보여주는 예라고 생각합니다. 일본어 '사태'는 해설에서 말했듯이 (되어 가는)상황, 사물의 상태(物事の状態)라는 뜻으로 쓰이는 말이기 때문이죠. 다만 여러 일본인에게 확인한 결과「自分の置かれた事態」라고 하면 몰라도 그냥「自分の事態」라고 하는 건 부자연스럽다는 반응이었습니다. 실제로 검색을 해 봐도 단 5건 나옵니다. 다만 자연스럽다고 한 사람도 1명 있었습니다. 아무튼 일본어 '사태'는 상황, 상태란 말과 비슷한 뜻이므로 오용이라고 하더라도 이렇게 말하는 사람이 있다는 말이겠죠.

5. 방심해선 안 돼 : 油断も隙もない
1권에 나온 거 복습이죠. 이건 상대가 방심 못 할 존재란 뜻이 아니라는 점.

6. 事態を把握するのが : 상황을 파악하는 게
언뜻 '사태를 파악'이라고 해도 될 거 같지만, 이렇게 쓰인 일본어 '사태'는 (돌아가는)상황이라는 뉘앙스인 것입니다.

> **日** 한국의 경우 이때 '사태'라고 하면 현재 일어난 있는 특정한 일, 사건을 뜻하는 말로 쓰이고, 전체적으로 돌아가는 상황을 파악한다고 할 때는 '사태'란 말을 쓰면 어색합니다.

7. 천안문 사태 : 天安門事件
우리는 천안문 '사태'라고 하지만 일본은 '사건'이라고 합니다. 왜냐하면 일본어 '사태'는 특정한 사건을 말하는 게 아니라 현재 발생한, 돌아가는, 되어 가는 상황, 상태를 뜻하는 말로 쓰이기 때문입니다. 이런 이유로 일본은 「コロナ事態」라고 하지 않는다는 것이죠. 다만 「コロナによる緊急事態」라는 식으로 말하는 건 자연스럽다고 합니다.

8. 기하급수적 : 指数関数的

9. 철저한 비밀 유지 하에 : 徹底的な秘密保持の下
일본은 이때도 保持라고 하고, 우리와 달리 '철저'에 '적'을 붙이죠.

10. 보도하고 있다 : 報じている
보도한다는 말을 이렇게도 쓴다는 점.

11. 천안문 사태 : 天安門事件

12. 시위 : デモ

13. 총칼로 짓밟은 : 銃刀で制圧した
일본도 「心を踏みにじる」처럼 비유적으로 쓰지만 「銃刀で踏みにじった」라고 하면 부자연스러운 일본어가 됩니다. 일본인들에게 확인한 결과도 같았고 감수자님 의견도 같았습니다.

14. 경제의 현 상황 : 経済の現状

15. 기업 실적은 유례가 없을 만큼 : 企業の業績はかつてないほど
이 역시 일본은 '업적'이라고 하죠. 그리고 「かつてないほど」라는 표현도 몰랐던 분은 외워 두길.

> **日** 반대로 이걸 그대로 '한때(과거에) 없었을 정도로'라고 번역하면 뜻은 통할지 몰라도 매끄럽지 않은 한국어가 됩니다.

16. 중소기업이 처한 상황 : 中小企業の置かれた事態

이것도 인터넷에서 수집한 예문인데 앞서 말했듯이 한국어 '사태'와 일본어 '사태'의 미묘한 차이가 잘 드러나죠. 우리는 이 경우 중소기업이 처한 '사태'라고는 안 하죠.

랜덤 예제 모범 답안

1. 구시대적인 민간인 불법 사찰 : 前時代的かつ違法な民間人への監視

먼저 이 경우의 '사찰'은 査察이 아니라 伺察입니다. 공식적으로 조사하는 것이 아니라 '남의 행동을 몰래 엿보아 살핌'이라는 뜻이죠. 일본도 사전에 이 한자어를 실어 놓은 게 있긴 한데 안 실려 있는 게 더 많습니다. 그리고 더 중요한 건 오늘날은 이 한자어를 쓰지 않고, 또한 한국에서 민간인이나 정치인 등에 대한 '불법 사찰'이라고 하는 식의 뉘앙스로 쓰이는 게 아닙니다. 그러니 위와 같이 풀어서 번역해 줄 수밖에 없겠죠.

2. 진상 규명 : 真相究明

3. 목소리를 높이고 있다 : 声が高まっている

이걸「声を高めている」라고 하면 안 된다는 점. 그리고 '목소리를'이라는 타동사 형태로 쓸 때도「声を上げている」라고 한다는 점.

4. 월장이 임박했다 : 転級が切迫している(間近だ)

일단 복습 차원에서 '절박'도 제시했지만 일상의 대화에서는 후자로 말하는 게 좋겠죠.

5. 체급을 옮겨서 세기의 재대결 : 階級を移して世紀の再戦

6. 우열을 가리기 힘든 박빙의 승부 : 優劣をつけがたい互角の勝負

우열을 가린다는 표현을 일본은 이처럼「優劣をつける」라고 합니다. 그리고 일본은 '박빙'이 아니라 '호각'이라고 하는 게 일반적이죠. 일본에서 薄氷라는 한자어는 실제 살얼음, 얇게 언 얼음이란 뜻으로 씁니다. 그리고 '얇게 언 얼음'이라고 할 때의 '언'은 뭐라고 할까요?「薄く凍った氷」가 아니라「薄く張った氷」, 그러니까「張る」를 쓰는 게 일반적입니다. 다른 예를 들자면 '물웅덩이에 언 얼음'의 경우도「水たまりに張った氷」라는 식으로 말합니다.

7. 자책골 : オウンゴール

8. 기록을 갈아치웠습니다 : 記録を塗り替えました

이런 문맥에서 '갈아치우다'를 일본은 다시 칠한다, 새로 칠한다는 표현을 씁니다.

9. 시범 경기 : プレシーズンマッチ

반복하면 할수록 저절로 외워지니 복습 차원에서 한 번 더 언급합니다. 프로 스포츠에서 정규 시즌 전에 펼쳐지는 시범경기는「プレシーズンマッチ」라고 하고, 프로야구의 경우는「オープン戦」이라고 한다는 점

10. 자살골까지 헌납 : 自殺点まで献上

우리도 '자살'이란 말의 어감 때문에 지금은 자책골이라는 용어를 쓰죠. 하지만 TV 등을 봐도 여전히 '자살골'이라고 말하는 사람이 아직은 꽤 되죠. 그런데 일본 역시 옛날에는 이 경우에 '자살'이란 표현을 했습니다. 다만 자살'골'이 아니라 자살'점'이라는 게 다를 뿐이죠. 그리고 일본은 '헌납'이라는 한자어를 쓰지 않으니 위와 같이 '헌상'이라고 번역해 주면 되겠죠.

11. 완파했어 : 完勝したの·大破したの

일본은 '완파'라는 한자어를 안 쓰니 이처럼 의역해 줘야겠죠.

12. 여검사에 대한 성폭행 : 女性検事への性的暴行

13. 검찰의 상명하복 문화 : 検察の上意下達文化

일본은 '상명하복'이라는 말을 안 쓰니까 이처럼 '상의하달'이라고 의역해 줄 수밖에 없겠죠.

> 日 한국도 '상의하달'이라는 사자성어가 있는데 이것과 '상명하복'은 사실 뉘앙스가 다릅니다. '상의하달'에는 '복종'의 뉘앙스가 없거든요. 그런데 일본인들에게 물어보니 일본에서 쓰는 上意下達라는 말에는 사실상 복종의 뉘앙스가 포함된다고 하더군요. 그래서 조사를 좀 해 봤더니 weblio 사전이 이 말에 대해서 아래와 같은 설명을 해 놨더군요.

「受け取る側に異論を挟む余地を与えることなく（既定路線として）物事を進める」という意味合いで用いられることもある

'이론을 제기할 여지를 주지 않고'라는 말. 답변해 준 일본인들의 말과 일맥상통하는 점이 있죠. 그러니 한국어 '상명하복'은 上意下達로 번역해도 무난하지 않을까 합니다.

14. 참극과 다름없다 : 惨劇に他ならない

'다름없다'는 보통 「同然」이나 「同様」 등으로 번역되지만 이런 문맥에서는 다르죠.

15. 학생일 때 어학연수 : 学生のうちに語学留学

이 「うち」라는 일본 특유의 표현도 번역하기 참 까다롭죠. 이 경우는 졸업하기 전에, 아직 학생 신분일 때라는 뉘앙스죠. 자주 접하는 표현 중에「冷めないうちに」가 있는데 '식지 않는 동안'이라고 하면 매끄러운 한국어가 아니죠. 그러니 이건 '식기 전에'라고 해 줘야겠고요. 또 하나 예를 들자면「盛況のうちに終わる」라는 표현이 있는데 이건 '성황인 중에(동안에)'라고 하면 매끄럽지 않으니 '성황리에'라고 해 주면 자연스럽죠. 참고로 한국에선 안 쓰는 한자어「盛会のうちに」도 이것과 비슷한 뜻으로 쓰입니다. 그리고 이런 의미로 쓰인「うち」는「内」라고 한자 표기를 하지 않는 게 일반적입니다.

16. 영어 실력 : 英語力

17. 慫慂した : 권했다

한국 사람 중에 이런 문맥에서 '종용'을 쓰는 사람은 아마도 없겠죠? 일본은 이렇듯 부정적이 아닌 뜻으로도 씁니다. 다이지린 사전을 볼까요?

他の人が勧めてそうするように仕向けること。「─されて出馬する」

다른 사람이 권해서 그렇게 하도록 시키는 것. 부정적 뉘앙스가 아니죠. 그리고 예문을 보시죠. '(남이)종용해서 출마하다'. 한국에선 "종용당해서 출마했습니다"라고 하면 출마하기 싫은데 어쩔 수 없이 출마했다는 뉘앙스가 되잖아요?

> **日** 이 '종용'이라는 한자어도 양국의 쓰임새가 다른데 한국은 주로 부정적인 뉘앙스로 씁니다. 저도 국어사전을 찾아보고 놀랐는데 '잘 설득하고 달래어 권하다'라고 나와 있더군요. 이걸 보면 옛날에는 긍정적 뉘앙스로 썼던 모양인데 오늘날은 아마도 대부분의 한국인이 이 '종용'이라는 한자어에서 부정적 어감을 느끼는 게 현실일 거라고 생각합니다. 예컨대 '학교 측이 오히려 학교 폭력 피해 학생에게 전학을 종용한 사실이 드러나서 논란이 일고 있다'처럼 부정적 뉘앙스로 씁니다. 이걸 '전학 가라고 잘 설득하고 달래어 권했다'라는 의미로 받아들이는 한국인은 아마도 없을 겁니다. 검색해 보시면 알겠지만 '낙태를 종용', '사표를 종용', '퇴직을 종용', '해약을 종용' 등과 같이 '강압적으로' 권한다는 뉘앙스, 압박한다는 뉘앙스, 바꿔 말해 강요나 강권(強勸)에 가까운 뉘앙스로 쓰는 실정이란 말이죠. 지금도 긍정적 의미로 쓰는 한국인이 있는지는 저로서는 잘 모르겠지만 많은 한국인들이 부정적 뉘앙스로 인식하고 있으므로 다른 표현으로 번역하시기를 慫慂합니다.

18. 외근 : 外出

이 역시 의외라고 생각한 분 많으시죠? 일본은 '외출'이라는 한자어를 외근이라는 뜻으로 씁니다. 정식 명칭은 「社用外出」라고 하죠. 社用外出와 出張의 쓰임새 차이를 설명하는 사이트도 있습니다. 뿐만 아니라 '출장'이라는 용어도 한일 간에 쓰임이 다릅니다. 한국은 출장이라고 하면 보통 최소 며칠은 묵으면서 일하는 걸 뜻하죠. 일본의 경우는 회사 규정으로 '출장'의 개념을 명기해 놓는다고 하는데 예를 들면 몇 킬로 이상일 경우 출장으로 취급한다는 식으로 말이죠. 왜냐하면 출장 수당이 발생하기 때문이라고 합니다. 그러니까 당일치기로 돌아올 수 있는 거리일 경우에도 '출장'이라고 부른다는 말이죠. 또한 공무원 사회에서는 한두 시간 외근 나갔다가 돌아오는 것도 '출장'이라고 부른다고 합니다.

19. 바로 퇴근해 버렸어 : 直帰にしちゃった

일본은 거래처 등에 외근 나갔다가 회사로 돌아오지 않고 바로 귀가하는 걸 이렇듯 '직귀'라고 표현합니다.

> **読み方**
>
> 淡々(たんたん)と・天安門(てんあんもん)・銃刀(じゅうとう)・間近(まぢか)だ
> 優劣(ゆうれつ)・塗(ぬ)り替え・献上(けんじょう)・上意下達(じょういかたつ)
> 惨劇(さんげき)・慫慂(しょうよう)・直帰(ちょっき)

일한 번역가를 너무너무 괴롭히는 일본어 趣向(취향)

こんな[1]は[2]じゃないの。もう少し地味なのがいい。
이런 요란한 옷은 내 취향이 아냐. 좀 더 수수한 게 좋아.

あいつは、[3]が変態だから、いつ[4]になるか分からない。
저놈은 성적 취향이 변태기 때문에 언제 성도착자가 될지 몰라.

今回は趣向を凝らして作っていたのに、最後の[5]入れた
이번에는 [6   ] 만들고 있었는데 마지막 간을 내려고 넣은

[7]の量が多すぎて、最後の最後に失敗してしまった。
다진 마늘 양이 너무 많아서 [8   ] 실패하고 말았다.

舞台自体が[9]、回転するなんで、趣向を凝らした舞台装置ですね。
무대 자체가 공중에 뜨거나 회전하다니 [10   ] 무대 장치군요.

アリバイ・トリックの巨匠OO監督が、今度は趣向を変えて
알리바이 트릭의 거장 OO 감독이 이번에는 [11   ]
密室トリックの作品を[12]。
밀실 트릭의 작품을 선보였다.

うまい趣向が浮かんだ。
[13   ]이 떠올랐어.
この驚愕すべき[14]事件をモチーフに映画化するのはどう？
이 경악할 만한 의료 과실 사건을 모티브로 영화화하는 건 어때?

人々を[　15　]、何か奇抜な趣向ないかな。
사람들 악 소리 나게 할 만한 뭔가 [　16　]없을까?

このままでは、監督になるという俺の[　17　]が[　18　]。
이러다간 감독이 되겠다는 내 오랜 꿈이 좌초되고 말겠어.

そこで趣向を変えてみました。コンテナは貨物を運ぶものですが、
그래서 [　19　]. 콘테이너는 화물을 운반하는 것이지만

住居としても活用できるのではないかという点に[　20　]。
주거로도 활용할 수 있지 않을까 하는 점에 착안한 것이죠.

電話を[　21　]という新趣向が、
전화를 휴대하고 다닌다는 [　22　]이

今日の携帯電話技術の高度成長の[　23　]。
오늘날 휴대폰 기술의 고도 성장의 밑거름이 된 것이다.

[　24　]は私の趣向にはあまり合わないわ。私はもっと[　25　]絵が好き。
이 그림들은 내 [　26　]에 별로 안 맞아. 난 좀 더 초현실주의적 그림이 좋아.

1〜2回ほど使ってみましたが、そのまま自宅保管しておりました。
한두 번 정도 사용해 봤는데, 그대로 [　27　].

趣向に合わないため、今回引越しに伴い[　28　]。
[　29　] 이번에 이사하는 김에 매물로 내놓습니다.

[　30　]の中で苦労したが、趣向を凝らして撮った甲斐があって、
혹한의 추위 속에서 고생했지만 [　31　] 찍은 보람이 있어

[　32　]が1千万を突破するほど[　33　]。
누적 관객 동원수가 천 만을 돌파할 정도로 대박을 터뜨렸다.

> **해설**

골치 아픈 한자어 '취향'이 드디어 나왔습니다. 일본은 한국어 취미도 趣味, 한국어 취향도 趣味라고 한다는 건 많이들 아시죠? 이 말을 뒤집어 보면 일본어 趣向은 한국의 '취향'이라는 뜻과는 다르게 쓰인다는 말인 것이죠. 뿐만 아니라 말뜻의 스펙트럼도 엄청 넓어서 한국어로 번역하기 너무너무 까다로운 일본 한자어라는 사실이 번역가의 골치를 아프게 만드는 것이죠. 워낙 말뜻의 스펙트럼이 넓으니 여기서는 '취향'이 단독으로 쓰인 예를 위주로 살펴보고, 가장 자주 접하고 번역가의 머리를 지끈거리게 만드는 「趣向を凝らす」라는 표현은 별도의 표제어로 알아보겠습니다.

일본어 趣向가 한국어 '취향'과 다른 뜻으로 쓰인다는 걸 확실히 알 수 있는 방법으로 아래 영어 단어들을 일본어로 어떻게 번역하는지를 살펴보면 됩니다.

idea : 考え, 思想, 理念, 観念, 着想, **趣向**
plan : 計画, 案, 方針, 構想, 策, **趣向**

보시듯이 趣向이라는 일본어는 idea와 plan의 역어로 쓰인다는 겁니다. 한국어 '취향'에는 idea나 plan이라는 뜻이 없죠? 이걸 염두에 두면 일본어 '취향'을 한국어로 번역하는 게 조금은 수월해집니다. 그리고 여기 쓰인 예문들은 전부 일본에서 실제로 쓰고 있는 사례를 수집해서 그대로 썼거나 약간 변형을 가한 것들입니다.

> **모범 답안**

1. 요란한 옷 : 派手すぎる洋服
1권에서 洋服는 일본 전통 의상이 아닌 '모든' 서양 옷을 가리킨다고 한 거 기억나시죠?

> **日** 그냥 派手라고 하면 '화려한'이라고 해석되기 쉽기 때문에 위와 같이 표현하는 것이 이 문맥에서의 '요란한'의 뉘앙스를 살릴 수 있다고 생각합니다.

2. 내 취향 : 私の趣味
우리가 말하는 '취향'은 일본에선 이렇듯 '취미'라고 하는 게 일반적이죠. 그럼 일본어 趣向는 한국어 '취향'이라는 뜻으로는 전혀 쓰이지 않느냐? 그건 뒤에 다시 나오니 그때 설명하죠. 하여간 일본어 趣向는 번역가의 머리를 쥐어뜯게 만드는 대표적 단어이자 일반인들도 감을 잡기 힘든, 엄청나게 까다로운 일본어입니다. 퀴즈를 계속 풀어가시면 느끼시게 될 겁니다.

3. 성적 취향 : 性的嗜好·性癖

'취향'이 한국과는 다르게 엄청 폭넓은 쓰임새를 갖고 있기 때문에 일본은 이 경우에도 '취향'이라는 한자어가 아니라 위와 같이 기호(嗜好)라고 표현하는 게 일반적입니다. 그리고 앞에서 말했듯이 性癖라는 말은 성격이나 성질의 치우침이라는 뉘앙스인데 이렇듯 성적 취향이란 뜻으로 쓰이고 있죠.

4. 성도착자 : 変質者

5. 간을 내려고 : 味付けで

이「味付け」도 번역할 때 문맥에 따라 적절히 번역해야 하는, 결코 만만치 않은 말이죠. 여기선 이렇게 번역해 봤습니다.

6. 趣向を凝らして : 신경 엄청 써서

여기서는 이렇게 번역해 봤습니다만, 엄청 정성을 들여서, 엄청 공 들여서, 심혈을 기울여서 요리를 했다는 뉘앙스인 것이죠. 그러니 번역하는 각자가 가장 어울린다고 생각하는 다른 표현이 있다면 그렇게 번역해 주면 되겠죠.

7. 다진 마늘 : すりおろしニンニク

일본어는 띄어쓰기가 없기 때문에 한자어와 쉼표가 그 역할을 대신하는데(그래서 일본은 한국에 비해 쉼표를 무척 빈번히 사용하죠), 이처럼 히라가나가 연속될 때는 가독성이 떨어지므로 저런 식으로 카타카나를 활용하기도 합니다. 줄여서「おろしニンニク」라고도 합니다.

> 日 「すりおろしニンニク」는 엄밀히 말하면 (강판으로)간 마늘이고, 다진 마늘은 요리용 방망이 같은 걸로 찧어서 다진 걸 뜻하지만, 둘 다 그냥 다진 마늘이라고 통합니다.

8. 最後の最後に : (맨) 마지막 순간에

> 日 이걸 그대로 '마지막의 마지막에'라고 해도 뜻은 통하지만 한국에서는 일반적인 표현, 매끄러운 표현이 아닙니다.

9. 공중에 뜨거나 : 宙に浮いたり

일본은 '공중'을 宙라고 합니다. 空中라는 말도 쓰지만 이런 문맥에서는 위와 같이 말하는 게 일반적입니다.

> 日 검, 배트, 펀치 등이 허공을 가르는 걸「空を切る」라고 하죠. 그런데 이걸「宙を切る」라고 하는 사람들도 꽤 있더군요. 신문 기사에서도 이렇게 쓴 걸 발견한 적이 있습니다. 이런 의미로 쓰인 宙는 '공중'이 아니라 '허공'이라고 번역해야 한국어로서는 매끄럽습니다.

10. 趣向を凝らした : 치밀하게 고안된
이 趣向를 영어로 번역한 걸 찾아보면 design(디자인/고안)이라고 해 놓은 것들이 많습니다. 여기서도 일본어 趣向는 한국어 '취향'에 비해 말뜻의 스펙트럼이 엄청나게 넓다는 걸 알 수가 있죠.

11. 趣向を変えて : 방향성을 바꿔서
일본어 趣向는 이처럼 방향성, 착안점 등의 뜻으로도 쓰입니다.

12. 선보였다 : 披露した

13. うまい趣向 : 묘안
이걸 영역한 걸 찾아보면 good idea라고 해 놓은 것들이 많습니다. 따라서 이 경우는 '묘안'이라고 번역해 줄 수 있다고 봅니다. 그런데 이건 '취향'의 쓰임새를 설명하는 사이트 등에서도 예로 들고 있는 건데 감수자님은 뜻을 모르겠다고 하더군요. 그래서 이런 의미로 쓰인 예들을 제시하니까, 생소한 표현이라 몰랐는데 그런 의미로 쓴 거라면 아래와 같이 고치면 더 자연스러울 것 같다고 했으니 참고하세요.

あの驚愕の医療過誤事件をモチーフにするなんて、うまい趣向だな。

14. 의료 과실 : 医療ミス·医療過誤

15. 악 소리 나게 할 만한 : あっと言わせるような
사람들을 화들짝 놀라게 하거나 감탄하게 하거나 질리게 하는 경우 우리는 '악 소리 나게 하다'라고 하는데 일본은 이처럼 표현합니다.

16. 奇抜な趣向 : 기발한 발상(아이디어)
이 경우에는 '발상'이라고 번역해 줄 수 있겠죠.

17. 오랜 꿈 : 長年の夢

18. 좌초되고 말겠어 : 暗礁に乗り上げてしまうよ
일본의 경우 座礁라는 한자어는 신문 기사에서 볼 법한 한자어지 일상생활에서 쓸 일은 거의 전무하다고 합니다. 그리고 한국은 '좌초'를 비유적으로 쓰지만 일본은 실제로 배가 좌초될 때만 씁니다. 다만, 비슷한 뜻인「暗礁に乗り上げる」는 일이 장애물을 만나서 순순히 진행되지 못하고 멈추는 걸 뜻하는 말로 씁니다. 몇몇 사전에는 이 자체의 뜻풀이도 올라 있는데 다이지린 사전은「思わぬ障害が出てきて物事の進行が阻まれる」라고 설명하고 있죠.

> 日　국어사전에는 '좌초하다'만 실려 있지만 '좌초되다'라고 하는 게 일반적입니다. 검색을 해 봐도 '되다' 형태로 쓴 게 월등히 많습니다.

19. 趣向を変えてみました : 착안점을 바꿔 봤습니다
문맥에 따라서는 이렇듯 '착안점'이라고 번역할 수도 있겠습니다.

20. 착안한 것이죠 : 着目したわけです
우리는 '착안'을 쓰는 게 일반적이지만 일본은 이처럼 '착목'이라고 하는 게 일반적입니다. 일본에서 '착안'은 동사로도 쓰긴 하지만 주로 '착안점'이라는 형태로 쓰인다고 합니다.

> 日 한국도 '착목'이라는 말이 있지만 '착안'이라고 하는 게 일반적입니다.

21. 휴대하고 다닌다 : 携行して持ち歩く
일본은 가지고 다닌다, 가지고 간다는 뜻으로 이 '휴행'이라는 한자어를 씁니다. 그리고 '다니다'도 일본어로 번역이 까다로운 단어인데 이 문맥에서는 위와 같이 하면 되겠죠.

22. 新趣向 : 새로운 발상
일본어 趣向 자체가 드넓은 뉘앙스로 쓰이는 만큼 이 新趣向라는 말도 조금씩 다른 뉘앙스로 쓰입니다. Weblio 和英英和辞典은 이 新趣向라는 말을 아래와 같이 설명하고 있습니다.

A new idea; a novel plan; a new device; a novel contrivance; a new departure
새로운 아이디어(발상), 새로운 기획, 새로운 고안, 새로운 장치, 새 출발 등.

23. 밑거름이 된 것이다 : 土台になったのである
'밑거름'이란 한국어는 비유적으로 쓰지만 일본은 그렇지 않습니다.

24. 이 그림들 : これらの絵
일본은 한국에 비해 복수형을 잘 안 쓰죠. 이걸 「この絵たち」나 「この絵ら」라고 하면 다소 부자연스럽기 때문에 '그림들' 부분을 위와 같이 번역해 줄 수 있겠습니다.

25. 초현실주의적 : シュールな
초현실주의라는 프랑스어 surréalisme을 일본은 「シュールレアリスム」라고 하는데 이 역시도 줄여서 말하는 게 일반적입니다.

26. 趣向 : 취향
드디어 나왔네요. 이런 문맥에서는 趣向를 그대로 '취향'이라고 번역해 줄 수 있겠죠.

27. 自宅保管しておりました : 집에 보관하고 있었습니다

> 日 　한국은 '자택'이라는 단어를 일본만큼 빈번히 쓰지는 않습니다. 특히 자기 집을 '자택'이라고 하는 일은 없습니다.

28. 매물로 내놓습니다 : 出品します
일본은 '출품'이라는 한자어를 이런 식으로도 씁니다.

29. 趣向に合わないため : 취향에 안 맞아서

30. 혹한의 추위 : 極寒
이걸「極寒の寒さ」라고 해서 보냈더니 감수자님이「の寒さ」를 지웠더군요. 일본은 정말 중복 표현을 꺼립니다. 하지만 "極寒の寒さ"로 검색하면 일본인들도 이렇게 쓴 사례가 많이 검색됩니다. 아무튼 일본은 이렇듯 '극한'이라는 한자어도 쓰고, 또「ごくかん」이라고도 읽지만 실제로는 위와 같이 촉음으로 발음하는 경우가 많죠. 말씀드렸듯이 발음하기가 더 쉬우니까요. 그리고 일본인들은 極寒과 酷寒 중에 뭐가 더 춥다고 느낄까요? 결론부터 말하면「極寒 > 酷寒」입니다. 그 이유는 일본에선 極를「極まる」라고 하죠. 그러니까 추위가 극에 달했다는 뉘앙스. 한마디로 최고로 추운 느낌이라는 것이죠. 반면 酷는「酷い」라고 하죠. 그러니까 '심한 추위'라는 뉘앙스로 받아들이기 때문에「極寒」이 더 추운 것이라고 느끼는 것이죠. 다만 酷寒은 그리 흔히 쓰는 한자어는 아니라고 합니다. 따라서 한국어 '혹한'은 일본어 '극한'으로 번역해 주는 게 좋습니다.

31. 趣向を凝らして : 심혈을 기울여

32. 누적 관객 동원수 : 累計観客動員数

33. 대박을 터뜨렸다 : 大ブレークした

> **読み方**
>
> 巨匠(きょしょう)・密室(みっしつ)・驚愕(きょうがく)・奇抜(きばつ)・甲斐(かい)・趣向(しゅこう)
> 嗜好(しこう)・味付(あじつ)け・凝(こ)らして・宙(ちゅう)に浮(う)いたり・暗礁(あんしょう)
> 披露(ひろう)・座礁(ざしょう)・携行(けいこう)・土台(どだい)・極寒(ごっかん)・酷寒(こっかん)

너무도 골치 아픈 「趣向を凝らす」가 쓰인 예문들

今回の[　　1　　]は、[　2　]技術を応用し、
이번 제네바 국제 발명품 전시회는 최첨단 기술을 응용해서

非常に趣向を凝らした発明品が多かった。
대단히 [　　3　　] 발명품이 많았다.

田中さんは、物事に趣向を凝らすことがとても上手い。
타나카 씨는 [　　4　　]을 무척 잘한다.

今回、[　　5　　]に[　6　]できた要因はそこにある。
이번에 대형 광고대행사로 이직할 수 있었던 요인은 거기 있다..

新郎新婦が趣向を凝らした披露宴は[　　7　　]素晴らしかった。
신랑 신부가 [　　8　　] 피로연은 혀를 내두를 정도로 훌륭했다.

趣向を凝らした企画案なので[　　9　　]という[　10　]。
[　　11　　] 기획안이니까 이번엔 분명 채택될 거라고 자신해.

このミステリー映画は、トリックが[　　12　　]
이 미스터리 영화는 트릭이 겹겹이 장치돼 있는

趣向の凝らし方で、ほんとに[　　13　　]。
[　　14　　] 정말로 흥미진진했어.

職人の趣向を凝らした[　　15　　]が、夏の夜空と川の水面を
장인이 [　　16　　] 형형색색의 불꽃이 여름 밤하늘과 강의 수면을

色鮮やかに照らし出すと、市民たちの[　　17　　]拍手喝采が[　18　]。
[　19　] 비추기 시작하자 시민들의 열화와 같은 박수갈채가 터져 나왔다.

今度のイベントでは、我がホテルが趣向を凝らしたサービスや[　20　]
이번 행사에서는 저희 호텔이 [　　21　　]와 일품 요리,

[　22　]など[　23　]をするつもりです。
진귀한 술 등 최상급의 접대를 할 생각입니다.

当ホテルは、趣向を凝らした調度類と広いキングサイズベッド、
저희 호텔은 [　　　24　　　]와 널찍한 킹사이즈 침대,

快適な[　25　]を備えています。
쾌적한 사무용 공간을 갖추고 있습니다.

今は練習なので[　　26　　]
지금은 연습이라서 의상을 안 입었지만,

[　27　]では趣向を凝らした衣装を着て、[　28　]を披露します。
본 공연에서는 [　　29　　]을 입고 일사불란한 군무를 선보일 겁니다.

当温泉は、趣向を凝らした5種類の[30]を整えております。
저희 온천은 [　　31　　] 5종류의 욕조를 갖추고 있습니다.

彼女は[32]を控えて[　33　]趣向を凝らした。
그녀는 신장개업을 앞두고 쇼윈도를 꾸미는 데 [　　34　　].

趣向を凝らした結果、非常に独創的でユニークな作品が誕生した。
[　　35　　], 대단히 독창적이고 유니크한 작품이 탄생했다.

[　36　]、私とは趣味趣向が合わないと思って[　37　]。
관상도 별로고 나랑은 [　　38　　]이 안 맞는 거 같아서 맞선을 거절했어.

> **모범 답안**

1. **제네바 국제 발명품 전시회 : ジュネーブ国際発明展**

2. **최첨단 : 最先端**

3. **趣向を凝らした : 창의적인 발상의**
이 표현과 가장 유사한 표현으로 꼽는 것으로서 바로「創意工夫」라는 말이 있습니다. 그리고 여러 일본인들에게 이 표현을 대체할 수 있는 다른 일본어를 알려 달라고 하면「工夫を凝らす」와「アイデアを凝らす」를 꼽고, 또 이에 대해 설명하는 사이트에서도 마찬가지입니다.「工夫」라는 일본어도 번역하기 까다로운 단어인데 여기서 주목할 건 바로 '아이디어'입니다. 아이디어에는 발상이라는 뜻도 있죠. 남들은 생각하지 못한 자기만의 독특한, 창의적인 발상으로 만든 발명품이라는 뉘앙스가 들어 있는 것이죠.

4. **物事に趣向を凝らすこと : 매사에 창의적인 발상**
이 예문 역시 이렇게 번역할 수 있겠습니다.「創意工夫」란 말의 뜻과 쓰임새를 설명하는 사이트에서 이 말과 가장 가까운 표현이 바로 이「趣向を凝らす」라고 해 놨더군요. 더 좋은 것, 더 재밌고 즐거운 것, 더 운치가 있는 걸 궁리해서 만들어 내기 위해서는 창의성, 창의력이 필수겠죠.

5. **대형 광고대행사 : 大手広告代理店**
우리는 대행사라고 하지만 일본은 대리점이라고 합니다.

6. **이직 : 転職**

7. **혀를 내두를 정도로 : 舌を巻くぐらい**

8. **趣向を凝らした : 온 정성을 기울인**
이 문맥에서는 이렇게 번역해 봤습니다.

9. **이번엔 분명 채택될 : 今度こそ採用される**
이 채용이라는 한자어도 한국과 쓰임새가 다르죠. 일본 쪽이 쓰임새 폭이 훨씬 넓습니다. 그래서 우리는 '채택'이라고 할 장면에서 일본은 '채용'이라고 하죠. 이것도 책에 못 집어넣었으니 짧게 설명하자면 일본어 採用는 인재, 아이디어, 기획안 등을 채택해서 <u>쓴다(用)</u>는 의미라는 겁니다. 반면 일본어 採択는 '여러 가지' 아이디어, 제안, 방식 등등 중에서 제일 낫다고 판단되는 것을 '<u>고르는 것(採択)</u>'이라는 개념인 것입니다. 고르긴 골랐는데, 선택하긴 선택했는데 쓸지 안 쓸지까지는 모른다는 것이죠.

> **日** 한국의 국어사전에도 일본과 비슷한 뜻이 실려 있긴 하지만 한국어 '채용'은 거의 대부분 사원 등을 채용한다고 할 때만 쓰이는 실정입니다.

10. 자신해 : 自信を持っている
일본은 自信이라는 한자어를 동사로 쓰지 않습니다.

11. 趣向を凝らした : 심혈을 기울인
문맥에 따라서는 이렇게 번역할 수도 있겠고, 실제로 이렇게 번역하는 사람들도 많습니다.

12. 겹겹이 장치돼 있는 : 何重にも仕掛けられている
이 「仕掛ける」도 복합동사 값을 해서 번역하기 참 까다롭죠. 이 경우에는 '장치되다'로 번역해 줄 수 있겠습니다. 참고로 비슷한 뜻으로 「幾重」라는 말도 있는데 이것은 「いくえ」라고 읽습니다.

13. 흥미진진했어 : 興味深かったよ

14. 趣向の凝らし方で : 치밀한 구성이라서
열심히 머리 쥐어뜯으며 트릭을 고안해 내려면 그만큼 치밀하게 구성해야만 하겠죠. 그래서 여기선 '치밀한'을 역어로 택해 봤습니다. 여하튼 일본어 趣向는 문맥에 따라 다양한 한국어를 머리에서 쥐어짜내서 번역해야 하는 까다로운 한자어입니다.

15. 형형색색의 불꽃 : 色とりどりの花火

16. 趣向を凝らした : 심혈을 기울인

17. 열화와 같은 : 熱狂的な
1권에서 다뤘듯이 이건 이런 식으로 의역할 수밖에 없겠죠.

18. 터져 나왔다 : 沸き起こった

19. 色鮮やかに : 울긋불긋, 알록달록
1권에서 살짝 언급했듯이 이 「鮮やか」도 번역하기 만만찮은 단어입니다. 저는 개인적으로 이 문맥에서 '선명하게'는 좀 아니라고 보고, 또 色이 붙어 있으니 위와 같이 번역해 봤습니다.

20. 일품 요리 : 絶品料理
일본어 「一品料理」는 뜻이 다릅니다. 호텔, 식당 등에서 손님의 요청, 취향에 따라서 '단품'으로 내놓는 요리를 뜻합니다.

21. 趣向を凝らしたサービス : 정성을 가득 담은 서비스

22. 진귀한 술 : めずらしいお酒
일본은 '진귀'라는 한자어가 사전에 올라 있을 뿐 별로 쓰임이 없는 한자어입니다. 물론 글로 적으면 한자를 보고 무슨 뜻인지 짐작은 하겠지만, 특히나 일상생활 속 대화에서는 쓸 일이 아예 없을 정도라고 합니다. 그러니 위와 같이 번역해 줘야 의사소통이 원활합니다.

23. 최상급의 접대 : 最上級のもてなし
일본도 '접대'라는 한자어를 쓰지만 이건 살짝 사무적인 느낌입니다. 이 문장에서처럼 손님을 정성껏 모시겠다는 문맥에서 接待를 쓰면 어색하고 이처럼「もてなし」라고 하는 게 자연스럽습니다.

24. 趣向を凝らした調度類 : 세련된 디자인의 가구류
여기서는 심혈도, 정성도 안 어울리는 것 같아서 이렇게 의역해 봤습니다.

25. 사무용 공간 : ワークスペース
앞에서도 다뤘지만 '공간'이라는 한자어도 쓰임새가 다르다는 점. 여기서도 그대로 事務用空間이라고 하면 뜻은 통하지만 위와 같이 말하는 게 일반적입니다

26. 의상을 안 입었지만 : 衣装は着てませんが

27. 본 공연 : 本番
일본어 本番은 이처럼 아주 쓰임새의 폭이 넓죠.

28. 일사불란한 군무 : 一糸乱れぬ群舞
이 경우는 이대로 번역해 줘도 되겠죠.

29. 趣向を凝らした衣装 : 세심하게 디자인한 의상
이 경우 위와 같은 번역을 택해 봤습니다. 감수자님도 이 번역을 건드리지 않았습니다.

30. 욕조 : 湯船
탕, 욕조를 일본은 이렇게 말합니다. 그리고「浴槽」라고도 하고「バスタブ」라는 외래어를 쓰기도 하는데, 온천 같은 데 있는 큰 탕도「バスタブ」라고 하지는 않겠죠? 그리고 湯船은 원래 에도 시대에 작은 배에 욕조를 갖추고 사람들에게 돈을 받고 목욕을 하게 하던 배에서 비롯된 말인데, 일본 사람들은 한자에 대해 신경을 안 쓰고 그냥 말로「ゆぶね」라고 하니까 지금은 이 말이 에도 시대의 목욕탕 배에서 유래됐다는 걸 모르는 사람도 있는 모양입니다.

31. 趣向を凝らした : 창의적인(독특한) 디자인의
이 趣向를 영역해 놓은 걸 보면 unique라고 해 놓은 것도 있더군요. 그래서 '독특한'도 가능하지 않을까 합니다. 정말이지 趣向라는 일본어는 번역가를 너무너무 괴롭히는 골칫덩이입니다.

32. 신장개업 : 新装開店
이 경우 우리는 '개업'이라고 하지만 일본은 '개점'이라고 해야 자연스럽습니다. 일본 한자어 '개업'도 쓰임새가 살짝 다른데 가게, 상점 같은 걸 여는 걸 '개업'이라고 하면 부자연스럽습니다. 이 역시 일본인들에게 확인을 거친 것입니다.

33. 쇼윈도를 꾸미는 데 : ショーウィンドーの飾りつけに
앞서「盛り付ける」를 설명하면서 언급했듯이 이건 그냥 꾸민다는 게 아니라 보기 좋게, 멋있게 꾸민다는 뉘앙스가 내포된 말입니다.

34. 趣向を凝らした : 온 정성을 쏟았다

35. 趣向を凝らした結果 : 창의성을 최대한 발휘한 결과

36. 관상도 별로고 : 人相も良くないし
우리가 말하는 '관상'을 일본은 이처럼 人相라고 하는 게 일반적입니다. 그런데 사전에는 한국과 같은 뜻으로 올라 있더군요. 그래서 확인차 질문해 본 결과 관상학자가 아닌 이상 쓸 일은 거의 없다는 답변이 돌아왔습니다.

37. 맞선을 거절했어 : お見合いを断ったの
일본도 '거절'이라는 한자어를 쓰지만 일상의 대화에서는 이렇게 말하죠.

38. 趣味趣向 : 취향이나 성향
이것과 趣味嗜好의 차이를 설명하는 사이트에서 趣味趣向는「その人が面白いと思うものごとについての傾向・方向性」이라고 설명하고 있습니다. 즉, 이 말에는 경향, 방향성이라는 뉘앙스가 내포돼 있다는 말이죠. 번역으로는 '경향'보다 '성향'이라고 하는 게 나을 거 같습니다.

読み方

披露宴(ひろうえん)・喝采(かっさい)・何重(なんじゅう)・絶品(ぜっぴん)・群舞(ぐんぶ)
湯船(ゆぶね)・浴槽(よくそう)・人相(にんそう)

導出(도출)과 導入(도입)이란 일본어의 황당한 쓰임새

どんな難題でも[1   ]才能は
어떤 난제든 척척 결론을 도출해 내는 재능은

[2   ]。それこそ[3   ]だ。
타의 추종을 불허한다. 그야말로 군계일학이다.

南北離散家族の[4]のために[5   ]開き、相互間の[6   ]
남북 이산 가족 상봉을 위한 고위급 회담을 열어서 상호 간의 이견을 좁히고

[7   ]予定だが、熾烈な[8   ]が予想される。
합의를 도출해 낼 예정이지만 치열한 머리싸움이 예상된다.

イオン導入とイオン導出を通じて[9   ]の美顔器の開発に成功して
[10   ]을 통해 피부미용 효과 만점의 미안기 개발에 성공하여

[11   ]を控えている。
내년 초 출시를 앞두고 있다.

A製薬は[12]を開いて[13   ]新薬の開発販売権を
A제약은 정기 주주총회를 열어서 줄기세포 신약 개발 판매권을

B製薬に導出することを[14   ]で決定した。
B제약에 [15   ] 만장일치로 결정했다.

랜덤 예제

[1]という[2   ]が[3   ]を受けて
인신공양이라는 끔찍한 짓을 벌인 무당이 준엄한 법의 심판을 받아서

[4   ]。
형장의 이슬로 사라졌다.

BTSの兵役特例問題は[　　5　　]のない他の芸術分野の人たちとの
BTS의 병역 특례 문제는 그러한 특혜를 입을 기회가 없는 다른 예술 분야의 사람들과의

[　　6　　]があるとのことで「難しい」と[　7　]。
형평성 논란이 일 가능성이 있다고 해서 '어렵다'고 가닥이 잡혔다.

てめえのように[　8　]を犯した[　9　]達は、皆最初は[　10　]。
네놈처럼 범법 행위를 저지른 범법자들은 다들 처음엔 딱 잡아떼게 돼 있어.

「こりゃ[　11　]だ。[　12　]」って[　13　]。
"이건 우리 관할 사건이야. 숟가락 얹으려 하지 마"라면서 화를 냈어요.

電車駅の[　14　]で、犯人が使ったものと思われる[　15　]と
전철역 물품 보관함에서 범인이 썼던 걸로 생각되는 대포폰과

[　16　]が見つかりました。
피가 묻은 식칼이 발견됐습니다.

捜査過程で[　17　]が浮上しましたが[　18　]した結果
수사 과정에서 3명의 관련자가 부상했는데, 지문을 대조한 결과

その一人の[　19　]しました。
그중 한 명의 지문과 일치했습니다.

[　20　]で「あなた、[　21　]」と言うのは[　22　]である。
교양 있는 말투로 "너 대갈통 참 크구나"라고 말하는 건 교양 없는 짓이다.

[　23　]は、教養のある人なら知っている言葉だと思います。
고담준론이라는 한자어는 [　24　] 아는 말이라고 생각해요.

[　25　]を卒業したからといって必ずしも教養があるわけではない。
대학교를 졸업했다고 해서 반드시 [　26　] 아니다.

> **해설**

먼저 일본은 導出라는 한자어를 쓰지 않습니다. 아니, 쓰지 않는다고 알고 있었습니다. 제가 갖고 있는 코지엔 종이 사전에는 「道術」라는 말은 있어도 이 한자어는 없습니다. 그리고 십수 년 전에 몇몇 일본인들에게 물어봤을 때도 모르는 한자어다. 그런 한자어 안 쓴다는 반응, 굳이 쓴다면 「導き出す」를 쓴다는 등의 반응이었습니다. 이것의 한자를 음독하면 '도출'이죠. 그런데 책에 쓰기 위해 확인차 다시 사전을 찾아봤더니 코지엔 인터넷판을 포함한 거의 모든 인터넷 사전에 올라 있더군요. 아래와 같이 말입니다. 이건 코지엔 사전인데 다른 사전들도 설명이 거의 같습니다.

どう‐しゅつ【導出】ダウ‥
結論などを導き出すこと。

어떻게 된 거지? 싶더군요. 그래서 다시 확인해 보자 싶어서 일본 사이트에 '일본인에게 말로「結論をどうしゅつする」라고 하면 금세 알아듣냐'고 했더니, 한 사람은 그 발음으로 유추할 수 있는 건 導出밖에 없는데(실제로 '도출' 말고는 이것과 같은 발음의 한자어는 없습니다), 일상생활에서 쓸 일은 없기 때문에 금세 알아듣지는 못할 거 같다. 또 한 사람은 금세 알아듣지는 못할 거 같지만 '결론'이라는 말을 보고 대충 뭘 말하려는 건지는 짐작할 수 있을 것 같다더군요. 아무튼 그렇다면 한국어 '도출'과 거의 비슷한 뜻이란 거죠. 그런데 과연 그럴까요?

답변해 준 일본인의 말을 들어도 짐작할 수 있듯이 이건 일상생활에서 쓰일 일은 거의 없습니다. 그리고 모범 답안 설명을 보셨다면 아시겠지만 사전의 뜻풀이와는 전혀 다른 엉뚱한 뜻으로, 그러니까 제약업계만의 전문 용어, 화장품 업계에서 개발한 미용 기구와 관련된 전문 용어로, 그리고 수학과 논리학 등의 전문 용어로만 쓰이는 정도입니다. 어찌 됐건 분명한 사실은 일본은 '도출'이라는 한자어를 일상생활에서 쓸 일이 거의 없는 실정이지만 점차 인터넷 등에 출현하고 있으니 이 또한 일반화될지도 모르죠. 하지만 그렇다고 해도 한국에서 쓰이는 '도출'을 그대로 導出라고 하면 제대로 된 의사소통이 안 된다는 점은 분명합니다.

> **모범 답안**

1. 척척 결론을 도출해 내는 : すんなりと結論を引きだす

이 경우 「導き出す」라고도 하지만 이처럼 말하기도 합니다.

2. 타의 추종을 불허한다 : 他の追随を許さない

3. 군계일학 : 鶏群の一鶴

4. 상봉 : 再会

한국의 이산 가족 상봉 뉴스를 전하는 뉴스나 기사를 보면 이렇듯 '재회'라고 번역하고 있습니다.

5. **고위급 회담 : 高官会談**

6. **이견을 좁히고 : 異見を調整し**
이걸 그대로 「異見を狭める·縮める」라고 직역해 놓은 걸 종종 발견하는데 일본인한테 이렇게 말하면 어리둥절할 겁니다. 뭔 말이지? 싶을 겁니다. 왜냐하면 '이견을 좁히다'라는 한국어 자체가 부자연스러운 표현이기 때문입니다. 우리말 바루기 같은 사이트에서 설명하기를, '좁히다'란 말은 거리, 간격, 차이 등과 짝을 지어 쓰는 말인데 이견, 그러니까 '다른 의견을 좁힌다'는 표현은 어색하다는 겁니다. 하지만 '자매결연을 맺다'라는 표현은 어색한 이중 표현이지만 너무 굳어져 버려서 국립국어원도 허용한다는 입장이듯이, 이것도 그와 비슷하게 너무도 굳어져 버린 표현이죠. 그러므로 이 어색한 표현을 그대로 「異見を狭める·縮める」라고 하면 일본인 입장에서는 부자연스럽게 느끼는 것이죠. 따라서 위와 같이 번역해 줘야 의사소통이 원활할 거 같습니다.

7. **합의를 도출해 낼 : 合意を導きだす**
따라서 이런 문맥에서 쓰인 '도출하다'는 이렇게 번역해 줘야겠죠.

8. **머리싸움 : 知恵比べ**
이 '머리싸움'도 직역하면 코패니즈가 되죠. 문맥에 따라서는 頭脳戦이라고 번역해 줄 수도 있겠습니다.

9. **피부 미용 효과 만점 : 美肌効果満点**
일본은 '피부 미용'이 아니라 위와 같이 말하는 게 일반적입니다.

10. **イオン導入とイオン導出 : 이온을 이용한 주입과 배출**
해설에서 말했듯이 화장품 업계에서 '도입'과 '도출'이라는 한자어를 이렇게 쓰고 있습니다. 이건 뭐냐 하면 피부에 미약한 전류를 흘림으로써 이온을 이용해서 화장품의 미용 효과 성분을 피부 깊숙이 흡수시키고, 또한 이온을 이용해서 화장품 찌꺼기나 노폐물을 수월하게 배출한다는 뜻으로 쓰이는 거죠.

11. **내년 초 출시 : 来年の初めに発売**

12. **정기 주주총회 : 定時株主総会**
일본은 '정기'가 아니라 '정시'라고 합니다. 1권에서 '정기 간행물'을 「定時刊行物」라고도 한다는 건 다뤘었죠. 다만 이 경우는 定期刊行物라고 하는 게 일반적이지만 주주총회의 경우는 定時라고 하는 게 일반적입니다. 일본 야후 사이트에서 검색창에 定期株主総会라고 치면 「定時株主総会ではありませんか」라는 메시지가 뜰 정도입니다.

13. **줄기세포 : 幹細胞**
일본은 줄기세포를 이렇듯 '간세포'라고 합니다. 幹은 줄기 간 자죠. 훈독으로는 「みき」고요.

14. **만장일치 : 全会一致**

15. 導出することを : 양도할 것을

이 역시 제약업계의 전문 용어로 쓰이는 것인데, 일상생활에서는 이 한자어를 쓸 일이 거의 없고, 모르는 사람도 많지만 업계 내에서는 흔히 쓰는 말로 통용되고 있다고 합니다. 이렇게 쓰일 때의 일본어 '도출'은 개발권, 판매권 등의 권리를 양도하는 것이고, '도입'은 양도받는다는 뜻입니다.

랜덤 예제 모범 답안

1. 인신공양 : 人身御供
일본은 인신 공양을 이와 같이 말합니다. 人身의 읽기에 유의.

2. 끔찍한 짓을 벌인 무당 : 無残なことをしでかした巫女
'끔찍하다'라는 한국어는 일본인 입장에서는 말뜻의 스펙트럼이 엄청 넓게 느껴지는 단어죠. 이런 문맥에서의 '끔찍한'은「無残」이라고 번역할 수 있겠습니다.

3. 준엄한 법의 심판 : 厳しい法の裁き
일본도 峻厳이라는 한자어가 있지만 일반인들은 처음 봤다는 반응이 대부분이었습니다. 그러니 위와 같이 번역하는 게 좋습니다. 또 일본도 '심판'이라는 한자어를 쓰지만 '법'의 경우에는「裁き」라고 하는 게 일반적인 거 같습니다. 일본인의 답변도 그랬고요.

4. 형장의 이슬로 사라졌다 : 刑場の露と消えた

5. 그러한 특혜를 입을 기회 : そのような特典を得るチャンス
앞에서 설명했던 이유로 이런 식으로 의역할 수밖에 없겠죠. 그런데 웬일인지 감수자님이 이걸「恩恵を受ける」라고 고쳐 놨더군요. 아마도 '특혜'의 '혜', 그러니까 혜택이라는 말에 초점을 두고 고친 건가 싶기도 하지만 '특혜'와 '혜택'은 어감의 차이가 크죠. 그리고 일본 사이트에서 이 문장이 자연스러운지 질문했을 때 한 명은「とても自然です」, 다른 한 명은「自然です」라고 답변해 줬으니 참고하시기를.

6. 형평성 논란이 일 가능성 : 公平性が問題化する可能性
이 경우의 '논란이 일다'는 이처럼 의역하는 게 좋을 거 같습니다. 물론 더 적절한 다른 의역도 충분히 있겠죠.

7. 가닥이 잡혔다 : 片がついた
혹시 몰랐던 분들은 '가닥이 잡히다'는 표현을 이렇게 번역해 줄 수 있으니 참고하시기를.

8. 범법 행위 : 犯罪行為
일본은 '범법'이라는 한자어를 안 쓰죠. 그러니 이처럼 번역해 줘야겠죠.

9. 범법자 : 犯罪者
그러니 이것도 이렇게 번역할 수밖에 없는 거죠.

10. 딱 잡아떼게 돼 있어 : 白を切るに決まってらぁ
「白を切る」는 잡아뗀다, 시치미를 뗀다는 표현이죠. 그리고 「てら」는 「ている(てる)」가 변형된 말인데 영상번역을 하다 보면 심심찮게 접하는 말입니다. 다소 거친, 남성스러운(?) 표현이죠.

11. 우리 관할 사건 : うちの所轄のヤマ
'관할'은 1권에서도 다뤘죠. 그리고 이 '야마'라는 말은 형사물 등에서 자주 등장하는데 몰랐던 분들은 이참에 외워 두시길.

12. 숟가락 얹으려 하지 마 : 首突っ込もうとするな
이런 문맥에서 쓰인 '숟가락을 얹다'는 위와 같이 번역해 줄 수 있겠죠? 이 「首を突っ込む」라는 말은 개입, 간섭, 끼어들려는 걸 뜻하는 말인데, 이 首를 顔라고 하는 일본인들도 꽤 있는 모양입니다. 하지만 이건 오용이니까 몰랐던 한국분들, 이렇게 쓴 적이 있는 분들은 앞으로는 유의해야겠죠.

13. 화를 냈어요 : 怒られたんです
일본은 이렇듯 피동형을 많이 쓰죠. 이렇게 피동형으로 구사하는 데 익숙해지는 방법으로는, 말을 할 때 사물을 자기 기준, 또는 당사자의 기준에서 보고 말하는 거라 생각하면 감이 잡힐 겁니다. 예를 들어 「母さんに叱られたの」라고 말하는 경우, 야단친 사람은 엄마지만 자기 기준에서는 야단을 맞은 거니까 이런 식으로 표현하는 거죠. 그리고 시무룩해 있는 아이한테 '엄마한테 한 소리 들었어?' 또는 '엄마가 (또) 뭐라고 했어?'라고 물어보는 경우는, 한 소리를 한 사람은 엄마지만, 이 말을 하는 사람은 대화 상대방(당사자)의 기준에서 말하는 거니 「母さんに何か言われた？」라고 되는 거고요.

> 日 이때 '뭐라고 했어?'는 엄마가 무슨 말을 했는지를 질문하는 게 아니라 뭔가 한 소리, 잔소리를 했는지를 묻는 겁니다. 그래서 억양이 달라집니다. 전자는 '뭐'에 액센트가 없지만 후자의 경우는 '뭐'에 액센트를 줍니다.

14. 물품 보관함 : コインロッカー
지하철 등에 있는 물품 보관함은 돈을 넣고 이용해야죠.

15. 대포폰 : 飛ばし携帯

16. 피가 묻은 식칼 : 血が付着した包丁

17. 3명의 관련자 : 3人の関係者

이 일본 한자어 '관계자'는 번역시 주의할 필요가 있습니다. 왜냐하면 우리나라에서 말하는 '관계자'라는 말은 어떤 조직이나 단체의 관계자, 수사 관계자 등으로 표현하지 용의자들을 보고 관계자라고 하지 않죠. 그런데 일본은 이 경우에도 관계자라고 합니다. 왜냐하면 일본은 '관련자'라는 한자어를 쓰지 않기 때문입니다. 그러니 일본의 한자어 '관계자'를 번역할 땐 무슨 뜻으로 썼는지 세심히 살펴야 하는 거죠.

18. 지문을 대조 : 指紋を照合

일본도 対照라는 한자어를 쓰긴 씁니다. 이것도 끝내 싣지 못하게 됐으니 여기서 간략히 설명하겠습니다. 일본은 「対照的」나 「貸借対照表」의 형태로만 쓰는 실정이고 「対照する」라는 표현은 거의 안 한다고 합니다. 동사로 쓰는 경우도 「AとBを対照させる」라는 식으로 말한다고 합니다. 다만 「比較対照」라는 숙어 형태로 쓸 때는 「する」라고 합니다. 그리고 일본은 contrast의 뜻, 우리로 치면 '대비(對比)'의 뜻으로 쓴다고 합니다.

19. 지문과 일치 : 指紋と合致

일본도 이 경우 '일치'라고도 합니다. 그런데 제가 번역한 작품들 중에서 이렇게 '합치'라는 말을 쓰는 걸 여러 번 접해서 메모해 둔 것인데, 이걸 한국어로 '합치'라고 하면 어색하죠. 그리고 앞에 나온 거 복습 삼아서 일본은 이 경우에 「適合する」라고도 한다는 점도 상기시켜 드립니다.

20. 교양 있는 말투 : 上品な口調

이 '교양'이라는 한자어도 이미 작성해 뒀던 예제를 割愛하고 막판에 추가합니다.

> 日　한국 한자어 '교양'은 국어사전에 아래와 같이 나와 있습니다.

2. 학문, 지식, 사회생활을 바탕으로 이루어지는 품위. 또는 문화에 대한 폭넓은 지식.
   교양을 쌓다.
   교양이 높다.
   교양이 있다.
   옷은 비록 남루하게 입었으나 사나이는 대화 속에 분명히 교양과 지성미를 풍기고 있다. <홍성원, 육이오>

즉, 문화, 예술 등 다양한 방면에 대한 폭넓은 지식이라는 뜻에 '품위'라는 뉘앙스까지 내포돼서 쓰이는 말이란 것이죠. 따라서 이 예문의 경우는 위와 같이 의역해 줄 수 있겠습니다.

21. 대갈통 참 크구나 : どたまマジで大きいね

이 「どたま」라는 말은 「どあたま」가 줄어든 말로서 원래 관서 지방 사투리인데, '머리'를 비하하는 말로 쓰이니까 몰랐던 분은 외워 두시길.

22. 교양 없는 짓 : 下品なこと

1권에서 '탕에 들어갈 때'의 경우는 「マナーに反する」라고 번역했지만 이 문맥에서 그러면 부자연스럽죠. 따라서 한국어 '교양'은 이렇듯 문맥에 맞게 적절히 의역해 줘야 하겠습니다.

23. 고담준론이라는 한자어 : 高論卓説という熟語

'고담준론'은 복습이고, 1권에서 일본은 '한자어'라고 하지 않고 '한어'라고 한다고 했죠. 하지만 漢語라는 말을 일상생활에서 쓸 일은 별로 없고 이처럼 '숙어'라고 하는 게 일반적입니다. 숙어는 둘 이상의 단어가 모여서 하나의 뜻을 이루는 말인데, 중국어는 표의문자, 바꿔 말해 뜻글자니까 한 글자가 뜻을 갖고 있는 단어인 셈이죠. 그러니까 한자 2개 이상으로 이뤄진 한자어를 '숙어'라고 하는 것이죠. 이런 이유로 우리가 말하는 사자성어를 일본은 四字熟語라고 하는 것이고요.

24. 教養のある人なら : 학식이 있는 사람이라면

이런 문맥에서 쓰인「教養のある人」는 이처럼 학식이 있는 사람, (많이)배운 사람이라는 뉘앙스로 쓰인 것입니다.

> 日 이 문맥에서 그대로 '교양(이) 있는 사람'이라고 번역하면 한국어로서는 어색합니다.

25. 대학교 : 大学

26. 教養があるわけ : 교양을 갖춘 건

「学のある人」와「教養のある人」의 뉘앙스 차이를 설명하는 글을 읽은 적이 있는데, 후자의 경우는 단순히 지식이 많은 사람이 아니라 행동거지가 예의 바른 사람이라는 뉘앙스도 내포한다고 설명하더군요. 그러니 이 경우는 그대로 '교양'이라고 해도 되지 않을까 싶습니다만, 중요한 건 화자가 이「教養のある」를 어떤 뜻으로 썼냐에 있겠죠. 참고로 일본도 지금은 거의 명사 형태로만 쓰이는 모양이지만 메이지 시대까지는「教え育てる」, 그러니까 '가르쳐 기른다'는 뜻의 동사로도 흔히 썼다고 합니다. 그리고 검색을 해 보면 많이는 나오지 않지만 현재도 동사로 쓰고 있는 예가 검색이 됩니다. 그리고 이건 단순히 가르쳐서 기른다는 뜻이 아니라 '성숙한 인격으로 기른다'는 뉘앙스가 내포된 경우가 많았다고 합니다. 영상번역에서는 접할 일이 없을 듯하지만 문서번역의 경우 메이지 시대 문서를 번역할 수도 있을 테니 일단 알아 둬서 나쁠 건 없겠죠.

> 日 혹시나 해서 한국의 국어사전을 뒤져보니 이 역시 실려 있었는데 일본과 마찬가지로 지금은 '거의' 사어라고 봐도 될 겁니다. 그런데 검색을 해 보니 북한은 지금도 동사로 쓰고 있는 모양이고, 한국도 법조계 등 일부 전문 분야에서 동사로 쓰인 예가 검색이 되네요. 그리고 이 문맥의 일본 한자어 **教養**를 그대로 '교양'이라고 번역해 주는 경우에도 '교양이 있는 건'이 아니라 위와 같이 번역하시기를 권합니다. 왜냐하면 오늘날 한국에서 '교양(이) 있다/없다'라는 표현은 해설에서 언급했듯 '품위'라는 뉘앙스로 쓰는 경우가 많기 때문입니다.

読み方

美肌(びはだ)・幹細胞(かんさいぼう)・人身(ひとみ)御供(ごくう)・無残(むざん)
巫女(みこ)・片(かた)がついた・白(しら)を切る・合致(がっち)・口調(くちょう)

유포, 반포와 流布·頒布도 쓰임새가 다르다

ガールフレンドとの[　1　]を[　2　]のOO氏が、
여자친구와의 성행위 동영상을 유출한 개그맨 출신 OO 씨가

[　　3　　]で[　　4　　]。
음란물 유포죄로 법정 구속되었다.

[　　5　　]についての法律。
음란물 유포 등의 죄에 관한 법률.

性交または[　6　]、無修正の局部等の[　　7　　]したり、
성교 또는 유사 성행위, 무수정 국부 등의 음란한 사진과 동영상을 유포하거나

[　　8　　]すると、[　　5　　]に[　　9　　]。
공공연히 진열하면 음란물 유포 등의 죄를 물을 수 있습니다.

当神社の[　　10　　]は、
저희 신사의 액막이 부적 배포는

[　　11　　]ご了承願います。
어제부로 종료됐으니 양해를 부탁합니다.

酒に酔った女性を[　　12　　]、[　　13　　]した容疑で
술에 취한 여성을 집단으로 성폭행하고, 불법 촬영한 동영상을 유포한 혐의로

[　　14　　]タレントOO氏の実刑が[　15　]。
재판에 넘겨진 탤런트 OO 씨의 실형이 확정됐다.

タレントOO氏の[　16　]として[　　17　　]は、
탤런트 OO 씨의 섹스 동영상이라고 알려져서 유포되고 있는 동영상은

鑑識の結果OO本人ではない[　18　]だと警察が発表した。
감식 결과 OO 본인이 아닌 다른 사람이라고 경찰이 발표했다.

랜덤 예제

[　1　]○○○議員は、作今の[　2　]を招いた責任は
야당 대표 ○○○ 의원은, 작금의 총체적 난국을 초래한 책임은

[　　3　　]一介の民間人による[　4　]を傍観もしくは助長した
비선 실세에게 놀아나서 일개 민간인의 국정 농단을 방관 혹은 조장했던

大統領にあるとし、大統領の弾劾による政権[　　5　　]。
대통령에게 있다며, 대통령 탄핵을 통한 정권 재탈환 의지를 천명했다.

[　　　6　　　]!これぞ[　　7　　]。
집안 꼴이 왜 이 모양이야! 그야말로 콩가루 집안이 따로 없구만.

A社長とB元会長の間に[　　8　　]があったかどうかに焦点を当て、
A 사장과 B 전 회장 사이에 청탁성 금전 수수가 있었는지 여부에 초점을 맞춰

[　9　]など[　10　]が分かった。
계좌추적 등 수사를 진행 중인 것으로 [　11　].

[　12　]わけでもないし[　13　]わけでもないし、[　　14　　]。
머리가 명석한 것도 아니고 기지가 넘치는 것도 아니고 이걸 얻다 써먹겠어.

[　15　]を組織的に斡旋していた[　16　]を警察が[　　17　　]。
불법 낙태 수술을 조직적으로 [　18　] 일당을 경찰이 일망타진했다.

[　　　19　　　]を検挙した警察は[　20　]を捜査中であると述べた。
세상을 발칵 뒤집었던 연쇄 살인마를 검거한 경찰은 추가 범행 여부를 수사 중이라고 밝혔다.

このスピーカーは[　21　]で、まるで現場で聞いているような[　　22　　]。
이 스피커는 기술력이 조잡해서 마치 현장에서 듣고 있는 듯한 현장감이 떨어진다.

해설

이것도 1권에 츠키다시로 욱여넣은 거죠. 2권을 내기로 했으니 조금 더 자세히 살펴보도록 하겠습니다. 가장 현저한 차이는 한국은 '반포'라는 한자어를 훈민정음을 반포한 날, 법령(율령)을 반포하다 등 그 쓰임새가 아주 적은 데 비해 일본은 상대적으로 쓰임새가 많다는 점. 그리고 음란물 유포죄라는 정식 법률 용어도 頒布라는 한자어를 쓴다는 점. 그리고 1권에서 '유포'는 자동사로만 쓴다고 했죠. 옛날에 공부하면서 분명 그렇게 외우고 있었습니다. 그런데 표제어로 집어넣을 거라서 조금 더 자세히 조사해 보니 타동사 용법으로 쓰인 게 많이 검색이 되더군요. 아차! 싶어서 제가 소개했던 사전 11개 모두 뒤져 봤습니다. 그랬더니 역시나 대다수의 뜻풀이가 자동사로 돼 있었습니다. 다만 코토방크와 명경, 학연, 일본국어대사전에서는 타동사 뜻풀이도 실어 놨더군요. 그래서 조금 더 조사해 봤더니 고어에서는 자동사로만 쓰였다고 합니다. 그리고 삼성당 사전의 경우도 7판(2013년 12월 발간)까지는 자동사로만 실려 있었는데 8판(2021년 12월 발간)부터 타동사 뜻풀이를 싣기 시작했다고 합니다. 그러니 타동사로도 실은 4개의 사전도 중간에 뜻풀이를 추가했을 가능성이 있겠죠. 어쨌건 지금은 타동사로 쓰는 사람도 많은 모양이니 참고하시기 바랍니다. '배포'의 경우는 한일의 쓰임새가 비슷한데, 일본의 경우 頒布는 유료, 무료로 나눠주는 것 양쪽 다 쓰는데 配布는 무료로 나눠줄 때만 쓴다는 점. 대략 이 정도로 정리할 수 있겠습니다.

모범 답안

1. 성행위 동영상 : 性交渉動画

2. 유출한 개그맨 출신 : 流出させた元お笑い芸人

이 '유출'이라는 한자어의 타동사는「させる」형태로 쓰는 걸 자주 봤습니다. 하지만 "を流出し"라고 검색해도 약 12만 건이 나오는데 그중에는 한국발 기사가 많이 섞여 있습니다. 반면 "を流出させ"로 검색하니까 현재 기준으로 376만 건이 나옵니다. 하지만 아무튼 책에 써야 하니 확인을 해 보려고 일본 사이트에 질문을 했더니 세 사람이 답변을 달았는데, 한 사람은 둘 다 자연스럽다고 했지만 한 사람은 '유출'이라는 한자어는 '상태'를 나타내는 것이므로 「させる」를 써야 맞다고 했고, 또 한 사람은 기본적으로는 「を流出させる」, 「が流出する」라고 하지만 「を流出する」가 틀린 건지는 자기는 모르겠다고 하더군요. 참고로 사전의 뜻풀이와 예문은 모두 자동사 형태로 돼 있고, 명경과 학연 사전은 품사를 자동사라고 명시해 놨습니다. 그리고 개그맨을 일본은 위와 같이 말합니다. 줄여서「芸人」이라고만도 합니다.

3. 음란물 유포죄 : わいせつ物頒布罪

일본은 정식 법률명으로 위와 같이 말합니다. 1권에서도 언급했듯이 일본어 '배포'는 무료로 나눠주는 것인데 '반포'는 유료, 무료 모두 해당하기 때문이 아닌가 합니다. 음란물을 돈을 받고 유포하는 경우가 있으니까요.

4. 법정 구속되었다 : 拘置所に収監された

사실 엄밀히 따지면 '법정 구속'이라는 한국어 자체가 조금 어법에 맞지 않죠. 그러니 이걸 그대로 「法廷拘束」라고 하면 부자연스러운 일본어가 됩니다. 따라서 위와 같이 풀어서 번역해야 의사소통이 원활해집니다. 그리고 일본은 法廷가 아니라 法定拘束時間이라는 말이 있는데, 이건 고용주가 종업원에게 일을 시켜도 되는 법으로 정한 한계 시간이라는 뜻으로서 근로 시간과 휴식 시간을 합한 개념입니다. 누차 언급했지만 '구속'이라는 한자어의 쓰임새가 한국과 이렇게 많이 다르기 때문에 이 예문의 경우에 拘束라고 하면 부자연스러운 일본어가 되는 것이겠죠.

5. 음란물 유포 등의 죄 : わいせつ物頒布等罪

법률명 등에서 쓰이는 등(等)은 이처럼 「とう」라고 읽습니다.

> 日 반대로 한국은 '등'을 단독으로 쓰지 않고 '등의 죄'라고 표현합니다.

6. 유사 성행위 : 性交渉類似行為

일본은 이처럼 '유사'의 위치가 다릅니다.

7. 음란한 사진과 동영상을 유포 : わいせつな画像や動画を頒布

8. 공공연히 진열 : 公然と陳列

일본은 '공공연'이라고 하지 않고 이처럼 '공연'이라고 합니다.

9. 물을 수 있습니다 : 問われます

일본은 이 경우 피동형으로 표현합니다.

10. 액막이 부적 배포 : 厄除けお守りの頒布

우리는 액을 '막는다'고 하지만 일본은 이렇게 액을 '피한다(피해 간다)'라고 말합니다. 그리고 「厄払い」라고도 합니다. 여기서 「払う」는 쫓는다, 물리친다는 뜻이죠.

11. 어제부로 종료됐으니 : 昨日をもって終了しましたので

이 '종료'라는 한자어도 '스루'라고 합니다.

12. 집단으로 성폭행하고 : 集団で暴行し

누차 말했듯 이 暴行라는 일본 한자어는 정확히 어떤 뜻으로 쓰였는지를 면밀히 살펴야겠죠.

13. 불법 촬영한 동영상을 유포 : 違法撮影した動画を頒布

14. 재판에 넘겨진 : 裁判にかけられた

이 경우의 '넘겨진'은 직역할 수가 없죠. 일본은 이처럼 '걸다'라는 동사의 피동형으로로 표현합니다.

15. 확정됐다 : 確定した

이 '확정' 역시 일본은 '스루'라고 합니다.

16. 섹스 동영상 : セックス動画

17. 유포되고 있는 동영상 : 流布している動画

18. 다른 사람 : 別人

한국어 '다른 사람'은 두 가지 뉘앙스로 쓰이죠. 이런 문맥에서 쓰인 '다른 사람'은 '별인'이라고 합니다.

랜덤 예제 모범 답안

1. 야당 대표 : 野党の党首

2. 총체적 난국 : 国家的危機·危機的局面

이건 막판에 1권에서는 밀렸지만 1권 때 감수를 받았던 것인데, 감수자님께 물어보니 '국가적 위기'라는 말을 제안했던 겁니다. 그런데 이번 감수자님께도 물었더니 그냥 難局만으로 되지 않을까 생각한다더군요. 한국인이나 일본인이나 번역이란 일은 참 어려운 것 같습니다.

3. 비선 실세에게 놀아나서 : 陰の権力者に踊らされ

일본은 '비선 실세'라는 표현을 하지 않으니 이렇게 의역해 줄 수밖에 없겠죠. 그리고 '놀아나다'는 직역이 불가능하니 위와 같이 번역할 수 있겠습니다. 「踊る」의 뜻풀이 중에는 「人の意のままに行動する」라는 게 있습니다. 여기서 人는 남이란 뜻이죠. 즉, 남의 뜻대로 행동한다는 건 남에게 조종당해서 시키는 대로 다 한다는 말이죠.

4. 국정 농단 : 国政蹂躙

앞에서 언급했듯이 '농단'이 명사로 쓰였을 때는 이처럼 '유린' 정도로 의역해 줄 수 있겠죠.

5. 재탈환 의지를 천명했다 : 再奪還の意志を鮮明にした

6. 집안 꼴이 왜 이 모양이야 : 何という体たらくだ

이건 직역이 불가능하죠. 그리고 「体たらく」는 원래는 모양, 모습이라는 뜻인데 오늘날은 비난의 뜻으로 쓰이죠. 그러니까 꼴, 꼬라지 정도가 되겠죠.

7. 콩가루 집안이 따로 없구만 : まさに崩壊家族ってやつだな

한국어 '콩가루 집안'은 직역이 불가능하죠. 완벽히 일치하진 않지만 이와 비슷한 뉘앙스로 일본은 '붕괴 가족'이라는 표현을 합니다. 그리고 '따로 없다'라는 한국어 표현 역시 직역이 불가능한데, 제 능력으로는 위와 같은 번역밖에 안 떠오르네요.

8. 청탁성 금전 수수 : 賄賂の受け渡し

일본은 請託性라는 표현을 하지 않습니다. 말로「せいたくせい」라고 하면 무슨 말을 하는지 모릅니다. 감수자님도 한자를 보고 무슨 뜻인지는 알겠는데 이런 식으로 말하는 건 들어본 적이 없다는 답변이었습니다. 따라서 위와 같이 그냥 '뇌물'이라고 해야 깔끔하게 의사소통이 될 거라고 봅니다. 그리고 일본도「授受」라는 한자어를 쓰지만 위와 같이도 말합니다.

9. 계좌 추적 : 口座の追跡

일본은 '계좌'라고 하지 않고 이처럼 '구좌'라고 합니다.

10. 수사를 진행 중인 것 : 捜査を進めていること

이때도 '진행'이라는 한자어가 아니라 이처럼 말하는 게 일반적입니다.

11. 分かった : 알려졌다

이 경우에는 '밝혀졌다'가 아니라 '알려졌다'라고 해야 자연스럽겠죠.

12. 머리가 명석한 : 頭が切れる

머리 회전이 빠른 것, 머리가 잘 돌아가는 것을 일본은 위와 같이 말합니다. 쉽게 외우는 방법을 알려 드리자면 잘 드는 칼을「よく切れる刀」라고 하죠. 잘 든다는 건 예리하다는 뜻이죠. 그러니까 머리가 예리하다, 날카롭다는 의미인 것이죠. 그리고 일본도 明晰라는 한자어가 있지만 그 쓰임새가 미묘하게 다릅니다. 먼저 한국 국어사전은 '생각이나 판단력이 분명하고 똑똑하다'라고 돼 있습니다. 일본은 사전들의 뜻풀이가 비슷하니 다이지린 사전을 보시죠.

（１）明らかではっきりしている・こと（さま）。「―な頭脳」「―な文章」

（２）〔論〕概念の外延が明らかであるさま。明白

보시듯 일본은 논리학 또는 철학 전문 용어로도 쓰이는데 2번의 경우 대부분의 사전들이 유의어로 '명백'을 제시하고 있습니다. 그리고 1번 뜻풀이도 미묘하게 다른데, 한국과 일치하는 부분은 '두뇌'에 '명석'이라는 한자어를 쓴다는 점이죠. 그런데 희한한 건 일본은「頭が明晰だ」라고는 안 한다고 합니다. 조금 의아한 부분이죠. 그래서 일본인들에게 질문했더니 뜻은 통하지만 '두뇌'와 짝지어서 쓰는 게 일반적이라는 답변이었습니다. 또한 頭脳明晰라는 숙어 형태로 주로 쓴다고 합니다. 그리고 명백한 차이점을 엿볼 수 있는 게 '명석한 글'이라는 예문이죠. 우리는 글이나 문장을 '명석하다'라고 하지는 않죠. 하지만 일본어 '명석'의 뜻풀이는「明らかではっきりしていること」이기 때문에 이런 표현이 가능한 것입니다. 그러니까 말하고자 하는 바가 명확하고 분명한 글, 바꿔 말하자면「理路整然な文章」를 의미하는 것이죠. 또 하나 명백한 쓰임새의 차이점은, 자신이 꿈을 꾸고 있다는 걸 자각하면서 꾸는 꿈을 우리는 '자각몽'이라고 하는데 일본은「明晰夢」라고 합니다.

> 日 한국에선 '명석한 글(문장)'이라는 식으로 말하지는 않습니다. 따라서 번역하려면 '명료한' 또는 '명쾌한' 정도로 해 주면 되겠습니다.

13. 기지가 넘치는 : 機知に富んでる
이 경우의 '넘치다'는 「溢れる」가 아니라 「富む」라고 합니다. 조사에도 유의.

14. 이걸 얻다 써먹겠어 : ほんとに使えない奴だな
이것도 「とこに使うんだよ」라는 식으로 직역하면 부자연스러운 일본어가 됩니다. 사람이 쓸모없다는 뜻으로는 이렇듯 「使えない」를 씁니다.

15. 불법 낙태 수술 : 違法な中絶手術
이 경우도 일본은 '위법'이라고 하는 게 일반적입니다. 그리고 일본은 '중절 수술'이라고 하는 게 일반적이고, 또한 낙태(落胎)라고 하지 않고 「堕胎(타태)」라고 합니다.

16. 일당 : 一味

17. 일망타진했다 : 一網打尽にした

18. 斡旋していた : 알선해 온
이렇게 쓰인 '테이루'는 이처럼 '~해 오다'라고 번역해 줄 수 있겠습니다.

19. 세상을 발칵 뒤집었던 연쇄 살인마 : 世間を震撼させた連続殺人鬼
반복 또 반복해서 접하면 잊으려야 잊을 수 없게 되는 법이죠. 그런 의미로 '세상을 떠들썩하게 만드는' 건 「世間を騒がせる」라고 한다는 것도 복습 차원에서 언급해 둡니다. 비슷한 의미로 「騒然とさせる」라는 것도(앞에서 의역으로 나왔죠) 기억해 두세요.

20. 추가 범행 여부 : 余罪の有無
일본은 '추가 범행'이란 표현을 하지 않고 이렇듯 '여죄'라고 하는 게 일반적입니다.

21. 기술력이 조잡해서 : 技術力が稚拙で
이 '치졸'이라는 한자어의 쓰임새도 다릅니다. 일본 한자어 稚拙는 유치하다, 미숙하다, 서투르다, 수준, 레벨 등이 낮다, 떨어진다, 조잡하다는 뜻으로 쓰입니다. 稚는 유치하다고 할 때의 '치'고, 서투르다, 변변찮다, 보잘것없다 등의 뜻으로 쓰이는 동사 「つたない」를 한자로 표기하면 「拙い」죠. 예를 들어 「稚拙な字」, 「稚拙な表現」, 「稚拙な議論」이라는 식으로 쓰는데 한국과는 전혀 다른 뜻이죠. 특히 비즈니스 신에서 겸손한 표현으로 「稚拙ながら」라는 표현을 종종 합니다. 예를 들면 「稚拙ながら報告書を作成しましたので、お目通し願います」라는 식으로 쓸 때는 '미흡(미진)하지만' 등으로 번역해 주는 게 좋겠죠. 그리고 이 한자어와 유의어로서 「拙劣(졸렬)」을 제시하고 있는 사이트가 많은데 이 '졸렬'이라는 한자어도 한국과 다른 의미로 쓰인다는 말이죠. 그런데 이 둘의 차이점은 稚拙는 미숙하다, 미흡하다는 뜻으로도 쓰이므로 방금 말한 겸손한 어법으로 사용이 가능하지만, 拙劣는 단순히 서투르다, 레벨(수준)이 낮다, 조잡하다 등의 뜻으로만 쓰이는 게 다르다고 합니다. 3권까지도 못 실었으니 이렇게 간단하게나마 언급해 둡니다.

22. 현장감이 떨어진다 : 臨場感に乏しい

読み方

局部(きょくぶ)・一介(いっかい)・傍観(ぼうかん)・弾劾(だんがい)・わいせつ物(ぶつ)頒布(はんぷ)
拘置所(こうちしょ)・収監(しゅうかん)・頒布等(とう)罪・陳列(ちんれつ)・厄(やく)除(よ)け
厄払(ばら)い・流布(るふ)・別人(べつじん)・蹂躙(じゅうりん)・奪還(だっかん)・体(てい)たらく
明晰(めいせき)・明晰夢(めいせきむ)・機知(きち)に富(と)んでる・中絶(ちゅうぜつ)・堕胎(だたい)
斡旋(あっせん)・余罪(よざい)・有無(うむ)・稚拙(ちせつ)・拙劣(せつれつ)・乏(とぼ)しい

한국과 다른 일본의 블로그 및 휴대폰, 인터넷 등의 용어들

블로그에 게시할 게시글 작성이 끝나면 '저장(확인)' 버튼을 눌러 등록하기 전에
ブログに[1][2]の作成が終わったら[3]ボタンを押して[4]前に
미리보기 버튼을 눌러서 자신의 게시글을 미리 확인해 볼 수가 있습니다.
[5]ボタンを押して自分の[2]を事前に確認することができます。

블로그에 글을 올리기 위해서는 먼저 '포스트 쓰기' 버튼을 누릅니다.
ブログに[6   ]ためには、まず[7]ボタンを押します。

휴대폰의 문자메시지 작성이 끝났으면 아래에 있는 전송 버튼을 누릅니다.
携帯の[8   ]の作成が終わったら、下にある[9]ボタンを押します。

수신 기록과 전송 기록 확인해 본 뒤에 전화번호부에 저장돼 있는 번호 삭제했어?
[10]と[11]確認した後,[12]に[13]されている番号[14]した?

문자 메시지 송수신 기록 삭제가 안 되는데 어떻게 하면 되죠?
[8]の送受信[15]が※削除できませんが、どうすればいいんですか?

한국 휴대폰의 '발신자 표시 제한'을 일본에서는 [16   ]라고 하고 '통화권 이탈'을 [17]라고 한다.

한국에서는 카카오톡 등에서 '읽음/읽지 않음'이라고 하지만 일본에서는 이것을 [18   ]라고 한다.

한국에서는 '파워 블로거'라고 하지만 일본은 [19   ]라고 한다.

한국에서는 블로그 등에 찾아온 사람의 수를 '방문자 수', 어떤 경로로 들어왔는지를 분석하는 걸 '유입 분석'이라고 하고, 또한 읽어 본 숫자를 '조회 수'라고 하지만 일본에서는 각각 [20   ], [21   ], [22]라고 한다.

한국은 인터넷 등에서 '새 창'을 띄운다고 하지만 일본은 이걸 [23]라고 한다.

한국에선 블로그 등에 새 글을 '업데이트'한다고 하지만 일본은 [24]이라고 한다.

한국은 동영상, 자료 등을 '배포한다'고 하고, 또는 인터넷 등에서 개인이 '방송한다'고 하지만 일본은 [25]라고 한다.

우리는 '선불폰'이라는 용어를 쓰지만 일본은 [26]라고 한다.

'수신 차단'을 일본은 [27], 이걸 줄여서 [28], 그리고 '차단 설정'은 [29]라고 한다.

우리는 인터넷 등에서 회원으로 가입하는 걸 '회원 가입'이라고 하지만 일본은 [30]라고 한다.

우리는 휴대폰 '기종 변경'을 줄여서 '기변'이라고 하지만 일본은 [31]라고 한다.

우리는 컴퓨터 등의 '프로그램을 열다'라고 하지만 일본은 [32]라고 한다.

인터넷이 갑자기 멈추는 걸 일본은 [33] 또는 [34]라고 한다.

우리는 동영상 등이 '버퍼링이 심하다', '버퍼링이 걸린다'라고 하지만 일본은 [35] 또는 [36]라고 하고 이 둘을 합쳐서 명사형으로 [37]라고 한다.

우리는 '백신 프로그램'이라고 하지만 일본은 [38] 또는 [39]라고 한다.

우리는 '댓글'이라고 하고 댓글 등이 달렸음을 알려주는 걸 '알림'이라고 하지만 일본은 각각 [40], [41]라고 한다.

일본은 문자메시지, 이메일 등의 '제목'을 [42]라고 한다.

한국에서는 블로그 등에서 글을 쓰다가 저장 않고 나갈 경우 경고 팝업창과 함께 '나가기'와 '취소' 버튼이 뜨지만 일본은 이것을 [43], [44]라고 한다.

한국은 휴대폰 회사를 '이동 통신사'라고 하지만 일본은 그냥 [　45　]라고 한다.

모범 답안

1. 게시할 : 掲載する
일본에선 이런 경우에 掲示라는 말을 쓰지 않는다는 거 앞서 배웠죠?

2. 게시글 : 記事

3. 확인 : 保存
일본에선 이런 경우에 '확인'이라는 단어를 쓰지 않습니다.

4. 등록하기 : 投稿する
블로그 글도 '기사'라고 하니까 당연히 '투고'라고 하겠죠.

5. 미리 보기 : プレビュー
한국에선 '미리 보기'라고 하지만 일본에선 이처럼 '프리뷰'라고 합니다.

6. 글을 올리기 : 記事を投稿する

7. 포스트 쓰기 : ブログを書く·記事を書く

8. 문자메시지 : メール

9. 전송 : 送信
한국에선 '전송'이라고 하지만 일본은 '송신'이라고 합니다.

10. 수신 기록 : 着信履歴

11. 전송 기록 : 送信履歴
한국에선 '수신기록, 전송 기록'이라고 하지만 일본은 이와 같이 표현합니다.

12. 전화번호부 : 電話帳

13. 저장 : 保存
한국은 '저장'이라고 하지만 일본은 '보존'이라고 합니다. 이건 컴퓨터의 경우도 마찬가지입니다.

14. 삭제 : 消去
한국은 '삭제'라고 하지만 일본은 '소거'라고 합니다. 다만 예제에서 ※ 표시한 곳을 보면 알겠지만 '삭제'라고도 하긴 합니다. 그런데 '소거'를 쓰는 게 일반적입니다.

> 日 한국에선 이런 경우에 '소거'라는 한자어를 쓰지 않습니다. 물론 뭘 말하려는지 뜻은 통하겠지만요.

15. 기록 : 履歷

16. 非通知設定
일본 드라마 마니아라면 휴대폰에 전화가 걸려 오는 장면에서 휴대폰 화면을 비춰 줄 때 아마 많이들 보셨을 텐데 우리나라의 '발신자 표시 제한'을 일본은 이렇듯 '비통지 설정'이라고 합니다.

17. 圏外
통화 '권' 밖이라는 말이죠.

18. 既読·未読

19. カリスマ·ブロガー
이 '카리스마'란 외래어도 한국과 일본의 쓰임새가 다르죠. 어떤 분야에서 아주 잘나가는 사람, 인기가 많은 사람을 뜻하는 말로 쓰입니다.

> 日 한국에서 '카리스마'란 말은 예컨대 '카리스마 넘치는 연기'라고 하면 관객을 휘어잡는 매력이 넘치는 연기, 관객을 압도하는 연기라는 뉘앙스입니다.

20. アクセス数

21. アクセス解析
일본은 여기서도 '해석'이라는 한자어를 씁니다.

> 日 일본어 解析은 이렇듯 '분석'이라고 번역하시길 권합니다. 1권에서 말씀드린 대로 '해석'이라고 하면 解釋을 떠올릴 것이기 때문입니다.

22. 閲覧数·PV数

일본은 이렇듯 '열람'이라고 하고, 또한 page view의 약자로 표현합니다.

23. 別窓·別ウィンドウ

이 別窓라는 한자어는 사전에는 없지만 업계에서는 흔히 쓰는 말입니다. 주로 「別窓で開く」라는 식으로 쓰죠.

24. 更新

> 日 한국에서도 '갱신'이라는 한자어를 쓰니까 직역해도 의미는 통하지만 일반적으로는 새 글을 올리다, 블로그를 업데이트하다 등으로 말합니다.

경신(更新)と갱신(更新)の使い分け方

25. 配信する

> 日 한국은 配信이라는 한자어를 쓰지 않으므로 문맥에 따라서 배포, 방송 등 다양한 한국어로 의역할 수밖에 없습니다.

26. プリペイド携帯

이걸 그대로 직역해서「前払い携帯」라고 하면 안 되죠. 일본은 이렇듯 prepaid라는 외래어를 그대로 씁니다.

27. 着信拒否

28. 着拒

29. 拒否設定

30. 会員登録·新規登録

31. 機種変

우리는 '기종 변경'을 줄여서 '기변'이라고 하는데 일본은 이렇듯 '기종변'이라고 합니다.

32. ソフトを立ち上げる
또한 블로그를 개설하는 것도 「立ち上げる」라고 합니다.

33. 固まる
화면 등이 딱 굳어 버린다는 뜻으로 이 표현을 씁니다.

34. フリーズする
또한 앞에서 다뤘듯이 언다는 뜻인 freeze라는 외래어를 씁니다.

35. カクカクする
「かくかく」는 사물 등이 모가 난 걸 뜻하는 말인데, 컴퓨터 연산 처리 능력이 낮아서 영상이 끊기는 걸 뜻하는 말로 쓸 때는 주로 카타카나로 표기하는 것 같습니다.

36. もたつく
이 「もたつく」는 일반적인 단어죠. 일 등이 순조롭게 진행되지 않는 걸 뜻하는 말입니다.

37. カクつき
일본은 '카쿠카쿠'와 '모타츠쿠'를 줄여서 이렇듯 '카쿠츠키'라는 명사형으로 씁니다.

38. ウィルス対策ソフト

39. アンチウィルスソフト
일본은 위와 같이 '바이러스 대책 소프트', 그리고 이처럼 '안티 바이러스 소프트'라고 합니다.

40. コメント

41. 通知・お知らせ
'알림'을 보통 「通知」라고 하는데 일부 플랫폼에서는 「お知らせ」라고도 합니다. 그리고 이건 공지사항이란 뜻으로도 쓰죠.

42. 件名
일본은 메일, 문자 등의 '제목'을 이처럼 '건명'이라고 합니다.

43. 移動する
일본은 이 경우 '이동'이라는 한자어로 표현합니다. 이 '이동'이라는 한자어도 미묘하게 쓰임새가 다르다는 말이죠.

44. 移動しない

45. 携帯電話会社・電話会社
우리는 SKT나 KT 같은 회사를 이동 통신사라고 부르지만 일본의 경우에는 mobile communication의 번역으로서 移動体通信·移動通信이라고 하고, 또 전문 용어로서 移動(体)通信事業者라고는 하지만 '이동통신사' 같은 용어는 쓰지 않습니다. 또한 다소 전문적인 용어로 「通信キャリア」라고도 하는데 역시 일상생활 속에서는 위와 같이 말하는 게 일반적입니다.

> **読み方**
> 掲載(けいさい)・履歴(りれき)・電話帳(ちょう)・消去(しょうきょ)・圏外(けんがい)・閲覧(えつらん)
> 別窓(べっそう)・着拒(ちゃっきょ)・機種変(きしゅへん)

색인

1% 아래로 떨어진 ········· 81, 84	같은 장소구나 하고 깨달았다 ········· 47, 55
108배 ········· 163, 167	개과천선 같은 거 ········· 131, 137
10대 이상이 휩쓸린 ········· 11	개그맨 출신 ········· 281, 283
16강 진입 ········· 196, 199, 238, 241	개량은 가했지만 ········· 130, 133
16강 토너먼트 ········· 172, 176	개봉 박두 ········· 108, 114
16강전(테니스) ········· 73, 77	개봉을 앞두고 있다 ········· 108, 114
2주일 앞두고 ········· 116, 120	개조(내부를) ········· 33
53번 국도 ········· 11, 16	객지에서 별세 ········· 205, 211
8강 ········· 73, 77, 172, 176	각출하기 위해 ········· 163, 168
EU 탈퇴 ········· 107, 110	거금 ········· 80, 84
OO파 조직원 ········· 222, 226	거리가 먼 악덕기업 ········· 11, 16
가게를 접었다면 ········· 97, 100	거머쥡니다(승리를) ········· 172, 177
가까스로 ········· 115, 118	거물(미술계) ········· 155, 159
가닥이 잡혔다 ········· 274, 277	거부감을 느끼는(접종에) ········· 131, 135
가산세를 무는 ········· 238, 243	거부반응 ········· 108
가산점을 줄 거야 ········· 66, 71	거주 환경 ········· 97, 101
가스레인지 교체는 다음에 하자 ········· 98	거포가 즐비한 ········· 180, 184
가전업체 ········· 36, 41, 172, 175	걱정병 ········· 18, 22
가정 폭력이 난무 ········· 11, 15	걱정해야만 하는 신세 ········· 246, 250
가족을 인질로 잡고 ········· 155	건달 ········· 88, 91
간담을 서늘하게 ········· 147, 153	겁탈을 한 ········· 194
간을 내려고 ········· 260, 263	게시글 ········· 290
감감무소식 ········· 57, 63	게시글을 올렸는데 ········· 238, 243
감소 추세에 있다 ········· 140, 144	게시할(블로그에) ········· 291
감시 기능은커녕(정부에 대한) ········· 10, 12	겨드랑이 냄새 ········· 188, 194
감식반에 넘겨 ········· 238, 242	견원지간 ········· 123, 127
감쪽같이 사라져? ········· 46, 50	결단이 서지 않아서 ········· 97, 100
강력 범죄 ········· 111, 138, 140, 143	결론 짓는 ········· 18, 22
강력계 형사 ········· 131, 138, 222, 226	결론을 도출한 뒤 ········· 187, 190
강력범 ········· 138, 222, 226	결박 주술 ········· 116, 119
강제 추행 ········· 237, 241	결박당한 채 ········· 198
강좌를 마련해 두었습니다 ········· 230	결벽증적인 면 ········· 21
강호가 즐비하지만 ········· 180, 184	겹겹이 장치돼 있는 ········· 270

경각심을 일깨워야 한다	163, 168	관할 사건	278
경고에 그치자는	88, 92	광고대행사	269
경력직 채용	29, 33	교양 없는 짓	279
경선 투표일	246, 251	교양 있는 말투	279
경영을 핍박	36, 42	교통 통제 표지판	108
경영이 곤경에 처했다	40	구속영장이 신청된	61
경제 회생	162, 164, 245, 249	구시대적	97, 101
경제의 현 상황	256	구워삶으려 해(영감을)	74
경조사 소식	89, 94	구축해 가기로 합의	229, 233
경찰관	163, 169	국론 분열을 꾀하는	131, 137
경찰이라고 밝힌 누리꾼	238, 243	국민 화합	171, 173
계속 열어 놨었구나(창문을)	81, 86	국정 농단	285
계좌 추적	285	국정을 농단	163, 167
계획 수립	163, 170	국제원자력기구	213, 216
고난이 앞길을 가로막더라도	140	국회의원(중의원)	122, 124, 139, 228
고담준론이라는 한자어	280	군계일학	275
고려한(영양을)	105	군중들(유세장에 모인)	180, 183
고성방가	123, 128, 223, 227	권모술수가 난무	10, 13
고위 공직자 비리	197, 202	권위자	159, 223, 226
고위급 회담	229, 233	권했다(어학연수를)	258
고육지책	205, 210	그 사람과 친해져서	11, 14
곧이들으면 안 돼	195	그늘지고 서늘한 곳	11, 17
곧이 받아들이니까	18, 22	그들을 배려하는 차원에서	98, 105
곧이곧대로 믿으면 안 돼	19, 27	극단적으로	18, 21
골 득실차	246, 250	극도로 신중해야 한다	163, 170
골다공증	155, 161	극복했을 때 비로소	140, 143
공개석상	47, 53, 187, 192	극심한	66, 69
공공연하게	250	극우 성향	229, 232
공익제보자	179	근로 중	197, 202
공조가 필수적	140, 144	근린생활시설도 잘돼 있고	101
공중에 뜨거나	263	근신 중일 텐데?	55
과다 복용	163, 168	근황을 알려줘요	238, 244
과잉 보호	81, 86	글을 올리기(블로그에)	289, 291
과징금	238, 243	금융경색	245, 249
관련자	279	금은보화를 쌓아 놓고	116, 119
관상도 별로	272	금일 휴관	29, 33
관중들에게 마구 시비를 걸던	123, 128	금전 수수	282, 286
관중석	179, 181	금품 등을 달라고 조르다	62

급박(위급)한 상태(병세가)	39	나락에 빠졌던	72, 77
급박합니다(사태가)	50	나아가서는 여당 대표로	10, 13
급선무	131, 136	나이가 지긋하신 분	35
기고만장해서는	89, 95	낙하산을 팀장으로	65, 67
기구한 운명	72	난도질하고 난 뒤	146, 149
기대 만발	19, 26	난무를 추며	14
기대에 부푼 가슴을 안고	57, 63	난치병	146, 149
기대와는 정반대로	147, 153	난항을 겪은	115, 117
기득권층	246, 251	날개 돋친 듯	65, 69, 98, 106
기름값	197, 201	납치범 전화입니다	131
기밀을 유지	147, 152	낭패를 보는 수가 있다	23
기변(기종 변경)	290	내 동료	154, 157
기술력이 조잡	282, 287	내 의견은 말도 안 된다	221
기술자를 양성	237, 240	내 정신 좀 봐	81, 85
기업 실적	253, 256	내년 초 출시	273, 276
기업 친화적	246, 249	내년까지는 독립	245
기업 하기 좋은 나라	245, 249	내몰았습니다(민주 투쟁의 길로)	47, 53
기업 하기 좋은 여건을 조성	250	내부를 개조	29
기자들이 달려가자	163, 168	내연남	204, 208
기존의 방식	130, 133	내외(부부)	163, 168
기지가 넘치는	282, 287	내일모레 입학 시험	19, 24
기하급수적으로	131, 135	냉대를 받았고	66, 70
긴급 상황 발생(경찰 무전 등)	253, 255	너무 늦은 감이 있다	97, 102
긴급 수배령을 내리고	138	너무도 당황한 나머지	28, 32
긴요한	237, 240	넘어져서 머리를 받혀서	28, 30
깡패들의 싸움	88	노골적인 편파 중계	147, 152
꽃단장을 한 선남선녀	146, 149	노골화한 것	238, 243
꾀만 부리고	230, 234	노래 대항전	155, 158
꿀꺽한(혈세를)	37, 43	노사정	162, 164
꿈이 좌초되고 말겠어	261	노상방뇨	223, 227
꿈인지 생시인지	11, 15	노숙자	214, 220
끌려 나온	180, 183	노키즈존으로 운영한다는 입장	98
끌어내리기(군주 자리에서)	36, 41	논란을 부를(사회 문제)	171, 174
끔찍한 짓을 벌인 무당	273, 277	논란의 불씨	187, 191
끝까지 돌리면(다이얼을)	31	논리적으로 말했는데	214, 220
끝이 없어(논쟁을 계속해 봤자)	188, 193	논리정연	140, 143
'나가기'와 '취소' 버튼	290	논외	221
나가는 걸(회사에서)	223, 228	논쟁을 붙여 볼 필요	172

농락	72, 74, 75, 76, 77
높이 사서(재능을)	147, 153
높이 평가했다	213, 217
뇌물을 쓰는	89, 94
누리꾼	238, 243
누적 관객 동원수	261, 266
누적 관중 동원수	179, 182
누적 관중수	182
눈살을 찌푸렸다	155, 159
눈을 뗄 수 없게 만드는	130, 134
다각도의 논의	190
다들 순진하다고	205, 212
다른 고객들 중에는	98, 105
다른 사람	285
다자 협상	107, 111
다재다능	20, 239
다진 마늘	263
단도직입적	37, 44
단말기에 침투	180
단백질원	89, 96
단상에 오르자	151
담력 시험	147, 153
당쟁만 일삼는	10
대갈통 참 크구나	279
대검(찰청)	10, 13
대국민 담화	146, 150
대규모의 행사	179, 182
대미를 장식한다	19, 25
대박을 터뜨렸다	266
대변인	46, 51
대서특필	29, 34
대선 유세장	180, 183
대선 후보인 저를 제거	140
대세를 이루는	140, 144
대승적 관점에서	188, 193
대외비	147, 152
대저택	116, 119
대조(지문)	78, 279
대체로 보수 성향	229, 231
대포폰	278
대피책을 강구해	205, 210
대학교	280
대형 가전 업체	175
대형 연예기획사	237, 239
댓글	186, 289
더 세게 나왔다	232
더없이 맑은 고음	116, 121
더할 나위 없다	97, 101
덜 다듬어졌지만	147, 153
덜미를 잡혀서 사법처리	116, 119
덮거나 숨기지 않고	214, 219
도가니(열광의)	116, 121
도주	81, 85, 154, 157
도처에	108, 112
도피행각을 벌이던	150
독보적	192, 223, 226
돈까지 바쳤는데	223, 227
돈을 갈취하고	222, 226
돈을 갖다 바쳐도	230, 234
동반자 관계	229, 233
동유럽 국가들	139, 141
뒤늦게 부랴부랴	230, 236
뒤를 봐 줘서	163
드디어 클라이맥스로	155, 159
득의양양	10, 13
등교 거부 학생	122, 125
등록하기 전에(글을)	289
따돌림을 당했다	66, 70
딱 잡아떼게 돼 있어	278
때를 놓치기 전에	46, 50
떼를 써 봤자	81, 84
뚝심 있게	10, 13
라디오의 다이얼	28, 31
레이더 조준	213, 216
리모델링	29, 33
마당	81, 86

마약 투약	57, 58, 59, 61	문란	111
마음대로 주무르려는	238, 243	문자메시지	290
마지막 순간에	262	물량 공세	37, 44
마타도어와 유언비어를 퍼뜨려서	131	물러날 때라고는 생각했는데	97
막후 협상만 잘 성사되면	73, 78	물리치료사	222, 225
막후에서 무소불위의 권력	163, 167	물밑 협상	29, 33
만발	19, 25, 26, 30	물을 수 있습니다(죄를)	284
만장일치	276	물의를 일으킨	51, 56, 61
만취	123, 128	물품 보관함	278
말할 것도 없고	180, 183	미래 지향적 동반자 관계	229, 233
맛집	188, 194	미리보기 버튼	289
맞춤형 강좌	230, 234	미사일 부대를 배치	108, 113
매물로 내놓습니다	266	미일과의 연대	171, 173
맨 뒤로 가서 줄을 섰어	188, 194	미적지근하다	237, 241
머리가 명석한	286	미처 억누르지 못하고(충동을)	56, 60
머리싸움	276	미칠 것만 같았다(일도 손에 안 잡히고)	42
먹통이 되는(컴퓨터가)	19, 26	민가에 숨어들어	155
먼바다에서 돌아다니는	123, 126	민간인 불법 사찰	257
면밀히 조사해서	214, 219	민관이 하나가 돼서	108, 112
멸종 위기종	66, 70	민심 이반	131, 136
명석	286	밀도살	66, 70
모녀 살인	123, 129	밀어붙이려 하고(주장을)	172, 177
모르고(활짝 열린 것도)	32	밑거름이 된 것이다	265
모름지기	140, 142	바가지도 이런 바가지가 없네	196, 199
모순돼 있는데	18, 22	바다 향기	162, 166
모집에 응시	237, 240	바로 퇴근해 버렸어	259
목돈 만지고 싶으면	205, 210	박대	70
몰랐어요(논란을 일으킬 줄)	56, 60	박빙의 승부	257
몰입	130, 134	박진감 넘치고	130, 134
몸 상태를 살펴봐 가면서	161	반기를 들고	65, 68
무당	277	반대말	209, 223, 228
무도한 권력	47	반려견	214, 218
무력감	231	반박 자료	187, 191
무심	62	반전 또 반전의 경기 양상	223, 227
무심할 수가 있는 거야?	57	발걸음을 해서	65, 67
무전취식	223, 227	발명품 전시회	269
문건	147, 152	발상의 전환을 통해	245, 248
문고리 3인방	163, 167	발설 금지	108, 114, 151

발설하지 않도록	147, 151	보수 성향	229, 231, 232
발신자 표시 제한	289	보험설계사	122, 125
발화된(불)	205, 211	본 공연	271
밝혀낼 수 없으니까 복구	19, 26	본때를 보여 줘야 해	131, 138
방문자 수(블로그)	288	봐주고 있었지만	28, 31
방송(야구 중계)	152	부랴부랴	230, 236
방심해선 안 돼	256	부실한 수사 보고서	230
방안을 강구하라고	197, 202	부적 배포	284
방침임을 천명함으로써	172	부하 직원에 대한 갑질	123, 127
배달시켜 먹기로 했다	98, 104	분기충천한 시위대	37, 43
배전의 노력	162, 165	불가피해지자	197, 201
백방으로 수소문	205, 210	불거진(의혹이)	131, 136
백성을 핍박하는 오만하고	36	불꽃 튀는(설전)	199
백신 프로그램	290	불륜을 저지른	56, 61
백일하에 드러내겠습니다	214, 219	불림 기능	103
백팔 염주	163	불만스러운 표정	68
버티고 있다고 합니다(민가에서)	160	불법 낙태 수술	287
버퍼링이 심하다	290	불법 사찰	257
번데기	89, 96	불법 촬영한	284
범법 행위	277	불법 행위	163, 168
범법자	278	불볕 더위 아래	150
법안을 반드시 통과	179, 183	불의의 부상	202
법의 심판	277	불참하는	98, 104
법정 구속되었다	283	불타오른 논쟁	172, 177
법정 최고형	123, 129	붕괴된 것(소련이)	139
벚나무 가로수길	25	블로그 글	242
벼락출세한 놈	89, 94	블록버스터 영화	108, 114
변주를 가해	214, 220	비디오 판독까지 가는	47, 53
변호인단	40, 123, 129	비리(시장의)	43, 124
별세	205, 211	비밀 유지 하에	256
별풍선을 쓸어모은다	147, 152	비석	38, 123, 127
병 나은 직후	155, 160	비선 실세에게 놀아나서	285
병마와 싸우다	37, 44	비옷	73, 77
병상에 여유가 없어졌고	40	비위생적인	89, 96
병색이 완연한 얼굴	146, 149	비자금 조성책으로 지목	146
병세	39, 218	비핵화 논의	188, 193
보관 방법	11, 16	비행을 저지르는 탈선 청소년	140, 143
보란 듯이 합격한	37	빠져나왔지만(회사에서)	205, 210

색인 • 301

뻔하잖아	139, 142	서전을 장식	172, 176
사건, 사례(고딕체로 기록될)	142	섞여 들어가서(노숙자 사이에)	214, 220
사그라들었다(불씨가)	187, 191	선거철	131, 136
사도가 회복을 마치고	116	선거판	10, 13, 47, 54
사랑받는다(단백질원으로)	89, 96	선망의 대상	11, 14, 196, 198
사무용 공간	271	선방했고	146, 149
사법고시	37, 43, 223, 227	선보였다	264
사상 최초	116, 120, 238, 241	선불폰	290
사생결단의 폭로전	252	선정적인	56, 59
사업 부문 할당	108, 112	섭외 안 했다고?	57, 62
사체	98, 103, 237, 241	성경 잠언집	47, 52
사퇴와 탈당	46, 51	성급한(경솔한) 판단	22
사퇴했음에도	251	성도착자	194, 263
삭제했어?(전화번호)	289	성사된 숙명의 재대결	47, 53
산재 보상	197, 203	성장할 여지	65, 68
산해진미	37, 42	성적 상위권 학생	214, 219
살기등등해서	108, 112	성적 취향	262
살림살이	43	성질을 부리는	88, 93
살수차	146, 147, 150, 151	성취감	115, 118, 140, 143
살아 숨 쉬는 현장감	65, 67	성취욕	140, 142
살포	146, 150	성폭행 신고	240
삶을 비관	123, 127	성폭행	119, 235
삼고초려를 해서라도	89, 95	성황리에	257
상궤를 벗어난	140, 143	성희롱	47, 53
상명하복	258	세 문제나 들어 있었다	214, 220
상봉	275	세금 탈루한	238, 243
상위권	214, 219	세기의 재대결	257
상책	246, 251	세상사에 초탈해서	63
상처가 벌어지기 전에	47, 53	세상을 발칵 뒤집었던	287
상투적 수법	131, 137	셀카	238, 244
상황에 따라 유연하게 대응	130	소녀 시절	19, 25
새 창	289	소담하게 담긴(요리)	162, 166
새로 만든 통굽 운동화	98, 106	소비자 충격	197, 201
새로운 시도를 했다	130	소탕령	222, 226
생각이 있어, 없어	25	소화해 내기 위해서(배역을)	214, 220
생생한 현장감	65, 68	소화해 냈으니(스케줄을)	46, 51
생활이 궁핍	40	소환 조사	116, 119
서식	57, 60, 63	속단은 금물	172

쇼윈도를 꾸미는 데	272	식기 5종 세트	66, 69
수리된 흔적	238, 242	식기세척기	66, 69
수면유도제	163, 168	식욕을 돋우어 줍니다	162
수면제를 먹고	11, 15	식재료	162, 164, 166
수비수	72, 76	신경도 안 써?	19, 24
수사를 진행 중인	286	신경을 쓴(첨가물에)	105
수술 후의 이상 증세	108	신경이 분산돼서	19, 24
수신 기록	291	신경이 예민해지는 문제	23
수신 차단	290	신경질적으로 굴더라니까	18, 22
수액 최대로	31	신경질적이 된다	18, 21
수혈 시작하세요	28	신경질적인 성격	19, 24
숙면	11, 15	신고 접수(총격전 경찰 신고)	255
숙면을 못 취하는데	11, 15	신규 참여	108, 112
숙면 장애	11, 15	신년사	250
숙면 했어요	11, 15	신변을 비관	122, 125
숙원	238, 241	신속하고도(적확한 대처)	36, 39
순정	212	신속한 결단	46, 50
숟가락 얹으려 하지 마	278	신장개업	272
술값	68	신종(코로나)	36, 40
술김에 뱉은 말	205, 211	신중에 신중을 거듭	89, 95
술친구	46, 51	신중에 신중을 기해야	172, 178
숨어 들어	155, 160	실감나는 신	65
숨죽이며	179, 181	실물경제	171, 174
숨통을 틔우기 위한 대책 마련	180, 185	실적의 양극화	172, 175
숫자를 잘 안 까먹는다	163, 167	실직 중	122, 125
쉽게 생각하다간	19	실직한(책임을 물어)	122, 125
숯의 정확도	66, 71	싫든 좋든 끌려나온	183
숯이 들어가서	172, 176	심각성	187, 191
스르륵 녹아 버리는(입안에서)	162, 165	심도 있는 논의	171, 173
승부 조작 사건	219	심복	122, 124, 163, 167
승승장구 끝에	172, 177	심신 미약	123, 129
승승장구하고 있는	245, 248	쌍두마차	29, 34
시급하다	175, 183	쓰레기 놈	131, 137
시급한 상황	36	쓸어모은다(별풍선을)	147, 152
시범경기	120, 257	아들 사고 소식	28, 32
시접 부분	68	아버지면서	57, 62
시청으로 몰려갔다	37, 43	아예 대놓고, 아예 보란듯이	183
시행착오를 겪은	115, 118	아이돌 학원	237, 239

아이돌로 육성하는(게임)	237, 239	언성을 높였다	140, 145
악 소리 나게 할 만한	264	언어 폭력이 난무	10, 13
악덕기업	11, 16	엄히 처벌할 방침	140
악영향을 미칠 겁니다	246, 251	업데이트(블로그)	290
악행	131, 137, 139, 142	업무 오찬 자리	188, 192
안내문	29, 33	업주들은 매장을	98, 105
안정 지향적	229, 233	에바를 투하한 뒤	107
안쪽에 접히는 부분	68	여건	122, 125
안착	115, 117	여러 가지 사정	88, 92
안하무인격으로 악행을	139, 142	여론의 뭇매	59, 213, 217
알고 있습니다(근신 중임을)	47, 55	여론이 들끓자	230, 235
알림(댓글)	290	여유롭게 물리치며	172, 176
암호화폐	187, 190	여의치 않아서	245, 248
압력을 넣었다(기업에)	163, 168	역겨우니까	89, 95
애처럼 떼를 써 봤자	81, 84	역대급	108, 114, 207
액막이 부적	284	역무원들이 막아서며	163, 168
야권 단일화	223, 228	역부족	28, 32
야당 대표	285	역세권	97, 100
야반도주	81, 85	연단에 오른	222, 225
야외 촬영(액션 신)	57, 62	연대	113, 171, 173
야유를 날리고	123, 128	연발(상스러운 말을)	213, 217, 225
야음을 틈타	155, 160	연쇄 살인마	154, 157
약물 과다 투약	57, 64	연쇄 추돌 사고	11, 16, 295
약점을 잡히는 바람에	108, 113	연예기획사	66, 70, 237, 239
약체팀이라 평가된	250	열화와 같은 박수갈채	266
얇게 언 얼음	257	열화와 같은 환성	179, 181
양극화	172, 175	영양제	155, 161
양대산맥	37	영어 실력이 출중	188, 192
양도할 것을(권리)	277	영정	123, 127
양약도 한약도	146	예민하게 안 보이는데	24
양자 회동	216	예민한 성격	22
양자택일 문제	196, 199	예비 타당성 조사	97, 102
어깨 힘 주고 삽니다	37, 44	예선에서 탈락	28
어렵게 공부하는	88, 92	오랜 숙원	238, 241
어른이 되면	11, 15	오랫동안 가정 폭력	81, 85
어학연수 길에 올랐다	57, 63	오만하고(군주가)	36
어학연수를 보내는	229, 233	오열	205, 211
언도받았다	66, 70	온갖 악다구니	123, 127

온그린	115, 117	원전	73, 78
온당한 일인가	89, 94	원점으로 돌아가서	197, 200
온당한 처사	89, 94	원주민	122, 126
온데간데없고	213, 217	월드컵을 석 달 앞두고	179, 182
옹고집(영감)	72, 74	월반(학년을)	185
완고하게	172, 177	월장이 임박	257
완벽주의적인 면	21	월장해서(라이트급으로)	180, 185
완연한 봄기운	146, 148	위기에서 벗어났다	36, 40
완연한 회복세	146, 149	위협 비행	89, 93, 213, 216
완전 먹을 게 못 되더라	238, 242	유가 폭등	197, 201
완전 몰입돼서 봤어요	130, 134	유가가 하향세	171, 174
완쾌될 거란	214, 219	유가의 앙등	36, 40
완파했어	258	유년기 때는	36, 40
왜 그래?	46	유례가 없을 만큼	256
외계인	28, 31	유사 성행위	284
외국계 회사	10, 13	유사시	205, 209
외근	259	유선 전화	140, 144
외근한 김에	254	유실된 도로	108
외대생 의문사	57, 63	유언비어 유포	47, 54
외부에 발설	147, 152	유언비어	47, 54, 131, 136
요란한 옷	262	유의미한 시간	214, 218
요망한(호스티스)	72, 75	유입 분석(블로그)	288
요양사	154, 158	유출한	283
욕망했다, 탐했다	195	유포되고 있는 동영상	285
욕심이 많아서	180, 185	유학을 보낸	238, 244
욕정이 일어서	188, 194	유해 증상	131, 135
욕조	271	육안	147, 151
용모 단정	11, 16	으르렁대는	246, 251
용접 직업 훈련소	237, 240	은퇴	57, 63
우대	70	음란물 유포 등의 죄	284
우리 관할 사건	278	음란한 사진과 동영상을 유포	284
우물쭈물하는 거야	28, 30	응시	237, 240
우범 지대	107, 111	의견을 정한 뒤에	187, 192
우비	73, 77	의논, 상의	193
우승을 쟁취한	222, 226	의료 과실	112, 225
우열을 가리기 힘든	257	의료진	36, 40
운때가 맞아서	89, 94	의문사	57, 63
울긋불긋, 알록달록	269	의상을 안 입었지만	271

의원 자격을 잃은	139, 141	일사천리로 진행될 테니	73, 78
의원직을 상실	122, 124	일사천리로 진행시키는	89, 95
의정 활동	228	일생일대	73, 77
이 그림들	265	일솜씨	230, 234
이 몸이 더 좋잖아	109	일으켰다(민중 봉기)	36, 41
이 정도로는(만족 못 함)	180, 185	일주일 앞두고	252
이걸 얻다 써먹겠어	287	일찍이	83
이견을 좁히고	276	일치하는 지문	73, 79
이곳(이 지역)에 사는	52	일품 요리	270
이동 통신사	291	일희일비	214, 218
이면합의	73, 78	읽음/읽지 않음	288
이번엔 분명 채택	269	임박했는데(변제 기한이)	51
이상 반응과 유해 증상	131, 135	입단속	147, 152
이상 증세(수술 후의)	108, 111	입방아	58
이어받기만 해서는(과거를 그대로)	130, 133	입시생	187, 190
이젠 기득권층	246, 251	입안에서 퍼지는	162
이직	122, 125	입지가 좁아지자	229, 232
이해심도 깊고	88, 93	입지를 좁히고(경찰의 입지)	238, 243
이해하지 못했기 때문입니다	29, 34	자가 복구	116, 120
익명 게시판	238, 242	자각몽	285
익사체	237, 241	자격을 따면	122, 125
인간도 아니네	123, 128	자국민들	205, 209
인격 살인도 서슴지 않는	10, 14	자금 경색에 시달리는	180, 185
인구 절벽 상태	66, 69	자금 세탁	37, 43, 116, 119
인구 절벽	66, 69	자금 융통이 여의치 않아서	245, 248
인생무상	14	자동차가 꼬리에 꼬리를 물고	205, 210
인생의 반려자	29, 34	자리에서 끌어내리기	36
인신공격	14, 217	자빠뜨려 버리는(미녀를)	72, 76
인신공양	277	자살골까지 헌납	258
인재를 양성	229, 233, 237, 240	자식을 망친다	81, 87
일 처리	230, 234	자신해	270
일가견이 있다	223, 227	자웅을 겨루게	238, 242
일관했다	213, 216	자제하기로	179, 182
일당	287	자진 납세	238, 243
일도 손에 안 잡히고	37, 42	자책골을 허용	72, 76
일망타진	140, 144	자청한(기자회견을)	66, 70
일사불란하게 움직이고	162, 166	잔인무도한 수법	222, 226
일사불란한 군무	271	잘 서식할 수 있는지	57, 63

잘라 말했다	180, 184	절절히 가슴에 와닿았다	10, 14
장난치고 떠들어대는 걸	105	절친하게 지내던	57, 63
장래를 촉망받는	88, 92	점입가경으로 치닫자	155, 159
장례 문화를 밀착 취재	122	정기 주주총회	276
장사진을 이루고	188, 194	정기국회	179
재배치(전술핵)	171, 173	정기적 순찰	140, 143
재수사에 나섰다	230, 236	정면승부	37, 44
재점화되는 듯했으나	191	정보 교류	172, 175
재촉(촉진)하고 있다(저출산 고령화를)	51	정부가 물에 투신 자살	127
재판에 넘겨진	123, 129	정작 그 회사가	11
쟁쟁한 강력계 형사	131, 138	정작 시험을 쳐야 하는	187, 190
저의	238, 243	정직원	11, 16
저출산 고령화	46, 51, 66, 69	정책 공방	213, 217
적극적으로 나서서	245, 249	정책 혼선	251
적당한 운동	155, 160	정체(교통)	11, 16, 205, 210
적반하장으로 나오는 거 봐	131, 137	정체되고(화물 수송이)	11, 16
적폐 청산의 기치	197, 202	정치적 분열이 심해지는	171, 174
전 당대표	47	정치적 성향	229, 232
전국체육대회	116, 120	정치판	10, 13
전기밥솥	98, 103	정통적인 복식	88, 91
전력을 발휘하는(니시코리 선수)	31	정확도(숏의)	66, 71
전면전에 대비	108, 113	제거(대선 후보인 저를)	92, 140, 144
전모	214, 219	제목(문자메시지)	289
전무후무한	213, 217	조 추첨식	238, 241
전문가의 발언	56, 60	조직원(조폭)	222, 226
전소된	205, 211	조직원(폭력조직의)	222, 226
전송 기록	291	조처	205, 209
전수조사	214, 218	조회 수(블로그 글)	288
전시 행정	225	졸렬	286
전심전력	108, 112	졸업 예정자	29, 33
전전긍긍	18, 20, 245, 248	졸작	155, 159
전지훈련	66, 70	종용	259
전향적으로	29, 33	종적을 감춘	46, 50, 205, 210
전향했다는 사실(보수파로)	29, 34	좌고우면	10, 13
전화번호부에 저장돼 있는	288	좌초되고 말겠어	264
절망감에 삶의 의욕을 잃은	72, 75	주경야독으로 공부해서	37, 43
절박한 상황이라고!	52	주먹싸움	88, 91
절박한 표정이야?	46	주안점을 두기로	130

주요 회원국	107, 111	진로 희망서	188, 193
주인공 배역	214, 220	진면목	147, 151
주제에서 벗어나서	140, 143	진보 진영	34, 232
주차 공간	97, 101	진상 규명	57, 63
죽여서 입막음	113, 152	진심으로 사죄드린다	57, 62
죽인(3대 호카게를)	80, 82, 92, 113	진정시키려 할 때가 있다	154, 158
준법 정신	143	진짜로 받아들이면 난감	205
준엄한 법의 심판	277	진취적 기상을 품고 임할 때	115
줄기세포	276	진흙탕 싸움	205, 210
줄을 서야 할 정도	194	집안 꼴이 왜 이 모양	285
중간고사	66, 71	차단 설정	289
중상모략	10, 13, 47, 54	착수한다(조사에)	97, 102
중소기업이 처한 상황	257	착안	265
중의원 국회의원	228	착지하자	179, 181
중차대한	172, 178	착지합니다	115, 117
즉각적으로 반박 자료	187, 191	착화됐고	205, 211
즉결심판	223, 227	찬반양론이 팽팽하다	108, 113
증거 사진(데모)	169	찬조연설	179, 183
증오심	47, 54	참석	105, 124, 216
지갑한테 물어보니까	155, 160	창업 20주년	245, 247
지고지순했던 소녀 시절	19	창업 연도	245, 248
지껄이지 마	89, 95	창업	234
지나치게 선정적인	56, 59	창업의 용이성	249
지나치게 안정 지향적	229, 233	창업자	245, 248
지망생(아이돌 학원)	234, 237, 239	창업할 예정	245, 247
지목	146, 150	찾아 주신 여러분(놀이공원을)	123, 128
지문 대조 결과	73	채용 공고	11, 16
지문과 일치	279	채택	269
지문을 대조	279	책임을 물어 실직한	122, 125
지상화	147, 151	처세술이 좋아서야	155, 159
지엽말단적인	205, 210	처세의 달인	74
지원(회사에)	16	처음부터 다시 짜는 게(계획)	197, 200
직무 성격상	65, 67	척척 결론을 도출해 내는	275
직사광선	11, 16	천대	70
직성이 안 풀린다	65, 67	천안문 사태	256
직업 훈련소	237, 240	천인공노할 악행	131, 137
직원들이 반기를 들고	65, 68	천천히 몸을 일으켜	116
진귀한 술	271	철두철미한 준비	73

철저하게 기밀을 유지	147, 152	치졸	286
첫 경기	172, 176	친정	46, 50
청와대	163, 167	침묵으로 일관	171, 174
청탁성 금전 수수	286	커리큘럼을 갖추고	237, 239
체급	31, 184	컴퓨터를 분해	19, 26
초래할 수 있다	36, 42	코가 비뚤어지게 마셔도	46, 52
초반	28, 31, 176	코로나 사태 이전 수준	172, 175
초췌해져 가는	37, 42	코로나 사태	248
초현실주의적	265	코로나 시국	146, 149, 254
촉구했다(사퇴와 탈당을)	51	콘서트장	19, 26, 65, 68
촉박한 상태인데(납기가)	42	콧대 높은(미녀)	72, 75
촉박한 일정	52	콩가루 집안이 따로 없구만	285
총 7차전	180, 184	퀴퀴한 냄새	162, 165
총선	122, 124	타계했다는 소식	37, 44
총체적 난국	192, 285	타의 추종을 불허한다	275
총칼로 짓밟은	256	탈당	46, 51, 131, 136
최상급의 접대	271	탈당 시키는 것	131, 136
최소화하기 위한(충격을)	197	탈락(예선에서)	28, 32
최전방 기지에 배치	108, 113	탈영	155, 160
최첨단	269	탈퇴시킬 거니까	98, 105
추가 범행 여부	287	탈피	97, 102
추대	122, 124	탕진한 끝에	72
추첨을 통해 총 다섯 분	66, 69	택배 기사	19, 24
출당	47, 53, 136	터무니없는 가격	199
출범	163, 167, 197, 202	토종	57, 63
출시	130, 133	퇴장당했다	123, 128
출입 통제 구역	123, 129	투수 로테이션	180, 184
출입을 삼가 주십시오	123	투신 자살(물에)	127
출중하다	188, 192	투신 자살(옥상에서)	122
출퇴근	205, 210	투신 자살(지하철)	72, 77, 123
출혈 과다	28, 31	투철	121
취업 여건	122, 125	투하한 뒤(에바를)	107, 110
취업 절벽 시기	122, 125	툭하면 신경질을 부리는	18, 21
취업 활동	33	트윗을 올린 게	56, 60
취준생	229, 233	특혜 입학	187, 191
치매	37, 43	특혜를 입을 기회	277
치안이 문란해지기 때문에	107, 111	티끌조차 없는	229, 233
치열한 혈전	179, 181	팀원 모두가	65, 68

파격적 해결책	66, 69	피살자	162, 165
파워 블로거	288	피폐해져서	47, 54
파트타임제	29, 33	하차당했다	56, 61
파혼을 당하고	19, 24	하향세	171, 174
팔방미인	74	학생일 때 어학연수	258
팬들의 사랑을 받았던	37, 44	학식이 있는 사람이라면	280
편모 가정	88	학제 개편안	251
편부 가정	88, 93	한계에 이르러서(의료 체계가)	41
편성된	238, 241	한순간에 열광의 도가니	116, 121
편파 중계	147, 152	한일의 공방전	216
평가전	179, 182	한자어	280
평생을 함께 하겠다	34	한참 일탈돼 있었다	88, 92
평온한 은퇴 생활	57, 63	한패	157
평판이 좋은 라면집	238, 242	할당	108, 112
포만감을 느끼는	37, 42	함정 문제	214, 219
포수 교체	180, 184	함정 수사	140, 145
포스트 쓰기	291	합의금	88, 93, 205, 210
폭등	171, 174, 197, 201	항소심	66, 70
폭력 조직 간	255	해 먹을까(저녁)	98
폭력이 난무	10, 11, 12, 13, 15	해를 끼치는 존재	80
폭력이 전염	11, 15	해명했다	205, 210
폭로전	252	해법	230, 235
표면에서는 애매모호한 태도	29, 34	해산돼야 마땅하다	10, 12
표본이 되고 만	56, 60	해산물 요리	162, 166
표적 수사	140, 145	해소(문제점을)	116, 119
표지판(교통 통제)	108, 112	해소(콤비를)	24
풀칠을 위해 여유 있게 남겨 두는 부분	68	해소시킬 수가 있다(하위 문제점을)	116, 119
풍기문란죄	223, 227	해안으로 접근	123, 126
풍채가 좀 있으시고	29, 34	행사장	146, 149, 245, 247
프로그램 문제	19, 26	행적을 잡기 위해(연쇄 살인마의)	154
프로그램을 열다	289	향응을 제공받은	147, 153
플래시가 일제히 터졌다	146, 151	향정신성 약품	154, 158
플랫폼	127	허공을 가르는	262
피 글자가 만들어진 거야	98, 104	허둥지둥 쩔쩔매던	72, 76
피가 거꾸로 솟는	223, 227	허리띠 단단히 졸라매야	155, 160
피가 묻은 식칼	278	허리띠 졸라매야	103
피가 흘러들어서(손가락 사이로)	104	허리띠 풀고 코가 비뚤어지게	46, 52
피부 미용 효과	275	허망함을 달랠 길 없어 오열	205, 211

허무하게 끝나고 마는(논쟁이)	172, 177	환성이 터져나옵니다	181
허언증	188, 195	환풍기	28, 31
헬기 3대	107, 110	활짝 열린 것(차 트렁크가)	28, 32
혀를 내두를 정도	267	활짝 열어 뒀습니다(환풍기)	31
현관문을 마주봤을 때	238, 242	활짝 열어(간문부를)	30, 31
현장 답사를 보내 놨더니	57, 63	황당하기 짝이 없다	230, 235
현장감	65, 67, 68	황혼 이혼	34
현장감각이 부족한	68	회동에 참석	122, 124
현장감마저 느꼈다	65, 68	회복을 마치고(사도가)	116, 120
현장감이 떨어진다	288	회원 가입	289
현장학습	66, 71, 73, 77	후끈 달궜다(기자회견장을)	66, 70
혈기왕성	188, 195	후대	70
협회 차원에서	179, 182, 219	후보 단일화	223, 228
형장의 이슬로 사라졌다	277	후속 보도	147, 153
형편이 어려워서	37, 43	후폭풍	73, 78
형평성 논란이 일 가능성	277	후폭풍을 맞게 됐다	73, 78
형평성	230, 235	훈련(슛 정확도)	71
형형색색으로 차려입고	146, 148	휩쓸린 연쇄 추돌 사고	11, 16
형형색색의 불꽃	270	휴대하고 다닌다	265
호스티스에게 홀려서	75	흉기가 난무	88
호언장담하는 버릇	19, 27	흑색선전이 난무	10, 13
호의호식	36, 40, 116, 119	흥망성쇠를 가늠할 수 없는	197, 200
호전되고 있다(병세)	214, 218	흥미진진	134, 270
호주 오픈	73, 77	힘주어 말했다	179, 183
호화찬란	116, 119		
혹한의 추위	266		
혼연일체가 되어(노사정이)	162, 164, 165		
혼인 서약	29, 34		
혼탁	47, 54, 55		
혼탁해지는 양상을 보이고 있다	47, 54		
홀대	70		
화근이 돼서	19, 24		
화를 냈어요	278		
화물 수송이 정체	11		
화합의 상징인 것처럼	171, 173		
확산(코로나)	40		
확증하기 위해(불법 행위를)	169		
환불받았다	196, 199